Wolfgang Krieger / Sebastian Sierra Barra
(Hrsg.)

SYSTEMISCH – KRITISCH?

Zur Kritischen Systemtheorie und zur systemisch-kritischen Praxis der Sozialen Arbeit

SYSTEMISCHE IMPULSE FÜR DIE SOZIALE ARBEIT
herausgegeben von Prof. Dr. Wolfgang Krieger

ISSN 2191-1835

1 *Wolfgang Krieger (Hrsg.)*
   Systemische Impulse
   Theorieansätze, neue Konzepte und Anwendungsfelder systemischer
   Sozialer Arbeit
   ISBN 978-3-8382-0194-8

2 *Juliane Sagebiel*
   unter Mitarbeit von Edda Vanhoefer
   Teamberatung in Unternehmen, Verbänden und Vereinen
   Niklas Luhmann und Mario Bunge: Systemtheorien für die Praxis
   ISBN 978-3-8382-0345-4

3 *Wolfgang Krieger (Hrsg.)*
   Beschäftigungsförderung und betriebliche Soziale Arbeit
   Sozialpädagogisch-systemische Perspektiven
   im Kontext von Erwerbstätigkeit
   ISBN 978-3-8382-0645-5

4 *Wolfgang Krieger, Sebastian Sierra Barra (Hrsg.)*
   Systemisch – kritisch?
   Zur Kritischen Systemtheorie und zur systemisch-kritischen
   Praxis der Sozialen Arbeit
   ISBN 978-3-8382-1155-8

Wolfgang Krieger und Sebastian Sierra Barra (Hrsg.)

SYSTEMISCH – KRITISCH?

Zur Kritischen Systemtheorie und zur systemisch-kritischen Praxis der Sozialen Arbeit

ibidem-Verlag
Stuttgart

Bibliografische Information der Deutschen Nationalbibliothek
Die Deutsche Nationalbibliothek verzeichnet diese Publikation in der Deutschen Nationalbibliografie; detaillierte bibliografische Daten sind im Internet über http://dnb.d-nb.de abrufbar.

Bibliographic information published by the Deutsche Nationalbibliothek
Die Deutsche Nationalbibliothek lists this publication in the Deutsche Nationalbibliografie; detailed bibliographic data are available in the Internet at http://dnb.d-nb.de.

∞

Gedruckt auf alterungsbeständigem, säurefreien Papier
Printed on acid-free paper

ISSN 2191-1835

ISBN: 978-3-8382-1155-8

© *ibidem*-Verlag
Stuttgart 2017

Alle Rechte vorbehalten

Das Werk einschließlich aller seiner Teile ist urheberrechtlich geschützt. Jede Verwertung außerhalb der engen Grenzen des Urheberrechtsgesetzes ist ohne Zustimmung des Verlages unzulässig und strafbar. Dies gilt insbesondere für Vervielfältigungen, Übersetzungen, Mikroverfilmungen und elektronische Speicherformen sowie die Einspeicherung und Verarbeitung in elektronischen Systemen.

All rights reserved. No part of this publication may be reproduced, stored in or introduced into a retrieval system, or transmitted, in any form, or by any means (electronic, mechanical, photocopying, recording or otherwise) without the prior written permission of the publisher. Any person who does any unauthorized act in relation to this publication may be liable to criminal prosecution and civil claims for damages.

Printed in the EU

Inhaltsverzeichnis

Wolfgang Krieger/Sebastian Sierra Barra
Zur Einführung 9

Systemtheorie und Kritische Theorie – Zur Einführung

Wolfgang Krieger
Was ist am systemischen Denken kritisch, was am kritischen
systemisch? 29

Bettina Hünersdorf
Wohlfahrtstaatliche Transformationsprozesse: Zur analytischen
Annäherung von Systemtheorie und Kritischer Theorie 93

Martin Hafen
Gesellschaftskritik an der Schnittstelle von Wissenschaft, Profession
und Praxis der systemischen Sozialen Arbeit 127

Systemische Kritik als Selbstkritik der Sozialen Arbeit

Ralf Osthoff
Anregungspotenziale der soziologischen operativen Systemtheorie für
eine kritische Soziale Arbeit 147

Heiko Kleve
Drei Kritiken Sozialer Arbeit. Von der Gesellschafts- und
Neoliberalismuskritik zur selbstreflexiven Systemkritik 199

Sebastian Sierra Barra
Der vernetzte Mensch als Herausforderung für die Soziale Arbeit 221

Hans-Ulrich Dallmann
Die Grenzen der Moral. Kritik der Kritik von Ethik und Moral – zugleich der Versuch, ein theologisches Theorieelement in die Debatte einzuführen   237

Kritische Systemische Praxis

Bringfriede Scheu/Otger Autrata
Das Subjekt als Instanz der Kritik. Entscheidungen gegenüber Möglichkeitsräumen   259

Wilfried Hosemann
Ökologie der Kritik. Zu den ökologischen und ökonomischen Grundlagen der Kritik in der Sozialen Arbeit   277

Helmut Lambers
Organisationskommunikation als Kritik   295

Stefan Bestmann
Weniger ist manchmal mehr – Kritiklinien einer lösungsfokusiert sozialraumorientierten Sozialen Arbeit   315

Autorinnen und Autoren   335

Wolfgang Krieger / Sebastian Sierra Barra

Zur Einführung

Die Herausgabe dieses Buches repräsentiert nicht den ersten Versuch, systemische und dialektisch-kritische Theorieperspektiven aufeinander zu beziehen und aus diesem Bezug Relevantes für die Soziale Arbeit als Wissenschaft, Ausbildung und Praxis abzuleiten. Es gab in den letzten Jahren schon eine Reihe mehr oder minder beharrlicher Versuche, sich dieser Aufgabe nicht nur wohlwollend und mit Hoffnung auf Gewinn zuzuwenden, sondern auch aus beiden Theorietraditionen wesentliche wechselseitige Bezugspunkte herauszuarbeiten und beide Denkweisen für einander fruchtbar zu machen. An späterer Stelle soll darauf eingegangen werden.[1]

Schon früh, nämlich im Jahre 1975, hat Klaus Harney in einem Artikel zum Systembegriff Luhmanns und seiner Bedeutung für die Soziale Arbeit einen Versuch unternommen, den systemtheoretischen und den „kritisch-dialektischen" Ansatz zumindest in der Perspektive zusammenzuführen, dass es möglich werden sollte, zum einen selbstreflexiv zu erkennen, „wieso die institutionalisierte Sozialarbeit (nicht, d.A.) jenen vom Antagonismus zwischen Kapital und Arbeit her bestimmten dialektischen Innovationsprozessen entzogen auf ein im Endeffekt mechanistisch verstandenes Instrument der Klassenherrschaft reduziert sein soll"[2], zum andern mit Luhmann zu erkennen, dass das, was als „Hilfe" (d.h. als „Mittel des Bedarfsausgleichs im Spannungsfeld personaler und sozialer Systeme"[3]) gilt, immer nach historisch spezifischen kulturellen „Codes"

---

[1] Vgl. insbesondere den Beitrag von Krieger in diesem Band, Abschnitt 6.
[2] Harney 1975, S. 109 f.
[3] Ebenda, S. 110 f. Allerdings geht die Argumentation bei Harney am Ende in ein Modell normalisierender Sozialtechnologie über, welches das emanzipatorische Motiv weit hinter sich lässt – auch wenn er darauf hofft, dass mittels sozialwissenschaftlicher Analyse der „Abhängigkeits- und Austauschmechanismen personaler und sozialer Systeme" (S. 113) eine „kritische Sozialarbeit" etabliert werden könnte, die die „gesamtgesellschaftliche Komplexitätsbewältigung" zu transzendieren vermag.

selektiert wird, die dem Aufgabenverständnis jeweiliger sozialer Einrichtungen entsprechen. Wiederzuerkennen ist hier jenes Muster der argumentativen Verschließung, das auch in manchen aktuellen Entwürfen zu einer „kritischen Systemtheorie" Pate steht, nämlich sich zum einen dem emanzipatorischen Impuls des dialektisch-kritischen Denkens quasi als Motiv zuzuwenden, zum anderen die analytische Kraft systemischen Denkens zu nutzen, um die Strukturen von Herrschaft und Legitimation, von Anerkennung und Nicht-Anerkennung, von Inklusion und Exklusion usw. herauszuarbeiten.

Nun mehren sich in den letzten Jahren im soziologischen Diskurs die Bemühungen, zumindest den analytischen Ertrag der Systemtheorie luhmannscher Prägung mit dem kritischen und emanzipatorischen Anliegen der Kritischen Theorie zu verbinden und insbesondere gesellschaftliche Widersprüche, die sich durch die Systemtheorie besonders prägnant erfassen lassen, begründen und in ihrer Tragweite darstellen lassen, quasi *systemisch* zu reformulieren.[4] Diese Impulse kommen zum einen von Autorinnen und Autoren, die sich systemtheoretischem Denken in besonderem Maße verpflichtet sehen, zum anderen aber auch von Autorinnen und Autoren, deren Denken maßgeblich in der Kritischen Theorie verankert ist.[5] Systemtheoretisch besinnt man sich auf einen Begriff der

---

[4] Dass sich dieser Diskurs fast ausnahmslos auf die Verschränkung von Kritischer Theorie mit der luhmannschen Systemtheorie bezieht, hat Gründe. Vermutlich sind die einzigen, aktuell mit einer gewissen Verbreitung noch ernsthaft diskutierten prominenten Gesellschaftstheorien jene von Karl Marx und Niklas Luhmann. In beiden Theorien lässt sich ein Programm erkennen, das Phänomen Gesellschaft als Prinzip zu erkennen, als *emergente* Erscheinung der sozialen Organisation menschlichen Handelns, die etwas hervorbringt, was Systemcharakter hat. Bei Luhmann ist es die Durchgängigkeit der Kategorien in der Beschreibung aller Systeme und Subsysteme, die das Einheitliche der Konstruktion von Gesellschaft erkennen lässt, bei Marx die Reproduktionsstruktur des Kapitals. Systeme stehen für eine über Individuen hinweg abstrahierbare Objektivität, im ontologischen Sinne entsteht der Systemcharakter bei Marx als Ergebnis der kapitalistischen Produktionsform, bei Luhmann ist es die heuristisch universelle Tauglichkeit bestimmter Kategorien zur Beschreibung von Gesellschaft, die den Systembegriff legitimiert.

[5] Der aktuellen Verschränkung der Kritischen Theorie mit dem Poststrukturalismus und der kritischen Subjektpsychologie wird in diesem Band nicht nachgegangen; die unterschiedlichen Totalitätsbegriffe in Kritischer Theorie und in poststrukturalistischen Positionen in der Nachfolge Foucaults müssten wohl teilweise auch unterschiedliche Vergleichskategorien nach sich ziehen – daher soll eine übergreifende Bezugnahme zwischen den beiden Theorieansätzen und der Systemtheorie hier vermieden werden. Genauerhin zu beiden Theorien in Hinsicht auf den Kritikbegriff vgl. Hartmann/Hünersdorf 2013, S. 11 ff. und im Blick auf Foucault den Beitrag von Sierra Barra in diesem Band.

Kritik als Praxis des Unterscheidens, auf das kritische Potenzial des Denkens in Alternativen, welches dem Bewusstsein von Kontingenz entspringt. Vonseiten der Kritischen Theorie erhofft man sich informationellen Tiefgang in der Analyse von Widersprüchen und Paradoxien. Von beiden Seiten formiert sich der Versuch zur vorsichtigen theoretischen Integration und bringt bereits unter dem Titel einer „Kritischen Systemtheorie"[6] plurale Ideen zu einer vereinten Strategie von Systemtheorie und Kritischer Theorie hervor, Standpunkte werden entwickelt, ein Dialog, ein Diskurs ist entstanden.

Strukturanalyse ist eine Stärke der systemtheoretischen Argumentation, die, dem normativen Impuls Kritischer Theorie folgend, möglicherweise gesellschaftliche Zusammenhänge zu erklären und die ihnen korrespondierenden Hypothesen empirisch zu erhärten vermag, die im Gebäude der kritischen Argumentation bloße Spekulation waren. So gibt es auch im Ausgang von der Kritischen Theorie in den letzten Jahren mehr und mehr die Bereitschaft, das systemtheoretische Analyseparadigma (mit gewissen Abstrichen an der deskriptiven Bescheidenheit der Systemtheorie) auf „Anschlussfähigkeit" zu prüfen. Schon die schlichte Bestandsaufnahme gesellschaftlicher und kultureller Veränderungen in der Gegenwartsgesellschaft zwingt die Kritische Theorie regelrecht zu diesem Schritt.

„Jeder ernsthafte Versuch, heute das Programm einer kritischen Theorie der Gesellschaft fortzusetzen," so schreibt Hauke Brunkhorst, „muss an die funktionalistischen und empiristischen Forschungsprogramme der Sozialwissenschaften und insbesondere an ihre system- und evolutionstheoretische Weiterentwicklung anschließen."[7] Im Zuge solcher Integration kann die Erkenntnis nicht ausbleiben, dass die normativen Orientierungen kritischen Denkens selbst nicht absolut

---

[6] Unter dem Titel „Kritische Systemtheorie. Zur Evolution einer normativen Theorie" ist 2013 ein erster Aufriss theorieintegrativer Beiträge unter der Herausgabe von Marc Amstutz und Andreas Fischer-Lescano veröffentlicht worden. Die Frage, inwiefern sich die luhmannsche Systemtheorie als Fortführung marxistischer Gesellschaftstheorie lesen lässt, diskutieren schon 2009 eingehend Pahl/Meyer, aus systemtheoretischer Perspektive ferner Wagner 2005. Das Erscheinen des Buches von Albert Scherr „Systemtheorie und Differenzierungstheorie als Kritik" 2015 markiert einen weiteren Meilenstein in dieser Bewegung. In Vorbereitung auf diesen Band vgl. auch Scherr 2013. Eine systematische Aufarbeitung der systemtheoretischen Potenziale im Dienste der Kritischen Theorie – mit einem Seitenblick auf die Soziale Arbeit – gibt Hünersdorf 2013. Ein Vergleich zwischen Positionen Luhmanns und Adornos findet sich schon 1987 bei Breuer.
[7] Brunkhorst 2014, S. 7.

sind, sondern historisches Produkt der gesellschaftlichen Evolution und damit relativ, kontingent und veränderlich. So führt die Integration des systemtheoretischen Denkens in die Kritische Theorie letztlich zu einer Selbstkritik der kritischen Denktradition in ihrer Begründungslogik. Zu diesem letzten Schritt sind freilich nur die wenigsten bereit – noch.

Von daher ist das Verhältnis von Kritischer Theorie und Systemtheorie möglicherweise neu zu bestimmen. Hinsichtlich dieses Verhältnisses stellen sich auf allgemeiner Ebene einige grundsätzliche Fragen, aus deren Beantwortung Positionen begründet werden: Welcher Begriff von Kritik besteht in beiden Denktraditionen und inwieweit lassen sich diese Begriffe mit einander vereinbaren? Welche theoretische Produktivität wird Kritik – unter der Maßgabe dieser Begriffe – in systemtheoretischer und kritisch-dialektischer Reflexion zugetraut? Widersetzt sich die Systemtheorie der Möglichkeit zur Gesellschaftskritik, ist sie durch solche zu ergänzen oder enthält sie gar selbst schon Ansatzpunkte zu dieser Kritik? Sind Anliegen und Positionen der Kritischen Theorie in das Modell der Theorie sozialer Systeme widerspruchsfrei zu integrieren? Ist eine *normative* Reinterpretation der Systemtheorie Luhmanns denkbar? Und umgekehrt: Inwieweit kann die Kritische Theorie das Modell der Systemtheorie oder zumindest systemtheoretische Versatzstücke nutzbringend und widerspruchsfrei integrieren? Kann sie ihre kritische Ausgangsorientierung in ihrer Verbindung zur Systemtheorie in ihrer bisherigen Form belassen oder löst dieser Integrationsversuch einen evolutionären Impuls zur Weiterentwicklung der Kritischen Theorie aus?

Systemtheorie ist analytische und beschreibende Theorie. Sie untersucht Strukturen und Zusammenhänge, ergründet Funktionen, Abhängigkeiten und Systemgrenzen. Sie kann sichtbar machen – wie jede Theorie –, was sich im Netz ihrer Modellstrukturen verfängt, und kann dies unter dem Blickwinkel und in den Grenzen ihrer Logik verarbeiten und ordnen. Ihr Metier ist die erklärende Konstruktion. Sie vertritt von sich aus daher kein politisches oder religiöses Interesse, keine Teleologie und keine Letztbegründungen und keine Moral.

Wenn mit den Mitteln der Systemtheorie[8] Verhältnisse kritisiert werden, dann kann dies daher prinzipiell nicht von einem politischen, religiösen oder

---

[8] Der Begriff „Systemtheorie" wird hier zunächst nicht auf das Theoriemodell von Niklas Luhmann spezifiziert, sondern soll für systemtheoretische Konzepte im Allgemeinen gelten, soweit diese ihr Instrumentarium nicht bereits an weltanschauliche oder ethische Maßstäbe von vornherein gebunden haben.

moralischen Standpunkt aus erfolgen, sondern allenfalls in der funktionalistischen Beurteilung jener Verhältnisse, die durch die systemische Analyse erkannt worden sind. Sichtbar wird, dass etwas schlecht funktioniert, dass es Widersprüche gibt, dass Ansprüche miteinander konkurrieren, dass Paradoxien bestehen und Entscheidungen nicht getroffen werden können, ohne zugleich mit eigenen Maßstäben in Widerspruch zu treten, und einiges mehr.

Allerdings kann die systemische Analyse freilich Verhältnisse zu erkennen geben, die sich von einem theoretischen Standpunkt jenseits der Systemtheorie unter politischen, religiösen, teleologischen oder moralischen Gesichtspunkten als kritikwürdig erweisen. Die Ergebnisse, die sie hervorbringt, können sich im Modell eines anderen Hypothesensystems möglicherweise als empirische oder logische Bestätigung bestimmter generalisierter Interpretationsmuster erweisen und argumentativ dementsprechend genutzt werden.

Wenn es um Kritik geht, die sich auf systemische Analysen beruft, dann gilt es daher zu unterscheiden, ob das kritische Moment sich funktionalistisch legitimiert und somit „*systemintern*" konstruiert wird, oder ob es sich von einem „*systemexternen*" Standpunkt aus konstituiert. Zu prüfen ist, ob der Maßstab der Kritik innerhalb des beobachteten Systems schon besteht und mit systemischen Mitteln zur Erscheinung gebracht worden ist oder ob er von außen – also systemextern – durch eine vorgefasste Wertentscheidung und/oder durch eine paradigmatisch vorentschiedene Interpretation zustande kommt.

Wenn es – systemisch – um *Kritische Theorie Sozialer Arbeit* geht, müsste analog unterschieden werden, ob der Maßstab der Kritik aus den Ansprüchen der Sozialen Arbeit an sich selbst, also *systemintern*, entspringt oder ob er jenseits des Selbstverständnisses von Sozialer Arbeit bzw. von Maßstäben eines anderen Funktionssystems sich – *systemextern* – ableitet. Die Gegenstände einer Kritik der Sozialen Arbeit können vielfältig sein und beschränken sich keineswegs auf eine Gesellschaftskritik aus sozialarbeiterischer Perspektive (wie dies oft vordergründig erscheint, etwa in der Exklusionsdiskussion)[9] oder auf eine Gegenüberstellung berufsethischer Maßstäbe mit der gesellschaftlichen Realität der Arbeitsbedingungen von Sozialer Arbeit, sondern sie können auch – *selbstkritisch* – die Selbstgestaltung der Sozialen Arbeit als Praxis, ihre gesellschaftliche Funktionalität, ihre akademische Verfasstheit oder Dimensionen (selbstverschuldeter) Abhängigkeit von anderen Systemen betreffen. In der Auf-

---

[9] Vgl. Farzin 2011.

deckung von Widersprüchen, Abhängigkeiten und Herrschaftsstrukturen ist die dialektische Ideologiekritik gleichermaßen engagiert wie die systemtheoretische Analytik,[10] auch wenn ihr argumentatives Instrumentarium sich wesentlich unterscheiden mag. Daher kann auch für die Soziale Arbeit Selbstkritik im Verein von Kritischer Theorie und Systemtheorie ein lohnendes Reflexionsunterfangen sein.

Eine systemisch-kritische Praxis der Sozialen Arbeit muss freilich nicht notwendigerweise auf den Prämissen der Kritischen Theorie aufbauen. Sie kann vielmehr an diversen Begriffen des Kritischen ansetzen, angefangen bei einem Alltagsbegriff, der „kritisch" in etwa mit „skeptisch" gleichsetzt, über einen altaufklärerischen Begriff des Kritischen, der damit das Hinterfragen vermeintlicher Wahrheiten bezeichnet, oder einen hermeneutisch erkenntnistheoretischen Begriff, der auf die Anerkennung von Deutungsvielfalt zielt,[11] bis hin zu einem dekonstruktivistischen Begriff von Kritik als einer gegenlesenden Analyse der Figuration und als Aufweis von Paradoxien und Unentscheidbarkeiten. Sicherlich ist die systemtheoretische Intention luhmannscher Provenienz, Kritik vornehmlich als ein Verfahren der Aufdeckung von Latenzen bzw. der Entdeckung von Kontingenzen zu verstehen, zumeist der bevorzugte Modus systemtheoretischer Kritik als Gesellschaftskritik (besser: Strukturkritik), aber es kann nicht übersehen werden, dass *systemische* Kritik als eine auf systemischen Zusammenhängen bzw. auf der Differenzlogik beruhende Kritik sich nicht nur auf Gesellschaft anwenden lässt, sondern auf die Beobachtung operativer Prozesse in autopoietischen Systemen schlechthin wie auch auf die semantischen Produkte solcher Prozesse in ihrem Konstruktcharakter. Insofern ist „systemische Kritik", die in gewissem Sinne infolge ihrer theoretischen Verfasstheit immer auch systemtheoretische Kritik ist,[12] eine Beobachtungsform des systemischen Operierens schlechthin, die strukturbildende Prozesse in Systemen und zwischen Systemen hinsichtlich ihrer Voraussetzungen, hinsichtlich der Modi des Operierens, hinsichtlich ihrer Funktionen und hinsichtlich ihrer Ergebnisse objektiviert. „Systemische Kritik" kann dabei auch als Selbstbeobachtung systemischer Einheiten oder von Teilen systemischer Einheiten verfasst sein, insofern sich der Beobachter/die Beobachterin als Teil des zu beobachtenden Systems versteht und im Wissen um Kontingenz nach kritischer Distanz zur eigenen Praxis der

---

[10] Vgl. Hünersdorf 2013.
[11] Vgl. Osthoff in diesem Band, Abschnitt 4.1.
[12] Zum Verhältnis der Rede vom „Systemischen" zur „Systemtheorie" vgl. Krieger 2010, S. 30 ff.

Beobachtung sucht. Konsequenterweise sieht sich so auch „die Systemtheorie", genauerhin all jene, die sie verfassen, als Teil jener Prozesse, die es zu beobachten gilt, und erkennt sie sich selbst als Phänomen jener Gesellschaft, aus welcher heraus ihre Theorien hervorgebracht werden. Diese Selbsteinbindung in den Gegenstand ist auch für ein systemtheoretisches Selbstverständnis von Disziplin und Profession der Sozialen Arbeit konstitutiv: Systemische Perspektiven ermöglichen eine Selbstkritik der Sozialen Arbeit und zwar auf allen Ebenen: eine Selbstkritik ihres eigenen Wissenschaftsverständnisses, eine Selbstkritik ihrer Ausbildungspraxis und eine Selbstkritik ihrer professionellen Praxis.

Den vorliegenden Band haben wir in drei Teile gegliedert in der Absicht, die Aufgaben, die sich die Texte zu bewältigen vornehmen, unter einer jeweils übergeordneten Grundperspektive zusammenzufassen. So soll im ersten Teil *„Einführung Kritische Theorie und Systemtheorie"* zum ersten das dimensionale Gefüge der theorieträchtigen Begriffe „Kritik" und „System" im Allgemeinen erarbeitet werden, um das Spektrum begrifflicher Profile wie auch Differenzen vorab schon in Erscheinung treten zu lassen, zum zweiten sollen – insbesondere in der Gegenüberstellung von Kritischer Theorie und operativer Systemtheorie – potenzielle Bezüge zwischen systemischen und kritischen Denkmodellen herausgestellt werden, die im weiteren vertieft werden. Mit dem Titel des zweiten Teiles *„Systemische Kritik als Selbstkritik der Sozialen Arbeiten"* greifen wir einen praktischen Reflexionshintergrund systemischer Analyse auf, nämlich systemisch erarbeitete Potenziale zur kritischen Anwendung auf Selbstverständnisse der Sozialen Arbeit. Die hier versammelten Beiträge zeigen allerdings auch Ansätze auf, Gesellschaftskritik mit der Kritik Sozialer Arbeit zu verbinden. Im dritten Teil „Kritische systemische Praxis" werden Beiträge vorgestellt, die das praktische Leistungsvermögen kritisch-systemischen Denkens für die Gewinnung von Handlungsorientierungen in der Sozialen Arbeit anschaulich machen.

Die Beiträge in diesem Band. Das Spektrum des kritischen Potenzials systemischer Theoriebildung zum einen, der systemtheoretischen Implikationen dialektisch-kritischer Theorien zum anderen aufzuzeigen, ist die Absicht des einführenden Beitrags von *Wolfgang Krieger*. Was ist systemisch an der Kritischen Theorie, was ist kritisch an der Systemtheorie und am systemischen Denken überhaupt? – das ist die Leitfrage dieses Beitrags. Der Autor befasst sich zunächst mit den Begriffen des „Kritischen" und der „Kritik" und stellt im Anschluss an Jaeggi und Wesche und in der Gegenüberstellung von „immanenter" und „normativer" Kritik einige „Verhältnisfragen" zu theoretisch fundierter Kritik vor. Er untersucht sodann die Frage, ob nicht durch den Ausgang von einer reflexiven Praxis des Unterscheidens system(theoret)isches Denken von Anfang an schon einem kritischen Impuls folgt, insofern Unterscheidung und Verbindung, Dissoziation und Assoziation, schließlich die operativen Grundzüge von Kritik bilden. Komplementär hierzu wird sodann versucht nachzuweisen, dass alle Ansätze der Kritischen Theorie in ihrem Ausgang von Marx notwendigerweise auch systemtheoretische Implikationen enthalten, auch wenn der Begriff des Systems wie auch das Verständnis von Kritik variieren mögen. Umgekehrt stellt sich für systemtheoretische Ansätze die Frage, ob sie nicht notwendigerweise kritischem Denken neue Impulse liefern. Zur Frage, ob sich aus systemtheoretischen Ansätzen normative Positionen ableiten lassen, aus welchen sich gesellschaftskritische Orientierungen gewinnen lassen, oder ob systemtheoretische Kritik deskriptiv-analytische immanente Kritik sein muss, finden sich kontroverse Stellungnahmen, selbst innerhalb der systemisch-konstruktivistischen Richtung. Im Hintergrund steht die Frage, ob Systemtheorie eine immanente (ethische) Normativität enthält oder ob sich auf ihrem Fundament solche Standpunkte gar nicht entwickeln lassen. Mit den Ansätzen von Fischer-Lescano und Wagner präsentiert Krieger zwei „kritisch-systemtheoretische" Konzepte, die infolge ihrer unterschiedlichen Leitinteressen dimensional einander eher entgegengesetzt sind. Bilanzierend fasst der Autor Gegensätze und Ähnlichkeiten zwischen den gesellschaftstheoretischen Entwürfen von Marx und Luhmann zusammen und erarbeitet auf der Grundlage dieses Vergleichs einige richtungsweisende „Markierungen" zur Entwicklung eines Begriffes von „systemischer Kritik" und für eine systemisch-kritische Wissenschaftspraxis.

Dass die Soziale Arbeit seit geraumer Zeit Gefahr läuft, sich zunehmend an Marktmechanismen von Effektivität und Effizienzsteigerung orientieren zu müssen, nimmt *Bettina Hünersdorf* zum Anlass, um über das Verhältnis von Autonomie und Heteronomie der Funktionssysteme nachzudenken. Mit Verweis auf die Probleme der Wohlfahrtslogik unter den Bedingungen sich pluralisierender Gesellschaften sei die These einer zunehmenden Autonomie des Hilfesystems zunächst plausibel gewesen. Mit den neuen Steuerungsmodellen, die sich seit den 1990er Jahren durchsetzten, drohe den Hilfesystemen aber ein Autonomieverlust, so dass die Ausdifferenzierung in ihr Gegenteil verkehrt werde. Die Einführung von Knappheitsregimen, die mit einer zunehmenden Bürokratisierung einhergehen, würde so „Quasi-Märkte" erzeugen, die als Fremdbestimmung zu interpretieren seien. Aus diesem Grund schlägt Hünersdorf vor, die Analyse stärker auf die strukturelle Kopplung und damit auf die Heteronomie zu lenken, um den autodestruktiven Kräften entgegentreten zu können, die sie in den Dynamiken funktional differenzierter Gesellschaften ausmacht. Eine kritische Systemtheorie muss entsprechend in der Lage sein, den vermeintlichen Widerspruch zwischen Kritischer Theorie und Systemtheorie hinter sich zu lassen, um so eine reflexive Beobachtungsposition einnehmen zu können. Hünersdorf geht es im Sinne der Kritischen Theorie gegen ein „falsches Bewusstsein" im systemtheoretischen Denken, ohne dieses damit selbst abzulehnen.

Da Soziale Arbeit nicht nur zur Behebung sozialer Probleme beitragen möchte, sondern auch zur Beseitigung sozialer Strukturen, die jene Probleme erst hervorbringen, richtet sie ihren Veränderungswillen nicht allein vordergründig auf die Lebenslagen ihrer Klientel, sondern sucht auch nach den im Hintergrund wirksamen sozialen Bedingungen, die das Gesellschaftssystem hervorbringt. Braucht eine systemisch orientierte Soziale Arbeit hierfür den Beistand der Kritischen Theorie oder schärft nicht schon der systemische Blick auf die Praxis zur Genüge ihren kritischen Sinn? Das ist die Frage, die *Martin Hafen* aus den Perspektiven des Funktionssystems Wissenschaft, den Perspektiven der Profession Soziale Arbeit und den Perspektiven der Praxis der systemischen Sozialen Arbeit untersuchen möchte. Während – Luhmann folgend – das Funktionssystem Wissenschaft sich werturteilsfrei gegenüber anderen Operationssystemen zu verhalten hat, insofern es nur der Unterscheidung wahr/unwahr verpflichtet ist, kommt die Profession Soziale Arbeit nicht umhin, Maßstäbe ethischer (Selbst-)Reflexion in Anspruch zu nehmen, die sie nun eben nicht aus der Kopplung mit dem Wissenschaftssystem, sondern nur in Bezug auf je historische Moralen gewinnen kann. Was als eine kritische Perspektive auf das Bestehende auftritt, das sind beschreibende Reflexionstheorien, nicht im eigentlichen Sinne wissenschaftlichen Theorien, sondern von einem ethischen Standpunkt her orientierte Beschreibungen und Deutungen von Praxis. Ethik als reflektierte Moralität – im luhmannschen Sinne – beachtet vor allem die Kontingenz der moralischen Standpunkte. Aus solcher Ethik erwächst ein Potenzial an Perspektiven, von welchen her sich kritisieren lässt, ohne dass zuvor ein moralisches Ideal gesetzt werden muss. Letztlich aber produziert die Profession erst Kritik – indem sie zum einen das, was sie kritisiert, mit wissenschaftlich fundierten Fakten untermauert, zum andern in Sicht moralischer Alteritäten, die ihr die Ethik eröffnet, eine moralische Position bezieht. Aus dieser Position heraus beschreibt sie gesellschaftliche Praxis. Die Profession ist die Instanz der Kritik, nicht die Gesellschaftstheorie und nicht für sich schon die Ethik.

Der Beitrag von *Ralf Osthoff* zielt darauf ab, aus der operativen Systemtheorie Niklas Luhmanns jene Potenziale herauszuarbeiten, die zum einen eine Kritik der Sozialen Arbeit als System ermöglichen, zum anderen aber auch der Sozialen Arbeit selbst als Mittel der Kritik gesellschaftlicher Verhältnisse wie auch der Selbstkritik dienlich werden können. Nach eingehender Darstellung der hierfür relevanten Theoriebausteine in Luhmanns Systemtheorie zeigt Osthoff auf, welche konstitutive Bedeutung der Unterscheidungslogik und der Praxis beobachtergebundener Codierungen jeglicher kritischer Systembetrachtung zukommt, zum einen im Sinne nicht hinterfragter Standortgebundenheit, zum anderen aber zugleich auch als Instrument der Aufdeckung von „blinden Flecken" in der Reflexion alternativer Grenzziehungen. In der Betrachtung von Sozialer Arbeit als Funktionssystem mit den Bereichen Wissenschaft, Lehre und Praxis ist zu prüfen, inwiefern Soziale Arbeit trotz ihrer externen Ressourcenabhängigkeit und Legitimationsbindung als autonomes System begriffen werden kann, welches unter Maßgabe professionell selbstverpflichtender moralischer Ansprüche gesellschaftlicher Praxis gegenüber kritische Distanz gewinnen kann. Angesichts konkurrierender Vorschläge zur Leitcodierung eines Systems Soziale Arbeit entwickelt Osthoff ein zweckspezifisch differenzierendes Modell, das auch der Praxis Sozialer Arbeit den Blick öffnen kann für eine selbstkritische Reflexion. Soziologisch kritisch lässt sich auch die Selbstkritik der Sozialen Arbeit beobachten als eine unter spezifischen Codierungsvoraussetzungen kritische Beobachtungspraxis, die anderen Beobachtungspraxen anderer Teilsysteme alternativ gegenüber steht – bei Osthoff veranschaulicht an den Referenzbegriffen „Kritik", „Moral", „Macht", „Soziale Inklusion" und „Risiko". Am Beispiel der kritischen Theorie der sozialen Beschleunigung von Hartmut Rosa zeigt Osthoff abschließend auf, wie eine funktionalistische Kritik an gesellschaftlichen Konkurrenzverhältnissen unter dem Blickwinkel einer systemtheoretischen Analyse sozialer Ungleichheit möglich ist.

Ausgehend von der These einer sich zunehmend ausdifferenzierenden Gesellschaft geht *Heiko Kleve* der Frage nach, wie eine historisch adäquate kritische Theorieposition aussehen könnte. Er schlägt vor, drei epochale Perspektiven von Kritik zu unterscheiden. Mit „Kritik 1.0" bezeichnet er vor allem die mit den 1960er bis 80er Jahren verbundenen Formen von Kritik, die gesellschaftliche Verhältnisse für die Miseren und Probleme verantwortlich machten und dabei auch die sozialarbeiterische Struktur als Teil der Gesellschaft einbezogen. Seit den 2000er Jahren, so Kleve, lässt sich eine „Kritik 2.0" ausmachen, die sich gegen die Transformation wohlfahrtsstaatlicher Strukturen hin zu einem aktivierenden Sozialstaat richtete. Diese vor allem auf den Neoliberalismus gerichtete Kritik entwickelte sich letztlich zu einer affirmativen Haltung gegenüber dem System, das man in den 1960er Jahren kritisiert hatte. Beide Kritikvarianten eint, dass sie gesellschaftliche Strukturen für die individuellen Probleme verantwortlich machen. Unter den Bedingungen funktionaler Ausdifferenzierung führe dies allerdings zu einem verkürzten Verständnis von Ökonomie und Gesellschaft, weshalb Kleve eine „Kritische Soziale Arbeit 3.0" vorschlägt. Selbstreflexiv muss sie in der Lage sein, auf die zunehmenden Eigenlogiken der Subsysteme zu reagieren, um sich insbesondere gegenüber der Politik, der Wirtschaft und dem Recht behaupten zu können. Eine Kritische Soziale Arbeit 3.0 setzt deshalb an den strukturellen Kopplungen der Subsysteme an, um sich stärker für die Autonomie und Selbstorganisation ihrer Nutzer einsetzen zu können.

Der Beitrag von *Sebastian Sierra Barra* geht in Anlehnung an praxistheoretische Überlegungen der Frage nach, wie Soziales unter den Bedingungen einer sich digital-vernetzenden Menschheit als offener Entwicklungszusammenhang gedacht werden kann. Soziales lässt sich entsprechend nicht eindeutig bestimmen, sondern emergiert in Folge konkreter Vernetzungsweisen menschlichere und nicht-menschliche Akteure. Anstatt Kritik an Vorstellungen bestehender Gesellschaftsformationen zu üben, gelte es vielmehr, sich den Entstehungsbedingungen von Sozialformationen zu widmen, die sich heute entlang der Schnittstelle von Menschen und digitalen Technologien befinden. Die Erzeugung von digitalen Datenkörpern etwa erweitere den Sozialraum um „virtuelle Zusatzräume", was für die Soziale Arbeit ein bisher kaum wahrgenommenes Handlungspotenzial beherberge. Schließlich geht es Sierra Barra um ein tiefgreifenderes Verständnis der ko-evolutionären Entstehungsbedingungen von Menschen und ihren Technologien als Ausgangslage jeder Sozialformation. Insbesondere für die Soziale Arbeit folgt daraus, die oftmals kategorisch vorgenommene Trennung von Mensch und Technik, Subjekt und Struktur hinter sich zu lassen und sie durch ein vernetztes und systemisches Verständnis zu ersetzen.

Ausgehend von einer kurzen Skizze von Luhmanns Theorie der Moral zeigt der Beitrag von *Hans-Ulrich Dallmann* gewisse Einseitigkeiten von Luhmanns Begriff der Ethik auf und kontrastiert diesen mit einem alternativen, an der Lebensführung von Personen orientierten Konzept. Im Folgenden wird ein Punkt der luhmannschen Moraltheorie – der Bezug der Achtungs-/Missachtungs-Kommunikation auf die Person als Ganze – aufgegriffen. Hier versucht der Autor zu zeigen, dass durch die Aufnahme der reformatorischen Unterscheidungen zwischen Person und Werk sowie zwischen Person und Amt moralische Kommunikation insofern entmoralisiert werden kann, als die menschliche Würde als jeglicher moralischen Beurteilung vorausliegend verstanden werden muss.

Kritische Theorie geht in fast all ihren Varianten von einem uneingeschränkten sozialen, im Kern ökonomischen Determinismus aus, der auch den Menschen als Einzelwesen ausnahmslos als Funktion sozio-ökonomischer Bedingungen erscheinen lässt. Ausgehend von einem aufklärerischen, humanistischen und an Selbstbestimmung orientierten Subjektbegriff, der zu einem solchen Determinismus in Widerspruch steht, kritisieren *Bringfriede Scheu* und *Otger Autrata* die Ignoranz von grundsätzlich bestehenden Möglichkeitsräumen in menschlichen Entwicklungen und Entscheidungen im marxistischen Menschenbild, auf welches sich auch die kritische Soziale Arbeit in der Regel bezieht. Infolge der Unmittelbarkeitsüberschreitung, einer begrenzten Freiheit der Natur und der Umwelt gegenüber, verfügt der Mensch über die Option, Alternativen zu erkennen, sie zu vergleichen und zwischen ihnen zu entscheiden. Kritik entspringt dieser Freiheit, den Möglichkeitsraum zu erweitern. Scheu und Autrata zeigen am Beispiel des Handlungsbegriffes bei Holzkamp auf, dass sich kritische Perspektiven und die Vorstellung eines frei handelnden Subjektes mit einander in Einklang bringen lassen. An Holzkamps Begriff des „verallgemeinerten Handelns" lässt sich verdeutlichen, dass diese Freiheit auch im sozialen Handeln besteht und darin auch erst den Begriff eines Sozialen sinnvoll werden lässt, das auf intendierter Solidarität beruht und folgerichtig Partizipation notwendig werden lässt. Insofern ist soziales Handeln in dieser Bedeutung immer schon kritisches Handeln, das den Status quo transzendiert.

Kritik in der Sozialen Arbeit ist nicht nur wichtig, sondern hat im Verlauf ihrer langen Geschichte auch erhebliche Erfolge vorzuweisen. Wenn sie sich jedoch nicht in der Kritik an den komplexen gesellschaftlichen Verhältnissen erschöpfen, nicht normativ bleiben will, muss sie in größeren Zusammenhängen denken, so die grundlegenden Überlegungen von *Wilfried Hosemann*. Deshalb sollten Ursache-Wirkungs-Logiken durch kybernetische Ansätze ersetzt werden. In Anlehnung an Gregory Bateson spricht er sich für ein ökologisches Verständnis aus, bei dem es nicht einfach um Gesellschaft gehen kann, sondern in dem stets sowohl die Wechselwirkungen zwischen biologischen und sozialen Systemen und mögliche Rückkoppelungen bedacht werden müssen. So haben zum Beispiel volkswirtschaftliche Veränderungen immer auch Bedeutung für die Soziale Arbeit, da sie sich sowohl auf die zur Verfügung stehenden Ressourcen als auch die Lebenssituation ihrer Klienten auswirken. Hier greift Hosemann auf Thomas Piketty zurück, der die Ursachen für die immer größer werdenden Einkommens- und Vermögensunterschiede in den Industriestaaten analysiert hat. Auch Piketty lehnt Erklärungsansätze ab, deren linear-determinierten Verlaufslogiken ein erweitertes Verständnis von Ungleichheit und Ungerechtigkeit verhindern. Für die Soziale Arbeit bedeutet das, dass sie ihren Blick auf nur bedingt berechenbare Prozesse und nicht auf abgegrenzte Problemlagen richten muss. Sie muss sich also fragen, von welcher Umwelt sie umgeben und wie sie an der Herstellung dieser Umwelt beteiligt ist. Ökologisch gedacht, muss sie nach den von ihr getroffenen Unterscheidungen fragen. Die Konstruktionsweise der Unterschiede weist dabei zugleich über die Beziehungsarbeit zwischen Sozialarbeiter und Klient hinaus, denn Unterschiede sind ebenso in Organisationen und Institutionen eingeschrieben, die von vorne herein Bedingungen für Kommunikationsmöglichkeiten setzen. Kritik stellt sich somit als Kunst dar, solche Unterschiede zu erzeugen, die alternative Wege aufzeigen und ermöglichen.

Die bereits in den 1990er Jahren geführten Debatten um „lernende Organisationen" haben die zunehmend wichtiger werdende Rolle von Wissensmanagement für die System-Umwelt-Kopplung hervorgehoben, blieben oftmals aber auf Organisationen beschränkt. Kritik fand damit höchstens auf intraorganisationaler Ebene statt. Überlegungen folgend, dass Kritik immer nur an eine ganz bestimmte Adresse adressiert werden kann, stellt *Helmut Lambers* fest, dass Kritik als Gesellschaftskritik unter den Bedingung einer funktional ausdifferenzierten Gesellschaft ins Leere läuft. Steht Gesellschaft als unerreichbares Ganzes nicht zur Verfügung, geraten Organisationen mit ihren jeweils spezifischen Codes als Ort der Sinnkonstruktion in den Blick von Kritik. Kritik bezieht sich dann auf die personalen und organisationalen Kommunikationsverbindungen, also auf die konkrete Gestaltung der Wissensarbeit. Für sozialwirtschaftlich orientierte Organisationen stellt sich damit die Frage, wie das Verhältnis von organisationalem System und seiner Umwelt gefasst werden muss, da die Nutzer und Adressaten der sozialen Dienstleistungen als Ko-Produzenten auftreten. Lambers schlägt deshalb ein Organisationsmodell vor, mit dem Wissensmanagement sowohl auf intra- als auch interorganisationale Wissensproduktion eingehen kann, indem es Organisationskommunikation als „offene" und nicht als „operativ geschlossene" versteht.

Auf der Grundlage anerkannter Positionen zur Kritik exklusionsfördernder Praxis Sozialer Arbeit zum einen, methodischen Maximen der Lebensweltorientierung und radikal-konstruktivistischer Differenzpostulate zum anderen entwickelt *Stefan Bestmann* eine Leitvorstellung einer lösungsfokussierten sozialraumorientierten Sozialen Arbeit. Er vereint den aus der Milwaukee-Schule stammenden Ansatz der Lösungsorientierung mit dem Fachkonzept der Sozialraumorientierung zu einem Ansatz systemisch-kritischer Praxis Sozialer Arbeit, die die Autonomie des Klienten/der Klientin als Rechtsanspruch ebenso wie als Wirksamkeitsvoraussetzung für die Intervention ernst nimmt. Eine systemisch-kritische Praxis der Sozialen Arbeit achtet den Klienten als Experten seiner Veränderungspotenziale, als Kreator von Lösungsvisionen und als selbstbestimmten Produzenten seiner tatsächlichen Veränderung – und letztlich muss der Erfolg der Intervention von ihm bewertet werden. Systemisch-kritische Praxis Sozialer Arbeit versteht sich daher als Ermöglichungsarbeit und als dialogische Praxis, die sich für die individuellen Entwürfe von Lebensqualität seitens des Klienten interessiert und sie nicht der Standardisierungslogik einer expertokratischen Versorgungsqualität opfert. Zu einer solchen Praxis gehört auch anzuerkennen, dass prekäre Bedingungen der Lebenslage zum einen den Nährboden bilden für abweichende Bewältigungsformen, zum anderen aber auch jene Anforderungen darstellen, mit denen sich neue Lösungen arrangieren müssen. Dem Ansatz der Lösungsorientierung entsprechend ist es daher der Blick auf die „Stärken" innerhalb der Problemsituation und sind es gerade die Ausnahmeerfahrungen des Gelingens, die den Klienten in eine aktive und produktive Rolle bei der Alltagsbewältigung zurückbringen.

Die Beiträge in diesem Buch lassen, trotz der erheblichen thematischen Diversität, der Unterschiedlichkeit sowohl der Ausgangspositionen als auch der Zielperspektiven und der Verschiedenheit der argumentativen Vorgehensweisen, doch einige weitgehend gemeinsame quasi „systemisch-kritische Leitvisionen" aufleuchten, die vielleicht schon ein Fundament für jene Brücke andeuten, die zwischen einem kritischen Grundinteresse einerseits und systemischen Modellvorstellungen andererseits errichtet werden kann. Dabei treten zwei unterschiedliche Ausgangspositionen in Erscheinung: Zum einen gibt es den mit dem Begriff einer „Kritischen Systemtheorie" verbundenen Versuch, ausgehend von der Kritischen Theorie nach analytischen Potenzialen der Systemtheorie zu suchen, die vor allem strukturbildend den Leithypothesen der Kritischen Theorie argumentative Unterstützung bieten. Der Begriff des Kritischen ist hier aus dem Blickwinkel der Kritischen Theorie, nicht aus dem der Systemtheorie, normativ, nämlich herrschaftskritisch, definiert und ausgerichtet auf ein spezifisches Feld der Kritik, Gesellschaftskritik. Zum anderen wird versucht, unabhängig von der Kritischen Theorie der Systemtheorie selbst ein kritisches Potenzial zuzuschreiben, welches es unter der Maßgabe eines anderen, nicht normativ fixierten Kritikbegriffs freizulegen gilt. Hierher gehört etwa die Auffassung, dass die Erkenntnis der Kontingenz bereits zur Kritik befähigt, insofern sie grundsätzlich die Möglichkeit alternativer Unterscheidungspraxen wie auch die „blinden Flecken" je spezifischer Unterscheidungen sichtbar macht. Solche Kritik unterscheidet nicht nach richtig und falsch, sie entscheidet nicht pragmatisch, sie ist eine Praxis des Mehr-Sehen-Könnens, des Denkens in Alternativen und des Vergleichens.

Wir hoffen, mit der Zusammenstellung dieser Beiträge zum einen ein gewisses Fundament an gemeinsamen Positionen zwischen kritischem und systemtheoretischem Denken, zum anderen – über die theoretischen Berührungspunkte hinaus – einige exemplarische Zugänge zum Kritischen in Wissenschaft und Praxis der Sozialen Arbeit aus systemtheoretischer Perspektive präsentieren zu können. Dieses Buch will dennoch nicht mehr sein als ein Diskussionsportfolio, das unterschiedliche Fragestellungen ohne einen übergeordneten Anspruch auf eine Systematik zusammenträgt – auch wenn verschiedentlich für eine solche schon Strukturierungsversuche anklingen. Diese Bescheidenheit ist zum einen, dem noch recht ungeordneten Stand des Diskurses geschuldet, zum anderen der Entstehungsgeschichte des Buches. Die in diesem Band versammelten Beiträge beruhen teilweise auf Vorträgen im Rahmen der Tagung der Deutschen Gesellschaft für Systemische Soziale Arbeit (DGSSA) im November 2015, die hier in erweiterter und modifizierter Form vorliegen, teilweise sind sie unabhängig von der Tagung oder auch in Auseinandersetzung mit der Tagung entstanden.

Berlin, Ludwigshafen am Rhein, im August 2017

Wolfgang Krieger   Sebastian Sierra Barra

Literatur

Amstutz, Marc/Fischer-Lescano, Andreas (Hrsg.)(2013): Kritische Systemtheorie. Zur Evolution einer normativen Theorie. Bielefeld: transcript.

Breuer, Stefan (1987): Adorno/Luhmann: Konvergenzen und Divergenzen von kritischer Theorie und Systemtheorie. *Leviathan*, Nr. 15, S. 91-125.

Brunkhorst, Hauke (2014): Kritik und kritische Theorie. Baden-Baden: Nomos.

Farzin, Sina (2011): Die Rhetorik der Exklusion. Zum Zusammenhang von Exklusionsthematik und Sozialtheorie. Weilerswist: Velbrück.

Harney, Klaus (1975): Sozialarbeit als System – Die Entwicklung des Systembegriffs durch N. Luhmann im Hinblick auf eine Funktionsbestimmung sozialer Arbeit. *Zeitschrift für Soziologie*, Jg. 4, H. 2, S. 103-114.

Hartmann, Jutta/Hünersdorf, Bettina (2013): Was ist und wozu betreiben wir Kritik in der Sozialen Arbeit? Eine Einführung. In: Hünersdorf, Bettina/Hartmann, Jutta (Hrsg.): Was ist und wozu betreiben wir Kritik in der Sozialen Arbeit? Disziplinäre und interdisziplinäre Diskurse. Wiesbaden: Springer, S. 9-30.

Hosemann, Wilfried/Geiling, Wolfgang (2013): Einführung in die Systemische Soziale Arbeit. München/Basel: Reinhardt.

Hünersdorf, Bettina (2013): Systemtheorie als kritische Theorie der Sozialen Arbeit? In: Hünersdorf, Bettina/Hartmann, Jutta (Hrsg,.); Was ist und wozu betreiben wir Kritik in der Sozialen Arbeit?. Disziplinäre und interdisziplinäre Diskurse. Wiesbaden: Springer, S. 165-188.

Krieger, Wolfgang (2010): Systemische Ansätze im Überblick und ihre Anwendungen in der Sozialen Arbeit. In: Ders. (Hrsg.): Systemische Impulse. Theorieansätze, neue Konzepte und Anwendungsfelder systemischer Sozialer Arbeit. Stuttgart: ibidem, S. 25-70.

Krieger, Wolfgang (2017): Was ist am systemischen Denken kritisch, was am kritischen systemisch? In diesem Band.

Osthoff, Ralf (2017): Anregungspotenziale der soziologischen operativen Systemtheorie für eine kritische Soziale Arbeit. In diesem Band.

Pahl, Hanno/Meyer, Lars (2009): Soziologische Aufklärung gestern, heute, morgen: Luhmanns Systemtheorie der Gesellschaft als Fortschreibung Kritischer Theorie? In: Elbe, Ingo/Ellmers, Sven (Hrsg.): Eigentum, Gesellschaftsvertrag, Staat. Begründungskonstellationen der Moderne. Münster: Westfälisches Dampfboot, S. 279-311.

Scherr, Albert (2013): Systemtheorie als kritische Gesellschaftsanalyse? Möglichkeiten einer anderen Luhmann-Lektüre. In: Braches-Chyrek, Rita u.a. (Hrsg.): Bildung, Gesellschaftstheorie und Soziale Arbeit. Berlin/Toronto: Barbara Budrich, S. 59-72.

Scherr, Albert (2015): Systemtheorie und Differenzierungstheorie als Kritik: Perspektiven in Anschluss an Niklas Luhmann. Weinheim: Beltz/Juventa.

Wagner, Elke (2005): Gesellschaftskritik und soziologische Aufklärung. In: *Berliner Journal für Soziologie*, H.1, S. 37-54.

Teil I

Systemtheorie und Kritische Theorie – Zur Einführung

Wolfgang Krieger

Was ist am systemischen Denken kritisch, was am kritischen systemisch?

> „Kein Licht ist auf den Menschen und Dingen, in dem nicht Transzendenz widerschiene." *(Adorno, Negative Dialektik)*

1. Einleitung

Der Titel dieses Beitrags suggeriert zwei Hypothesen, nämlich zum Ersten, dass kritisches Denken vielleicht ein systemtheoretisches Fundament haben könnte, und zum Zweiten, dass den Systemtheorien vielleicht ein kritisches Potenzial immanent sei. Beides könnten zunächst theoretisch unvorbelastete Vorannahmen sein, aber beides kann auch viel heißen.

Ersteres kann heißen, dass kritisches Denken – als gesellschaftskritisches Denken – möglicherweise nicht ohne einen spezifischen Begriff des (gesellschaftlichen wie ökonomischen) Systems auskommen kann und dass es als „Strukturkritik" einerseits zu einer spezifischen *Form* der Kritik gerät wie auch andererseits vielleicht gerade durch die Form des Kritisierens das System in besonderer Weise *konstruiert*. Systemisch kann kritisches Denken auch darin sein, dass es in dem, was es kritisiert, die Gestalt des Systemischen erkennt, vielleicht auch gerade die je historisch konkrete Gestalt zum Gegenstand ihrer Kritik macht. Es kann auch heißen, dass der praktische Impetus der Kritik letztlich auf eine systemische Veränderung hinzielt und insofern der Blick auf die Seite des Effektiven immer schon – teleologisch und utopisch zugleich – einen Blick aufs System als Ganzes voraussetzt. Es kann auch heißen, dass kritisches Denken vielleicht seine normative Basis – quasi „von oben" – aus einem Ideal des Gesellschaftlichen gewinnt, welches als System entworfen wird und vielleicht nur systemisch überhaupt ein Ideal sein kann.

Zweiteres – die Annahme, dass den Systemtheorien vielleicht ein kritisches Potenzial immanent sei – kann heißen, dass in den systemtheoretischen Modellkonstruktionen immer schon ein bewertendes und somit zur Kritik befähigendes Element oder Potenzial steckt, welches es selbstreferentiell freizulegen gilt.[1] Es kann auch heißen, dass man mit systemtheoretischen Perspektiven Gesellschaft oder andere lebende Systeme so analysieren kann, dass sich dort Verhältnisse in ihrer Kontingenz erkennen und in diesem Sinne gegenüber einer Kritik öffnen lassen, mehr noch, dass die systemische Sicht in den Systemen ein Potenzial freizulegen oder zu fördern vermag, dass sie selbst zur Kritik befähigt und durch Kritik sich wandeln lässt. Es kann vielleicht sogar bedeuten, dass man aus dem systemtheoretischen Denken einen normativen Maßstab ableiten kann, von welchem aus sich gegebene Verhältnisse als irgendwie unangemessen, als widersprüchlich, als ungerecht kritisieren lassen.

Wenn, wie Marc Amstutz und Andreas Fischer-Lescano behaupten, Systemtheorie eine „Passion für Subversion, Abweichung und Variabilität"[2] hat, dann kann ihr auch das Potenzial zugeschrieben werden, dass sich mittels ihrer Perspektiven alternative Standorte kreieren lassen, von welchen aus das Gegebene anders erscheint, als es in vordergründiger Betrachtung erscheint. Mit der Gewährleistung einer Alterität der Sichtweise ist verbunden, das sich im Modus einer Gegenüberstellung die gewohnheitsmäßige Erscheinung und mithin alle mit ihr assoziierten Strukturen kritisieren lassen.

Allerdings ist diese Behauptung von Amstutz und Fischer-Lescano keineswegs evident und im Mainstream der Kritischen Theorie erscheint die Systemtheorie eher als ein Zyklop, dem ein zweites Auge für Veränderungen von Natur aus fehlt.[3] Es wird ihr vielmehr zumeist vorgeworfen, die kapitalistische

---

[1] Es ist angesichts der Vielfalt systemisch orientierter Ansätze freilich nicht davon auszugehen, dass zu dieser Frage eine einheitliche Position über all diese Ansätze hinweg zu finden ist. Da schon im Verständnis der systemischen Modelle sehr unterschiedliche ontologische Prämissen gesetzt werden, kann es nicht verwundern, dass die Frage nach möglicher Normativität systemtheoretisch höchst kontrovers beantwortet wird. Von dieser hängt weitgehend ab, ob und in welcher Weise dem systemischen Konzept ein kritischer Gehalt zugesprochen werden kann. Vgl. zur Diversität systemisch orientierter Ansätze im Allgemeinen und in der Sozialen Arbeit im Besonderen Krieger 2010a und 2010b.
[2] Amstutz/Fischer-Lescano 2013a, S. 10.
[3] Vgl. die verschiedenen „Sozialtechnologie"-Vorwürfe bei Habermas, die die luhmannsche Systemtheorie als herrschaftskonform, affirmativ und kritikunfähig kennzeichnen, etwa Habermas/Luhmann 1971, S. 170 f., Habermas 1985, S. 429 f.

(ökonomische) Ordnung sozialer Strukturen durch Abstraktion zu verschleiern und durch ihren bloß beschreibenden Anspruch unterschwellig affirmativ zu werden und sich damit den Reproduktionszwängen der Gesellschaft kritiklos zu unterwerfen (Ideologievorwurf).[4] Die Bemühungen seitens der Kritischen Theorie, sich auf das luhmannsche Projekt einzulassen, sind daher spärlich.[5] Allerdings lassen sich in der neueren kritischen Soziologie Entwicklungen wahrnehmen, die einige Kongruenz mit der analytischen Methodik der Systemtheorie aufweisen, so etwa die Ansätze zu einer „kritischen Soziologie der Kritik" von Boltanski[6], von Vobruba[7] oder von Lessenich[8] oder der Ansatz zu einer „kritischen Gesellschaftstheorie unter Kontingenzbedingungen" von Bonacker[9]. Auf der anderen Seite gibt es zum einen Vertreter der luhmannschen Position, die seine Systemtheorie als Fortschreibung der marxistischen Gesellschaftstheorie und sogar der Kritischen Theorie interpretieren,[10] zum anderen solche, die die Systemtheorie in einer Metaposition (Luhmann: „Supertheorie") gegenüber der Gesellschaftskritik und dem Geschäft der Kritischen Theorie sehen, die sie als externen Beobachter des gesellschaftlichen kritischen Treibens sehen, zu welchem auch die Kritische Theorie und mit ihr die Kritische

---

[4] Vgl. etwa zusammenfassend Demirović 2001, S. 22 ff. oder Füllsack 2010, S. 154-156; zur Ideologiekritik vgl. Reitz 2004. Demirović zeigt auf, dass einige Grundgedanken zu einer „Kritischen Systemtheorie" schon in den Siebzigerjahren bei Eberle und Ronge entstanden sind, insofern die Frage diskutiert wurde, ob die Systemtheorie als analytisches Instrument zur Kritik der politischen Ökonomie etwas beitragen könnte (ebenda).
[5] Vgl. etwa Demirović 2001, Pahl/Meyer 2009, Schimank 2015.
[6] Boltanski 2010, vgl. auch Boltanski/Honneth 2013.
[7] Vobruba 2013, Pahl, Hanno/Meyer, Lars 2009; eine frühe Arbeit zum Vergleich von Adorno und Luhmann findet sich bei Breuer 1987.
[8] Lessenich 2014.
[9] Bonacker schließt zum einen an Zygmunt Baumans Postulat eines „moralischen Kerns" im menschlichen Handeln an, gedacht als prinzipielle Verantwortlichkeit des Menschen in Interaktionsverhältnissen, zum andern an Baumans Begriff der Ambivalenz, der grundsätzlichen Unabschließbarkeit des Kontingenzproblems (vgl. Bonacker 2001, 2014). Letzteres erhebt er nun selbst zur normativen Kategorie, von welcher aus sich Kritik gegenüber Verdinglichungsphänomenen begründen ließe: „Kritische Gesellschaftstheorie fällt damit die Aufgabe zu, die Gesellschaft von ihrer Verdinglichung zu schützen, indem sie zeigt, dass jedes Handeln Kontingenz impliziert und dass Verantwortung gleichsam als unabgegoltener Rest wie eine Art normativer Stachel im Fleisch von Begründungsprozeduren sitzt." (Bonacker 2001, S. 175)
[10] So etwa Jessop 2009.

Soziale Arbeit gehören.[11] All diesen systemischen Positionen ist gemein: Kritik ist eine *gesellschaftliche* Leistung, nur teilweise eine der Wissenschaft, größtenteils eine anderer Subsysteme, die Wissenschaft ihrerseits beobachten kann. Kritik als Leistung *psychischer* Systeme kann hingegen – aus luhmannscher Sicht – Gesellschaft gar nicht erreichen, allenfalls kann sie auf dem Wege der Interpenetration zu einem Faktor der Ko-Evolution zwischen sozialen und psychischen Systemen geraten.[12] Die Entwürfe einer Kritischen Systemtheorie wandeln auf dem schmalen Grat zwischen Luhmanns Anspruch, soziologische Aufklärung zu betreiben, und der Versuchung, Gesellschaftskritik im emanzipatorischen Sinne zu leisten. Ersteres lässt sich deskriptiv bewältigen (als immanente Kritik), letzteres wird ohne Normen, ohne eine moralischen Ausgangspunkt von Kritik nicht auskommen (als normative Kritik).

1. Im Folgenden wollen wir zunächst eine Positionierung zum Begriff des *Kritischen* verfolgen und vor diesem Hintergrund einleitend die Frage untersuchen, inwiefern nicht schon die Entstehung systemischer Theorien kritischem Denken geschuldet ist, insofern sie als reflexive Praxis des Unterscheidens auftritt, und aus welchem Hintergrund heraus erkenntnisleitend die Kategorien des Unterscheidens gefunden werden.

2. In einem zweiten Schritt soll – quasi im Gegenzug – die Frage gestellt werden, ob nicht jedes kritische Denken im Anschluss an Marx implizit oder explizit seinerseits systemmodellierende Konzepte beanspruchen muss, um sich in Distanz zu Alltagstheorien begeben zu können. Zur Beantwortung dieser Frage wollen wir von Adorno über Habermas zu Honneth den Begriffen von „Kritik" und „System" nachgehen, die normativen Voraussetzungen von Kritik in diesen Ansätzen aufspüren und auf ihre systemtheoretische Anschlussfähigkeit hin untersuchen.

3. Weiterhin soll in einem dritten Schritt die Frage verfolgt werden, ob und inwiefern systemtheoretische Analysen als *Instrumente der Kritik* fungieren können. Hier soll zum einen der Anspruch konstruktivistisch-systemischer Theo-

---

[11] So etwa Fuchs 2013, S. 109, Wagner 2005, 2012, 2013. Vgl. auch Lehmann 2015. Seitens der Kritischen Theorie wurde schon der Anschluss Luhmanns an Marx als pervertierende Bedrohung erlebt, der Anspruch nun, als Supertheorie souverän zur Beobachtung der Kritischen Theorie überzugehen, muss dieser nun als Anspruch vollkommener Verblendung erscheinen, wie Demirović beschreibt, wenn die Systemtheorie sich ihrer eigenen affirmativen Befangenheit nicht bewusst ist (vgl. Demirović 2001, S. 27).

[12] Vgl. Fuchs 2013, S. 102.

rien, normative Positionen hervorbringen zu können, die eine kritisch-emanzipatorische Ethik begründen und von ihr her einen Ausgangspunkt für Kritik schaffen könnten, grundsätzlich geprüft werden. Zum anderen soll untersucht werden, welche Ansätze in der neueren systemisch-kritischen (oder kritisch-systemischen) Soziologie bestehen, die Systemtheorie Niklas Luhmanns für den Zweck der Gesellschaftskritik nutzbar zu machen bzw. sie als Instrument der Beobachtung gesellschaftlicher Kritik zu interpretieren.

4. In einem vierten Schritt soll der Frage nachgegangen werden, inwieweit die seit der Habermas-Luhmann-Kontroverse[13] schon traditionelle Entgegensetzung von Systemdenken und Kritischer Theorie aus heutiger Sicht noch berechtigt ist. Neuere Ansätze zur Auslotung des kritisch-emanzipatorischen Potenzials der luhmannschen Systemtheorie („Kritische Systemtheorie") versuchen, durch vergleichenden und systematischen Aufweis von Ähnlichkeiten das Gegensatzpostulat zu relativieren: Kann man mit systemtheoretischen Perspektiven Gesellschaft oder andere lebende Systeme so analysieren, dass sich dort Verhältnisse in ihrer Kontingenz erkennen und sich in ihrer Eingeschränktheit kritisieren lassen? Wir wollen zwei Ansätze zu dieser Frage hier referieren.

5. Schließlich sollen am Ende bilanzierend einige Gemeinsamkeiten und Differenzen zwischen der luhmannschen Systemtheorie und der Marxistischen Theorie herausgestellt werden, um das Potenzial für den Ertrag einer wechselseitigen Reflexionsarbeit „in kritischer Absicht" zwischen den Ansätzen umreißen zu können. Zur Markierung eines systemischen Kritikmodells wollen wir dann abschließend den Versuch wagen, Leitvorstellungen für ein systemtheoretisch anschlussfähiges Kritikverständnis und für eine systemisch-kritische Wissenschaftspraxis im Paradigma systemisch-konstruktivistischer Theoriebildung zu entwerfen.

2. Zum Begriff der Kritik und des Kritischen

In Platons „Politik" wird der Begriff der Kritik als kritische Technik eingeführt in einem Verständnis, welches der luhmannschen Systemtheorie sehr angemessen erscheint, nämlich als eine Kunst des Unterscheidens (Luhmann: „Die Para-

---

[13] Vgl. Habermas/Luhmann 1971.

doxie der Form"[14]). Die auf Spencer Brown zurückgehende Lehre der unterscheidenden Operationen, die Beschreibung und Beobachtung hervorbringen, ist in diesem Sinne schon Praxis der Kritik.[15]

Da der Beobachter nur sehen kann, was ihn seine Unterscheidungen sehen lassen, ist Kritik immer schon *in einem* sehend wie auch blind. Das Wissen um diese Tatsache, welches selbstreflexiv zu gewinnen ist, macht nun erst das aus, was im eigentlichen Sinne und allemal im wissenschaftlichen Sinne Kritik heißt, nämlich einerseits zu untersuchen, was geschehen ist, welche Unterscheidung zur Anwendung gekommen ist, und andererseits, nach dem anderen zu suchen, demgegenüber die Unterscheidung blind geblieben ist, nach dem „blinden Fleck". Kritik ist in diesem Sinne der Versuch, etwas anders zu sehen. Sie schafft damit zunächst die Möglichkeit, etwas zu vergleichen, sie setzt aber zugleich voraus, dass überhaupt etwas verglichen werden kann. Dieses konstruiert sie als das Andere.

Dieser Versuch, etwas anders zu sehen, impliziert also, dass gesagt werden kann, was verglichen wird, welches „anders als" gemeint ist: anders als vorher, anders als üblicherweise, anders als die Position eines anderen? Eine begriffliche Klärung ist hier notwendig: Soll Kritik jedes fortschreitende Suchen nach alternativen Sichtweisen heißen, das nur irgendwie eine zuvor bestehende Position zum Ausgang nimmt? Oder soll immer impliziert sein, dass die Positionen anderer, vielleicht auch die des Alltagsdenkens, vielleicht auch des Mainstream, analysiert werden, um sich von ihnen zu distanzieren? Soll Kritik, wie dies etwa in Kants Kritiken noch festzustellen war, schlicht fortschreitende konstruktive Analyse sein, oder soll sie dekonstruktive Zerlegung, Aufweis der immanenten Widersprüchlichkeit, der unerkannten Voraussetzungen und blinden Flecken usw. sein?

Rahel Jaeggi und Tilo Wesche[16] haben in ihren einführenden Überlegungen zur Frage „Was ist Kritik" an einem solchen noch offenen Verständnis von Kri-

---

[14] Luhmann 1993a. Zum Verständnis von Kritik als Praxis der Unterscheidung bei Luhmann vgl. Lehmann 2015; Lehmann konkretisiert ihren Kritikbegriff wie folgt: „[...] als Kritik soll hier verstanden werden jede Beobachtung von Beobachtungen auf deren Kontingenz hin, also auch jede Beobachtung von Systemen auf deren Komplexität hin und jede Beobachtung von Gesellschaft auf deren In- bzw. Exklusivität hin" (Lehmann 2015, S. 107).

[15] Deutlicher wird dies, wenn man die Hegelschen Wurzeln der Unterscheidungslogik vergegenwärtigt, was hier nicht weiter ausgeführt werden kann. Vgl. hierzu Reisinger 1997, Wille 2012.

[16] Jaeggi/Wesche 2013, S. 8.

tik angeknüpft und eine ganz Reihe, ich will sie nennen „*Verhältnisfragen*", gestellt, die essentiell sind für jeden theoretisch fundierten Kritikversuch. Sie gehen dabei davon aus, dass durch die Kritik etwas, das bisher (zumindest in einer bestimmten Weise) unhinterfragt geblieben ist, neu gesehen werden kann. Ich will diese *Verhältnisfragen* kurz in eigenen Worten zusammenfassen und zugleich etwas weiterführen:

1. Wie ist das Verhältnis zwischen dem Kritisierten und dem neu Gesehenen?
    a. Genügt die Negativität der Kritik oder braucht es einen konstruktiven Gegenentwurf?
    b. Kann ohne ein Neues überhaupt etwas kritisiert werden? Geht die Sicht des Neuen der Möglichkeit zur Kritik voraus?
    c. Ist im neu Gesehenen etwas verborgen, was selbst voraussetzungshaft ist?
2. Welches sind die Maßstäbe, mittels derer etwas als falsch, mangelhaft, inadäquat kritisiert werden kann?
    a. Reichen diese Maßstäbe über das Partikulare hinaus, sind sie allgemein anerkennenswert, d.h., entsprechen sie gesellschaftlichen oder wissenschaftlichen Normen?
    b. Oder sind es Maßstäbe, die das Kritisierte selbst behauptet zu vertreten?
    c. Ist es Binnenkritik („innere Widersprüchlichkeit") oder externe Kritik (von einer „Metaposition" aus), immanente[17] oder transzendente Kritik?
3. Wie steht der Kritiker zum Kritisierten?
    a. Hat er Distanz zum Kritisierten[18] oder qualifiziert ihn gerade die Nähe zum Kritisierten als Kritiker?

---

[17] „Immanente" Kritik verfährt grundsätzlich „textintern" oder „werkintern" hermeneutisch, während bei „externer", „normativer" oder „Standpunktkritik" einem Text eine andere, diesem nicht zugrunde liegende Position gegenübergestellt wird. Eine immanente Kritik der Gesellschaft ist analog hierzu zu verstehen als Kritik der Gesellschaft an den Maßstäben, die sie sich selber auferlegt (vgl. etwa Kieserling 2015, S. 140 ff.). In sehr gründlicher Weise erarbeitet Stahl die Differenzen zwischen „interner" und „externer" Kritik, um damit den Begriff „rekonstruktiver immanenter Kritik" zu begründen (vgl. Stahl 2013, S. 26 ff.). Zu den Merkmalen immanenter (Gesellschafts-)Kritik vgl. die Zusammenstellung von Jaeggi 2013, S. 286 ff. (hier liegt ein dialektischer Kritikbegriff zugrunde) und die Beiträge in Romero 2014.

[18] Distanz ist zunächst eine allgemeine Voraussetzung zur Kritik: Der Kritiker muss dem zu Kritisierenden so gegenüber treten, dass er es als relativen Sachverhalt erkennt, in Vergleich

b. Sieht er sich als Fortführer, als Weiterentwickler des kritisierten Standpunktes oder als Kontrahent, als ein grundlegend anders Orientierter?
4. Wie verortet sich die Kritik im Theorie-Praxis-Verhältnis und wie rechtfertigt sie sich in diesem?
   a. Genügt es, Verhältnisse und Legitimationspraxen zu kritisieren, indem man ihre Folgen hinsichtlich des sozialen Leides aufweist?
   b. Oder braucht es zuerst einen explizierten theoretischen Standpunkt, aus welchem heraus sich soziale Erfahrungen als Ergebnis von Strukturen transformieren lassen?

Für unsere nachfolgende Diskussion ist vor allem die zweite Frage von zentraler Bedeutung, denn die Vermutung eines „kritischen Potenzials" der Systemtheorie(n) kann in Abhängigkeit von je spezifischen Begriffen der Kritik sehr unterschiedlich hergeleitet werden.[19] Es gibt sowohl den Versuch einer „normativen Kritik",[20] die auf dem Postulat einer theorieimmanenten Normativität aufbaut (so etwa manche ethischen Positionen im Radikalen Konstruktivismus)[21], als auch den Versuch einer „nicht-normativen Kritik", die den Maßstab der Kritik nicht aus einer Metaposition herleitet, sondern dem Gegenstand der Analyse selbst entnimmt (so hier das Konzept einer Kritischen Systemtheorie nach Wagner).

---

bringen kann zu Alternativen und dadurch bewerten kann (vgl. Scheu/Autrata in diesem Band, Abschnitt 2).

[19] Diese Fragen systematisch zu bearbeiten, existiert hier bei weitem nicht der Raum. Alle Fragen tauchen aber explizit oder implizit in den nachfolgenden Abschnitten im Hintergrund der Argumentation mit Notwendigkeit auf.

[20] Zum Begriff der „normativen Kritik" vgl. Krüger 2013, kritisch Ritsert 2008.

[21] All diese Positionen kommen logischerweise nicht ohne die Struktur eines naturalistischen Fehlschlusses aus, d.h. sie schließen aus dem, was sie als gegeben beschreiben, dass hierin ein Sollen mitgegeben sei (vgl. hierzu Abschnitt 6 in diesem Artikel). Dies gilt für evolutionstheoretische Ethikversuche nicht minder als für den Anspruch der Ideologiekritik der Frankfurter Schule, Analyse und Kritik zugleich sein zu können. Erstere sieht das Normative als biologisches Programm – also intern – dem Lebendigen eingeschrieben (als ob es damit schon moralisch legitimiert wäre), zweitere postuliert einen apriorischen Hintergrund der Kritik – also extern – im Sein der Vernunft (als ob damit Herrschaft immer schon illegitim wäre). Vgl. Geuss 1981 und zur Kritik evolutionstheoretischer Ethik Koslowski 1984, S. 45 ff. und Krieger 2004, S. 692-695.

3. Ist nicht schon die Entstehung systemischer Theorien kritischem Denken geschuldet?

Systemtheoretische Modellierungen sind (angefangen bei Ludwig von Bertalanffys Allgemeiner Systemtheorie, über die strukturell-funktionale Systemtheorie von Talcott Parsons, die kybernetische Systemtheorie, bis hin zu Luhmanns funktional-struktureller Systemtheorie und den biologisch begründeten Modellen lebender Systeme von Maturana/Varela) *Konstruktionen*,[22] die ihren Anfang nehmen in der Erfindung von Elementen, die miteinander operieren und so in einer bestimmten Hinsicht in ihrer Gesamtheit ein System bilden, welches sich gegenüber einer Umwelt infolge dieser Hinsicht abgrenzen lässt. Am Anfang dieses Modellierens steht die Beobachtung, dass etwas geschieht, dass in dieses Geschehen Elemente eingebunden sind und diese im Geschehen aufeinander Einfluss nehmen. Wenn dies mit Regelmäßigkeit geschieht, wenn der Beobachter beginnt, Muster zu erkennen, dann offenbart sich ihm in nuce ein System.

Dieser Anfang ist eine analytische Operation. In ihr werden bestimmte Ereignisse und bestimmte Elemente hervorgehoben, sie werden unterschieden zum einen, zu einander in Beziehung gesetzt zum anderen, und dies geschieht nicht grundlos, wie später die Theorie des Beobachters reflektiert. Unterscheidung und Verbindung sind die operativen Grundzüge von Kritik. Ich zitiere wieder Jaeggi und Wesche:

> *„Kritik bedeutet immer gleichzeitig Dissoziation wie Assoziation. Sie unterscheidet, trennt und distanziert sich; und sie verbindet, setzt in Beziehung, stellt Zusammenhänge her. Sie ist anders gesagt, eine Dissoziation aus der Assoziation und eine Assoziation in der Dissoziation."*[23]

---

[22] Dies gilt für die vorgenannten Positionen. Abweichend hiervon wird im emergentistischen Systemismus Mario Bunges, auf welchen sich in der Theorie der Sozialen Arbeit vor allem Werner Obrecht und Sylvia Staub-Bernasconi beziehen, eine systemische Ontologie in Anspruch genommen (vgl. etwa Obrecht 2005, S. 1 und S. 9). Ob im marxistischen Denken bzw. in Positionen der Kritischen Theorie von einem systemischen Realismus ausgegangen werden kann, ist strittig; allerdings bestehen im Entfremdungspostulat bereits notwendigerweise ontologische Implikationen, von welchen in der Konsequenz eine marxistische Systemtheorie schwerlich freizuhalten sein wird.

[23] Jaeggi/Wesche ebenda, S. 8.

Kritik im Verständnis der Kritischen Theorie wird dies nicht genügen, denn sie wird den Weg des Dissoziierens immer schon begründet sehen von einem emanzipatorischen Erkenntnisinteresse, vom Widerspruch gegenüber einem Eigentlichen, mit dem sich die Kritik dann „assoziiert", und sie wird – im Glauben an eine soziale Vernunft – die Kritik immer als einen Vorgang dialektischen gesellschaftlichen Handelns sehen, letztlich ausgerichtet auf ein einheitliches historisches Ziel (sei es Aufhebung von Entfremdung, gutes Leben, Verteilungsgerechtigkeit, Praxis der Anerkennung).[24] Ihre Kritik ist *epistemologisch* darauf ausgelegt, wie Stephan Lessenich formuliert, „die in modernen Vergesellschaftungszusammenhängen steckenden, aber verborgenen und verhinderten Möglichkeiten individueller Entwicklung und kollektiven Fortschritts freizulegen"[25], und sie ist *normativ* vom Grundsatz bestimmt, „die herrschenden gesellschaftlichen Bedingungen und Verhältnisse an substanziellen Wertideen sozialer Emanzipation zu messen (…), die Sozialwelt nicht nur verschieden zu interpretieren, sondern sie zu verändern"[26].

Systemtheorien, die ein solches Ziel nicht als gegeben postulieren und einem begründbar Eigentlichen nicht vertrauen, operieren zwar möglicherweise mit den gleichen logischen Mitteln, aber nicht mit dieser normativen Vorentschiedenheit. Die Frage stellt sich: Operieren sie deshalb kritiklos? Was bringt den Beobachter dazu, *bestimmte* Unterscheidungen einzuführen, was möchte er sehen, was nicht? Was ist der Ursprung der Operation des Unterscheidens im Konkreten? Worauf beruht die Wahl der Mittel, die Wahl des Unterscheidungskriteriums? Aus welchem „Erkenntnishintergrund" heraus entstehen die Praxen des Unterscheidens? Wodurch bewähren sie sich, woran scheitern sie? Mit welchen blinden Flecken lässt sich leben, mit welchen nicht (und warum nicht)? Hinter diesen Fragen steht ein allgemeines Problem, ein wohl ungelöstes Problem der soziologischen Systemtheorie Luhmanns, nämlich die Frage nach der Erklärung des reduktiven Umgangs mit Kontingenz, nach dem praktischen Ver-

---

[24] Insofern gibt es eine Rückbindung des Erwünschten auf das Kritisierte. Konstruktivistisch lässt sich vermuten, dass die (Er-)Findung dessen, was kritisiert wird, keine creatio ex nihilo ist, sondern sich der Suche nach jenem verdankt, was einer erwünschten Praxis entgegensteht. Dieser dient Kritik sich an. „Dabei hat Ideologiekritik einen eigentümlichen Status: Sie ist nämlich gewissermaßen aktiv und passiv zugleich. Da sie immer auch auf den performativ-praktischen Effekt der ideologiekritischen Erschütterung zielt, ist sie, wie das von ihr Kritisierte, zugleich Theorie wie (als Theorie) Praxis." (Jaeggi 2013, S. 295)
[25] Lessenich 2014, S. 10.
[26] Ebenda.

hältnis von „Horizont" und „Selektion" bzw. „Information"[27]. In der Tat lässt sich auch die Frage stellen, warum die Praxis der dialektischen Phantasie, die ja auch eine Praxis des Unterscheidens, des Setzens und des Vergleichens ist, hier nicht auch einen berechtigten Platz in der Heuristik einnehmen sollte.

In gegenläufiger Perspektive stellt sich für die Kritische Theorie die Frage, welche Voraussetzungen notwendig sind, damit das, was als gesellschaftlicher Widerspruch in sozialen Praktiken erkannt wird, überhaupt ins Licht gerückt und einer „Grammatik des Widerspruchs" zugeführt werden kann. Gibt es eine Evidenz der Widersprüchlichkeit von institutionalisierten Normen und Ansprüchen auf der einen und sozialen Praktiken auf der anderen Seite oder der Widersprüchlichkeit zwischen verschiedenen Normen, die in einer konkreten Situation nicht zugleich einzuhalten sind? Braucht es nicht eine vorgängige bestimmte Praxis des Unterscheidens, damit Widersprüchlichkeit, je konkrete Widersprüchlichkeit, konstruiert werden kann?

4. Ist kritisches Denken nicht implizit oder explizit notwendigerweise Ergebnis systemmodellierender Konzepte?

Die marxistische Gesellschaftstheorie benutzt im Rückgriff auf ein hegelianisches Verständnis[28] den Begriff des Systems zur Kennzeichnung reproduktiver Strukturen des Kapitals, und zwar zum einen zur Bezeichnung des ökonomischen Reproduktionszusammenhangs, zum anderen als Bezeichnung der gesellschaftlichen Einheit. „Reproduktivität" bedeutet, dass sich in Prozessen der Veränderung etwas erhält, vielleicht sogar stabilisiert, was dennoch seine Form verändert. In der marxistischen Theorie des ökonomischen Systems ist dies der *Tauschwert*, der sich im Prozess der Zirkulation von Geld und Ware erhält und damit die Einheit des ökonomischen Systems im Kern ausmacht.[29] Aus systemtheoretischer Sicht fallen hier schon drei Aspekte auf, die auf zumindest Ähnlichkeiten zum luhmannschen Systembegriff hinweisen. Erstens: Das System wird nicht als territoriale und materiale Einheit gedacht, vielmehr ist es ein Funktionszusammenhang, der das System zum System macht. Zweitens: Es gibt

---

[27] Vgl. Luhmann 1984, S. 194 ff.; ferner Stäheli 2000, S. 100 f.
[28] Vgl. Hegel Werke Bd. 1, S. 385.
[29] MEW 1983.

in diesen Zirkulationsprozessen Momente der Selbstorganisation, die sich mit systemischer Logik beschreiben lassen. Drittens: Das System strebt nach Selbststabilisierung, es produziert binnendifferenzielles Wachstum und opponiert auf diese Weise gegen Entropie. Gewiss ließen sich noch weitere Parallelen finden, doch es soll hier zunächst bei diesen Andeutungen bleiben.

Trotz solcher Parallelen ist der Stellenwert des Systembegriffs in der marxistischen Theorie ein grundsätzlich anderer als in der Systemtheorie. Denn es ist „das System", das es zu *überwinden* gilt, das der Idee des freien Bürgers entgegengestellt wird. Diese dialektisch pragmatische Positionierung des Systems im marxistischen Theoriemodell braucht nicht nur das Axiom des Widerspruchs, sondern auch eine Norm, die erst dem Motiv der Überwindung seine Kraft verleiht.[30] Eine solche Norm erst ermöglicht der Kritik eine Richtung, gestattet ihr, ihr Ziel zu finden.

Wir wollen im Folgenden aufzeigen, dass der marxistische Systembegriff mit dem Begriff der Kritik in einem grundsätzlichen Zusammenhang steht. Er bildet infolge seiner normativen Aufladung – in verschiedenen Varianten von Marx über Adorno zu Habermas und Honneth – für die Möglichkeit zur Kritik ein essentialistisches Apriori. Der Kampf um die Fassung dieses Apriori ist eines der Leitmotive in der Entwicklung der Kritischen Theorie.[31]

4.1 System und Kritik bei Marx

Marx und Luhmann teilen die Ansicht, dass Gesellschaft nur dann verstanden werden kann, wenn sie als System verstanden wird. Auch für Marx war das Gesellschaftssystem schon ein sich selbst organisierendes System, allerdings keineswegs autonom, sondern in fundamentaler Abhängigkeit vom Wirtschaftssystem. Doch nicht unbedingt rekurrieren beide dabei auf denselben Systembegriff. Für Luhmann ist „das System" ein je besonderes in seinem Arrangement, als ein System neben anderen Systemen, und alles, was als System gesehen wird, ist nur System, weil es so konstruiert wird. Systemen kommt kein ontologischer Status zu. Für Marx ist „das System" hingegen ein allgemeiner systema-

---

[30] Vgl. hierzu die Kritik von Luhmann 1990, S. 233 an der Unterscheidung von „affirmativ" und „kritisch" in der Frankfurter Schule: „Sie ist ein spezifischer Fall von Blindheit; denn sie schließt die Möglichkeit aus, daß das, was als Gesellschaft sich realisiert hat, zu *schlimmsten Befürchtungen* Anlaß gibt, *aber nicht abgelehnt werden kann.*" (Hervorhebungen im Original)
[31] Vgl. Benhabib 1992.

tischer Zusammenhang tatsächlicher sozialer und ökonomischer Verhältnisse, „objektive gesellschaftliche Totalität", wie es Adorno nennt.[32] In dieser Totalität bildet es eine Einheit, ausgehend von einer Mitte, der Organisation von Arbeit und Wertschöpfung.[33] Es bezieht als soziales System seine Strukturen aus der Regelhaftigkeit des ökonomischen Systems, dessen soziale Dimension es quasi darstellt, manifestiert in den sozialen Formen der Produktionsverhältnisse, der Arbeit, der Tauschwertabstraktion, aber auch in Überbauphänomenen der mentalen Verdinglichung wie etwa des Ahistorismus und der Naturalisierung des Arbeitsbegriffes, der Legitimation der Konkurrenzgesellschaft bis hin zum Bewusstsein eigener Bedürfnisse. In der marxistischen Epistemologie steht der Systembegriff – ökonomisch als Bezeichnung für die Mechanismen der Reproduktion des Kapitals, sozial als Bezeichnung für die je historische Einheit der Gesellschaft – daher für etwas objektiv Gegebenes.[34] Dies bedeutet für den Theoriestatus, dass von der These eines ontologischen Fundamentes des Sozialen im Ökonomischen die gesamte Erklärungskraft der Theorie abhängig ist.

Nichtsdestoweniger wird das System bei Marx stets verhandelt als der Gegenstand der dialektischen Analyse, es ist darin jeweils historisch konkret und im Wandel, wenn es in seiner systemischen Qualität auch kategorial bestimmbar ist; es wird ihm Totalität zugeschrieben und ist doch nicht in idealer Vollkommenheit zu denken. Im Begriff des Systems wird kein utopisches Modell entwickelt. In seiner Auseinandersetzung mit Wagners Lehrbuch der politischen Ökonomie beharrt Marx darauf, dass er „niemals ein ‚sozialistisches System' aufgestellt habe"[35]. Es gibt also kein systemisches Ideal der sozialistischen Gesellschaft als Totalität. Der Rede vom System kommt vielmehr – mit Adorno gesprochen – stets ein „kritischer Charakter"[36] zu. D.h., das System bewegt sich fort in einer endlosen Geschichte der Widersprüche, es löst sich in keiner Totalität je auf.[37] Diese Geschichte der Widersprüche zu analysieren, setzt das System

---

[32] Adorno 1972, S. 289.

[33] Pahl zeigt auf, wie in der marxschen Argumentation der Begriff des Systems als reale Einheit der Kapitalzirkulation entsteht. In dieser Einheit erhält sich der Tauschwert in seiner Identität, so dass das System „zu einer übergreifenden, ‚autopoietischen' Entität wird, die eine ‚operative Schließung' des Systems herbeiführt." (Pahl 2004, S. 210)

[34] Vgl. hierzu etwa Pahl 2004, S. 208 ff.

[35] MEW Bd.19 1987, S. 357.

[36] Adorno 1974, S. 269.

[37] Auch in dieser Position gehen Marx und Luhmann überein. Dies ist eine deutliche Differenz zu Hegels Verständnis der Aufhebungsthese.

als modellhafte Rahmung voraus. Kritik vollzieht sich im Aufweis der Widersprüche, nicht als Differenz zu einer Utopie. Adorno hat – unter dem Diktum seiner Negativen Dialektik – den Systembegriff daher als Negativbegriff charakterisiert.[38]

Marxistische Kapitalismuskritik (und Kritische Theorie) postulieren eine umfassende, ja konstitutive Abhängigkeit des Gesellschaftssystems von Mechanismen der kapitalistischen Ökonomie. Kritik ist bei Marx somit im Kern immer Kritik der politischen Ökonomie. Sie findet also innerhalb des ökonomischen Systembegriffes statt. Marx orientiert sich hier ähnlich wie Kant zunächst an einem Kritikbegriff, der mit der beschreibenden und erklärenden Analyse gleichzusetzen ist. Gerne zitiert wird hier der Satz aus einem Brief an Lassalle:

> *„Die Arbeit, um die es sich zunächst handelt, ist Kritik der ökonomischen Kategorien oder, if you like, das System der bürgerlichen Ökonomie kritisch dargestellt. Es ist zugleich Darstellung des Systems und durch die Darstellung Kritik desselben."*[39]

Der Aufweis der kapitalistischen Funktionslogik ist Kritik. Also geht Kritik der Analyse nicht voraus, noch ist sie deren Ergebnis, sondern die strukturierende Darstellung selbst ist schon Kritik.[40] Wenn man so will, ist solche Kritik eine Praxis des „Darlegens", des Unterscheidens im Sinne Spencer Browns. Sie beschreibt – sie begründet keine Positionen.

Allerdings bleibt es in der marxschen Argumentation nicht bei der Bescheidenheit des Beschreibens. Vielmehr schreibt Marx seiner Analyse etwas Widersprüchliches mit ein, nämlich den Aufweis, dass alles auch anders sein könnte: Arbeit *muss* keine Lohnarbeit sein, Arbeitskraft *muss* keine Ware sein, Produkte *müssen* nicht für einen Markt geschaffen werden, Tauschwert und Gebrauchswert sind nicht in eins zu setzen. Die Vereinseitigung der Sichtweisen, das Missachten von Alternativität, ist das, was Ideologie ausmacht. Das in diesem Sinne Ideologische zu entlarven und seine Bindung an Interessen durchsichtig zu machen, war durchaus Sinn der marxschen Kritik.[41] In dieser Praxis des

---

[38] Adorno 1982. Zum „negativen System" vgl. auch Han 2016, S. 58 f.
[39] Brief an Ferdinand Lassalle vom 22. Febr. 1858 (MEW, Bd. 29, S. 550).
[40] Vgl. Heim 2013, S. 41.
[41] Marx hat seine Kritik nicht nur als analysierende Kritik der ökonomischen Verhältnisse, sondern auch als eine Theoriekritik entwickelt, die die Voraussetzungshaftigkeit der damals bestehenden Ökonomietheorien etwa von Adam Smith und David Ricardo zur Darstellung bringen wollte. Er hat ihre Befangenheit in apriorischen Vorannahmen, etwa zur Natur des

Hinweisens auf die Alternativität bewegt sich Marx in einer Linie mit Luhmanns Kontingenzbegriff. In der Zuschreibung von Interessen und im Aufweis von Verschleierung allerdings verlässt er die luhmannsche analytische Linie und überhaupt die deskriptive Bescheidenheit. In solcher Kritik bedarf es eines normativen Fundaments.

Die Frage ist: Bleibt es bei dieser reinen Feststellung der Kontingenz? Mit dem Primat des Ökonomischen setzt Marx das Licht, in dessen Schein alle anderen Systeme zu sehen sind, in dem sie „erscheinen". In einer so beleuchteten Theorie des sozialen Systems geraten die Arbeit, das Geschaffene und schließlich der Mensch und seine Beziehungen selbst zur Ware – und so verstanden ist Verdinglichung Entfremdung, Entfremdung von der eigenen Natur, vom Arbeitsprozess, vom Mitmenschen. Der Mensch ist Ergebnis der gesellschaftlichen Verhältnisse, bis in die Tiefe seines Bewusstseins dem „stummen Zwang der ökonomischen Verhältnisse"[42] unterworfen – dennoch wehrt sich etwas in ihm. Wenn man akzeptiert, dass die Totalität des gesellschaftlichen Einflusses auf den Einzelnen unbegrenzt ist, dann kann Letzteres nur zeigen, dass es in der kapitalistischen Ökonomie etwas Widersprüchliches geben muss, das sich im individuellen Bewusstsein artikuliert und Entfremdung anzeigt. Für Marx ist die Quelle dieses Widerstands der Widerstreit innerhalb der bürgerlichen Ideale.

Entfremdung zu erkennen, heißt, sich der marxschen Analyse anzuschließen und jene Mechanismen aufzudecken, die die Verdinglichung maskieren, die Gegebenheiten als naturgegeben, die Dinge als *Dinge an sich*, die Beziehungen als unabänderlich erscheinen lassen. Dies ist die Stelle, wo man sich die Frage stellen muss, ob die marxsche Theorie einen ethisch-normativen Maßstab kreiert, der mehr begründet als eine Analyse, nämlich eine ethisch fundierte Gesellschaftskritik. Oder, in einer Formulierung von Anne Steckner: „Was ist bei Marx die Rolle von Kritik in der *Bewertung* der durch sie beförderten Erkenntnisse?"[43]

Man kann Marx so lesen, dass die Interessen, die hinter den kapitalistisch-ökonomischen Prinzipien stehen, nicht die Interessen der Meisten sind, sondern

---

Warenwertes, nachgewiesen und damit den Raum alternativen Denkens erheblich erweitert. Zugleich sind seine eigenen Setzungen freilich auch nicht voraussetzungslos, insbesondere was die Tauschwertabstraktion und die Letztursächlichkeit des Ökonomischen für das Soziale angeht. Hier beginnt das Ideologische innerhalb der marxistischen Kritik.

[42] Marx: Das Kapital. Erster Band, S. 765.
[43] Steckner 2012, S. 156.

allenfalls den Vorteil weniger zum Ausdruck bringen. Dann widersprechen sie dem bürgerlichen Ideal der Gleichheit. Man kann Marx so lesen, dass die ökonomischen Verhältnisse die Entfaltung der inneren Natur des Menschen behindern. Dann widersprechen sie dem bürgerlichen Ideal der Freiheit. Dies ließe sich fortsetzen. Das normative Fundament der Kritik läge dann nicht in einem externen Standpunkt der Kritik selbst, sondern in den Orientierungen jener bürgerlichen Gesellschaft, die Marx analysiert. Kritik zeigt den gesellschaftsinternen Widerspruch auf zwischen Normen und institutionalisierter Realität bzw. zwischen Normen und anderen Normen, die sich nicht widerspruchsfrei gemeinsam beachten lassen, für einen bestimmten Bereich der institutionalisierten Realität aber zugleich eingefordert werden. Und Kritik zielt, wenn schon nicht auf die Aufhebung dieser Widersprüche, so doch auf die Transformation „der widersprüchlichen Situation in etwas Neues"[44]. Ein solches Verständnis von Kritik wäre systemtheoretisch unbedenklich, solange es bei der Analyse bleibt – der Schritt in den revolutionären Ertrag der Kritik lässt sich systemtheoretisch aber nicht legitimieren, denn er sprengt den logischen Rahmen dieser Kritik und verwandelt Kritik kurzschlüssig verbunden mit einem externen Ideal zu einem praktischen Programm.

4.2 System – Kritik – Mimesis bei Adorno

Wie steht es nun um das implizite systemtheoretische Denken der Kritischen Theorie, und wie steht es um die Möglichkeit von Kritik unter den Bedingungen des Systems? Adorno und Horkheimer haben wie Marx „das System" eng mit der Reproduktionsstruktur kapitalistischer Gesellschaften identifiziert, es darin objektiviert, und sie haben vom System gesprochen als „dem falschen Ganzen". „Das System" war in der marxistischen Perspektive einer konstruierten Totalität von vornherein als der *globale* Feind einer freien Gesellschaft entworfen, als ein übergeordnetes und alles durchwirkendes Ganzes, welches in seiner Totalität sowohl die herrschende Klasse als auch das Proletariat beherrscht, im Kern ein System der politischen Ökonomie, das aber bis hinein in die sozialen Beziehungen und ins Bewusstsein des Einzelnen alle Befindlichkeiten determiniert. Ein Zitat aus Adornos „Soziologischen Schriften" kann dies veranschaulichen.

„Es gibt so weit Verelendung wie die bürgerliche Klasse wirklich anonyme und bewusstlose Klasse ist, wie sie und das Proletariat vom System be-

---

[44] Jaeggi 2013, S. 287.

herrscht werden. (...) Aber die herrschende Klasse wird nicht nur vom System beherrscht, sie herrscht durchs System und beherrscht es schließlich selber. Die modifizierenden Umstände stehen extraterritorial zum System der politischen Ökonomie, aber zentral in der Geschichte der Herrschaft. Im Prozess der Liquidation der Ökonomie sind sie keine Modifikationen. Sondern selber das Wesen. Soweit betreffen sie die Verelendung: sie darf nicht in Erscheinung treten, um nicht das System zu sprengen."[45]

Das System ist die unter dem ökonomischen Prinzip integrierte Gesellschaft, „die, indem sie alles Einzelne durchdringt, eine Art negativer Identität von Allgemeinem und Besonderem erzwingt"[46], so schreibt Adorno. Hier klingen eine weitere Negativzuschreibung zum Systembegriff und ein erweiterter Begriff der totalen Gesellschaft[47] an, nämlich die Unfähigkeit, nicht der Identifikation zu erliegen, mit Diversität umzugehen, dem Nicht-Identischen gerecht zu werden, es überhaupt wahrzunehmen. Um diese Attribution des Systems zu verstehen, wollen wir nachfolgend Adornos Mimesisbegriff erläutern.

Wenn es aus der Verelendung einen Ausweg geben soll, so stellt sich die Frage, wie das Bewusstsein jener Menschen, die „bewusstlose Klasse" sind und blind „vom System beherrscht" werden, doch – kontrafaktisch – in der Lage sein soll, zu ihrem (falschen) Bewusstsein in Distanz zu treten. Es stellt sich die Frage nach dem Jenseits des Systems, systemisch gesprochen, nach dem aus dem System – mittels seiner Konstruktion – Ausgeschlossenen. Adorno ist sich über die Bedeutung dieser Frage im Klaren. In seiner Kritik der Kulturkritik formuliert er so passend, was für Kritische Theorie nicht minder problematisch ist:

„Dem Kulturkritiker passt die Kultur nicht, der einzig er das Unbehagen an ihr verdankt. Er redet, als verträte er sei's ungeschmälerte Natur, sei's einen höheren geschichtlichen Zustand, und ist doch notwendig vom gleichen Wesen wie das, worüber er erhaben sich dünkt."[48]

---

[45] Adorno 1972, S. 385.
[46] Adorno 1972, S. 186.
[47] In der Dialektik der Aufklärung wird weniger die kapitalistische Produktionsweise als die abendländische Zivilisation zum totalitären Phänomen. Hier verarbeitet Adorno seine Erfahrungen zu Nazi-Deutschland und seine Perspektiven zur totalitären Gesellschaft und zum autoritären Charakter. Beides wird erklärbar aus den Abwehrmechanismen des verdrängten Mimetischen. Vgl. Thies 2005, S. 8 ff.
[48] Adorno 1981a, S. 46.

In der Tat kann im Totalitätsanspruch der marxistischen Determinismusthese Kritik nur denkbar werden, wenn sie entweder Teil des Determinierten ist oder ein Zweites diesem gegenüber steht, das sich der Determination entziehen konnte. Beide Strategien sind in der Kritischen Theorie zu finden. Marx hatte sich für die erste Variante entschieden, indem er in den Idealen der bürgerlichen Gesellschaft jene selbstwidersprüchliche Substanz vermutet hat, aus der der Geist der Revolution sich nähren würde. Adorno schließt an Marx an in dieser Hinsicht, er geht aber zugleich auch den anderen Weg und hofft auf ein Relikt der menschlichen Natur, das unter günstigen Bedingungen gegenüber den Entfremdungsmächten widerspenstig bleibt. Er greift hier auf einen Ausdruck Walter Benja-Benjamins zurück, die Rede vom „mimetischen Vermögen"[49]. Dieses bezeichnet ein in der Urgeschichte der Menschheit schon bestehendes Vermögen, sich äußeren Gegebenheiten anzupassen, indem man sie nachahmt – Gegebenheiten der Objekte wie des Sozialen. Der Mensch imitiert, indem er zur Darstellung bringt – etwa den Flug der Vögel, den Angriff des Bären, die Wogen des Meeres. Er ahmt nach, was andere ihm vormachen, und passt sich so an, ohne die Zusammenhänge verstehen zu müssen.[50] Das Mimetische geht dem Denken voraus und hat insofern noch, bevor es rationalisiert wird, die vorbegriffliche Offenheit zum Nicht-Identischen, die sich verliert, wenn die Erfahrung dem Begrifflichen unterstellt wird. Es ist zugleich (sensumotorische) Aneignung im Sich-ähnlich-Machen wie kommunikativer Ausdruck und Medium der Sozialisation. Dies gilt nicht minder für die Sozialisation in gesellschaftlichen Entfremdungszusammenhängen; für Adorno leben in diesem Vermögen aber eine vorgängige Natürlichkeit des menschlichen Weltbezuges fort und eine unbewusste Sehnsucht nach der Ungeschiedenheit von der Natur, die den Entfremdungsverhältnissen ein Anderes gegenüberzustellen vermag.[51] Adorno geht davon aus, dass die

---

[49] Vgl. Benjamin 1977, S. 204-213.

[50] Vgl. Adorno 1972, S. 75.

[51] Insofern findet sich bei Adorno ein ontologischer Urgrund für einen reversiven Begriff der Versöhnung, eine Vision, die – obschon durch die Geschichte unkenntlich verschleiert – eine Utopie und so ein positiver Maßstab von Kritik sein könnte (vgl. Dumbadze 2015, S. 111 ff. und 116 ff.). An sie schließt auch Adornos theologische Position an. Benhabib zieht den Vergleich mit der Erfahrung des Naturschönen bei Adorno heran, die Erfahrung des Nicht-Identischen ist und zugleich Chiffre der Versöhnung. Aus ihrer Sicht entwindet sich das Mimetische aber einer ontologischen Versöhnungsidealität: „Das Naturschöne ist eine Möglichkeit, wie man sich die Vermittlung zwischen Mensch und Natur, Subjekt und Objekt vorzustellen hätte; aber kein Sachverhalt oder letzter Zustand, sondern eine stets sich erneuernde, andeutende Spur des Nichtidentischen. Gerade ein fixes Bild dauerhafter Versöhnung

Geschichte der Menschheit und insbesondere die Geschichte der kapitalistisch-ökonomischen Sozialisation das mimetische Vermögen zwar geschwächt und im Maßstab der instrumentellen Vernunft als irrationale Zugangsform zur Wirklichkeit verunglimpft hat (das „mimetische Tabu"), dass aber in der ontogenetischen Wiederholung des Phylogenetischen das mimetische Vermögen als Moment der biologischen Ausstattung fortbesteht und die ursprünglichste Form des Lernens darstellt.[52] Adorno sieht das Wirken des Mimetischen vornehmlich in der Kunst, die dadurch zum Instrument einer Wahrheit vor dem falschen Bewusstsein wird. Sie bringt das universelle Potenzial aller Subjekte zum Mimetischen zum Ausdruck,[53] ist Anwalt des Nicht-Identischen, ist in der Provenienz ihres Ausdrucks quasi außerhalb des Systems, auch wenn sie innerhalb des Systems wahrgenommen wird. Ferner sind es die moralischen Empfindungen (nicht Einsichten!), die Berührungen und die Gesten der körperlichen Nähe und der Unmittelbarkeit, die Gesten der Liebe und der Ausdruck des Glücks, in denen Menschen ihr mimetisches Vermögen und ihre Natürlichkeit möglicherweise erhalten haben.[54]

Was als Bedingung der Möglichkeit eines unmittelbaren Bewusstseins gilt, das Mimetische, wiederholt sich im Wissenschaftsverständnis von Soziologie bei Adorno im Begriff der „unreglementierten Erfahrung"[55]. Sie kommt nicht „synthetisch" zustande durch Zusammenschau empirischer Ergebnisse oder einzelner Theoreme[56], sondern durch eine von theoretischem Wissen unverstellte Beobachtung gesellschaftlicher Veränderungen.

---

wäre die Unwahrheit. Das ‚Andere' ist jene utopische Sehnsucht nach dem Nichtidentischen, welche sich nur als ‚Allegorie' und als ‚Spur' denken läßt." (Benhabib 1992, S. 135)

[52] Vgl. Adorno 1973, S. 172.

[53] Vgl. Früchtl 1986, S. 89 f.

[54] Vgl. Adorno 1988, S. 211 f. Thies schreibt daher Adorno einen „spekulativen Naturalismus" zu, da er den Weg der Versöhnung letztlich in einer Rückgewinnung der natürlichen Potenziale des Menschen sieht. Vgl. Thies 2005, S. 11ff.

[55] Vgl. vertiefend Dumbadze/Hesse 2015. Ästhetische Erfahrung bezeichnet Dumbadze als „ihren flüchtigen Ausdruck" (Dumbadze 2015, S. 90). Beachtet man die ontologische Basis des Mimetischen bei Adorno, erscheint folgerichtig das Kritische ästhetischer Erfahrung nicht allein in der Alterität und Dissonanz der Erkenntnis, sondern auch in der Erfahrung eines Ursprünglichen.

[56] Hier kritisiert Adorno etwa den „Positivismus" Durkheims, der die „soziale Tatsache" nicht aus kritischer Distanz zur gesellschaftlichen Realität, sondern aus der Empirie abzuleiten versucht. Vgl. Adorno 1981b, S. 152ff. Zugleich gibt es – erstaunlicherweise – Anklänge an Edmund Husserls Phänomenologie als Wissenschaftsprogramm, die in der „eidetischen Re-

"Nur eine Erfahrung, der es, ohne daß sie sich vorschnell durch vorhandene Theoreme absicherte (...), noch gelingt, an der Physiognomie der Gesellschaft Veränderung wahrzunehmen, kann zum Ansatz ihrer fälligen Theorie werden."[57]

Soziologische Erkenntnis soll also immer wieder zurückgeführt werden auf eine ursprüngliche Erfahrung, sich sozusagen naiv machen gegenüber dem schon etablierten theoretischen Wissen und neu ansetzen an dem, was sich der Erfahrung bietet. Von diesem Verzicht verspricht sich Adorno die Öffnung der Erkenntnis gegenüber dem „Nicht-Identischen", an die soziologische Wissenschaft immer angebunden bleiben soll, indem sie in Begriffen auf das hinweist, was sich durch Begriffe doch nicht fassen lässt. „Die Utopie der Erkenntnis wäre, das Begrifflose mit Begriffen aufzutun, ohne es ihnen gleich zu machen"[58], heißt es in der Negativen Dialektik. Lebendige Erfahrung ist also nicht begrifflose Erfahrung, sondern sich am Begriff entzündende Erfahrung, ist bestimmte Negation falscher Identifikation.[59] Negation vollzieht sich als Bewegung zwischen den Begriffen, als Umstrukturierung ihrer Relationen. Adorno nutzt hierfür den Begriff der „Konstellation"[60].

„Nur Begriffe können vollbringen, was der Begriff verhindert. [...] Der bestimmbare Fehler aller Begriffe nötigt, andere herbeizuzitieren; darin entspringen jene Konstellationen, an die allein von der Hoffnung des Namens etwas überging."[61]

Auch für die Entwicklung der Gesellschaftstheorie nimmt Adorno den Weg der unreglementierten Erfahrung und der Erkenntnis des Nicht-Identischen in Anspruch. Damit ist das, was erkenntnistheoretisch kritisch war, nämlich die Anerkennung des Nicht-Identischen, schließlich sozialkritisch als die Anerkennung der menschlichen Nicht-Identität mit den sozialen Identifikationen wiederzufinden. Auch hier vollzieht sich Kritik als selbstkritische Auseinandersetzung mit Identität an Begriffen der Identifikation.

---

duktion" zum Prinzip erhebt, worauf Adorno mit seinem Erfahrungsbegriff zurück will: Ursprünglichkeit und theoretische Abstinenz.

[57] Adorno 1972, S. 194.

[58] Adorno 1982, S. 21.

[59] In diesem Sinne lässt sich die Negative Dialektik, wie Anke Thyen aufzeigt, als eine Theorie der Erfahrung und des diskursiven Umgangs mit dem Nicht-Identischen verstehen. (Vgl. Thyen 1998, S. 213)

[60] Ergiebig hierzu Iber 1994, S. 363-385, Pradler 2003, S.115 ff. und Angehrn 2008, S. 279 ff.

[61] Adorno 1982, S. 32.

"Reziproke Kritik von Allgemeinem und Besonderem, identifizierende Akte, die darüber urteilen, ob der Begriff dem Befaßten Gerechtigkeit widerfahren läßt, und ob das Besondere seinen Begriff auch erfüllt, sind das Medium des Denkens der Nichtidentität von Besonderem und Begriff. Und nicht das von Denken allein. Soll die Menschheit des Zwanges sich entledigen, der in Gestalt von Identifikation real ihr angetan wird, so muß sie zugleich Identität mit ihrem Begriff erlangen."[62]

Adornos Hoffnung auf ein emanzipatorisches Moment der Rückbesinnung auf unreglementierte Erfahrung, die quasi die Zwischenräume der begrifflichen Konstellationen zu füllen vermöchte, basiert – trotz des Bekenntnisses zur Unauflöslichkeit des konstellativen Charakters von Begriffen – letztlich auf der hegelschen Vision, dass sich der Weg des Denkens wieder im Identischen schließen könnte. Dieses Identische findet seine Wurzel schließlich doch in der Natur, davon zeugt der Mimesisgedanke. „Weiß einmal das Subjekt das Moment seiner Gleichheit mit Natur, so wird es nicht länger Natur sich gleichmachen."[63]

Aus systemischer Sicht scheint Adornos Begriff des Nich-Identischen in mancher Hinsicht als eine *ontologische* Variante dessen, was Luhmann Kontingenz genannt hat.[64] Kontingenz bezeichnet nicht minder, was die Ahnung des Nicht-Identischen in den Konstellationen meint: dass alles anders sein könnte, als der Begriff es bezeichnet, dass das, was die Begriffe verbindet, anders sein könnte und dass in der Bewegung der Konstellationen jeder Begriff hinfällig werden kann. Sie bezeichnet – in Luhmanns Worten – „Gegenstände im Horizont möglicher Abwandlungen".

„Kontingenz ist etwas, was weder notwendig ist noch unmöglich ist; was also so, wie es ist (war, sein wird), sein kann, aber auch anders möglich ist. Der Begriff bezeichnet mithin Gegebenes (zu Erfahrendes, Erwartetes, Gedachtes, Phantasiertes) im Hinblick auf mögliches Anderssein; er bezeichnet Gegenstände im Horizont möglicher Abwandlungen."[65]

Die Systemtheorie könnte möglicherweise aufzeigen, welcher Freiraum für Kontingenz in sozialen Systemen besteht, inwiefern und warum dieser besteht und wie Systemstrukturen die Bedingungen für Kontingenz hervorbringen, sie

---

[62] Ebenda, S. 149.
[63] Ebenda, S. 261.
[64] Vgl. Holzinger 2007, S. 65 ff.
[65] Luhmann 1984, S. 152.

könnte möglicherweise Aufschluss darüber geben, wie Kontingenz mit Nicht-Kontingenz verhandelt wird.[66]

4.3 System und Lebenswelt bei Habermas – neuerliche Ontologie der Systemazität

In seinem Artikel über den sozialwissenschaftlichen Begriff der Krise (1973) vertritt Habermas die These, dass Krisenphänomene „aus ungelösten Steuerungsproblemen hervorgehen"[67]. Diese haben ihre Objektivität auf Systemebene, treten aber als wahrnehmbares Problem vor allem als Diskrepanzerlebnisse auf der Ebene der Lebenswelt[68] auf. Diese erlebten Diskrepanzen beruhen nach Ansicht Habermas' auf Widersprüchen zwischen der normativ-symbolischen Verfasstheit einer Gesellschaft und den faktischen Strukturen und Gegebenheiten. Zu bearbeiten sind sie nur auf der Ebene der Intersubjektivität des Gesellschaftlichen, also durch Kommunikation. Systemtheoretisch stellen sich diese Widersprüche als Probleme der „Systemintegration" dar, lebenswelttheoretisch als Probleme der „Sozialintegration"[69].

„Von sozialer Integration sprechen wir im Hinblick auf Institutionensysteme, in denen sprechende und handelnde Subjekte vergesellschaftet sind; Gesellschaftssysteme erscheinen hier unter dem Aspekt einer Lebenswelt, die symbolisch strukturiert ist. Von Systemintegration sprechen wir im Hinblick auf die spezifischen Steuerungsleistungen eine selbstregulierten Systems; Gesellschaftssysteme erscheinen hier unter dem Aspekt der Fähigkeit, ihre Grenzen und ihren Bestand durch Bewältigung der Komplexität einer unsteten Umwelt zu erhalten. Beide Paradigmata, Lebenswelt und System, haben ein Recht; ein Problem stellt ihre Verknüpfung dar. Unter dem Aspekt der Lebenswelt thematisieren wir an einer Gesellschaft die normativen Strukturen (Werte und Institutionen). Wir analysieren Ereignisse und Zustände in Abhängigkeit von Funktionen der Sozialintegration (in Parsons' Sprache: integration and pattern maintenance), während nicht-normative Bestandteile des Systems als einschränkende Bedingungen gelten. Unter dem Systemaspekt thematisieren

---

[66] Ein Beispiel hierfür bildet die Diskussion zu „Systemstrukturen als Bedingungen von Kontingenz" in Luhmann 2013, S. 46 ff. Vgl. auch Clam 2004 und Galindo 2006.
[67] Habermas 1973, S. 13.
[68] Zum Lebensweltbegriff Habermas' vgl. insbesondere Habermas 1988, S. 88-104.
[69] Vgl. ebenda, S. 14.

wir an einer Gesellschaft die Mechanismen der Steuerung und die Erweiterung des Kontingenzspielraums. Wir analysieren Ereignisse und Zustände in Abhängigkeit von Funktionen der Systemintegrität (in Parsons' Sprache: adaption and goal-attainment), während die Sollwerte als Daten gelten. Wenn wir ein soziales System als Lebenswelt auffassen, dann wird der Steuerungsaspekt ausgeblendet; verstehen wir Gesellschaft als System, so bleibt der Geltungsaspekt, also der Umstand, daß die soziale Wirklichkeit in der Faktizität anerkannter, oft kontrafaktischer Geltungsansprüche besteht, unberücksichtigt."[70]

Diese Stelle macht deutlich, dass Habermas „System" und „Lebenswelt" als je spezifische Perspektiven auf den gleichen Gegenstand, nämlich Gesellschaft, auffasst, und ihre Gegensätzlichkeit an der jeweils einseitigen Betrachtung bestimmter Steuerungsmedien und den komplementär bestehenden „blinden Flecken" der jeweiligen Sichtweise erkennt. Die systemische Betrachtung übersieht die Diskrepanz zwischen der sozialen Wirklichkeit und den gesellschaftlichen, besser wohl: kulturellen Geltungsansprüchen; die lebensweltliche Betrachtung übersieht die pragmatischen Aspekte des Steuerungsbedarfs.

Habermas hatte in der Gegenüberstellung von System und Lebenswelt zunächst offenbar den ontologischen Status des Systembegriffs aufgehoben, insofern er mit beiden Begriffen zwei unterschiedliche Sichtweisen auf denselben Gegenstand, nämlich Gesellschaft als „systemisch stabilisiertem Handlungszusammenhang", kennzeichnen wollte – als Lebenswelt aus der Sicht der Teilnehmenden, als System aus der Sicht eines externen Beobachters.[71] Beides sind analytische Perspektiven, Instrumente der Betrachtung im Dienste der Dialektik, die ihr Spezifikum aus der Wahrnehmung verschiedener Beobachter gewinnen. Damit scheinen diese Begriffe den Raum der Sichtweisen plural zu öffnen und sich der Gefahr ontologischer Eigentlichkeit zu entziehen. Allerdings verlässt

---

[70] Ebenda.
[71] Vgl. Habermas 1981, S. 179 f. Um Missverständnissen vorzubeugen, ist darauf hinzuweisen, dass der Systembegriff bei Habermas nicht kongruent ist mit dem Systembegriff Luhmanns, auch wenn „Systeme" bei beiden als Konstrukte eines externen Beobachters gelten. Für diesen Unterschied ist hingegen gerade die bei Habermas das System im Gegensatz zur Lebenswelt kennzeichnende Herrschaftslogik markant, der Luhmann zumindest keine konstitutive Rolle zuschreibt. Es wäre zu wünschen, dass diese Differenz Beachtung findet, wenn der Systembegriff in der Kritik der Systemtheorie bzw. in der Kritik der Kritischen Theorie kontrovers diskutiert wird (vgl. hierzu den „Exkurs zu Luhmanns systemtheoretischer Aneignung der subjektphilosophischen Erbmasse" in Habermas 1985, S. 426-445).

auch Habermas schlussendlich diesen relativierenden Standpunkt dann doch, wie Hanno Pahl aufzeigt, wenn er in der Konsequenz seiner „Entkopplungsthese" die konstruierte gesellschaftliche Systemazität dann zur praktischen Wahrheit geraten sieht, zur historischen Manifestation des Angedachten.[72] Was also zunächst als analytisches Konstrukt „System" eine heuristische Perspektive und gerade nicht Realitätsbeschreibung war, wird nun schließlich doch als Kategorie reellen Systemcharakters beansprucht. Das Systemische soll der sozialen Realität *tatsächlich* eingeschrieben sein, und nun erkannt als ökonomische Systemazität, die sich gegenüber der Lebenswelt mit eigenen Imperativen behauptet,[73] ja diese kolonialisiert. Auch wenn Habermas die Selbststeuerung der Systeme anerkennt, so sieht er sie doch beschränkt von jener „funktionalistischen Vernunft", die letztlich aus den ökonomischen und bürokratischen Mechanismen die Herrschaftsinteressen und -strukturen deriviert; und damit geriert auch hier der soziale Systembegriff wieder zum bloßen Niederschlag des ökonomischen. Im Zuge dessen gerät „das System" wiederum zu einem essentialistischen Begriff[74] von historisch-ontologischer Bedeutung, festgeschrieben als der lebensweltliche Freiheit behindernde staatliche und ökonomische Apparat, als das der freien Lebensführung Entgegengesetzte. Entsprechend zielt Kritik auf das System, ist Systemkritik, zielt auf die „richtigen" Systemanalysen, die „richtigen" Unterscheidungen und die „einzig wahren" Beschreibungen, die sich – auch wenn sie bei Habermas sich lebensweltlich artikulieren – als *kritische* Interpretation dem Primat der ökonomischen Perspektive unterordnen.

Kommunikatives Handeln ist in doppelter Weise praktische Kritik: Die Kritik des Systems folgt den Erfahrungen der Individuen und vollzieht sich im kommunikativen Handeln – im Ideal in diskursethischer Performanz. Indem sich dieses Handeln auf seine kommunikative Vernunft hin reflektiert, stellt es sich den systemischen Behinderungen und Beschränkungen und der systemischen Kolonialisierung der Lebenswelt entgegen. Kritik „prozessiert" im herrschaftsfreien Diskurs, nicht als großer Entwurf, sondern auf Handlungsebene.

Der Kritik ist gewissermaßen die Diskursethik[75] eingeschrieben zum einen als Methode, insofern sie sich als kommunikative Kritik, als Kritik in Interaktio-

---

[72] Vgl. Pahl 2004, S. 203 f.
[73] Ebenda, S. 205.
[74] Ebenda, S. 199.
[75] Vgl. zur Diskursethik etwa Abschnitt IV des Artikels über Wahrheitstheorie (1972) in Habermas 1984, S. 159 ff.

nen vollzieht, zum andern als Ziel, insofern sie zugleich Verteidigung ihrer selbst als herrschaftsfreier Kommunikation ist. Habermas begründet die moralische Verbindlichkeit der Diskursethik weniger mit Argumenten der Nützlichkeit als mit einem ontologischen Argument, mit der These nämlich, dass sie menschlicher Kommunikation implizit immer schon zugrunde läge, welche – ganz hegelianisch – nun reflexiv zu ihrer wahren Natur zurückfindet. „Das Moralprinzip-Moralprinzip", so schreibt Christian Thein zur habermasschen Diskursethik, „ist universell gültig, weil es sich um eine Rekonstruktion des implizit normativen Gehaltes einer jeden sprachlichen Verständigung handelt, die zudem allen Menschen zugänglich sei."[76] Daher kann Kritik unter der Bedingung der Diskursethik in der Aufdeckung lebensweltlicher Widersprüchlichkeit von Geltungsansprüchen und einschränkenden Bedingungen der gesellschaftlichen Realität in einem Verhältnisse kritisieren und sich selbst legitimieren. Ihr Vermögen, *richtig* zu kritisieren, steht quasi außer Zweifel, weil die Gründe des Kritisierens ihr immer schon eingeschrieben sind.

Jenen Rest der Vernunft, den Adorno in der Erfahrung des Mimetischen erhoffte, vermutet und statuiert Habermas in einer letztlich unangetasteten „kommunikativen Vernunft", der er zutraut, herrschaftsfreie Räume zu schaffen und schließlich vielleicht Herrschaft – als intersubjektive Struktur – aufzulösen. Sie ist nicht Ideal, nicht Utopie, sondern sich selbst befreiende Logik, befreite Notwendigkeit. Dies ist ein Anspruch, dessen sich systemtheoretisches Denken – als Wissenschaft – enthält, weil er eine ontologische Setzung impliziert, die den konstruktiven Raum überschreitet.[77] Systemtheorie kann sich aber damit beschäftigen, indem sie die Konstruktqualität des Ontologischen, der apriorischen

---

[76] Thein 2016, S. 122. Dies ist, wenn man so will, die dritte Variante einer essentialistischen Argumentation hinsichtlich des Urgrundes von Kritik.

[77] So kritisiert Luhmann das ontologische Fundament der Diskursethik bei Habermas und interpretiert es als methaphysisch normative Setzung kommunikativer Rationalität: „Die Beobachter entwickeln Methoden und Verfahren, um zu einer Verständigung zu kommen. Sie beschränken ihren Meinungsstreit auf Argumentation. Sie unterstellen sich der Norm gemeinsam zu erreichender Einsicht. Das definiert für sie rationale Kommunikation. Und wenn sie ihr Ziel der Verständigung praktisch nicht erreichen, müssen sie es dennoch erreichen wollen – oder sie führen nicht den Diskurs, den ein normatives Konzept von Rationalität ihnen abverlangt. Sie handeln, würde ich sagen, unter der Annahme, daß sie in ein und derselben Welt leben und daß es darum gehe, über diese Welt übereinstimmend zu berichten. Sie sind damit aber nichts anderes als Opfer der Zweiwertigkeit ihres Instrumentariums, der ontologischen Struktur ihrer Leitunterscheidung. Und nur deshalb ist streitlose Einigung für sie die Bedingung der Rationalität." (Luhmann 1990, S. 229).

Vernunft, der Urgründe des Mimetischen, der Fundamente einer unverstellten Intersubjektivität mit hinein nimmt in ihre Beschreibungen und in ihrer Relevanz würdigt. So kann sie sich mit ihrer Kritik verbinden als mit einer Fiktion und doch in Distanz bleiben zur metaphysischen Beharrlichkeit Kritischer Theorie.

Was die Positionen der Kritischen Theorie vereint, das ist ein „substanzielles" Vertrauen auf eine immer schon bestehende immanente Programmatik, die mehr ist als nur regelhafte Verfahrensprogrammatik, nämlich ausgestattet mit einer Einsicht in das eigene Wesen und seine sinnhafte Normativität, die es auch leitet bei der Kritik. Wie die Vernunft selbst nicht zu zerstören ist, souverän gegenüber Herrschaft, so gelten auch die neuen „Letzthoffnungen" der Kritischen Theorie als souveräne Potenziale, in Varianten von Marx bis Honneth. Adornos „unreglementierte Erfahrung" wandelt sich quasi bei Habermas zur „unreglementierten Kommunikation"[78]. In seinem Artikel zur „Einheit der Vernunft in der Vielfalt ihrer Stimmen" spricht Habermas von der „unversehrten Intersubjektivität"[79], die den Ermöglichungsgrund für zwanglose Kommunikation bildet, für jene Kommunikation, durch welche die gesellschaftlichen Widersprüche aufgelöst werden können – auch wenn niemand vorhersagen kann zu welcher Gestalt, dann aber doch zweifellos bestimmt in ihrer Form: der Kritik.

4.4 Kritik der Anerkennungsordnung bei Honneth

Auch für Axel Honneth ist Erfahrung das eigentliche Fundament der Widerständigkeit, das Kritik begründet. Was eine kritische Theorie der Anerkennung zu untersuchen hat, das sind biographische Erfahrungen der Missachtung von Anerkennungsansprüchen, die mit einer negativen Gefühlsreaktion (Wut und Empörung, Scham, Demütigung, Isoliertsein usw.) verbunden sind.[80] Aus diesen Empfindungen heraus entsteht – unter Umständen – ein Motiv des Widerstandes, des Protestes, dessen Artikulation wissenschaftlich verfolgt werden kann. Honneth deutet diese Erfahrungen als Widerspruchserfahrungen gegenüber anerkannten Geltungskonventionen und ordnet sie ein in ein System dreier Aner-

---

[78] „Unreglementiert" insofern, als sich vernünftige Kommunikation – idealiter – von Herrschaftsstrukturen zu befreien vermag, indem sie den diskursethischen Regeln folgt. Diese selbst sind freilich nicht minder eine Reglementierung der kommunikativen Praxis; offenbar entspringen sie selbst jener kommunikativen Vernunft nicht zwangsläufig und spontan.
[79] Habermas 1988, S. 185.
[80] Honneth 1992, S. 202.

kennungssphären, der Sphäre der Liebe, in der emotionales „Selbstvertrauen", Empathie und Frustrationstoleranz entstehen können, der Sphäre des Rechts, in der die Anerkennung der moralischen Urteilsfähigkeit „Selbstachtung" unter Gleichen hervorbringt, und in die Sphäre der Wirtschaft, in welcher aus der Anerkennung von Leistungen und Fähigkeiten „Selbstschätzung" und Solidarität hervorgehen. Diesen Sphären sind biographisch aufeinanderfolgende Stufen der praktischen Selbstbeziehung zugeordnet wie auch je besondere Formen der möglichen Missachtung. In der Summe solcher Erfahrungen in allen drei Sphären entwickelt sich physische und soziale Integrität und Würde, kurzum Identität – im Meadschen Sinne als Übereinstimmung von Me und I. Die Chancen zur Ausbildung solcher Identität entstehen in einem sozialen Bedingungsgefüge, in welchem

„... menschliche Subjekte zu einer positiven Einstellung gegenüber sich selber gelangen können, denn nur dank des kumulativen Erwerbs von Selbstvertrauen, Selbstachtung und Selbstschätzung, wie ihn nacheinander die Erfahrung von jenen drei Formen der Anerkennung garantiert, vermag eine Person sich uneingeschränkt als ein sowohl autonomes wie auch individuiertes Wesen zu begreifen und mit ihren Zielen und Wünschen zu identifizieren."[81]

Zunächst findet Honneth in den Leitvorstellungen von Autonomie und Selbstverwirklichung eine Grundlage, um für moderne Gesellschaften Kritik normativ begründbar zu machen. Selbstverwirklichung und Autonomie sind der Maßstab, an dem Ungerechtigkeiten und „soziale Pathologien" festgestellt werden können. Der Anspruch auf Autonomie und Selbstverwirklichung ist ein gesellschaftlicher Anspruch, eine gesellschaftliche Zumutung an das Individuum zum einen wie auch ein Zugeständnis zum anderen. Dadurch können diese Leitvorstellungen zu einem gesellschaftlich validen Maßstab für Gerechtigkeit werden, der seinerseits der Theorie gestattet, den Widerspruch zwischen Anspruch und Wirklichkeit zunächst analytisch aufzuzeigen, sodann aber auch als seine Auflösung politisch einzuklagen.[82] Anerkennung wird zum (alleinigen) normativen Maßstab der Kritik.[83]

In der Auseinandersetzung mit Nancy Fraser ist Honneth mit dem Einwand konfrontiert worden, dass die Anbindung der Kritik an die Erfahrungen der

---

[81] Honneth 1992, S. 271.
[82] Vgl. Boltanski/Honneth 2013, S. 99.
[83] Vgl. Honneth/Fraser 2003, S. 9.

Missachtung zu legitimieren scheint, dass schlicht alle Erwartungen von Subjekten auf Anerkennung gerechtfertigt seien. Honneth hat daher einen zweiten Maßstab der Kritik eingeführt, der den ersten relativiert. Anerkennungserwartungen bewegen sich in einer historisch je konkreten, d.h. artikulierten „Anerkennungsordnung" (Institution), die zugleich die Folie bildet für das, was anzuerkennen ist, und damit für die mögliche Erkenntnis des Widerspruchs zwischen Anspruch und Realität. Honneths Regel lautet nun:

„Anerkennungserwartungen sind vor diesem Hintergrund nur dann gerechtfertigt, wenn es sich um Artikulationen der Ordnungen handelt, in die sie eingelassen sind."[84]

Als legitim können daher nur solche Erwartungen gelten, die dem bereits in der Artikulation der Ordnungen historisch manifesten Anspruch entsprechen. Honneth vermeidet damit, dass als Fundament der Legitimität von Anerkennungserwartungen ein ahistorischer Personbegriff zur Geltung gebracht wird, und begrenzt die Legitimität auf die „Immanenz" des Ordnungssystems.

Betrachten wir die Anerkennungstheorie Honneths hinsichtlich der systemischen Aussagen, so wird der Begriff des Systems bei Honneth in zweierlei Bedeutung relevant; zum einen geht es um das bürgerlich-kapitalistische Wirtschaftssystem, in dessen Verständnis er die klassisch marxistischen Positionen im Wesentlichen teilt, pointiert in der Auffassung, dass im Interesse einer herrschenden Elite Anerkennung systematisch vorenthalten wird und dies den Kern der „sozialen Pathologien" ausmache, zum anderen scheint der Begriff der Anerkennungsordnungen auf ein kulturelles Subsystem[85] der "demokratischen Sittlichkeit"[86] hinzudeuten, welches als je historische Konkretion von artikulierten Anerkennungsansprüchen quasi eine „moralische Institution" der Gesellschaft darstellt. Mit einem Seitenblick auf Luhmann tut sich die Frage auf, ob sich die Untersuchung von Anerkennungsordnungen systemisch nicht in Codierungen des kulturellen Systems formulieren ließe.

---

[84] Boltanski/Honneth 2013, S. 97.

[85] Gesellschaft schlechthin als „institutionalisierte Anerkennungsordnung" zu identifizieren, wie dies von Wimbauer/Henninger/Gottwald (2007) versucht wird, geht wohl zu weit, wenn man den von Honneth anerkannten Primat des Wirtschaftssystems nicht übersehen will. Gesellschaft ist sicherlich auch für Honneth mehr als nur ein Konglomerat von Anerkennungsordnungen und erschöpft sich nicht in solchen.

[86] Vgl. Honneth 2013, S. 199 ff.

4.5 Zusammenfassung

Die Verwendung des Systembegriffs ist im Rahmen der marxistischen Terminologie eine andere als im soziologischen Diskurs um Systemtheorien, auch wenn es dort auf den ersten Blick nicht minder auch um eine Theorie der Gesellschaft als System zu gehen scheint. Marx selbst spricht mit Bezug auf die hegelsche These einer Stufenfolge der Gesellschaftssysteme meist von der „Gesellschaftsformation"[87] oder „Gesellschaftsform" und postuliert bekanntlich das Moment der Differenz von Gesellschaftsformen in der Art der vorherrschenden Produktionsweise und damit in einem ökonomischen Zusammenhang. Die gesellschaftliche Organisation hängt von den Produktionsverhältnissen und Produktivkräften, d.h. von der ökonomischen Struktur der Gesellschaft, ab und auf ihrer Basis entwickeln sich, was Marx als „Überbau" bezeichnet, das politische System, das juristische System, die Kunst, die Interessen und Ideologien und alle gesellschaftlichen Bewusstseinsformen.[88] Wenn man nach einer Analogie zur Vorstellung der gesellschaftlichen Ausdifferenzierung von Systemen nach Luhmann sucht, dann findet sie sich im marxschen Theoriegebäude am ehesten in jenen ausdifferenzierten Sphären der Gesellschaft, die Marx in seinem Basis-Überbau-Konstrukt unterscheidet. Strukturbildend sind unmittelbar die Produktionsweisen der Gesellschaft, mittelbar aber – etwa für die kulturelle Identität einer Gesellschaft – die Elemente des Überbaus. Im Übergang zwischen den Gesellschaftsformen sieht Marx durchaus auch einen evolutionären Prozess, die Dialektik ist keine Dynamik des jähen Umbruchs. Wann immer vielmehr aus der Beziehung zwischen Produktionsverhältnissen und Produktivkräften revolutionäres Potenzial entsteht, wie es Marx in der Kritik der politischen Ökonomie beschreibt,[89] formieren sich Kräfte eines neuen gesellschaftlichen Systems. Sie können dies aber nur vor dem Hintergrund einer Vision eines alternativen ökonomischen und sozialen Systems, das Marx bekanntlich als „das wahre Reich

---

[87] Der Gesellschaftsbegriff selbst ist Marx eher suspekt. Vgl. Demirovic (2001, S. 21): „Marx hat häufig genug den kosmopolitischen Charakter der bürgerlichen Gesellschaftsformation, die Herstellung des Weltmarkts und einer erdumspannenden Politik und Kultur hervorgehoben. Gleichzeitig ist er aber kritisch gegenüber dem Begriff der Gesellschaft; diese begreift er als Totalisierung der partikularen bürgerlichen Gesellschaft. (…) Die Gesellschaft gerinnt ihm metaphysisch zur abstrakten Einheit jenseits der Individuen; sie entwirft sich selbst als das Eine, während sie in verschiedene Logiken der gesellschaftlichen Reproduktion gespalten ist…".
[88] Vgl. Marx 2015, S. 8.
[89] Vgl. ebenda, S. 21.

der Freiheit" erträumt hat, in welchem es keines politischen Systems mehr bedarf, weil jenseits der Entfremdung Solidarität und Gerechtigkeit das Politische ersetzen.[90]

Dass sich der Ausgang der Kritik nicht letztlich allein auf gesellschaftliche Analyse beziehen kann, sondern ein tieferes Fundament in unmittelbarer Erfahrung (etwa des Ungerechten, des Herrschaftlichen usw.) braucht, ist in verschiedenen Varianten in der Kritischen Theorie zum Ausdruck gekommen. Die Spannweite der Positionen, um nur einige zu nennen, reicht vom adornitischen mimetischen Intuitionismus über moralische Gefühle bei Honneth bis hin zu einer Sozialanthropologie kommunikativer Vernunft bei Habermas. Auch wenn die Maßstäbe von Kritik in der Rekonstruktion von Widersprüchen gesellschaftlich immanente Maßstäbe sein mögen, so ist doch das, was die Erkenntnis oder Empfindung von Ungerechtigkeit erst ausmacht, und letztlich auch das, was Herrschaft als Herrschaft erscheinen lässt, offenbar nur jenseits solcher Maßstäbe zu finden.[91] Alle Varianten der Kritischen Theorie implizieren einen Hoffnungsgrund für die Versöhnung, von welchem aus sich kritisieren ließe – und tun sich doch schwer, einen positiven Maßstab für Kritik zu benennen.[92]

Die Kritische Theorie braucht keine formalistische Systemtheorie und keine systemtheoretische Kategorienbildung, solange sie diesen Popanz *des* Systems als Totalität (wie das globale Böse schlechthin) nur als jene diffuse Hintergrundmacht konstruieren kann, die die vielfältigen herrschaftsgeprägten Einzelphänomene anonym durchwirkt, in diesen aber gerade nicht zum *Vorschein* tritt, sondern sich selbst verbirgt. Sie bräuchte sie aber dann, wenn sie die Grenzziehungen, die Strukturen und Differenzierungen, die Leistungen und Funktionen des Systems genauer analysieren wollte, wenn sie die Mechanismen und Praxen der Herrschaft unter systemtheoretischer Perspektive dechiffrieren

---

[90] Vgl. Forst 2015, S. 182 f.

[91] Vgl. Ritsert 2008. Insofern fehlt es auch einer "kritisch-ambitionierten Sozialen Arbeit" (Gebrande/Metter/Bliemetsrieder 2017), die sich proklamatorisch als „kritisch-emanzipatorische, … diskriminierungs- und herrschaftskritische sowie … gerechtigkeits- und menschenrechtsorientierte ambitionierte Soziale Arbeit" (ebenda, S. 10) ausweist, als wäre mit diesen Begriffen irgendetwas an Klarheit über das Kritische geschaffen, nicht nur an theoretischer Fundierung, sondern auch an strukturanalytischer Kategorialität.

[92] So kritisiert Ritsert, dass schon Hegel bei der Einführung des Prinzips der immanenten Kritik in der Phänomenologie des Geistes eine rein immanente Kritik für nicht durchführbar hielt, sondern deutlich machte, „dass dieses Vorgehen nicht ohne eine interpretatorische ‚Zutat' des Beobachters logisch möglich ist!" (Ritsert 2014, S. 15, Fußnote)

wollte. Wenn soziale Ungerechtigkeit, Ausbeutung und Exklusion sich systemtheoretisch heute als eine Folge gesellschaftlicher Ausdifferenzierung[93] zeigen, dann kann nur die systemtheoretische Analyse Strukturen von Herrschaft aufdecken. Genau diese Einsicht führt zum dem Versuch einer neuen „Kritischen Systemtheorie", die nachfolgend skizziert werden soll. Freilich kann es dann wohl nicht mehr bei dem *einen*, globalen System bleiben, sondern der Ausdifferenzierung der sozialen Systeme in eine Vielheit wird Rechnung zu tragen sein.

5. Konstruktivistisch-systemische Ansätze: Zwei Zugänge zur Kritik

Systemtheorie thematisiert die Bedingungen, Möglichkeiten und Begrenzungen der Autonomie von sozialen Systemen (Luhmann) bzw. von personalen oder organismischen Systemen (Maturana u.a.). Sie teilt damit zumindest ein Erkenntnisinteresse (nicht selbstredend schon ein moralisches Interesse), das dem „Grundversprechen der Moderne"[94] folgt, wonach sich Bedingungen eines selbstbestimmten Operierens herstellen lassen, sei es für soziale Systeme, sei es für Individuen. Zu fragen ist, ob eine systemtheoretisch argumentierende Kritik von Autonomiebedingungen nur analytisch ist oder ob sie normenbildend sein kann, also selbst – unter transparenten Voraussetzungen – Autonomiebestrebungen unterstützen kann. In dieser Frage gehen die Meinungen weit auseinander.

Können die erkenntnistheoretischen Positionen konstruktivistisch-systemischen Denkens als Grundlage eines kritisch-emanzipativen Reflexionsweges genutzt werden? Steckt in der konstruktivistisch-systemtheoretischen Modellkonstruktion vielleicht immer schon ein bewertendes Element? Lässt sich aus dem systemischen Denken ein normativer Maßstab ableiten, um Verhältnisse als ungerecht zu kritisieren?[95]

---

[93] Eindrücklich hierzu der Artikel „Jenseits von Barbarei" in Luhmann 2012, S. 147 ff.
[94] Vgl. Rosa 2013, S. 38.
[95] Allerdings ist auch die Frage zu stellen: Inwieweit begrenzt das jeweilige Verhältnis von Kritischer Theorie und Systemtheorie zur Normenfrage in der Wissenschaftstheorie ein gemeinsames praktisches Interesse? Vgl. hierzu Krieger 2016b. Systemtheorie und Kritische Theorie sehen sich wohl in unterschiedlicher Kompetenz gegenüber der Aufgabe der Transformation der Erkenntnis von Widersprüchlichkeit in die gesellschaftliche Praxis. Allerdings sind die „konstruktivistischen" Standpunkte zu dieser Frage nicht einheitlich. Eingehender auch Kieserling 2015.

Systemische Ansatzpunkte für Kritik finden sich natürlich in ihren erkenntnistheoretischen Grundlagen, insbesondere in der Ontologiekritik. Die Erkenntnis, dass alle Erkenntnis kontingent und beobachterabhängig ist, also auch anders sein könnte, stellt sich kritisch gegenüber absoluten Wahrheitsbegriffen. Systemtheoretische Kritik als Theoriekritik gilt also monistischen und universalistischen Erklärungsversuchen aller Art. Dies trifft im Übrigen auch den marxistischen Erklärungsuniversalismus der politischen Ökonomie, der systemtheoretisch gerade selbst unter Ideologieverdacht zu stellen wäre.

Eine postmoderne Fortsetzung der Ontologiekritik stellt die Vernunftkritik dar. Da das aufklärerische Postulat einer allsubjektumfassenden, also anthropologisch begründeten Vernunftbegabung ein Gemeinsames voraussetzt, welches jenseits der individuellen Konstituierung von Bewusstsein angesiedelt ist, gehört zunächst einmal für den Systemtheoretiker Vernunft in den Bereich der Spekulation. Seiner Kritik verfällt daher auch jegliche Legitimation von Urteilen auf der Basis vermeintlicher Vernünftigkeit. Das bringt die moderne Systemtheorie in Kongruenz mit der postmodernen Kritik der Aufklärung. Viele weitere ontologiekritische Derivate ließen sich aufführen. Die konstruktivistische Literatur ist voll davon. Wir wollen es hier bei diesen Andeutungen belassen.

Der zweite Zugang zur Kritik findet sich in der Herleitung kritischer Kriterien vor allem aus dem Entwurf einer konstruktivistisch-systemtheoretischen Ethik.[96] Kann es eine solche überhaupt geben? Es ist eine häufig vertretene Position, dass Systemtheorien nur als Mittel der Beschreibung angewandt werden können und keine Orientierungsentscheidungen begründen können, also kein normatives Potenzial besitzen. Alles andere überschreite ihren Anspruch, seien sie doch allein ein Instrument der System*analyse*. Dennoch gibt es einige Indizien, dass zumindest in der Anwendung der Systemtheorie häufig Vorentscheidungen impliziert sind, die sich dem „Grundversprechen der Moderne" verdanken, also auf die Förderung von Autonomie abgestellt sind und sich systemisch begründen. Mit einem Seitenblick auf die Kritische Theorie könnte man fragen: Hat auch die Systemtheorie ethisch relevante Orientierungen, hat sie eine Vision des guten Lebens, der Gerechtigkeit, des Fortschritts? Ethische Leitsätze und ethisch relevante Kategorien sind in der systemtheoretischen Literatur

---

[96] Wie umfangreich das ernste Bemühen um die Begründung einer konstruktivistischen Ethik ist, dokumentiert die 1995 als DELPHIN 1995 herausgegebene Sammlung „Konstruktivismus und Ethik"(vgl. Rusch/Schmidt 1995), die den bis dahin bestehenden Diskurs gut repräsentiert.

tatsächlich zu finden. Zu nennen wäre hier etwa der ethische Imperativ von Heinz von Foerster: „Handle stets so, dass die Anzahl der Wahlmöglichkeiten grösser wird!"[97] und sein Verbot der Trivialisierung lebender Systeme, Klaus Krippendorffs Modell einer sozialkonstruktivistischen Kommunikationsethik,[98] Peter M. Hejls Gebote der Toleranz, der Verantwortungsakzeptanz und der Begründungspflicht[99] oder Humberto Maturanas These von der durch sprachliche Reflexion freigesetzten Verantwortung bzw. das von ihm begründete Gebot der Toleranz, welches sich aus der Erkenntnis der Beobachterrelativität ableitet. Hier fällt sogar der Begriff der Entfremdung als „der Blindheit gegenüber der Welt relativer Wahrheiten"[100]. Gegenüber diesen ethischen Ableitungen, die ja auch als Maßstäbe von Gesellschaftskritik Verwendung finden könnten, ist häufig eingewandt worden, dass sie auf einem naturalistischen Fehlschluss[101] beruhten, da die ethischen Konsequenzen als Sollensforderungen aus *dem* entwickelt würden, was zuvor als Bedingungen des Seins schon postuliert worden ist, dass also das sein soll, was ohnehin schon ist.[102] Ob allerdings der naturalistische Fehlschluss unter konstruktivistischen Gesichtspunkten nicht vielleicht sogar rehabilitiert werden könnte, ist eine spannende Frage, die Peter Hejl schon 1995 als Dilemma beschrieben hat.[103]

Dieses Problem lässt sich auf höherer Ebene auch so formulieren: Lässt sich Autopoiese überhaupt fördern und ist dies ethisch geboten, wenn doch ohnehin

---

[97] Von Foerster 1993, S. 234. Weitere Imperative hat Krippendorff in einer Ethik der Kommunikationskonstruktionen entwickelt (vgl. Krippendorf 1985, 1990, deutsch: Hungerige/Sabbouh 1996, S. 152ff.)

[98] Krippendorf 1990.

[99] Vgl. Hejl 1995, S. 56 ff.; zur Diskussion vgl. Kraus 2013, S. 162 ff. Hejl sieht die Begründbarkeit dieser Imperative allerdings nicht unmittelbar in der konstruktivistischen Position, sondern setzt drei als notwendig erkannte Postulate voraus: die Anerkennung von Individualität, die Anerkennung von Pluralismus und die Anerkennung der Gleichheit beteiligter Konstrukteure (vgl. ebenda, S. 53).

[100] Maturana 1982, S. 29.

[101] Vgl. etwa Kramaschki 1972, S. 226, Ott 1995, S. 297, Diesbergen 2000, S. 251, Haan/Rülcker 2009, 121 ff.

[102] Daher hat der Radikale Konstruktivist Ernst von Glasersfeld die Auffassung vertreten, aus dem Konstruktivismus als Erkenntnistheorie lasse sich keine Ethik ableiten. Sehr wohl aber brauche man eine Ethik, um der „Viabilität" ein Kriterium zu verschaffen, um „das höhere, ́intersubjektive' Niveau der Viabilität" (1996, S. 336) zu erreichen. *Wofür* aber eine Lösung einen gangbaren Weg darstelle, das beantworte nicht der Konstruktivismus (zur „Viabilität" vgl. Krieger 2012).

[103] Hejl 1995, S. 41 ff.

alles Leben immer schon auf der Autopoiese beruht? Wie kann etwas gefordert werden, was ohnehin schon da ist? Kann aus einer konstruktivistisch-systemtheoretischen Ethik heraus die Verhinderung von Autopoiese kritisiert und verurteilt bzw. ihre Förderung verlangt werden? Eine sinnvolle Antwort kann nicht von einem Mehr an Autopoiese ausgehen, das zu fordern und zu fördern wäre, sondern sie muss auf die Inhalte abheben, auf die alternativen Muster und die Freiheitsgrade, die sich den autopoietischen Prozessen bieten.[104] Maßgeblich ist hier die Einsicht, dass zwar nicht die Autonomie der Autopoiese eingeschränkt werden kann (es sei denn durch den Tod des lebenden Systems), sehr wohl aber die Autonomie des freien Entscheidens, indem Wahlalternativen sanktioniert oder erst gar nicht eröffnet oder zugelassen werden. Unter dieser Prämisse könnte von Foersters Imperativ wieder Sinn machen und unter dieser Prämisse erscheinen die auf Anerkennung von Autonomie ausgerichteten Schlussfolgerungen des einen oder anderen konstruktivistischen Ethikmodells – wenn auch nicht voraussetzungslos – nachvollziehbar.[105] Der Umgang mit der Autonomie autopoietischer Systeme kann auf der Grundlage solcher konstruktivistischer Ethikmodelle der normative Ausgangspunkt von Kritik werden, in

---

[104] Hejl spricht hier von den „funktionalen Beschränkungen konstruktiver Freiheit" (Hejl 1999, S.190), Kraus spricht von „destruktiven Interaktionen" (vgl. Kraus 2002, S. 183), Krieger entwickelt den Begriff der „zwingenden Macht" (vgl. Krieger 2004, S. 556 ff.). Die (soziale) Konditionierung von Umweltwirkungen auf den Organismus und damit die Einschränkung von Freiheitsgraden im Orientierungsraum der Autopoiese ist eine Leitthematik im konstruktivistischen Machtdiskurs (vgl. hierzu Kraus 2016 und Krieger 2016b). Der „zwingenden Macht" gegenüber steht die „subversive Macht" der Enkulturation in Beschränkungen konsensueller Bereiche, die vermittelt durch Sprache und symbolische Kontexte die Interpretation von Erfahrungen kanalisiert und ihre Kontingenz vernichtet (vgl. Krieger 2004, S. 557).

[105] Insbesondere der Versuch Krippendorfs, für eine Ethik der Kommunikationskonstruktionen handlungsleitende Imperative aufzustellen, basiert in aller Deutlichkeit auf einem kommunikationstheoretisch begründeten Utilitarismus wechselseitiger Autonomieanerkennung von Kommunikanten. Eine solche Ethik entspringt der epistemologischen Erkenntnis über die zentrale Bedingung für Kommunikation, dass sie nämlich „einen Prozeß der Konstruktion anderer mit uns ähnlichen Fähigkeiten, ihre eigenen Wirklichkeiten zu konstruieren, die uns wiederum als kognitive autonome Wesen in ihre Konstruktion einschließen" (Krippendorff 1990, S. 44) voraussetzt. Somit ist eine solche Ethik nicht mehr als die reflexive Anerkennung der Reziprozität von Konstruktionen des autonomen Anderen, in dessen Konstruktionen Ego ebenfalls als autonomer Konstrukteur anerkannt ist. Ähnliche Überlegungen finden sich bei Glasersfeld 1987, S. 417. Zur Gegenüberstellung von ethischen Positionen im Konstruktivismus vgl. auch Krieger 2004, S. 672-712.

deren Perspektive die Behinderung von autopoietischer Entwicklung und die Einschränkung von Freiheiten zum kongruenten Leben als Ausdruck kommunikationszerstörender Herrschaft aufgedeckt wird. Hier findet sich möglicherweise ein Anschluss konstruktivistischer Ethik – auch wenn diese gerade nicht epistemologisch begründet werden kann – an einen Gerechtigkeitsbegriff, wie er verschiedenen Kritikpositionen der Kritischen Theorie zugrunde liegt.

Eine übergeordnete Frage ist schließlich: Wozu verpflichtet das systemische Bewusstsein? Kann und darf der Wissenschaftler, der Praktiker, der Alltagsmensch, wenn er um die systemischen Zusammenhänge weiß, noch so handeln, als ob er um sie nicht wüsste? Ist er nicht in dem Sinne einer „kritischen Praxis" verpflichtet, dass er das soziale Leid, welches sich ihm dank des systemtheoretischen Blickes verstehend erschließt, auch so behandeln muss, wie es seine funktionalistischen Überzeugungen nahelegen?[106] Ernst von Glasersfeld nannte dies die „epistemologische Ethik",[107] d.h. die Anerkennung von Konsequenzen aus dem konstruktivistischen Postulat der Autopoiese für den Umgang mit dem Anderen. Sie gerät geradewegs zur Pflicht, wenn das Subjekt sich als verantwortlich für die Konstruktionen seiner Wirklichkeit erkennt und durch sein Handeln die Verantwortbarkeit des Handelns anderer nicht einschränken möchte. Maturanas These war: „Die Erkenntnis der Erkenntnis verpflichtet."[108] Auch zur Kritik? wäre hier die Frage.[109]

---

[106] Im Kern geht es hierbei um Positionen in der Werturteilsfrage. Bekanntlich berufen sich Systemtheoretiker hier gerne auf den Unterschied zwischen (ethisch neutraler) Wissenschaft und persönlicher Einstellung. Es ist dann eine Frage der gesellschaftlichen Rolle von Wissenschaft, nicht von ihrer Systematik, wozu Wissen verwendet wird. Vgl. in diesem Sinne Maturana 1994, S 230 u. 233.

[107] Glasersfeld 1987, S. 431; zum Radikalen Konstruktivismus siehe einführend vor allem Glasersfeld 1992.

[108] Maturana/Varela 1987, S. 263.

[109] Toleranzforderungen, die Anerkennung von Pluralität, die Abweisung von naturalistischen Letztbegründungen usw. werden als Maßstäbe einer solchen konstruktivistischen Ethik genannt. Konstruktivistische Ethik, meinte Maturana, „verpflichtet uns zu einer Haltung ständiger Wachsamkeit gegenüber der Versuchung der Gewißheit." (Maturana/Varela 1987, S. 263) Interessanterweise sind solche Maßstäbe nicht weit entfernt von Zygmunt Baumans Entwurf einer postmodernen Ethik (1975) oder der Ethik einer „kritischen Gesellschaftstheorie unter Kontingenzbedingungen" von Bonacker. Dort heißt es: „Aber diese quasi transzendentale Ungewissheit verpflichtet uns dazu, keiner Begründung den letzten Glauben zu schenken und insofern eine bestimmte, bspw. politische Praxis immer so zu begründen, dass die Begründung nicht beansprucht, eine letzte Begründung zu sein und damit andere Begründungen

6. Wie verhält sich Systemtheorie zu normativen Theorien?

Immerhin zeigen sich in den letzten Jahren doch einige Versuche aus soziologischer Perspektive die Systemtheorie als ein Instrument der Kritik plausibel zu machen. Rudolph Stichweh hat schon früh Luhmann in der Nachfolge von Marx gesehen und seine Systemtheorie als Einlösung eines von Marx nicht eingelösten Versprechens gedeutet,[110] Uwe Schimank hat die Vereinbarlichkeit von kapitalistischer Gesellschaftsbeschreibung mit dem Theorem der funktionalen Differenzierung der Gesellschaft dargestellt,[111] Nach Manfred Füllsack[112] hat Hauke Brunkhorst erneut die Gemeinsamkeiten zwischen Habermas und Luhmann hinsichtlich der Wende zum Kommunikationsbegriff in der Gesellschaftstheorie herausgearbeitet,[113] Albert Scherr bemüht sich derzeit, die Potenziale der luhmannschen Systemtheorie für eine kritische Gesellschaftsanalyse aufzuweisen,[114] Bettina Hünersdorf hat Unterschiede und Gemeinsamkeiten zwischen den Grundpostulaten und Ausgangsperspektiven der Kritischen Theorie adornoscher Prägung und der luhmannschen Systemtheorie aufgezeigt,[115] Andreas Fischer-Lescano und Gunther Teubner glauben gar, eine „Kritische Systemtheorie" begründen zu können, die dem Auftrag der Kritischen Theorie zu folgen vermag.[116] Zu Letzterem später.

Wenn Systemtheorie als eine kritische Theorie fungieren soll, dann muss aber auch gesagt werden, woher sie ihr kritisches Potenzial holen soll. Ist dieses Potenzial Teil der Theorie selbst oder muss man es außerhalb der Theorie beschaffen und mit ihr verbinden? Ist es ein Modus der analytischen Methode oder ist es Gegenstand der Beobachtung von Beobachtungen (Beobachtetes) bzw.

---

ausschließt. Der so verstandene normative Gehalt der Moderne verpflichtet uns also zu antifundamentalistischen Begründungen unserer kontingenten Praxis, damit wir für letzte Ansprüche aufmerksam sind ..." (Bonacker 2001, S. 174)

[110] Stichweh 1999. Eine Übersicht zu Ansätzen, die in der Systemtheorie eine Fortschreibung der Kritischen Theorie sehen, geben Pahl und Meyer 2009.

[111] Vgl. Schimank 2009.

[112] Vgl. etwa Füllsack 1998 und 2010.

[113] Vgl. Brunkhorst 2014, S. 95 ff.

[114] Vgl. Scherr 2013, Scherr 2015b.

[115] Vgl. Hünersdorf 2013.

[116] Vgl. Fischer-Lescano 2013; Fischer-Lescano/Teubner 2006; vgl. auch Hofkirchner 2011, Fuchs/Hofkirchner 2009; kritisch zur Theorie von Fischer-Lescano Baschek 2014.

„Beobachtung des Beobachtetwerdens"[117]? Ist die Systemtheorie von vornherein als kritisches Instrument konzipiert oder ist sie nur anschlussfähig bzw. in besonderer Weise nützlich für eine Kritik, die ihr erkenntnisleitendes Motiv woanders herleitet?

Albert Scherr hat bei der Erörterung der Frage, ob Luhmann als kritischer Theoretiker gelesen werden könnte, zum einen verdeutlicht, dass Luhmann keineswegs „als Repräsentant einer affirmativen Modernisierungstheorie"[118] verstanden werden kann, da er „eine Charakterisierung der eigenen Theorie als kritische Gesellschaftsbeobachtung beansprucht" und auch verschiedentlich den Dissens zwischen den Idealen der bürgerlichen Gesellschaft und der gesellschaftlichen Praxis von Exklusion und Hervorbringung sozialer Ungleichheit zur Darstellung gebracht hat, zum andern hat er auf eine bedeutsame Differenz zwischen den Begriffen der Gesellschaftskritik bei Marx und der Kritischen Theorie auf der einen Seite und bei Luhmann auf der anderen Seite hingewiesen, die dann doch einen paradigmatischen Unterschied in der Einschätzung des kritischen Potenzials soziologischer Analyse ausmacht. Denn anders als eine marxistische Gesellschaftskritik, die problematische sozialstrukturelle Verhältnisse ausnahmslos als Folge ökonomischer Verhältnisse interpretiert und den Problembegriff dabei aus einem spezifischen Gerechtigkeits- und Autonomieideal sozialer Gleichheit herleitet, kann die Kritik einer Wissenschaft der systemtheoretischen gesellschaftlichen Reflexion keine Kausalfundamentalität des Ökonomischen für das Soziale begründen, sondern kann die Entstehung von Problemen zum einen als Ergebnis der funktionalen Differenzierung überhaupt und zum andern aus Selbstorganisationsprozessen in *allen* sozialen Funktionssystemen heraus erklären[119] und sie kann des Weiteren einen Problembegriff nur innerhalb vorfindbarer gesellschaftlicher Konfliktartikulationen entwickeln und nicht auf der Grundlage scheinbar absoluter externer Normen. Systemtheoretische Gesellschaftskritik im luhmannschen Sinne kann also nicht als *normative* Kritik betrieben werden, sondern nur als eine *analytische* Kritik der Beobach-

---

[117] Vgl. Lehmann 2015, S. 117.
[118] Scherr 2015c, S. 15.
[119] Kette/Tacke (2015, S. 236) formulieren es so: „Die Systemtheorie schließt zwar Systemkritik ... aus, aber sie schließt deshalb nicht auch Perspektiven von Strukturkritik aus. Vielmehr ist sie weder sozial- noch gesellschaftstheoretisch so angelegt, Systemstrukturen als alternativlos zu beschreiben noch gar qua Theorie schon vorgeben zu wollen, welche Strukturen innerhalb sozialer Systeme aufgebaut werden, wie also Horizonte sinnhafter Verweisungsmöglichkeiten eingeschränkt und Anschlüsse erwartungssicher reproduziert werden."

tungen gesellschaftlicher Realität, deren Bestandteil sie zugleich selbst ist. Dabei geht sie als Wissenschaft mit eigenen Beobachtungspotenzialen (als Beobachtung zweiter Ordnung) analytisch über jene Kritiken hinaus, die in den Funktionssystemen selbst bzw. in der Alltagskommunikation (als Beobachtung erster Ordnung) schon artikuliert werden.[120]

Für die Soziale Arbeit sieht Scherr den analytischen Nutzen der Systemtheorie zum einen in der kritischen Analyse der „Bedingungen, (…) aufgrund derer Individuen, Familien und soziale Gruppen in Situationen geraten, in denen sie auf Soziale Arbeit angewiesen sind", zum andern aber auch in der Aufforderung zur Selbstreflexion, zu einer „differenzierten und kritischen Auseinandersetzung mit ihren Möglichkeiten und ihren Grenzen"[121]. Scherr vertritt hier eine engagierte Position:

„Systemtheorie ist gleichwohl kritische Theorie. Sie stellt gesellschaftlich eingeübte Selbstverständlichkeiten in Frage und zielt darauf, Alternativen denkbar zu machen."[122]

Die Identifikation der Systemtheorie als kritische Theorie hat viele Lesarten in den unterschiedlichen aktuellen Versuchen, zwischen Kritischer Theorie und Systemtheorie einen Konnex zu finden bzw. herzustellen. Das Spektrum reicht von Versuchen, Systemtheorie als analytisches Instrument in den Dienst der Kritischen Theorie zu stellen bis zur umgekehrten In-Dienst-Name der Kritischen Theorie als Beobachtungsgegenstand der Systemtheorie. Die einen sehen die Systemtheorie in der direkten Nachfolge der marxistischen Gesellschaftstheorie, die anderen betrachten die wissenschaftstheoretischen Gegensätze als ein unüberwindbares Hindernis für die Verbindung der beiden Theorieansätze.

In welcher Form kann eine Kritik verfasst werden, die mit der Logik systemtheoretischer Positionen arbeitet, ihre selbstgesetzten Grenzen nicht überschreitet und ihren Relativismus nicht aufgibt? Wodurch kann solche Kritik begründet werden und welche Tragweite kommt ihr zu? Braucht solche Kritik ein normatives Fundament außerhalb der Systemtheorie oder findet sie dieses in der Systemtheorie selbst?

Ich will dieser Frage nachgehen, indem ich kurz zwei Positionen einer Kritischen Systemtheorie darstelle, die sich zur Darstellung des Spektrums der viel-

---

[120] Vgl. Scherr 2015c, S. 23.
[121] Vgl. Scherr 2015a, S. 196 f.
[122] A.a.O, S. 197.

fältigen Zugänge zu einem Kritikverständnis unter systemtheoretischen Prämissen insofern eignen, als sie gewissermaßen die Extrempole dieses Spektrums bezeichnen. Freilich kann die Vielfalt der Ansätze selbst so nicht abgebildet werden; dieser Anspruch ist hier nicht einlösbar.

Die erste Position verfolgt das Programm einer immanenten Kritik, wie sie im Anschluss an Adorno für die Kritische Theorie richtungsweisend geworden ist. Sie geht von der Annahme aus, dass eine Implementation der luhmannschen Systemtheorie in die Kritische Theorie der Frankfurter Schule möglich sei. Dieser Ansatz wird von Fischer-Lescano und Gunther Teubner vertreten. Die zweite Position ist die einer Soziologie der Kritik, die die Aufgabe der Systemtheorie in der Beobachtung der Praxis von Kritik erkennt. Diese Position wird von Elke Wagner repräsentiert. Beide Ansätze sollen hier im Folgenden in gebotener Kürze zur Darstellung kommen.

7.1. Fischer-Lescanos „Kritische Systemtheorie"

Die von Fischer-Lescano so genannte „Kritische Systemtheorie" setzt zum einen an der Kritischen Theorie der Frankfurter Schule in der ersten Generation an. Sie vertraut nicht auf die Versöhnungshoffnung des habermasschen intersubjektiven Diskurses, sondern folgt vielmehr Adornos Postulat der „transsubjektiven Verdinglichung" und Entmündigung, methodisch dem Diktum der Negativen Dialektik entsprechend, dass Kritik am verspürten Widerstand und nicht am Widerspruch zu einer positiven Utopie zu gewinnen sei. Sie fordert die „Aktivierung utopischer Energien unter den Voraussetzungen konkret erfahrener Ungerechtigkeit"[123].

Zum anderen sieht die „Kritische Systemtheorie" im luhmannschen Selbstverständnis einer Theorie des Gesellschaftssystems eine Praxisrelevanz, die über das Wissenschaftssystem hinausreicht. Da auch systemtheoretische Soziologie eine Praxis moderner Gesellschaften und selbst Teil der gesellschaftlichen Kommunikation ist, wirkt sie zurück in das, was sie beobachtet. Prinzipiell kann sie also – auch kritisch – Gesellschaft verändern. Ein „kritisches Potenzial" hat Systemtheorie als Beobachtungspraxis, weil sie etwa zur Analyse und Beschreibung gesellschaftlicher Herrschaftsverhältnisse genutzt werden kann, sie hat es

---

[123] Fischer-Lescano 2013, S. 29. Vgl. auch Fischer-Lescano/Teubner 2006.

aber auch als gesellschaftliche Praxis, indem ihre Beschreibungen von jener Gesellschaft, die beobachtet wird, registriert und integriert werden.[124]

Niklas Luhmann hat die Anwendung seiner Systemtheorie als eine beschreibende Praxis erachtet, die sich – dem humeschen Diktum folgend – aller Wertungen zu enthalten hat. Er hat zwar die Möglichkeit einer *internen* Beobachtung der Funktionssysteme gesehen, auch im Hinblick auf die inneren Widersprüche und blinden Flecken, er hat diese allerdings nicht im Stande einer *Kritik* gesehen. Weil es gerade infolge der funktionalen Ausdifferenzierung der Gesellschaft nicht mehr die Autorität einer Metaposition gäbe, von welcher aus zu kritisieren wäre, könne es – im Rahmen seiner Systemtheorie – auch keine Kritik geben.[125] Luhmann identifiziert hier Kritik mit *externer* Beobachtung, er übersieht hier aber die Option der *internen* Kritik, der selbstreflexiven Kritik.[126]

Kritische Systemtheorie vermutet das kritische Potenzial nun genau in dieser *internen* Kritik.[127] Die kritische Analyse kann nun nicht mehr von einer externen Metaposition aus (einer Universalvernunft oder -moral), sondern nur noch als immanente Kritik, als „interne externe Beobachtung der sozialen Funktionssysteme (Wirtschaft, Politik, Recht usw.)" vollzogen werden. Im Unterschied zu Marx und zur Kritischen Theorie geht sie dabei von einer Vielzahl selbstreferentieller sozialer Prozesse aus; Gesellschaft wird verstanden als Ensemble gesellschaftlicher Teilsysteme.[128]

Kritische Systemtheorie reflektiert die Paradoxien, Antinomien, Antagonismen und Leerstellen sozialer Systeme, auf welchen Gesellschaft aufgebaut ist.

---

[124] Freilich ist die Wahrnehmung der kritischen Leistungen der Systemtheorie durch die Funktionssysteme der Gesellschaft deren eigener Logik, d.h. ihren Codes, Programmen und der Kultur ihrer „blinden Flecken" unterworfen. Wissenschaft ist in keiner Weise anderen Funktionssystemen operativ übergeordnet; vielmehr nutzen andere Funktionssysteme ihren Output, ihre Analysen im Rahmen ihrer eigenen Problemlösungsstrategien. Vgl. Scherr 2015c, S. 24.
[125] Vgl. Luhmann 1993b, S. 256.
[126] Vgl. Amstutz 2013, S. 385ff.
[127] Der Weg der internen Kritik entspricht der marxistischen Kritikperspektive: Das kritische Potenzial ist ein Binnenphänomen der sozialen Wirklichkeit, ein Bewusstseinsphänomen; es erwächst aus dem Widerspruch zwischen Arbeit und Kapital und formiert sich in „schwachen" moralischen Widersprüchen aus dem Vergleich zwischen sozialisierten Idealen und erlebter Wirklichkeit. Dies ist nach Honneth der Begriff der „internen" Kritik. „Externe" Kritik hingegen würde sich aus übergeordneten Moralprinzipien heraus ableiten, die sich philosophisch begründen lassen, in der sozialen Wirklichkeit aber kaum reflektiert sind (vgl. Honneth 2007, S. 58).
[128] Vgl. ebenda, S. 20.

Paradoxien[129] festzustellen und die Kollisionen wechselseitig verflochtener Regimes aufzudecken bedeutet, emanzipative Gesellschaftskritik auf den Weg zu bringen. Kritische Systemtheorie begründet in jenem Sinne also eine normative Theorie, dass sie das Ziel der Emanzipation, wie es historisch und gesellschaftlich in funktional differenzierten Gesellschaften je entwickelt ist, einfordert und gesellschaftlich „demokratische Selbstreferenz" in und zwischen den sozialen Systemen unterstützt. Sie setzt mittels ihrer gesellschaftlichen Mäeutik auf die „Entbindung gesellschaftlicher Normativitätspotenziale" (Teubner).[130]

Kritische Systemtheorie dient der „Stabilisierung normativer Widerständigkeit in praxi"[131]: Es sollen „gesellschaftliche Konstitutionalisierungsprozesse unterstützt, stabilisiert und auf Dauer gestellt werden, deren Kernanliegen es ist, die gesellschaftlichen Institutionen sozial responsiv zu halten"[132], etwa durch Verpflichtung auf Grundrechte, Umweltrechte, Institutionenrechte. Ihr Ziel ist die Sicherung von Autonomie für Individuen und Institutionen.

Für das Rechtssystem diskutiert Gunther Teubner die Potenziale einer kritischen internen Beobachtung hinsichtlich einer rechtssoziologischen Theorie der Gerechtigkeit. Es fällt auf, dass rechts- und kulturkritische Studien sich zwar den offensichtlichen *Un*gerechtigkeiten des Rechts (insbesondere hinsichtlich der Stabilisierung von sozialer Ungleichheit) zuwenden, aber dennoch keinen *maßgeblichen* Begriff der Gerechtigkeit entwickeln.[133] Offenbar, so Teubner, ist Gerechtigkeit ein „politisches Projekt" und kann sich als solches begrifflich offenhalten. Zu beobachten wären daher – im Sinne einer systemtheoretisch orientierten Rechtssoziologie – die sozialen Praktiken der Verhandlung von Gerechtigkeit auf der einen Seite, die „sich wandelnden Selbstbilder des Rechts"[134] auf der anderen Seite – und natürlich die Interdependenz zwischen beiden. Damit könnte die Rechtssoziologie das leisten, was rechtskritische Studien bisher nicht geleistet haben, nämlich ein – historisch relatives – Gerechtigkeitskonzept (re)konstruieren, welches aus der Beobachtung der Zusammen-

---

[129] Unter Paradoxie versteht Luhmann „eine (im beobachteten System, A.d.A.) als sinnvoll zugelassene Aussage, die gleichwohl zu Antinomien oder zu Unentscheidbarkeiten führt (oder strenger: einen beweisbaren Satz mit eben diesen Folgen)" (Luhmann 1990, S. 48). Zum Umgang mit Paradoxien vgl. auch selbige Stelle.
[130] Vgl. ebenda, S. 22.
[131] Ebenda, S. 35.
[132] Ebenda.
[133] Vgl. Teubner 2013, S. 327.
[134] Ebenda, S. 328.

hänge zwischen Sozialstrukturen und angewandten Gerechtigkeitsprinzipien hervorgeht. In diesem kommen die Widersprüche, die „Paradoxien des Rechts" zu Tage, die in der Rechtspraxis und der Dogmatik enthalten sind, und ihre Analyse kann zum Veränderungspotenzial der Rechtstheorie werden. Das Konstrukt „Gerechtigkeit" wird zum Motor einer kritischen Selbstbeobachtung des Rechts, zum Motor von „subversiven Praktiken der Selbst-Transzendierung des Rechts"[135]. Teubners Modell einer „selbstsubversiven Gerechtigkeit" führt Rechtstheorie und Rechtssoziologie zusammen. Sein Versuch kann aber auch exemplarisch verstanden und somit auf andere gesellschaftliche Systeme übertragen werden als eine kritische Praxis der Selbstbeobachtung unter systemtheoretischen Prämissen – überall dort, wo Systeme von Paradoxalität geprägt sind.

7.2 Elke Wagners „Soziologie der Kritik"

Der Ansatz von Elke Wagner hat sich dem Interesse verschrieben, Erträge für eine Kritische Systemtheorie auf der Grundlage eines empirischen Blickes herauszuarbeiten.[136] Anders als Fischer-Lescano will sie mit den Mitteln der Systemtheorie nicht über die Analyse von Widersprüchen mögliche normative Gehalte von Kritik hervorbringen, die sich für die Sicherung von Autonomie nutzen lassen, sondern sie will eine „Empirie des Kritischen"[137], eine kritische Praxis des soziologischen Beobachtens auf der Grundlage der luhmannschen Systemtheorie begründen. Was Wagner skizziert, ist am Ende keine Kritische Systemtheorie, sondern eine systemtheoretisch fundierte Soziologie der Kritik und in diesem Sinne ein Beitrag zu einer kritischen Soziologie.

Wagner stellt zunächst einige gemeinsame Ausgangspunkte von Systemtheorie und Kritischer Theorie heraus, nämlich die primäre Orientierung an gesellschaftlichen Problemen und Widersprüchen, die Untersuchung der Möglichkeiten und Grenzen des emanzipatorischen Programms der Aufklärung, den Rekurs auf die mediale Repräsentanz des Kritischen, die Beschreibung der unterschiedlichen Kontexte der Erzeugung von normativen Problemkonstellationen.[138]

Der Ausgang von Problemen und Widersprüchen war schon für die marxistische Gesellschaftstheorie als Widerspruch von Arbeit und Kapital konstitutiv.

---

[135] Ebenda, S. 329.
[136] Vgl. auch Wagner 2005, 2012 und 2014.
[137] Vgl. Wagner 2013, S. 77.
[138] Ebenda, S. 64 f.

Das Verhältnis von Ökonomie und Kapital wurde als das zentrale gesellschaftliche Problem identifiziert, welches gesellschaftlich zu bearbeiten sei. Für Luhmann ist die Universalität einer solchen monistischen Problemdiagnose nicht hinnehmbar. Vielmehr geht es um eine Vielzahl von Problemen und eine Vielzahl von Lösungsversuchen, die gesellschaftlich zu bearbeiten und zu erarbeiten sind. Diese Probleme sind permanent gegeben, sie verhindern nicht die Stabilisierung von Systemen, sondern im Gegenteil, sie beschäftigen konstitutiv die Systeme und schaffen ihnen ihre Identität.[139] Dies ist es, was Systemtheorie beobachtet und was ihr kritisches Potenzial ausmacht, dass sie nämlich die im Marxismus postulierte „polit-ökonomische Bestimmtheit gesellschaftlicher Praxis … durch die Maximen der Unwahrscheinlichkeit und Unbestimmtheit (ersetzt)"[140]. Die Systemtheorie geht von der Gleichzeitigkeit verschiedener Problemkonstellationen und ihrer Bearbeitungspraxen aus, von der prinzipiellen Unvollendbarkeit der Bewältigungen, von einem steten Rest an Unvereinbarkeit und Inkonsistenz, der neue Versuche notwendig macht. Dabei ist der Widerspruch von Arbeit und Kapital nur einer von vielen Widersprüchen, die sich in gesellschaftlicher Praxis zum Ausdruck bringen. Interessanterweise sind sich luhmannsche Systemtheorie und adornosche Negative Dialektik in dieser Hinsicht einig im Urteil, dass es keine letzte Lösung, keine orientierende Utopie der besten Lösungen, nicht einmal eine Gewissheit des richtigen Beobachtens geben kann, sondern dass allein an der Beobachtung von Widersprüchen und Unstimmigkeiten fortschreitende Kreation von Neuem sich entzünden könnte. Das ist der mögliche, quasi adornitische Ansatz zur Kritik, den Elke Wagner für eine systemtheoretische Soziologie der Kritik vorschlägt.[141]

Gewiss steht Wagner damit dem wissenschaftlichen Verständnis von Systemtheorie bei Luhmann näher als Fischer-Lescano, hat Luhmann doch immer Wissenschaft als Teil der gesellschaftlichen Praxis gesehen[142] und sie damit auch als dem Gedankengut unterworfen erachtet, welches Gesellschaft je historisch hervorbringt. Wenn Systemtheorie gesellschaftliche Wirklichkeit beschreibt, dann beschreibt sie auch jene gesellschaftliche Kritik und Selbstkritik,

---

[139] Das Ideal der Aufhebung von Widersprüchen, das der Marxismus seiner Vision der sozialistischen Gesellschaft zugrunde legt, teilt Luhmann daher nun gerade nicht.
[140] Ebenda, S. 66.
[141] Vgl. ebenda, S. 70 f. Siehe auch Scherr 2015c, S. 14, Fußnote. Wagner steht damit der Forderung Boltanskis nahe, die Kritische Soziologie als eine Soziologie der Kritik weiterzuführen (vgl. Boltanksi 2010, S. 38 ff.).
[142] Vgl. Luhmann 1997, S. 1118.

die selbst zu dieser Wirklichkeit gehört. Damit hat Systemtheorie gegenüber der manifesten kritischen Praxis der Gesellschaft eine beobachtende Funktion, z.B. auch gegenüber der Praxis einer Kritischen Theorie, wenn diese aktuell Teil der gesellschaftlichen Wirklichkeit ist. Das ist jene Metaposition, in welcher Luhmann selbst die Systemtheorie gesehen hat.

8. Systemtheorie – Kritische Theorie: Eine Bilanz

Im soziologischen Diskurs sind in den letzten Jahren deutliche Versuche der Annäherung, besser: einer „Beziehungsstiftung" zwischen Kritischer Theorie und Systemtheorie festzustellen, daran kann kein Zweifel sein. Das vielseitige Bemühen um ein Verständnis des Kritischen auf der Grundlage systemtheoretischen Denkens dokumentiert sich zum einen in einer Rückbesinnung auf einen Begriff der Kritik als Praxis des Unterscheidens, zum andern im Versuch, einer „Kritischen Systemtheorie" im Anschluss an Luhmann Profil zu verleihen. Möglich wird diese Annäherung nicht zuletzt auch dadurch, dass das starre Festhalten an Postulaten, die nur spekulativ und apriorisch waren, verschiedentlich aufgegeben wurde und so ein Freiraum zur Selbstentwicklung geschaffen wurde, der den lang gehegten Kontrasten zwischen beiden Theorien ihre Schärfe genommen hat. Die wechselseitigen Unterstellungen von Borniertheit haben merklich nachgelassen, es ist ein Dialog möglich geworden. Infolgedessen war es möglich, den Blick auch einmal auf die Gemeinsamkeiten zwischen den Systembegriffen und impliziten systemischen Annahmen des Marxismus und der Kritischen Theorie und dem luhmannschen systemtheoretischen Entwurf zu richten.

Hinsichtlich solcher Gemeinsamkeiten lassen sich unseres Erachtens folgende Feststellungen treffen:

1. Luhmanns Systemtheorie teilt mit der marxschen Theorie der Ökonomie das Ausgangspostulat der Selbstorganisation und Selbstreferentialität sozialer und ökonomischer Systeme, genauer: Eine Gemeinsamkeit zwischen Luhmanns Theorie funktionaler Differenzierung und dem marxschen Modell der Reproduktion des Kapitals liegt im Rückgriff auf das Verständnis des Prozessierens von Systemen in rekursiven Mechanismen der Selbstorganisation. In Zusammenhang damit steht die Geschlossenheit des (sozialen bzw. ökonomischen) Systems. Das gilt für das soziale System bei Luhmann ebenso

wie für den politisch ökonomischen Reproduktionsprozess bei Marx. Man kann im Hintergrund zu diesem Modelldenken Hegels dialektische Selbstorganisation des Subjektes wiedererkennen.[143]

2. Marx wie Luhmann begründen die *Einheit des Systems* durch ein universelles Prinzip, dass in allem, was das Systemische ausmacht, funktional und strukturbildend obwaltet. Für Marx findet sich dieses Prinzip in der allumfassenden Durchdrungenheit des sozialen Systems von der kapitalistischen ökonomischen Rationalität, für Luhmann findet es sich in der Universalität der Nützlichkeit von *identischen* systemtheoretischen Kategorien bei der Analyse aller Funktionssysteme.[144] Freilich stellt das eine Prinzip ein ontologisches Strukturprinzip dar (bei Marx), das andere ein heuristisches Konstruktionsprinzip (bei Luhmann) – das macht einen Unterschied, einen erheblichen Unterschied in der Denkbarkeit von Kontingenz.

3. Beide Systeme abstrahieren nicht nur von den Individuen, sondern sie sind operativ in ihrer Strukturbildung unabhängig von individuellem Willen und Bewusstsein.[145] Insofern liegt ein im Kern gemeinsamer Begriff des „Gesellschaftlichen" vor, als das Gesellschaftssystem als autonome, operativ geschlossene Totalität entworfen wird, die „informationell" zwar perturbiert, aber nicht instruiert werden kann – konstruktivistisch gesprochen. Dies gilt allerdings nur unter der Voraussetzung, dass man im marxistischen Modell die Ökonomie als innere Logik des Gesellschaften und darin als einheitsstiftendes Moment und nicht als einen Faktor der Interpenetration betrachtet.

4. Es gibt sowohl in der marxistischen Gesellschaftstheorie als auch in Luhmanns Theorie sozialer Systeme ein dialektisches Moment,[146] nämlich die Überzeugung, dass gesellschaftliche Entwicklung (nicht unbedingt Fortschritt) sich der Abarbeitung von Widersprüchen verdankt. Allerdings divergieren beide Ansätze erheblich hinsichtlich der impliziten theoretischen

---

[143] Die Untersuchung der Tragweite des hegelianisch naturphilosophischen Begriffes der Selbstorganisation für Marx wie auch für Luhmann wäre gewiss eine spannende Herausforderung. Ansatzweise zeigt sich in den letzten Jahren dieses Bemühen, vornehmlich bezogen auf naturwissenschaftliche Modelle der Selbstorganisation, so bei Fuchs-Kittowski/Zimmermann 2011, Neuser/Röterberg 2012, Hübner 2015.

[144] Pahl stellt heraus, wie das „Gesellschaftliche" bei Luhmann als „'Nichtbeliebigkeit der Gesellschaft bei sehr variablen Beziehungen zwischen den Funktionssystemen' ... mit 'einer begrifflichen Architektur nach(zu)weisen (sei)", und damit der „Beweis für die Einheit der Gesellschaft" als System hervorgebracht wird. (Pahl 2004, S. 198 f.)

[145] Vgl. Scherr 2015, S. 31.

[146] Vgl. Hübner 2015, S. 236 ff.

Voraussetzungen, insbesondere in der Frage nach der Konstruktion des Widerspruchs als „Widerspruch" und in der Frage nach der Teleologie gesellschaftlicher Entwicklung.

Nichtsdestoweniger kennzeichnen auch gravierende Differenzen das Verständnis sozialer Systeme bei Luhmann und das marxistische Verständnis des sozialen Systems und seiner begrifflichen Äquivalente. So besteht auch zwischen dem Verständnis von Kritik in der Kritischen Theorie und in der Systemtheorie eine erhebliche Differenz. Diese Differenz entspringt den hinter ihnen stehenden gesellschaftstheoretischen Positionen. Die Kritische Theorie betreibt ihre Kritik als eine analytische Praxis der gesellschaftlichen Aufklärung in ihrem Sinne, als eine Praxis des Aufweisens von Herrschaftsinteressen und Unterdrückungsmechanismen in der gesellschaftlichen Wirklichkeit, als eine Praxis der Entlarvung. Die Systemtheorie entwickelt ihr kritisches Potenzial hingegen auf der Metaebene der Beobachtung von Theorien und Analysen zur gesellschaftlichen Wirklichkeit. Sie beobachtet „kritisch" die gesellschaftlichen Akteure in ihren systemischen Zusammenhängen und sie beobachtet sich selbst. Treffend hat dies Maren Lehmann zusammengefasst:

„Systemtheorie ist nicht Gesellschaftskritik (...), sondern Kritik der Beobachtung und Beschreibung von Kontingenz und Komplexität – und nur in diesem Sinne auch Kritik der Beobachtung und Beschreibung von Gesellschaft. Systemtheorie ist Soziologiekritik."[147]

Kritik im Sinne der Kritischen Theorie fokussiert in ihrer analytischen Dimension die moderne Gesellschaft als kapitalistische und damit von bestimmten Herrschaftsstrukturen und einer Dynamik von Kapitalwachstum und Einflussexpansion wirtschaftlich und kulturell geprägte Gesellschaft. Die Systemtheorie kritisiert an der marxistischen Theorieentwicklung aber die vorordnende Position des Ökonomischen vor allem Sozialen zum einen, zum anderen sieht sie die Dynamik gesellschaftlichen Wandels keinesfalls als die notwendige Entstehung eines revolutionären Potenzials im marxschen Sinne. Das sind in der Systemlogik wie auch im Verständnis von Geschichte erhebliche Differenzen im Theoriegebäude.

Marxens ökonomischem Determinismus entsprechend gerät das Soziale in einen theoretischen Rahmen totaler Heteronomie. Die Organisationsprinzipien und letztlich die historischen Strukturen von Gesellschaft sind – und zwar rest-

---

[147] Lehmann 2015, S. 6.

los – fremdbestimmt durch die kapitalistische Logik; was als gesellschaftlicher Fortschritt erscheint ist nur der Reflex des kapitalistischen Progresses. Dasselbe wäre im Übrigen auch vom Individuum zu sagen, welches seine vermeintlich freiheitliche Entwicklung mit dem Prozess zunehmender Anpassung an die kapitalistische Mentalität verwechselt. Wäre nicht das dialektische Prinzip in die Verhältnisse eingewoben, wäre selbst die Revolution (und das kritische Denken selbst) undenkbar. Dieser Unerbittlichkeit des heteronomen Determinismus steht in der Systemtheorie modellkonstitutiv durch das Theorem der Autopoiese eine Autonomievorstellung gegenüber, die auf den ersten Blick nicht minder total behauptet scheint.[148] Im Verein mit der Ableitung ethischer Konsequenzen wie der Selbstverantwortung für die eigene Autopoiese scheint eine grenzenlose Freiheit der Selbstgestaltung vorausgesetzt, die die Abhängigkeit autopoietischer Strukturbildung von der materialen und energetischen Basis einer Umwelt ebenso vergessen lässt wie die Abhängigkeit von konsensueller semiotischer (nicht semantischer) Strukturbildung in sozialen Bindungen. Allerdings deuten Begriffe wie „Strukturdeterminiertheit" zugleich an, dass hier Autonomie nicht als innere Freiheit, sondern als strukturbildende Unabhängigkeit von fremdem Willen gedacht ist, begründet durch die Nicht-Kommunikabilität von Semantik.[149] Letztendlich trennt also nicht ein Primat der Hetero- oder Autonomiethese das systemtheoretische Denken vom marxistischen, sondern der Umgang mit der These von der Kommunikabilität vs. Nicht-Kommunikabilität einer (kapitalistischen) Mentalität. Die Ableitung von Autonomie aus der Autopoiese ist eine kurzschlüssige Folgerung in Hinsicht auf die strukturelle Kopplung autopoetischer Systeme und auf die Wirksamkeit sozialer Konstruktivität. Daher kann auch systemtheoretisch Kritik als ein reflexiver Prozess (der Beobachtung von Beobachtungen) in der Bewertung von Konstrukten denkbar werden, die als Ergebnisse von Konsensbildung erkannt werden.

Ferner verabschiedet sich die Systemtheorie Luhmanns von der aufklärungsverhafteten Vernunftgläubigkeit der Kritischen Theorie, die noch in den kritisierten Verhältnissen selbst einen Kern vorgängiger Vernünftigkeit erkennt, aus welchem sich gerade jene Normen ableiten lassen, die Kritik sodann zu objektivieren vermag. Der permanente Krisenzustand kapitalistischer Gesellschaft ist aus Sicht der Kritischen Theorie erklärbar durch „Abweichungen von

---

[148] Vgl. den Beitrag von Hünersdorf in diesem Band.
[149] Vgl. hier zum einen die Theorie des objektiven Verstehens von Gebhard Rusch (1986), zum anderen die Theorie der instruktiven Macht von Björn Kraus (2016).

einem ‚vernünftigen' Normalzustand"[150]; aus Sicht der Systemtheorie erscheinen hingegen die „Krisen" als aus der jeweils aktuellen Dynamik der Selbstorganisation von Systemen heraus selbstverständliche Prozesse der Umstrukturierung, nicht als Prozesse einer zielgerichteten Evolution.[151] In diesem Sinne ist die systemtheoretische Kritik eine „nicht-normative" Kritik[152], da sie ihre kritischen Kriterien nicht auf Vernunftimmanenz begründen muss, sondern innerhalb der systemischen Prozesse selbst zu gewinnen vermag. Diese Kritik ist im ersten Schritt Beschreibung der Beobachtung beobachtender Systeme (Reflexionwissenschaft), im zweiten Schritt Beschreibung hinsichtlich der Kontingenz von Beobachtungen (Vision von Kontingenz). Was die Praxis gewinnt durch systemtheoretische Kritik, das ist Einsicht in ein „Überschußpotenzial für Strukturvariationen"[153], ein Angebot an Perspektiven, das es erlaubt, Selbstverständliches in Frage zu stellen, routinierte und vielleicht schon verhärtete Strukturen der Institutionalisierung und Legitimation aufzubrechen und damit Innovation zu ermöglichen. Praxis kann durch systemtheoretische Refle-

---

[150] Pahl/Meyer 2009, S. 287.

[151] So ist binnensystemisch betrachtet der Ausdifferenzierungsprozess der Gesellschaft quasi eine fortgesetzte Krise der selbstorganisatorischen Umstrukturierung der Systeme nach innen in der Relation der Systeme untereinander, aber auch zugleich eine fortgesetzte Krise in der Verhandlung um Autonomie (vgl. Weingarten 2001, S. 302). Erkennt man in dieser Hinsicht für eine kapitalistische Gesellschaft eine Dominanz des ökonomischen Systems (Ökonomisierungsdruck) den anderen Systemen gegenüber an, so vermindern sich von dorther die Freiheitsgrade der Selbstorganisation der anderen Systeme und damit deren Leistungsvermögen. Schimank sieht daher die Entstehung des Wohlfahrtsstaates als einen weiteren Prozess der Ausdifferenzierung in kompensatorischer Hinsicht (vgl. Schimank 2015). Die Bewältigung der Schäden, die sich infolge des Dominanzanspruches des ökonomischen Systems für die anderen Systeme ergeben, wird damit nicht dem ökonomischen System selbst überlassen, sondern externalisiert; mit dieser wird der Wohlfahrtsstaat beauftragt, der damit für das ökonomische System eine, so hätte es der frühe Luhmann genannt: „ultrastabilisierende" Leistung vollbringt.

[152] „Nicht-normativ" in dreifachem Sinne: Zum Ersten insofern, als sie sich selbst als kritische Wissenschaft nicht eine bestimmte Erklärungsperspektive (wie etwa die ökonomisch-politische Perspektive im marxschen Denken) zur Norm macht, zum Zweiten insofern, als ihre Kritik nicht vom Standpunkt einer festgelegten Norm einer idealen Gesellschaft oder einer Idealanthropologie ausgeht, zum Dritten insofern, als ihre Kritik nicht darauf zielt, Normen herzuleiten oder zu begründen und Praxis normativ zu korrigieren. Vgl. Luhmann 1993b, Nassehi 2001.

[153] Luhmann 1993b, S. 20. Scherr spricht im Anschluss an diese Formulierung Luhmanns von einer „durchgängig(en) Desillusionierung" hinsichtlich der „Möglichkeiten sozialwissenschaftlicher Aufklärung in gesellschaftsverändernder Absicht" (Scherr 2015, S. 25).

xion lernen, sich selbst anders zu beobachten. Was sie nicht gewinnt, sind normative Vorgaben für „richtige" Perspektiven, schon gar nicht normative Korrekturen ihrer Handlungsziele.

Entsprechendes gilt bei der Bewertung von Widersprüchen: Systemtheoretisch erscheinen Widersprüche in und zwischen Systemen als notwendige Entwicklungsimpulse, bei deren Überwindung neue Widersprüche entstehen; Kritische Theorie hingegen hofft im Letzten auf die Aufhebung der Widersprüche der konfligierenden bürgerlichen Werte, auf die Versöhnung der Geschichte – eine Erwartung, die für Luhmann ins Reich metaphysischer Spekulationen gehört.[154]

9. Markierungen für eine „Systemische Kritik"

In der Annäherung an unsere Ausgangsfrage nach dem kritischen Potenzial der Systemtheorie lassen sich mit aller Vorsicht – zugleich bilanzierend – einige Leitvorstellungen für ein systemtheoretisch anschlussfähiges Kritikverständnis und für eine systemisch-kritische Wissenschaftspraxis herausheben. Den Rahmen hierfür bildet das systemisch-konstruktivistische Theoriekonzept.

a) Kritik ist ein unabschließbarer Prozess, der nicht darauf ausgerichtet ist, in praktischer Konsequenz Systeme widerspruchsfrei zu machen. Systeme werden nicht als in Unordnung geratene Entitäten betrachtet, die es wieder als harmonische Ganzheiten herzustellen gilt, vielmehr konstruieren sie durch reflexive Praxis immer neue „Unordnung". Obschon der Prozess der Kritik auf die Beseitigung praktischer Probleme zielt, produziert er zugleich neue praktische Probleme.

b) Die analytisch festgestellten Widersprüche mögen immanent hergeleitet werden, sie sind nichtsdestoweniger in der Auswahl dessen, was einander widerspricht, wie in der Herstellung der Zusammenhänge konstruiert. Jaeggi spricht hier von einer notwendigen „konstruktivistisch-performativen Wende"[155] im Selbstverständnis von Kritik. Anzuerkennen sei, dass die Kon-

---

[154] Vgl. Luhmann 1975, S. 81.
[155] Jaeggi 2013, S. 292: „Die Zusammenhänge wie die Widersprüche, die das Bewegungsprinzip dieser Kritik ausmachen, sind gleichzeitig ‚gegeben' und ‚gemacht'. Das soll bedeuten: Weder ‚entdeckt' die ideologiekritische Analyse einfachhin die widersprüchlichen

struktion von Widersprüchen zumeist eng mit der Wahrnehmung praktischer Probleme und ihrer Konstruktion als Problem verbunden sei und nicht aus „letzten Gründen" deduziert würde.

c) Systemische Kritik postuliert keinen äußeren idealen Maßstab und keinen Ursprungszustand, von welchem aus sich Abweichungen kritisieren lassen, sondern sie vollzieht Kritik als Vergleich zwischen Strukturen innerhalb eines Systems bzw. zwischen Systemen. Sie hat in diesem Sinne die Struktur immanenter Kritik.

d) Infolge dieser binnensystemischen Anlage von Kritik ist systemische Kritik eine „nicht-normative Kritik", eine beschreibende Kritik, die Gegensätzliches darstellt, ohne es als Widerspruch zu etwas Höherem oder Äußerlichem zu bewerten. Systemtheorie rekurriert nicht auf Normen, sie begründet keine Normen und begründet keine Ziele, sie ist keine „kritische Theorie", aber sie ist eine ‚kritisch nutzbare Theorie'[156], sei es, dass sie Analyseperspektiven ermöglicht, die ohne sie nicht bestehen würden, sei es, dass sie Alternativen denken lässt, die sich differenzlogisch erschließen, sei es, dass sie das Operieren von Systemen verstehen lässt und so den Umgang mit Systemen zu kritisieren erlaubt.

e) Auch wenn Systemtheorie keine Normen begründet, so beschreibt sie doch in concreto ein bestimmtes Operieren und Funktionieren von Systemen und ein bestimmtes Verhältnis zu anderen Systemen, an deren Operationen erstere strukturell gekoppelt sind, als *systemerhaltend*; mithin können andere Operationen oder Koppelungsverhältnisse als *systemgefährdend* oder *funktional schwächend* eingeschätzt werden. Insofern gibt es – innerhalb der Beobachtung – so etwas wie eine „*operative Normalität* (…), der gegenüber Abweichungen dysfunktional erscheinen müssen"[157]. Man kann hierin die Grundlage für die Möglichkeit einer „beobachtungsinternen"[158] Kritik sehen. Eben hierin liegen dann auch die Möglichkeiten, Deutungsmuster der Kriti-

---

Zusammenhänge sozialer Wirklichkeit, noch konstruiert sie diese frei heraus. (…) Ideologiekritik kann also ihre Analyse und Bewertung weder auf zwingende ‚letzte Gründe' stützen, noch auf eine letztgültige und von den Akteuren unabhängige Interpretation sozialer Realität."
[156] Hosemann/Geiling 2013, S. 35.
[157] Krieger 2010b, S. 35. Solche *Normalität* entspricht quasi den „blinden Flecken", oder besser „Scheuklappen", der Beobachtung von funktionalen Prozessen hinsichtlich jener Funktionalität, die zuvor zum Zweck des Beobachtens apriorisch schon gesetzt worden ist.
[158] „Beobachtungsintern" insofern, als der Maßstab solcher Kritik sich aus den Unterscheidungen ergibt, die zur Beschreibung des Systems und seiner Strukturen herangezogen werden. Kritik folgt hier dem Modus der Einführung einer Unterscheidung in die Unterscheidung.

schen Theorie in die Beobachtungsperspektive zu integrieren, d.h. mit ihren Unterscheidungen zu beobachten, und in diesem Sinne Strukturen zu kritisieren. Nur so ist es möglich, Anschluss an die Kritische Theorie zu finden, ohne in Widerspruch zu dem systemischen Prinzip des Ontologieverzichtes zu geraten; denn im Bewusstsein der Relativität von Beobachtungen können absolute Standpunkte nicht legitimiert werden.

f) Die wirtschaftliche Analyse unter den Maßgaben marxistischer Ökonomietheorie bildet das Fundament des marxistischen Systembegriffs; das Gesellschaftssystem wird fundamental als ökonomisches, d.h. ökonomisch determiniertes System verstanden. Systemisch-kritische Argumentationen nehmen nicht nur ökonomisch induzierte Widersprüche im Gesellschaftssystem in den Blick, sondern gehen von einer Vielheit von Widersprüchen aus, innerhalb von Systemen wie zwischen Systemen. Es wird der systemisch-kritischen Analyse zugetraut, in organisationalen Systemen die „Gleichzeitigkeit von Autonomie und Heteronomie als Antinomie auf(zuzeigen)"[159], es wird ihr zugetraut, „dass sie auf die paradoxen Grundlagen und die widersprüchlichen Auswirkungen der gesellschaftlichen Struktur aufmerksam macht"[160], ja, sie soll im Stande sein, der „Fetischisierung von Kollektivität und Organisation (…) eine akribische Analyse der Gesellschaft als System (entgegenzusetzen) und nach Strategien der Entdinglichung (zu suchen)"[161]. Im Umgang mit Paradoxien findet sich offenbar ein analytischer Gegenstand systemtheoretischer Forschung, der vielfältig kritisches Potenzial sichtbar macht.[162]

g) Die Entstehung und der Bestand von Widersprüchen gilt aus systemtheoretischer Sicht als selbstverständliches Moment der Evolution, der Umgang mit ihnen als experimentell und ihre Dynamik als nicht zielorientiert oder von

---

[159] Hünersdorf in diesem Band im Schlussabschnitt.
[160] Scherr 2015, S. 28.
[161] Fischer-Lescano 2013, S. 17 f.
[162] Allerdings birgt die Entdeckung der Paradoxien auch gefährliches Potenzial für normative Fehlschlüsse. Die Erkenntnis etwa, dass organisationales Handeln sich durch seine Eingebundenheit in paradoxale Bezüge (Recht vs. Politik, Kundenorientierung vs. Wirtschaftlichkeit etc.) fortgesetzt in einem Zustand unsicherer Identität und unklarer Umweltbeziehungen befindet (etwa deskriptiv erfasst in den Selbstbeschreibungen von Organisationen, vgl. Luhmann 2011), führt erst dann zur Zuschreibung einer „Pathologie" oder eines „Organisationsversagens", wenn von außen ein Kriterium des „Versagens" oder der „pathologischen Struktur" eingeführt wird. Der Aufweis einer Paradoxie ist noch nicht der Aufweis einer Pathologie; solches Ineinssetzen ist vielmehr bereits wertende Interpretation und Rhetorik im Stile der „Pathologien der Vernunft" von Axel Honneth (vgl. etwa Herberg 2013).

einem übergeordneten Sinn gesteuert. Die Evolution des Gesellschaftlichen stellt sich für Luhmann „als eine kontingente Veränderung gesellschaftlicher Strukturen und Semantiken dar, die weder auf bestimmten Gesetzen beruhen noch auf ein bestimmtes Ziel hinauslaufen"[163]. Der Umgang mit Widersprüchen ist für Systeme ambivalent, sie können dem Systemzweck dienlich, aber auch lästig sein. Es gibt aus systemtheoretischer Sicht kein grundsätzliches Diktum für die Auflösung von Widersprüchen. „Entparadoxierung" findet vielmehr in je konkreten Situationen statt und ist nicht standardisierbar.[164]

h) Das Grundpotenzial für Kritik besteht in der Systemtheorie in ihrem Vermögen, Kontingenz zu erkennen, genauer: Verhältnisse in ihrer Kontingenz und Nicht-Kontingenz zu erkennen und in diesem Sinne gegenüber einer Kritik zu öffnen. Sie kann aufzeigen, in welcher Weise und in welcher Hinsicht Systeme den Freiraum für Kontingenz einschränken und kann Alternativen für einen erweiterten Freiraum andenken. Sie kann die der funktionalen Differenzierung folgende Strukturbildung problematisieren, sie kann die Bedingungen von Macht und Herrschaft im systemischen Operieren aufdecken und erklären, wie Systemstrukturen die Bedingungen für Exklusion, für Macht und Herrschaft hervorbringen. Sie kann möglicherweise – auch legitimationstheoretisch – Aufschluss darüber geben, wie Kontingenz mit Nicht-Kontingenz verhandelt wird.

i) Strittig ist, ob aus konstruktivistisch-systemtheoretischen Ansätzen heraus in immanenter Schlüssigkeit Leitlinien einer Ethik abgeleitet werden können, die ihren Sollensanspruch nicht einem naturalistischen Fehlschluss verdanken. Aus der Betrachtung des Konstruktivismus als Erkenntnistheorie heraus lassen sich funktionslogische Erklärungsmodelle ableiten, nicht aber normative Positionen. Ethische Positionen können innerhalb der systemisch-konstruktivistischen Ansätze also nicht auf eine deduktive Weise gewonnen werden, allenfalls kann innerhalb der Funktionslogik unter Zuhilfenahme externer normativer Maßstäbe aufgezeigt werden, dass durch das Arrangement von Umwelten autopoietische Systeme hinsichtlich der Freiheitsgrade ihrer möglichen Strukturbildung behindert oder gar organisationell (und damit existenziell) bedroht werden.[165] Umgekehrt kann gezeigt werden, dass be-

---

[163] Moeller 2015, S. 135.

[164] Vgl. Herberg 2013, S. 240 f. und Luhmann 1993, einführend Luhmann 1990, S. 48 f. und 1991.

[165] Vgl. Kraus 2016.

stimmte Umweltarrangements die Strukturbildung von autopoietischen Systemen mit hoher Wahrscheinlichkeit flexibilisieren und in ihrer Problemlösungskompetenz fördern. Vor dem Hintergrund eines (ethisch begründeten) Autonomiewertes lassen sich also systemisch-konstruktivistisch Kriterien zur Entwicklung fördernder vs. behindernder Umweltkonstellationen qualifizieren. In diesem Falle liegt der Beitrag zur Ethik und damit zu einer normativen Orientierung für Kritik seitens der Systemtheorie in der Bewertung geeigneter Mittel, aber nicht in der Legitimation von Zielen.

j) Systemische Kritik setzt sich keine Denkverbote in der *Perspektivierung* systemischer Strukturen und in der *Modellierung* ihrer Theorie. Systemstrukturen sind selbst kontingent und können zur Disposition stehen, neu konstruiert und mithin kritisiert werden, systemkonstitutive Wertorientierungen können durch Alternativen ergänzt werden und müssen nicht als alleinverbindliche Maßstäbe betrachtet werden, falsches Handeln kann auch richtiges Handeln sein, Systemrationalität steht selber auf dem Prüfstand.[166] Immanente systemische Kritik muss von Ambivalenzen, Paradoxitäten, Widersprüchen, Diskontinuitäten und Differenzen ausgehen und sich darin selbst beobachten. Beobachtbare Normativität darf nicht zum Dogma der Systemanalyse selbst werden.

k) Systemische Kritik ist beobachtende wissenschaftliche Praxis, Beobachtung gesellschaftlicher Praxis. Zu jener zählt auch die Wissenschaft selbst. Systemische Kritik kann sich daher selbst beobachten, und sie kann daher auch die Semantik anderer Kritiken beobachten, also das, was in Diskursen als „Kritik" benannt wird, den Gang der Argumentationen und das, worauf solche Kritik zurückbezogen wird, selbst „kritisch" beschreiben und bewerten, also in ein Gefüge von Unterscheidungen einsetzen, die es in neuer Perspek-

---

[166] Die auf Zweckangemessenheit ausgerichtete Beobachtung von Handlungen in Systemen beschränkt den Blick für die Gleichzeitigkeit divergierender Wertorientierungen in der Praxis. Kieserling stellt dar, dass soziale Systeme an der Widersprüchlichkeit konkurrierender Zwecke nicht scheitern müssen, auch dann nicht, wenn die „Nebenfolgen ... solche sind, die anderen Werten oder Interessenrichtungen des handelnden Systems widersprechen" (2015, S. 143). Studien im Bereich der soziologischen Austauschtheorie zeigen auf, dass die effektive Verfolgung eines Systemzweckes notwendigerweise die Vernachlässigung anderer Systemzwecke bedingt. Daraus leitet Kieserling ab, „dass komplexe Systeme überhaupt nicht von einem, und nur einem, konsequent festgehaltenen Prinzip her rationalisiert werden können..." (ebenda, S. 144 f.) Zur Rekonstruktion von Systemrationalität kann daher nicht auf das Prinzip der Widerspruchsfreiheit rekurriert werden.

tive erscheinen lassen. Dann ist Kritische Systemtheorie in unmittelbarem Sinne Kritik der Soziologie.

Literatur

Adorno, Theodor Wiesengrund (1972): Soziologische Schriften. Frankfurt/M.: Suhrkamp.

Adorno, Theodor Wiesengrund (1973): Ästhetische Theorie. Frankfurt/M.: Suhrkamp.

Adorno, Theodor Wiesengrund (1974): Philosophische Terminologie. Bd 2. Frankfurt/M.: Suhrkamp.

Adorno, Theodor Wiesengrund (1981a): Kulturkritik und Gesellschaft. In: Ders.: Gesellschaftstheorie und Kulturkritik. 2. Aufl. Frankfurt/M.: Suhrkamp, S. 46-65.

Adorno, Theodor Wiesengrund (1981b): Notiz über sozialwissenschaftliche Objektivität. In: Ders.: Gesellschaftstheorie und Kulturkritik. 2. Aufl. Frankfurt/M.: Suhrkamp, S. 151-158.

Adorno, Theodor Wiesengrund (1982): Negative Dialektik. 3. Aufl. Frankfurt/M.: Suhrkamp.

Amstutz, Marc/Fischer-Lescano, Andreas (Hrsg.)(2013): Kritische Systemtheorie. Zur Evolution einer normativen Theorie. Bielefeld: transcript.

Amstutz, Marc (2013a): Der zweite Text. Für eine kritische Systemtheorie des Rechts. In: Ders./Fischer-Lescano, Andreas (*Hrsg.*): Kritische Systemtheorie. Zur Evolution einer normativen Theorie. Bielefeld: transcript, S. 365-401.

Amstutz, Marc/Fischer-Lescano, Andreas (2013b): Einleitung. In: Dies. (Hrsg.): Kritische Systemtheorie. Zur Evolution einer normativen Theorie. Bielefeld: transcript, S. 7-10.

Angehrn, Emil (2008): Kritik und Versöhnung: Zur Konstellation Negativer Dialektik bei Adorno. Internet: http://edoc.unibas.ch/14367/1/BAU_1_005251718.pdf

Baschek, Nicklas (2014): »Engagement ist Mangel an Talent«. Zur Entkernung der Kritik in der Kritischen Systemtheorie und dem Postfundamentalismus. In: *Leviathan* 42. Jg., H.4, S. 494-507. Internet: http://www.leviathan.nomos.de/fileadmin/leviathan/doc/Aufsatz_Leviathan_14_04.pdf .

Bauman, Zygmunt (1995): Postmoderne Ethik. Hamburg: Hamburger Edition.

Benhabib, Seyla (1992): Kritik, Norm und Utopie. Die normativen Grundlagen kritischer Theorie. Frankfurt/M.: Fischer.

Benjamin, Walter (1977): Über das mimetische Vermögen. In: Ders.: Gesammelte Schriften, Bd. II. Frankfurt/M.: Suhrkamp, S. 204-213.

Boltanski, Luc (2010): Soziologie und Sozialkritik. Frankfurter Adorno-Vorlesungen 2008. Frankfurt/Berlin: Suhrkamp.

Boltanski, Luc/Honneth, Axel (2013): Soziologie der Kritik oder Kritische Theorie? Ein Gespräch mit Robin Celikates. In: Jaeggi, Rahel/Wesche, Thilo (Hrsg.), S. 81-114.

Bonacker, Thorsten (2000): Die normative Kraft der Kontingenz. Nichtessentialistische Gesellschaftskritik nach Weber und Adorno. Frankfurt/M., New York: Campus.

Bonacker, Thorsten (2001): Hat die Moderne einen normativen Gehalt? Zur Möglichkeit einer kritischen Gesellschaftstheorie unter Kontingenzbedingungen. In: *Berliner Journal für Soziologie*, Bd.11, H.2, S. 159-178.

Bonacker, Thorten (2014): Moderne und postmoderne Gemeinschaften. Zygmunt Baumans Beitrag zu einer Theorie symbolischer Integration. In: Junge, Matthias/Kron, Thomas (Hrsg.): Zygmunt Bauman: Soziologie zwischen Postmoderne, Ethik und Gegenwartsdiagnose. 3. Aufl. Wiesbaden: Springer VS, S. 153-186.

Breuer, Stefan (1987): Adorno, Luhmann. Konvergenzen und Divergenzen von Kritischer Theorie und Systemtheorie. In: *Leviathan* 1987 (1), S. 91-125.

Brunkhorst, Hauke (2014): Kritik und Kritische Theorie. Baden-Baden: Nomos.

Clam, Jean (2004): Kontingenz, Paradox, Nur-Vollzug. Grundprobleme einer Theorie der Gesellschaft. Konstanz: UVK.

De Haan, Gerhard/Rückler, Tobias (2009): Der Konstruktivismus als Grundlage für die Pädagogik. Bern: Lang.

Demiroviç, Alex (2001): Komplexität und Emanzipation. In: Ders. (Hrsg.), S. 13-52.

Demiroviç, Alex (2001)(Hrsg.): Komplexität und Emanzipation. Kritische Gesellschaftstheorie und die Herausforderung der Systemtheorie Niklas Luhmanns. Münster 2001.

Diesbergen, Clemens (2000): Radikal-konstruktivistische Pädagogik als problematische Konstruktion. Eine Studie zum Radikalen Konstruktivismus und seiner Anwendung in der Pädagogik. Bern: Lang.

Dumbadze, Devi/Hesse, Christoph (Hrsg.)(2015): Unreglementierte Erfahrung. Freiburg i. Br.: ça-ira-Verlag.

Dumbadze, Devi (2015): „Religion, die IST." Ideologie und unreglementierte Erfahrung. In: Ders./Hesse, Christoph (Hrsg), S.83-142.

Fischer-Lescano, Andreas (2013): Systemtheorie als kritische Gesellschaftstheorie. In: Amstutz, Marc/Fischer-Lescano, Andreas (Hrsg.): Kritische Systemtheorie. Zur Evolution einer normativen Theorie. Bielefeld: transcript, S. 13-37.

Fischer-Lescano, Andreas/Teubner, Gunther (2006): Regime-Kollisionen: Zur Fragmentierung des globalen Rechts. Frankfurt/M.: Suhrkamp.

Foerster, Heinz von (1993): Wissen und Gewissen. Versuch einer Brücke. Hrsg. v. Siegfried J. Schmitt. Frankfurt/M.: Suhrkamp.

Forst, Rainer (2015): Normativität und Macht. Zur Analyse sozialer Rechtfertigungsordnungen. Frankfurt/M.: Suhrkamp.-

Fuchs, C./Hofkirchner, W. (2009): Autopoiesis and Critical Social Systems Theory. In: Magalhães, R., Sanchez, R. (Hrsg.): Autopoiesis in Organization Theory and Practice. Emerald: Bingley, S. 111-129.

Fuchs, Peter (2013): Die Unbeeindruckbarkeit von Gesellschaft – Ein Essay zur Kritikabilität sozialer Systeme. In: Amstutz/Fischer-Lescano (Hrsg.), S. 99-110.

Fuchs-Kittowski, Klaus/Zimmermann, Reiner E. (2011): Kybernetik, evolutionäre Systemtheorie und Dialektik. Trafo-Verlag.

Füllsack, Manfred (1998): Geltungsansprüche und Beobachtungen zweiter Ordnung: Wie nahe kommen sich Diskurs- und Systemtheorie? In: *Soziale Welt*, Jg. 4, H. 1, S 185-198.

Füllsack, Manfred (2010): Die Habermas-Luhmann-Debatte. In: Kneer, Georg/ Moebius, Stephan (Hrsg.): Soziologische Kontroversen: Beiträge zu einer anderen Geschichte der Wissenschaft vom Sozialen. Frankfurt/M.: Suhrkamp, S. 154-181.

Galindo, Jorge Lionel (2006): Zwischen Notwendigkeit und Kontingenz. Theoretische Selbstbeobachtung der Soziologie. Wiesbaden: VS.

Gebrande, Julia/Melter, Claus/Bliemetsrieder, Sandro (2017): Kritisch ambitionierte Soziale Arbeit – intersektional praxeologische Perspektiven. Einleitende Überlegungen. In: Dies. (Hrsg.): Kritisch ambitionierte Soziale Arbeit. Intersektional praxeologische Perspektiven Weinheim: Beltz Juventa, S. 9-25.

Geuss, Raymond (1996): The idea of a critical theory. Habermas and the Frankfurt School. Cambridge University Press 1981. (Dtsch.: Die Idee einer kritischen Theorie. Habermas und die Frankfurter Schule. Übers. v. Anna Kusser. Bodenheim: Syndikat)

Glasersfeld, Ernst von (1987): Siegener Gespräche über Radikalen Konstruktivismus. In: Schmidt, Siegfried J. (Hrsg.): Der Diskurs des Radikalen Konstruktivismus. Frankfurt/M.: Suhrkamp, S. 401-440.

Glasersfeld, Ernst von (1992): Aspekte des Konstruktivismus: Vico, Berkeley, Piaget. In: Rusch, Gebhard/Schmidt, Siegried J. (Hrsg.): DELFIN1992 – Konstruktivismus: Geschichte und Anwendung. Frankfurt/M.: Suhrkamp, S. 20-33.

Glasersfeld, Ernst von (1996): Radikaler Konstruktivismus. Ideen, Ergebnisse, Probleme. Frankfurt/M.: Suhrkamp.

Han, Sangwon (2016): Konstitutive Negativität: Zur Rekonstruktion des Politischen in der Negativen Dialektik Adornos. transcript.

Habermas, Jürgen/Luhmann, Niklas (1971): Theorie der Gesellschaft oder Sozialtechnologie. Frankfurt/M.: Suhrkamp.

Habermas, Jürgen (1973): Legitimationsprobleme im Spätkapitalismus. Frankfurt/M.: Suhrkamp.

Habermas, Jürgen (1981): Theorie des kommunikativen Handelns. Band 2. Frankfurt/M.: Suhrkamp.

Habermas, Jürgen (1984): Vorstudien und Ergänzungen zur Theorie des kommunikativen Handelns. Frankfurt/M.: Suhrkamp.

Habermas, Jürgen (1985): Der philosophische Diskurs der Moderne. Zwölf Vorlesungen. Frankfurt/M.: Suhrkamp.

Habermas, Jürgen (1988): Nachmetaphysisches Denken. Philosophische Aufsätze. 2. Aufl. Frankfurt/M.: Suhrkamp.

Hegel, (1832): Werke (Vollständige Ausgabe durch einen Verein von Freunden des Verewigten. 18 Bde). Bd. 1. Philosophische Abhandlungen. Berlin.

Heim, Tino (2013): Metamorphosen des Kapitals. Bielefeld.

Hejl, Peter M. (1995): Ethik, Konstruktivismus und gesellschaftliche Selbstregelung. In: Rusch, Gebhard / Schmidt, Siegfried J. (Hrsg.): DELFIN 1995. Konstruktivismus und Ethik. Frankfurt/M.: Suhrkamp, S. 28-121.

Hejl, Peter M. (1999): Konstruktivismus, Beliebigkeit, Universalien. In: Rusch, Gebhard (Hrsg.): Wissen und Wirklichkeit. Beiträge zum Konstruktivismus. Heidelberg: Carl-Auer-Systeme, S.163-197.

Herberg, Martin (2013): Organisationsversagen und organisationale Pathologien. Sondierungen an der Schnittstelle von Systemansatz und Kritischer Theorie. In: Amstutz, Marc/Fischer-Lescano, Andreas (Hrsg.), S. 237-253.

Hofkirchner, Wolfgang (2011): „Kritische Systemtheorie" – eine contradictio in adjecto? Internet: http://www.hofkirchner.uti.at/wp-content/uploads/2011/11/Kritische - Theorie-und-Systemtheorie-als-Zug%C3%A4nge-zum-Informationszeitalter.pdf

Holzinger, Markus (2007): Kontingenz in der Gegenwartsgesellschaft: Dimensionen eine Leitbegriffs moderner Sozialtheorie. Bielefeld: transcript.

Honneth, Axel (1992): Kampf um Anerkennung. Zur moralischen Grammatik sozialer Konflikte. Frankfurt/M.: Suhrkamp, S. 220.

Honneth, Axel/Fraser, Nancy (2003): Umverteilung oder Anerkennung? Eine politisch-philosophische Kontroverse. 4. Aufl. Frankfurt/M.: Suhrkamp.

Honneth, Axel (2007): Pathologien der Vernunft. Geschichte und Gegenwart der Kritischen Theorie. Frankfurt/M.: Suhrkamp.

Honneth, Axel (2013): Das Recht der Freiheit. Grundriß einer demokratischen Sittlichkeit. Frankfurt/M.: Suhrkamp.

Horkheimer, Max/Adorno, Theodor Wiesengrund (1988): Dialektik der Aufklärung. Philosophische Fragmente. Frankfurt/M.: Fischer.

Hübner, Henriette (2015): Dialektik als philosophische Theorie der Selbstorganisation: Hegel und Marx in aktuellen Auseinandersetzungen. Münster/Berlin: Lit.

Hünersdorf, Bettina (2013): Systemtheorie als kritische Theorie der Sozialen Arbeit? In: Hünersdorf, Bettina/Hartmann, Jutta (Hrsg.): Was ist und wozu betreiben wir

Kritik in der Sozialen Arbeit? Disziplinäre und interdisziplinäre Diskurse. Wiesbaden: Springer VS, S. 165-188.

Hungerige, Heiko/Sabbouh, Kariem (1995): Let's talk about ethics. Ethik und Moral im konstruktivistischen Diskurs. In: Rusch, Gebhard/Schmidt, Siegfried J. (Hrsg.): DELFIN 1995. Konstruktivismus und Ethik. Frankfurt/M.: Suhrkamp, S. 123-173.

Iber, Christian (1994): Das Andere der Vernunft als ihr Prinzip. Grundzüge der philosophischen Entwicklung Schellings mit einem Ausblick auf die nachidealistischen Philosophiekonzeptionen Heideggers und Adornos. Berlin: De Gruyter.

Jaeggi, Rahel/Wesche, Tilo (Hrsg.) (2013): Was ist Kritik? 3. Aufl. Berlin: Suhrkamp.

Jaeggi, Rahel/Wesche, Tilo (2013): Einführung: Was ist Kritik? In: Dies. (Hrsg.), S. 7-20.

Jaeggi, Rahel (2013): Was ist Ideologiekritik? In: Dies./Wesche, Tilo (Hrsg.), S. 266-298.

Jessop, Bob (2009): Zur Relevanz der Systemtheorie und von Laclaus und Mouffes Diskursanalyse für die Weiterentwicklung der marxistischen Staatstheorie. In : Hirsch, J./Kannankulam, J./Wissel, J. (Hrsg.): Der Staat der bürgerlichen Gesellschaft. Stuttgart: Nomos, S. 157-179.

Kette, Veronika/Tacke, Veronika (2015): Systemtheorie, Organisation und Kritik. In: Scherr, Albert (Hrsg.): Systemtheorie und Differenzierungstheorie als Kritik. Perspektiven in Anschluss an Niklas Luhmann. Weinheim/Basel: Beltz/Juventa, S. 232-265.

Kramaschki, L. (1992): Konstruktivismus, konstruktivistische Ethik und Neopragmatismus. In: Rusch, G./Schmidt, W.J. (Hrsg.): Konstruktivismus: Geschichte und Anwendung. Frankfurt/M.: Suhrkamp, S. 224-268.

Kieserling, Andre (2015): Soziologische Ausgangspunkte für systemimmanente Kritik. In: Scherr, Albert (2015b), S. 140-153.

Koslowski, Peter (1984): Evolution und Gesellschaft. Eine Auseinandersetzung mit der Soziobiologie. Tübingen: Mohr.

Kraus, Björn (2002): Konstruktivismus – Kommunikation – Soziale Arbeit. Radikalkonstruktivistische Betrachtungen zu den Bedingungen des sozialpädagogischen Interaktionsverhältnisses. Heidelberg: Carl-Auer-Systeme.

Kraus, Björn (2013): Erkennen und Entscheiden. Grundlagen und Konsequenzen eines erkenntnistheoretischen Konstruktivismus für die Soziale Arbeit. Weinheim/Basel: Beltz.

Kraus, Björn (2016): Macht – Hilfe – Kontrolle. Grundlegungen und Erweiterungen eines systemisch-konstruktivistischen Machtmodells. In: Kraus, B./Krieger, W. (Hrsg.): Macht in der Sozialen Arbeit. Interaktionsverhältnisse zwischen Kontrolle, Partizipation und Freisetzung. 4. Aufl. Lage: Jacobs, S. 101-130.

Krieger, Wolfgang (2004): Wahrnehmung und ästhetische Erziehung. Zur Neukonzeptionierung ästhetischer Erziehung im Paradigma der Selbstorganisation. Bochum: projektverlag.

Krieger, W. (2010a): Die Pluralität systemischer Ansätze in der Sozialen Arbeit. Grundlagen, historische Linien, Entwicklungsprozesse und Forschungsperspektiven. In: Gahleitner, Silke Brigitta u.a. (Hrsg.): Disziplin und Profession Sozialer Arbeit. Entwicklungen und Perspektiven. Theorie, Forschung und Praxis Sozialer Arbeit, Bd. 1. Opladen & Farmington Hills: Barbara Budrich, S. 139-152.

Krieger, Wolfgang (2010b): Systemische Ansätze im Überblick und ihre Anwendungen in der Sozialen Arbeit. Systembegriffe, historische Linien und Forschungsperspektiven systemtheoretisch fundierter Orientierungen. In: Ders. (Hrsg.): Systemische Impulse. Stuttgart: ibidem, S. 25-70.

Krieger, Wolfgang (2012): Stichwort „Viabilität". Lexikon des systemischen Arbeitens. Grundbegriffe der systemischen Praxis, Methodik & Theorie. Hrsg. v. H. Kleve und J.V. Wirth. Heidelberg: Carl Auer, S. 447-451.

Krieger, Wolfgang (2016a): Normativität und Wissenschaft der Sozialen Arbeit. Systematisierende Zugänge zu einer normenkritischen Wissenschaftstheorie der Sozialen Arbeit. In: Borrmann, Stefan u.a. (Hrsg.): Die Wissenschaft Soziale Arbeit im Diskurs. Opladen & Farmington Hills: Barbara Budrich, S. 113-128.

Krieger, Wolfgang (2016b): Zur Mikrophysiologie der Macht in der Sozialen Arbeit. Interaktionsmacht aus konstruktivistischer Perspektive. In: Kraus, B./Krieger, W. (Hrsg.): Macht in der Sozialen Arbeit. Interaktionsverhältnisse zwischen Kontrolle, Partizipation und Freisetzung. Lage: Jacobs, S. 47-100.

Krippendorff, Klaus (1985): On the Ethics of Constructing communication. Honolulu, Hawai. In: Dervin, B. et al. (Hrsg.): Rethinking Communication. Bd.1: Paradigm Issues. Newbury Park, CA: Sage, S. 66-96.

Krippendorff, Klaus (1990): Der verschwundene Bote. Metaphern und Modelle der Kommunikation. In: Funkkolleg Medien und Kommunikation – Konstruktionen von Wirklichkeit. Studienbrief 3, Einheit 6. Weinheim/Basel: Beltz.

Krüger, Oliver (2014): Die Normativität der immanenten Kritik (Symposium zu: Jaeggi, Rahel: Kritik von Lebensformen. Berlin 2013). In: *Zeitschrift für Philosophische Literatur*, Bd.2. Nr. 3, S. 1-9.

Lehmann, Maren (2015): Kann man mit Systemtheorie Gesellschaftskritik üben? Zur Unterscheidung der Begriff „System" und „Gesellschaft" und der Begriffe „Theorie" und „Kritik". DGS - Kongress Trier / Ad-hoc-Gruppe »Systemtheorie als kritische Theorie? Zur Normativität und Kritikfähigkeit einer amoralischen und apolitischen Theorie«. Internet: https://www.zu.de/lehrstuehle/soziologie/assets/pdf/SystemKritik_ML_Trier14.pdf [Zugriff 5/2015].

Lessenich, Stephan (2014): Soziologie – Krise – Kritik. Zu einer kritischen Soziologie der Kritik. In: *Soziologie*, 43.Jg, H.1, S.7-24.

Luhmann, Niklas (1975): Selbstthematisierung des Gesellschaftssystems. In: Ders.: Soziologische Aufklärung, Bd.2. Aufsätze zur Theorie der Gesellschaft. Opladen, S. 72-103.

Luhmann, Niklas (1984): Soziale Systeme. Grundriß einer allgemeinen Theorie. Frankfurt/M.: Suhrkamp.

Luhmann, Niklas (1990): Konstruktivistische Perspektiven. Soziologische Aufklärung Bd. 5. Opladen: Westdeutscher Verlag.

Luhmann, Niklas (1991): Sthenographie und Euryalistik. In: Gumbrecht, Hans Ulrich/Pfeiffer, K. Ludwig (Hrsg.): Paradoxien, Dissonanzen, Zusammenbrüche. Situationen offener Epistemologie. Frankfurt/M.: Suhrkamp, S. 58-82.

Luhmann, Niklas(1993a): Die Paradoxie der Form. In: Ders.: Aufsätze und Reden. Stuttgart: Reclam, S. 241-261.

Luhmann, Niklas (1993b): "Was ist der Fall?" und "Was steckt dahinter?" – Die zwei Soziologien und die Gesellschaftstheorie. In: *Ztschr. f. Soziologie* 22, H.4, S. 245 ff.

Luhmann, Niklas (1993c): Die Paradoxie des Entscheidens. In: *Verwaltungsarchiv* 84, S. 287-310.

Luhmann, Niklas (1997): Die Gesellschaft der Gesellschaft. Frankfurt/M.: Suhrkamp.

Luhmann, Niklas (2011): Organisation und Entscheidung. Wiesbaden: VS.

Luhmann, Niklas (2012): Gesellschaftsstruktur und Semantik. Studien zur Wissenssoziologie der modernen Gesellschaft. Bd. 4. 2. Aufl. Frankfurt/M.: Suhrkamp.

Luhmann, Niklas (2013): Kontingenz und Recht: Rechtstheorie im interdisziplinären Zusammenhang. Hrsg. v. Johannes Schmidt. Berlin: Suhrkamp.

Marchart, Oliver (2013). Das unmögliche Objekt. Eine postfundamentalistische Theorie der Gesellschaft. Berlin: Suhrkamp.

Marx, Karl (1983): Ökonomische Manuskripte 1957/1858. Marx Engels Werke (MEW), Bd. 42. Berlin.

Marx, Karl (1987): Randglossen zu Adolph Wagners Lehrbuch der politischen Ökonomie. Marx Engels Werke (MEW), Bd. 19. Berlin/Ost: Dietz.

Marx, Karl (2015): Vorwort. Zur Kritik der politischen Ökonomie (1859). Marx Engels Werke (MEW), Bd. 13. Berlin/Ost: Dietz, S. 8 f.

Maturana, Humberto (1982): Erkennen: Die Organisation und Verkörperung von Wirklichkeit. Ausgewählte Arbeiten zur biologischen Epistemologie. Braunschweig/Wiesbaden: Vieweg.

Maturana, Humberto (1994): Was ist Erkennen? München: Piper.

Maturana, Humberto/Varela, Francisco (1987): Der Baum der Erkenntnis. Bern/München: Scherz.

Moeller, Hans-Georg (2015): Von Notwendigkeit zu Kontingenz: Niklas Luhmanns Karnevalisierung der Philosophie. In: Scherr, Albert (2015b): Systemtheorie und

Differenzierungstheorie als Kritik. Perspektiven in Anschluss an Niklas Luhmann. Weinheim/Basel: Beltz/Juventa, S. 122-139.

Nassehi, Armin (2001): Die melancholische Theorie. In: *Tagesspiegel* vom 16.06.2001. Internet: http://www.tagesspiegel.de/kultur/soziologie-die-melancholische-theorie/234444.html. [Zugriff 06.07.2016].

Neuser, Wolfgang/Röterberg, Sönke (2012): Systemtheorie, Selbstorganisation und Dialektik: Zur Methodik der Hegelschen Naturphilosophie. Würzburg: Königshausen & Neumann.

Obrecht, Werner (2005): Der emergentistische Systemismus Mario Bunges und das Systemtheoretische Paradigma der Sozialarbeitswissenschaft und der Sozialen Arbeit (SPSA). Internet: http://www.sozialarbeit.ch/dokumente/bunge_spsa.pdf#page =1&zoom=auto,-14,849 [Zugriff 02.08.2016].

Ott, (1995): Zum Verhältnis von Radikalem Konstruktivismus und Ethik. In: Rusch, G./Schmidt, S.J. (Hrsg.): Konstruktivismus und Ethik. DELFIN 1995. Frankfurt/M.: Suhrkamp, S. 280-320.

Pahl, Hanno (2004): Die Realität gesellschaftlicher Einheit. Anmerkungen zum ontologischen und epistemologischen Status gesellschaftlicher Einheit am Beispiel eines Vergleichs der Systembegriffe bei Karl Marx und Jürgen Habermas. In: Kirchhoff, Christine/Meyer, Lars/Pahl, Hanno/Heckel, Judith/Engelmann, Christoph (Hrsg.): Gesellschaft als Verkehrung. Perspektiven einer neuen Marx-Lektüre. Freiburg: ça-ira-Verlag, S. 195-217.

Pahl, Hanno/Meyer, Lars (2009): Soziologische Aufklärung gestern, heute, morgen: Luhmanns Systemtheorie der Gesellschaft als Fortschreibung Kritischer Theorie? In: Elbe, Ingo/Ellmers, Sven (Hrsg.): Eigentum, Gesellschaftsvertrag, Staat. Begründungskonstellationen der Moderne. Münster: Westfälisches Dampfboot, S. 279-311.

Pradler, Andreas (2003): Das monadische Kunstwerk: Adornos Monadenkonzeption und ihr ideengeschichtlicher Hintergrund. Würzburg: Königshausen & Neumann.

Reisinger, Peter (1997): N. Luhmanns Paradoxie und ein Blick auf Hegel. In: Gloy, Karen u. a. (Hrsg.) (1997): Systemtheorie. Philosophische Betrachtungen und ihre Anwendungen. Bonn: Bouvier, S. 129-15.

Reitz, Tilman (2004): Ideologiekritik. (Stichwort). In: Historisch Kritisches Wörterbuch des Marxismus – HKWM. Hrsg. v. Haug, W. F./Haug, F./Jehle, P.; Berlin 6.I, 2004, S.690-717.

Ritsert, Jürgen (2008): Der Mythos der nicht-normativen Kritik. Oder: Wie misst man die herrschenden Verhältnisse an ihrem Begriff? In: Müller, Stephan (Hrsg.): Probleme der Dialektik heute. Wiesbaden: Springer VS, S. 161-176.

Ritsert, Jürgen (2014): Themen und Thesen kritischer Gesellschaftstheorie. Ein Kompendium. Weinheim/Basel: Beltz/Juventa.

Romero, José M. (Hrsg.): Immanente Kritik heute. Bielefeld: transcript.

Rosa, Hartmut (2013): Kritik der Zeitverhältnisse. Beschleunigung und Entfremdung als Schlüsselbegriffe der Sozialkritik. In: Jaeggi, Rahel/Wesche, Tilo (Hrsg.), S. 23-54.

Rusch, Gebhard (1986): Verstehen verstehen. Ein Versuch aus konstruktivistischer Sicht. In: Luhmann, Niklas/Schorr, Karl Eberhard (Hrsg.): Zwischen Intransparenz und Verstehen. Frankfurt/M.: Suhrkamp, S. 40-71.

Scherr, Albert (2013): Systemtheorie als kritische Gesellschaftsanalyse? Möglichkeiten einer anderen Luhmann-Lektüre. In: Braches-Chyrek, Rita u.a. (Hrsg.): Bildung, Gesellschaftstheorie und Soziale Arbeit. Berlin/Toronto: Barbara Budrich, S. 59-72.

Scherr, Albert (2015a): Hilfe im System – was leistet Soziale Arbeit? In: Braches-Chyrek, Rita (Hrsg.): Neue disziplinäre Ansätze in der Sozialen Arbeit. Eine Einführung. Opladen/Berlin/Toronto: Barbara Budrich, S.179-198.

Scherr, Albert (Hrsg.)(2015b): Systemtheorie und Differenzierungstheorie als Kritik. Perspektiven in Anschluss an Niklas Luhmann. Weinheim/Basel: Juventa.

Scherr, Albert (2015c): Einleitung: Keine 11. These mehr? Niklas Luhmann als kritischer Theoretiker der Gegenwartsgesellschaft. In: Ders. (Hrsg.), S. 13-36.

Schimank, Uwe (2009): Die Moderne: eine funktional differenzierte kapitalistische Gesellschaft. In: *Berliner Journal für Soziologie*, S. 327 ff.

Schimank, Uwe (2015): Die Prekarität funktionaler Differenzierung – und soziologische Gesellschaftskritik als „double talk". In: Scherr, Albert (Hrsg.): Systemtheorie und Differenzierungstheorie als Kritik. Perspektiven in Anschluss an Niklas Luhmann. Weinheim/Basel: Juventa, S. 80-13.

Stahl, Titus (2013): Immanente Kritik. Elemente einer Theorie sozialer Praktiken. Frankfurt/NY: Campus.

Stäheli, Urs (2000): Sinnzusammenbrüche. Eine dekonstruktive Lektüre von Niklas Luhmanns Systemtheorie. Weilerswist: Velbrück.

Steckner, Anne (2012): Die Waffen schärfen. Zum Kritikbegriff bei Karl Marx. In: Hawel, Marcus/Blanke, Moritz (Hrsg.): Kritische Theorie der Krise. Berlin: Dietz, S. 146-162.

Stichweh, Rudolf (1999): Niklas Luhmann. In: Käsler, Dirk (Hrsg.): Klassiker der Soziologie. Band 2. München: Beck, S. 206-229.

Teubner, Gunther (2013): Selbstsubversive Gerechtigkeit: Kontingenz- oder Transzendentalformel des Rechts? In: Amstutz, Marc/Fischer-Lescano, Andreas (Hrsg.): Kritische Systemtheorie. Zur Evolution einer normativen Theorie. Bielefeld: transcript, S. 327-363.

Thein, Christian (2016): Identität, Differenz und das Problem der Kritik in der Lebenswelt bei Jürgen Habermas. In: Müller, Stefan/Mende, Janne (Hrsg.): Differenz und Identität. Konstellationen der Kritik. Weinheim/Basel: Beltz Juventa, S. 111-126.

Thies, Christian (2005): Adornos Mimesis. Zur Funktion dieses Begriffs in seinem Werk. In: Wischke, Mirko (Hrsg.): Erster Jahresband des Deutschsprachigen Forschungszentrums für Philosophie Olomouc. Olomouc, S. 188-198. Internet: http://www.phil.uni-passau.de/fileadmin/dokumente/lehrstuehle/thies/onlinetext-Adornos_Mimesis.pdf.

Thyen, Anke (1989): Negative Dialektik und Erfahrung. Frankfurt/M.: Suhrkamp.

Vobruba, G. (2013): Soziologie und Kritik. Moderne Sozialwissenschaft und Kritik der Gesellschaft. In: *Soziologie*, 42 Jg., H. 2, S. 147-168.

Wagner, Elke (2005): Gesellschaftskritik und soziologische Aufklärung. Konvergenzen und Divergenzen zwischen Adorno und Luhmann«. In: *Berliner Journal für Soziologie* 15, 4, S. 37-54.

Wagner, Elke (2012): Theorie ohne Kritik? In: Jahraus, Oliver/Nassehi, Armin et al. (Hrsg.): Luhmann-Handbuch. Stuttgart: Metzler, S. 428-431.

Wagner, Elke (2013): Systemtheorie und Frankfurter Schule. In: Amstutz, Marc/Fischer-Lescano, Andreas (Hrsg.): Kritische Systemtheorie. Zur Evolution einer normativen Theorie. Bielefeld: transcript, S. 63-80.

Wagner, Elke (2014). Medialität der Kritik. Die Herausbildung kritischer Sprecher über mediale Unbestimmtheit. In: *Leviathan* 42 (1), S. 94-114.

Weingarten, Michael (2001): System – Entwicklung – Evolution. Warum Luhmanns Theorie sozialer Systeme keine Entwicklungstheorie ist. In: Demiroviç, Alex (Hrsg.): Komplexität und Emanzipation. Kritische Gesellschaftstheorie und die Herausforderung der Systemtheorie Niklas Luhmanns. Münster: Westfälisches Dampfboot, S. 289-314.

Wille, Katrin (2012): Hegel über Unterscheidungen als Unterscheidungen. Eine unterscheidungstheoretische Lektüre der Phänomenologie des Geistes. In: Neuser, Wolfgang/Röterberg, Sönke (2012): Systemtheorie, Selbstorganisation und Dialektik: Zur Methodik der Hegelschen Naturphilosophie. Königshausen & Neumann.

Wimbauer, Christine/Henninger, Annette/Gottwald, Markus (Hrsg.) (2007): Die Gesellschaft als "institutionalisierte Anerkennungsordnung". Eine Einleitung. In: Dies. (Hrsg.): Die Gesellschaft als "institutionalisierte Anerkennungsordnung": Anerkennung und Ungleichheit in Paarbeziehungen, Arbeitsorganisationen und Sozialstaat. Opladen/Berlin/Toronto: Barbara Budrich, S. 11-31.

Bettina Hünersdorf

Wohlfahrtstaatliche Transformationsprozesse
Zur analytischen Annäherung von Systemtheorie und Kritischer Theorie

Systemtheorie und Kritische Theorie standen sich lange als nicht miteinander vereinbar gegenüber. Dennoch kann beobachtet werden, dass sich diese beiden theoretischen Strömungen in den letzten Jahren aufeinander zubewegt und sich in der Auseinandersetzung neue Positionen gefunden haben. Dies wird in dem von Amstutz und Fischer-Lescano herausgegebenen Buch „Kritische Systemtheorie"[1] offensichtlich, in dem sich Autor_innen von beiden theoretischen Ansätzen haben inspirieren lassen und es ‚gewagt' haben, der Systemtheorie eine normative Wende zu geben, um der Frage nach einer gerechten Gesellschaftsordnung nachgehen zu können.[2] Aber auch Scherrs Herausgeberband „Systemtheorie und Differenzierungstheorie als Kritik: Perspektiven in Anschluss an Niklas Luhmann"[3] steht in dieser Tradition und versucht, das Analyse- und Kritikpotenzial der soziologischen Systemtheorie als kritische Gesellschaftstheorie herauszuarbeiten. Dabei geht es darum, die Systemtheorie als „Fortschreibung des von Marx bzw. der Kritischen Theorie entwickelten gesellschaftstheoretischen Kritikprogramms"[4] zu entfalten. Zu klären ist, ob es sich bei der ‚Diagnose' einer funktionalen Differenzierung um eine empirische Aussage oder um eine ‚normative' Aussage handelt.[5] Häufig kommt es vor, dass unter scheinbar normativer Enthaltsamkeit die systemtheoretischen Ausführungen letztlich doch eher zu einer idealisierenden Autonomieunterstellung kom-

---
[1] Amstutz/Fischer-Lescarno 2013.
[2] Fischer-Lescano 2013, S. 15.
[3] Scherr 2015.
[4] Pahl/Meyer 2009, S. 280.
[5] Stichweh 2014, S. 29.

men, da nur der „Maxime der Selbstgestaltung aller beobachtbaren Einheiten"[6] gefolgt wird, aber strukturelle Kopplungen nicht hinreichend in den Blick genommen werden. Zu diskutieren ist, inwieweit es sich um einen Widerspruch handelt, einerseits von einer kapitalistischen und andererseits von einer funktional differenzierten Gesellschaft auszugehen. Im Folgenden werde ich zeigen, dass bei einer genaueren Betrachtung dieser Gegensatz nicht nur problematisch ist, sondern dass eine funktional differenzierte Gesellschaft zugleich als eine kapitalistische Gesellschaft beschrieben werden kann. Ich werde zeigen, wie unter den Bedingungen einer kapitalistischen Gesellschaft einerseits die Autonomie der Funktionssysteme und damit auch die des Hilfesystems gestärkt wird, sie andererseits durch strukturelle Kopplungen mit dem Politiksystem und mit anderen (Funktions-) Systemen unterwandert wird.

Ich möchte im ersten Schritt diesem Anliegen folgen, indem ich kurz die Begriffe Autonomie und Heteronomie in der Tradition von Kritischer Theorie und Systemtheorie darstelle. Daraufhin werde ich im zweiten Schritt darlegen, wie jeweils Gesellschaft beschrieben wird und wie trotz Differenzen die analytischen Beschreibungen der Gesellschaft durchaus als miteinander verwoben gedacht werden können. Entsprechend kann aus systemtheoretischer Perspektive von einem kapitalistischen Wirtschaftssystem gesprochen werden, welches durch strukturelle Kopplungen mit dem politischen System indirekt, d.h. über das Knappheitsregime, Auswirkungen auf andere Funktionssysteme hat. Paradoxerweise können die Auswirkungen so beschrieben werden, dass eine Steigerung der Autonomie aller Funktionssysteme entsteht und dies zugleich ein selbstdestruktives Potenzial in sich birgt, da die Möglichkeit der Autonomie der Funktionssysteme zugleich mit der Erhöhung von Heteronomie einhergeht.

Im dritten Schritt stelle ich genauer dar, welche Bedeutung dem politischen System bzw. der Politik in der funktional differenzierten Gesellschaft zugesprochen wird. Ich zeige auf, in welcher Weise das politische System durch seine Form der Steuerung das reibungslose Funktionieren der Funktionssysteme unterstützt und in welcher Weise es dazu beiträgt, der Selbstdestruktivität der Funktionssysteme entgegenzutreten oder auch sie gerade ‚befeuert'. Letzteres zeigt sich daran, dass formaldemokratische Instrumente zur Steuerung der anderen Funktionssysteme relational an Bedeutung verlieren und stattdessen bürokratische Formen der Steuerung durch Leistung und Output zunehmen.

---

[6] Ebenda.

Im vierten Schritt beschreibe ich aus systemtheoretischer Perspektive am Beispiel des Hilfesystems diese Umstellung der Legitimationsform, welche als Neue Steuerung bezeichnet werden kann. Sie ermöglicht die politische Steuerung der Autonomie des Hilfesystems unter den Bedingungen des Knappheitsregimes. Ich stelle anschließend dar, welche Auswirkungen/strukturelle Kopplungen hiervon für die Leistungserbringer und für professionelles Handeln sowie für die Zivilgesellschaft ausgehen.

Im fünften Schritt fasse ich schließlich die Ergebnisse unter der Perspektive der (Un-)Vereinbarkeit von Kritischer Theorie und Systemtheorie zusammen.

1. Autonomie versus Heteronomie

Die Systemtheorie hat eine Präferenz für die Beschreibung von Autonomie trotz Heteronomie.[7] Ein System gewinnt Autonomie dadurch, dass es aus der Umwelt nur Bestimmtes wahrnimmt und zwar das, was intern anschlussfähig und gegenüber allem anderen indifferent ist. Damit wird der Autonomiebegriff an die Autopoiesis des Systems geknüpft.[8] Abhängigkeit und Unabhängigkeit gehen in der systemtheoretischen Perspektive aber miteinander einher, da für die Autopoiesis des Systems die anschlussfähige Information notwendig ist (Abhängigkeit) und zugleich alle anderen Informationen für das System keine Relevanz haben (Unabhängigkeit).[9] Während auf der Systemseite Autonomie durch die Autopoiesis generiert wird, wird auf der Umweltseite die strukturelle Kopplung relevant. Sie verweist darauf, dass Systeme aufeinander verwiesen sind und die Selbsterzeugung eines Systems von der eines anderen abhängig ist. Autonomie meint somit nicht eine Abwesenheit von Beschränkungen, sondern sie kann als eine Form des Umgangs mit Beschränkungen verstanden werden. Strukturelle Beschränkungen gehören dann zu den Bedingungen der Autonomie selbst.[10] Wenn durch strukturelle Beschränkung aber Kommunikation soweit simplifiziert wird, dass Kommunikation vorwiegend als Handlung attribuiert wird,[11] wird die Autonomie sozialer Systeme fraglich. Es werden dann reduzierte Entscheidungsprämis-

---

[7] Stichweh, 2014, S. 29.
[8] Vgl. Maturana/Varela 1984, S. 55.
[9] Vgl. Luhmann 1984, S. 250 und 279.
[10] Hünersdorf 2012.
[11] Vgl. Baecker 2007, S. 44.

sen kommunikativ übertragen,[12] mit welchen eine Deoptionalisierung einhergeht.[13] Unter diesen Bedingungen kann von Heteronomie gesprochen werden.

Die Kritische Theorie legt zur Beschreibung der Gesellschaft die Betonung auf die Heteronomie, welche durch die Vorherrschaft kapitalistischer Vergesellschaftung begründet wird. Dem wurde anfänglich Autonomie dialektisch gegenüber gestellt. Vernünftig ist ein Leben, eine Politik nur, „wenn sie eine Ordnung oder Handlungsweise darstellt, in der sich die beteiligten und betroffenen Glieder eines politischen Gemeinwesens in ihrer Selbstgesetzgebung selbst verwirklichen"[14]. Das heißt, sowohl Menschen als auch Politik mögen sich an der Selbstgesetzgebung ausrichten, um als legitim zu gelten.[15] Dieser normative Anspruch auf Autonomie bzw. diese Möglichkeit auf Autonomie wurde sowohl von Adorno als auch im Poststrukturalismus kritisch hinterfragt, vor allem dann, wenn es um die Autonomieansprüche des Subjekts geht. Im Kern zielen diese Ansätze darauf ab, wenn auch auf unterschiedliche Weise, über die Illusion der Autonomie aufzuklären, ohne aber den emanzipatorischen Anspruch gänzlich aufzugeben.[16] Dadurch entsteht eine paradoxe Struktur, in der die nicht eingelöste Autonomie, obwohl sie unwahrscheinlich ist, durch Aufklärung doch möglich(er) werden solle. Diese Differenz in der Frage nach Autonomie oder Heteronomie schlägt sich auch in der Frage nieder, ob die Gesellschaft als funktional differenziert oder als kapitalistisch beschrieben werden kann.

2. Zur Beschreibung der Gesellschaft in der Systemtheorie und in der Kritischen Theorie: Funktional differenzierte Gesellschaft und/oder kapitalistische Gesellschaft?

In der Systemtheorie wird von einer funktional differenzierten Gesellschaft ausgegangen, sodass Gesellschaft polykontextuell gedacht wird. Dabei wird die funktional differenzierte Gesellschaft nicht ontologisch gesetzt, sondern sie wird

---

[12] Ebenda, S. 49.
[13] Vgl. ebenda, f.
[14] Frankfurter Arbeitskreis für Politische Theorie und Philosophie 2004, S. 7.
[15] Vgl. ebenda.
[16] Vgl. Hartmann/Hünersdorf 2013, Frankfurter Arbeitskreis für Politische Theorie und Philosophie 2004.

als eine mögliche Differenzierungsform dargestellt, die sich in der Evolution entwickelt hat. Das heißt, dass zwischen Justiz- und Wirtschaftssystem, Politiksystem, aber auch Hilfesystem unterschieden wird. Blindheit für die jeweiligen anderen Betrachtungsweisen und Themen der anderen Funktionssysteme ist konstitutiv für eine funktional differenzierte Gesellschaft.[17] Zwar verweist auch Adorno auf eine funktionale Ausdifferenzierung der Gesellschaft,[18] aber darüber hinaus ist für Adorno Gesellschaft eine Vermittlungskategorie,[19] wodurch sich die Kritische Theorie von der luhmannschen Systemtheorie unterscheidet.[20] Die Vermittlungskategorie verweist darauf, dass die autonomen Teilsysteme durch eine Struktur miteinander vermittelt sind, die als „Wesensgleichheit"[21] in den Teilsystemen wieder auftaucht.[22] Das, was die Teilsysteme miteinander teilen, ist das „Primat der Ökonomie". Dabei wird Ökonomie nicht im eingeschränkten Sinne als Besitzwechsel konkreter Gegenstände verstanden, sondern als die Organisation der Gesellschaft über das Tauschprinzip. Der Austausch bezieht sich auf Tauschwerte, die sehr viel abstrakter sind als die Gebrauchswerte.[23]

Einig sind sich beide Theorieansätze in dem Punkt, dass sich das Gewinnstreben durch die Tauschwertorientierung verselbstständigt und alle Produktionsfaktoren in Warenform überführt werden.[24] In der Systemtheorie wird der Bezug auf die Tauschwertorientierung nur für die Beschreibung der Autonomie des Funktionssystems der Wirtschaft[25], aber nicht für die Beschreibung der Ge-

---

[17] Pahl/Meyer 2009, S. 291; Scherr 2015.
[18] Vgl. Adorno 1972, S. 349.
[19] Vgl. Adorno 1973, S. 36 u. 39.
[20] Vgl. Wagner 2005, S. 41.
[21] Vgl. Adorno 1973, S. 78.
[22] Vgl. Breuer 1995, S. 78.
[23] „Der Tauschwert, gegenüber dem Gebrauchswert ein bloßes Gedachtes, herrscht über das menschliche Bedürfnis und an seiner Stelle; der Schein über die Wirklichkeit" (Adorno 1972, S. 209). Das heißt, während in der Kritischen Theorie die Selbstläufigkeit des Wirtschaftssystems zum Problem wird, da die Bedürfnisse der Menschen nicht berücksichtigt werden, werden in der Systemtheorie Bedürfnisse von Menschen im Kontext des Wirtschaftssystems nur über mögliche Preise indirekt zum Ausdruck gebracht. Je höher die Nachfrage (Bedürfnisse), desto höher die Preise. Das bedeutet, dass keine Orientierung am Gebrauchswert vorherrscht, sondern am systemintern verrechenbaren Tauschwert (vgl. Luhmann 2004, S. 122).
[24] Vgl. Wilke 2006, 7 ff.
[25] Nassehi 2015, S. 69 ff. Luhmann spricht dann von einem kapitalistischen Wirtschaftssystem, „wenn und soweit sie Zahlungen an die Wiederherstellung der Zahlungsfähigkeit der Zahlenden bindet, also vor allem auch über Investitionen unter dem Gesichtspunkt ihrer Rentabilität entscheidet" (Luhmann 1988, S. 109). Es handelt sich bei Luhmanns Begriffsge-

sellschaft gebraucht. Bei Marx bezieht sich aber die Zuschreibung „kapitalistisch" nicht nur auf die Wirtschaft, sondern auf die Gesellschaft. Dennoch wird auch in der Systemtheorie danach gefragt, ob eine funktional differenzierte Gesellschaft eine kapitalistische Gesellschaft sein könne.[26]

Der Diskurs über Knappheit ist für die Frage, inwieweit es sich heute um eine kapitalistische Gesellschaft handelt, aufschlussreich. Während bei Marx und im Anschluss an ihn in der Kritischen Theorie der Frankfurter Schule Knappheit noch darauf bezogen wurde, dass Güter menschliche Bedürfnisse erfüllen sollen, spricht Luhmann von einer weiteren Form von Knappheit, und zwar der monetären, die die erste Form der Knappheit von Sachmitteln dupliziert. Dabei geht es Luhmann nicht wie in der Kritischen Theorie um moralische Implikationen dieses Knappheitsbegriffs, sondern um soziale Konditionierungen von Knappheit. Die monetäre Knappheit, die mit der Herausbildung einer Finanzökonomie gegenüber der an Produktion orientierten Wirtschaft entstanden ist, bekommt dabei eine gewisse Omnipotenz. Sie ist „auf alle Dinge und Handlungen beziehbar, sofern sie wirtschaftlich beurteilt werden"[27]. Dadurch ist eine enorme Ausweitung des Knappheitsregimes auf Arbeit aber auch geistiges Eigentum und Sicherheit möglich. In kritisch theoretischen Kontexten wird dann von Kommodifizierung gesprochen.[28]

Aus systemtheoretischer Perspektive wird im Unterschied zur Kritischen Theorie betont, dass die Verselbständigung der Funktionssysteme als Optimierung allen Funktionssystemen und damit nicht nur dem Wirtschaftssystem inhärent ist. Es würden alle Funktionssysteme eine Realabstraktion aufweisen, womit die Gefahr einherginge, dass in der „Grenzenlosigkeit" der Funktionssysteme auch eine „Selbstzerstörung" stecke.[29] Ich werde in Kapitel 4 dieses am Beispiel des Hilfesystems zeigen.

---

brauch von „kapitalistisch" nicht um eine Gesellschaftsbeschreibung, sondern nur um die Beschreibung eines Wirtschaftssystems, da z.B. durch Steuern im politischen System eine Regeneration von Zahlungsfähigkeit für ein Objekt oder eine Leistung ermöglicht wird. Fragen von Rentabilität stehen zumindest bisher nicht im Vordergrund.

[26] Schimank 2008, S. 3.
[27] Luhmann 1972, S. 192 f.
[28] Vgl. Pahl 2008, S. 149.
[29] Nassehi 2015, S. 71.

3. Das Politiksystem und seine (Un-)Möglichkeit in einer funktional differenzierten ‚kapitalistischen' Weltgesellschaft

Für Adorno ist Demokratie ein formales politisches System, das einerseits gegenüber dem Wirtschaftssystem eine eigene Bedeutung habe, diese andererseits aber empirisch nicht immer zu beobachten sei. Am Beispiel des New Deals macht er deutlich, dass unter Roosevelt zwar einige Eingriffe in die wirtschaftliche Sphäre unternommen wurden, dass aber niemals die wirtschaftlichen Fundamente in Frage gestellt worden sind. Er verweist darauf, dass das Leben des Volkes von der Wirtschaftsordnung des Landes und damit von der amerikanischen Industrie abhängig gewesen ist. In diesem Kontext spricht Adorno von dem Unwahren „an der Idee der demokratischen Regierung ‚durch das Volk'"[30]. Mit dieser geht einher, dass die Politik näher an die Interessen der (Finanz-)industrie gebunden ist als an diejenigen, die darunter leiden.

Während die Kritische Theorie grundsätzlich die untergeordnete Bedeutung des politischen Systems in der kapitalistischen Gesellschaft hervorhebt, betont die Systemtheorie, dass dieser Bedeutungsverlust erst mit dem Aufkommen der Weltgesellschaft zu beobachten sei. In der Systemtheorie wird die Bedeutung des politischen Systems für die funktional differenzierte Gesellschaft limitiert: „Nicht die Ablösung intentionaler politischer Herrschaft durch ökonomischversachlichte Herrschaft markiere das Signum der neuen [kapitalistischen] Epoche, sondern die Umstellung des Primärprinzips gesellschaftlicher Differenzierung von politischer Identität auf eine Mehrzahl eigenlogisch operierender Funktionssysteme."[31] Das politische System bekommt die Funktion, die funktionale Differenzierung zu ermöglichen und die Selbstzerstörungskräfte der funktionalen Differenzierung zu verhindern. Zugleich ist das politische System angesichts der Autopoiesis der Funktionssysteme beschränkt, auf diese einwirken zu können.[32] Entsprechend formuliert auch Baecker, dass die Politik sich selbst bremst und „genau darin die Einbindung der Politik in eine sich ausdifferenzierende Gesellschaft zum Ausdruck kommt"[33]. Darüber hinausgehende Möglich-

---

[30] Adorno 1973, S. 220.
[31] Pahl/Meyer 2009, S. 291.
[32] Willke 1996.
[33] Baecker 2007a, S 106.

keiten des politischen Systems, welche Willke durchaus noch im Blick hatte,[34] werden von Luhmann aber als Illusion bezeichnet.[35]

Mit der Verselbstständigung der Finanzmärkte verliert auch aus systemtheoretischer Perspektive das politische System an Bedeutung. Renditemaßstäbe für sinnvolle Kapitalverwertung werden in transnationalen Zentren verhandelt.[36] Damit bekommt das weltwirtschaftlich agierende Finanz- und Wirtschaftssystem eine Primatstellung, welches durch internationale Organisationen wie die World Trade Organization (WTO) gestützt wird, die darauf achten, dass der Handel sich ‚frei', also nicht protektionistisch, vollziehen kann.[37] „Kapitalismus" charakterisiert dann „[…] eine (historische) Systemformation, eine ganz bestimmte Interdependenzlage der Systeme Politik, Wirtschaft und Recht im weltgesellschaftlichen Institutionenensemble"[38]. „Nationalstaat und die Nationalökonomien [werden; B.H.] mit einem Netz von Vorentscheidungen, Entscheidungsprämissen, Entscheidungsoptionen"[39] ausgestattet. Dadurch wird das politische System einerseits in seinen Entscheidungsprämissen eingeschränkt, anderseits werden dem politischen System auch neue Möglichkeiten eröffnet, zumindest wenn sich die steuerzahlenden Unternehmen gegenüber anderen weltwirtschaftlichen Unternehmen auf dem Weltmarkt durchsetzen. Denn höhere Steuereinnahmen und umfangreichere Kredite ermöglichen dem Staat, die Spielräume der Politik durch eine bessere Ressourcenausstattung zu erweitern. Entsprechend steht auch umgedreht der Staat für die Banken ein, wenn diese ihr Kreditgeschäft überzogen haben.[40] Diese wechselseitige ‚Loyalität' kann als eine enger werdende strukturelle Kopplung zwischen dem Wirtschafts- und dem Politiksystem bezeichnet werden. Zugleich wird die Möglichkeit nationalstaatlicher Steuerung des weltgesellschaftlich agierenden Wirtschaftssystems in Frage gestellt. Willke zeigt auf, dass es zwar weltgesellschaftliche Organisationen

---

[34] Willke 2014.
[35] Vgl. Luhmann 1986/2004, S. 226.
[36] Vgl. Pahl 2008, S. 293-320.
[37] Vgl. Willke 2014, S. 17. Renn stimmt mit Willke darin überein, dass die politischen Systeme die Märkte beobachten und wiederum von den Märkten beobachtet werden und sich dadurch strukturelle Kopplungen ergeben, aber diese würden nicht bedeuten, dass die Autonomie des politischen Systems eingeschränkt sei, sondern nur, dass das politische System sich transformiere (vgl. Renn 2014, S. 251 f.) und es stärker von einem Milieu abhängig ist, welches in finanzpolitische Entscheidungen involviert sei (vgl. Renn 2014, S. 253).
[38] Fischer-Lescarno 2013, S. 21.
[39] Willke 2014, S. 17.
[40] Vgl. Nassehi 2012, S. 411.

gebe, die steuernden Einfluss nehmen, aber von einem weltpolitischen politischen System nicht gesprochen werden könne, da weder Weltparteien noch Weltparlament existieren würden. Vielmehr geht die politische Steuerung nun von Organisationen wie der WTO aus, welche, als Voraussetzung zur Mitgliedschaft, die Staaten verpflichtet, eine liberale Wirtschaftspolitik zu vertreten. Politische Vertreter_innen als Repräsentant_innen in der Ministerkonferenz legitimieren die Entscheidungen der WTO. Weiterhin spielt der Internationale Währungsfonds (IWF) eine zentrale Rolle, welcher zwar von den stimmberechtigten Mitgliedern gewählt wird, das Stimmrecht ist aber abhängig vom Kapitalanteil. Aber auch die Exekutive der EU, d.h. Europäische Kommissionen wie die Europäische Zentralbank, ist von zentraler weltpolitischer Bedeutung.[41] Adorno würde in diesem Fall von einem liberalen ‚Staatskapitalismus'[42] sprechen. Dieser interveniert euro-und weltpolitisch und entspricht nur bedingt den demokratischen Kriterien freier Mehrheitsentscheidungen. Dieser Mangel wird durch eine Expert_innenbürokratie ersetzt, welche dem liberal kapitalistischen Wirtschaftssystem als Voraussetzung für ihre Mitgliedschaft verpflichtet ist.[43]

Wenn aber politische Entscheidungen von weltwirtschaftlichen Systemen abhängig gemacht werden, stellt sich die Frage, wie die Legitimität gegenüber den Staatsbürgern gelingen kann.[44] Ich werde aufzeigen, dass zwar auf der Ebene des Nationalstaats nach wie vor formale Demokratie zentral ist, dass sich deren Möglichkeiten aber angesichts der wachsenden Bedeutung der Exekutive in Form nationaler, europäischer und internationaler Expert_innenbürokratien in den Ländern der EU relativieren und zunehmend neue Legitimationsformen im Fokus stehen, die letztendlich ausschlaggebend für die politische Steuerung auf der Ebene des Nationalstaats sind. Sie haben zudem den Vorteil, dass sie staatsübergreifend für alle Länder der EU (aber nicht nur für diese) fungieren können, d.h. eine relative Unabhängigkeit von den politischen Systemen der Nationalstaaten haben, deren Eigenlogik jedoch durch strukturelle Kopplungen einschränken.

---

[41] Vgl. Willke 2014, S. 18.
[42] Adorno 1979, S. 358.
[43] Nassehi 2012.
[44] Renn 2014, S. 257.

3.1 Zur Legitimationsform der Leistung und Expertise als Grundlage der Neuen Steuerung des politischen Systems

Angesichts der zunehmenden politischen Bedeutung der EU und weltgesellschaftlicher Institutionen stellt sich die Frage, inwieweit in diesem Kontext andere Formen der Erzeugung von Folgebereitschaft hergestellt werden als diejediejenigen, die klassischerweise mit Demokratie verbunden werden; gemeint ist die Folgebereitschaft aller aufgrund von Mehrheitsentscheidungen im Parlament. Die Überzeugung von diesem parlamentarischen Verfahren ermöglicht auch Minderheiten, sich den Beschlüssen anzuschließen.[45] Beobachtet werden kann „die Verschiebung von rein rechnerischer Legitimität (Mehrheit/Minderheit) zu einer inhaltlichen Legitimität durch Wissen und Expertise"[46] und darüber hinaus von „Input-Legitimität zu Output-Legitimität, also eine Verschiebung von formaler Legitimität bis zur einer Legitimierung durch Leistung",[47] durch welche eine Folgebereitschaft erzeugt wird. Diese Verschiebungen machen deutlich, wie formal demokratische Legitimität zwar weiter existiert, aber die Bedeutung der Legislative gegenüber der Exekutive abnimmt. Deren Orientierung an Effektivität und Effizienz (Sachzwänge, welche durch Wissen legitimiert werden)[48] schränkt aber Optionenvielfalt ein[49] und

---

[45] Nassehi 2012, S. 22.

[46] Willke 2014, S. 19.

[47] Ebenda.

[48] „Marx stellte die Fragen, wessen Wissen ist dieses Wissen? Und: wie kommt der Wissende dazu, sein Wissen zu glauben und nicht zu sehen, was man mit diesem Wissen nicht sehen kann" (Luhmann 1993, S. 249). Das Nicht-Wissen ermögliche, in der Sicherung der Autopoiesis die damit einhergehende Selbstdestruktion nicht zu sehen (vgl. ebenda).

[49] Vor diesem Hintergrund verwundert es nicht, wenn auch die politische Partizipation an Bedeutung (Rückgang der Wählerschaft sowie Zunahme an Protestwählerschaft als Reaktion auf die Zuschreibung von Dummheit) verliert (Willke 2014), und der Ruf nach mehr ‚aufgeklärter' politische Partizipation auf keine Resonanz stößt. Die Differenz zwischen dem politischen System und den Bürgern wird größer. Damit wächst die Gefahr, dass das politische System zu einer auf Sachzwängen beruhenden Herrschaft wird, wenn es nicht gelingt, dass die Politik „in eine entgegenkommende Umgebung von sozialen Kontexten eingebettet ist, […] die historisch gewachsen und durch funktionale Differenzierung beeinflusst kulturell differenziert (ist)" (Renn 2014, S. 258). Wenn das politische System aber erst durch Protestwählerschaft sich irritieren lässt und sich nicht präventiv in der totalitären Herrschaft des Experten_innenwissen selbst begrenzt, steht es in der Gefahr, zwischen der Simplifizierung der Politik durch Protestwähler und der Komplexität der Expertenherrschaft in einer Weltgesellschaft ‚zerrieben' zu werden, d.h. nicht mehr durch Mehrheitsentscheidungen regierungsfähig zu bleiben.

trägt dazu bei, dass neben der Beachtung der Eigenlogik der Funktionssysteme auf der Rückseite ökonomische Kriterien größere Relevanz erhalten und ihrerseits Komplexität einschränken. Die Berücksichtigung der Eigenlogik der Funktionssysteme über Fragen nach Effektivität ist aber an Expert_innenwissen gebunden sowie an den Nachweis, das zu leisten, was vorgegeben wird, leisten zu sollen/wollen. Im folgenden Kapitel zur Neuen Steuerung werde ich dieses genauer ausführen.

Deswegen stellt sich die Frage, ob diese neuen Legitimationsformen eine der von Luhmann genannten Illusionen des politischen Systems[50] sind, welche politische Steuerung auf Kosten formaler Demokratie ermöglichen.[51] Wenn aber die Bedeutung der Wahlen und damit Mehrheitsentscheidungen an Bedeutung verlieren und die Exekutive an Relevanz gewinnt, wird die durch das politische System mit Wahlen selbst erzeugte Ungewissheit[52] relativiert und eine Kontinuität politischer Entscheidungen ermöglicht, welche nur mit interner Ungewissheit in der Exekutive rechnet. Dass dieses aber von der Publikumsrolle nicht unkommentiert bleibt, sondern zunehmend den Machkreislauf der Politik durch Protest- und Nichtwählerschaft und damit außerparlamentarische potenziell antidemokratische, da das politische System in Frage stellende, Opposition unterbricht,[53] wird zunehmend deutlich.

Zwar gab es auch in der Vergangenheit über die formale Demokratie hinausgehende Formen der Steuerung des politischen Systems durch den Ausbau des Wohlfahrtsstaates, aber diese sollte eine Mehrheitsbildung im politischen System und eine Folgebereitschaft der sozial Benachteiligten ermöglichen und nicht die formale Demokratie einschränken. Ich möchte im Folgenden die Auswirkungen dieser neuen politischen Steuerung am Beispiel des Hilfesystems genauer ausführen.

---

[50] Luhmann 1986/2004, S. 226.
[51] Streeck 2015. Willke plädiert in „Konfusionen der Demokratie" explizit dafür, Demokratie in eine wissensbasierte Technokratie zu verwandeln, bei der die komplexen Probleme dezentral auch die Beteiligung von Nichtregierungsorganisationen, d.h. von unten gelöst werden sollen. Streeck weist dabei deutlich auf Probleme hin und zeigt die Grenzen des Wissens- und Fachverstandes bei der Bewältigung der Finanzkrise auf, die selbst bei der WTO zu beobachten sei, und kritisiert den Ausschluss vieler Unwissender bei der dezentralen Beteiligung zur Lösung komplexer Probleme (Streek 2015).
[52] Luhmann 2002.
[53] Nassehi 2015.

4. Zur Neuen Steuerung im Hilfesystem

Der Wohlfahrtstaat konnte auf Ziele hin entworfen werden „solange diese Ziele Verbesserungen von Sachlagen, Vermehrung von Sicherheiten, Steigerung von Versorgungsleistungen mit hinreichend breit gewähltem Empfängerkreis waren"[54]. Als Programmformel des politischen Systems spricht der Wohlfahrtstaat die Publikumsrolle des Politiksystems an, um dieses auf das Politiksystem zu verpflichten.[55] Der Wohlfahrtstaat nimmt sich als different zum Verfassungsstaat wahr und gewinnt gerade daraus seine Information.[56] Er muss anders funktionieren, aber darf zugleich das andere nicht bedrohen: Der Wohlfahrtstaat strebt Ordnung nicht wie der Verfassungsstaat über ein Eliminieren von Abweichungen an, sondern über eine Steigerung der Abweichung von bestehenden Zuständen,[57] welches sich durch positives feed-back ergibt. Es geht also um ein Mehr an Vorsorge und sozialer Sicherheit, trotz Wissen, dass es nicht endlos so weitergehen kann. Unklar ist, ob sich neue Strukturen auf höherem Komplexitätsniveau entwickeln können.[58]

Ausgangspunkt der Neuen Steuerung zu Beginn der 90er Jahre durch die Kommunale Gemeinschaftsstelle für Verwaltungsvereinfachung (KGSt)[59] ist die Begrenzung des Sozialstaats durch die Einbeziehung des Publikums, und zwar weniger der benachteiligten Bürger, als vielmehr der steuerzahlenden Mittelschicht oder ehrenamtlich im Jugendhilfeausschuss Tätigen, welche ebenfalls eher der Mittelschicht zuzuordnen sind.[60] Über öffentliche Meinungsbildung werden diese dafür sensibilisiert, dass die von ihnen gezahlten Steuern auch ‚angemessen', d.h. dem Hilfebedarf entsprechend, und haushälterisch bedacht ausgegeben werden sollen. Damit können formaldemokratisch legitimierte

---

[54] Luhmann 1987, S. 104; vgl. auch Weber/Hillebrandt 1999, S. 91 ff.

[55] Vgl. Weber/Hillebrandt 1999, S. 103.

[56] Mit dem Verfassungsstaat ist Abweichungseliminierung verbunden, die sich durch eine negative Feed-back-Schlaufe vollzieht. Der Verfassungsstaat kennzeichnete sich einerseits durch souveräne Gewalt zur Entscheidung aller möglichen Konflikte in einem Territorium und zum anderen durch die Verhinderung des arbiträren Gebrauchs dieser Gewalt (vgl. Luhmann 1987, S. 109).

[57] Vgl. Luhmann 1987, S. 108.

[58] Ebenda.

[59] KGSt 1993.

[60] Das Bundesministerium betont die neue Form der Zusammenarbeit zwischen Verwaltung und Bürgerschaft, welche mit der „Neuen Steuerung" einher ginge (Schneider u.a. 2011, S. 41).

Mehrheiten für die Einführung des New Public Management geschaffen werden, welches „mittels Strategien zur Verkürzung und Effektivierung des wohlfahrtstaatlichen Handlungsbereichs [...] gerade die Handlungskapazitäten des Sozialstaats erhalten"[61] soll.

Dadurch kann die steigende Nachfrage nach sozialer Hilfe durch die Deckelung der Steuer- und Versicherungsbeiträge begrenzt werden und so dem Knappheitsregime im nationalstaatlich orientierten Wohlfahrstaat, welches in (wirtschaftlicher) Konkurrenz zu anderen Staaten steht, ‚gefolgt' werden. Dabei wird nicht das Funktionssystem, das sich an der Codierung helfen/nicht-helfen orientiert, in Frage gestellt, sondern vielmehr geht es um eine „Neue Steuerung", die es ermöglicht, trotz knapper Ressourcen, Hilfe im Sinne der Sozialgesetze zu gewährleisten. Dabei wird eine Beobachtungsform des Wirtschaftssystems, nämlich der ‚Markt' (s.u.), kopiert, welche sich im Wirtschaftssystem erfolgreich bewährt zu haben scheint. Die Bedeutung des Markts wird aber relativiert, da die Wahl zunächst im Sinne der primären Differenzierung nach Effektivitätskriterien und erst in zweiter Linie (sekundäre Differenzierung) nach Effizienzkriterien entschieden wird. Dadurch ist auch kein freier Markt denkbar, sondern ein durch Sozialbürokratie und Verträge gesteuerter, d.h. politisch regulierter Quasi-Markt.[62] Entsprechend entsteht auch auf der zweiten Ebene nicht ein ‚freier' Markt, in dem Angebot und Nachfrage sich regeln, sondern die vermehrte Nachfrage trägt zur Erhöhung der Konkurrenz bei möglichst gleichbleibendem Budget[63] bei. Zugleich wurde die Konkurrenz zwischen den Leistungserbringern nicht zuletzt von der europäischen Rechtsprechung[64] in

---

[61] Hadamek 2008, S. 199.
[62] Kaufmann 2009; Backhaus-Maul 2002.
[63] Die Höhe des Budgets ist abhängig von den kommunalen Steuern, den staatlichen Zuweisungen sowie den Gebühren für bestimmte Dienstleistungen. „Die Haushaltswirtschaft der Gemeinde vollzieht sich auf der Grundlage der Haushaltssatzung, die von der Gemeinde für jedes Jahr neu zu beschließen ist. Durch sie werden der Haushaltsplan, der Höchstbetrag der Kassenkredite und die Steuersätze festgesetzt" (Bundesministerium der Finanzen 2006, S. 65). Da aber die Wirtschaftsleistung nicht im gleichen Maße steigt wie die Ausgaben im Pflichtbereich der Kommunen (vgl. Schneider u.a. 2011, S. 32), aber die Einnahmen der Kommunen die Ausgaben decken müssen, d.h. der Haushalt ausgeglichen sein muss und eine Kreditaufnahme für den Verwaltungshaushalt verboten ist (vgl. ebenda, f.), wird die Steigerung der Leistungen durch Knappheit mit einer Prekarisierung der Sozialen Arbeit ‚erkauft', da die Rechtsansprüche auf Sozialleistungen nicht durch die Begrenzung des Budgets in Frage gestellt werden dürfen (vgl. Münder u.a. 2006, S. 826).
[64] Evers/Olk 1996.

mehrerlei Weise erhöht, indem zum einen private, d.h. gewinnorientierte Anbieter auf dem Quasi-Markt zugelassen worden sind und zum andern eine Internationalisierung der potenziellen Leistungserbringer erlaubt wurde. Wer letztendlich Hilfe anbieten darf, wird nicht mehr formal-demokratisch in der Legislative der Kommunen abgestimmt, sondern vielmehr nach Effektivitäts- und Effizienzkriterien amtlich geprüft und im Rahmen der Ziel-, Leistungs-, Entgelt- und Qualitätsvereinbarungen[65] in der Exekutive reguliert. Dadurch nehmen strukturelle Kopplungen zwischen dem (sozial)politischen System mit den Leistungserbringern zu.[66] Damit wird eine Umstellung der Legitimationsform von Bedarfsnachfrage und Inputorientierung auf Leistung und Output- bzw. Outcomeorientierung vollzogen und eine Folgebereitschaft seitens der Leistungserbringer erwartet, da die Wirkungsorientierung der Selbstbeschreibung der Leistungserbringer entsprechen ‚müsste'. Zugleich ermöglicht es, „Sozialplanung, Fachcontrolling und daran geknüpfte Mittelbewirtschaftung"[67] zu verknüpfen. Durch den Bezug auf Wirkungsorientierung wird Fachlichkeit als Managementinstrument eingeführt. Zugleich wird von dem auf Gegenwart bezogenen Bedarfsprinzip auf ein auf Zukunft ausgerichtetes fachlich orientiertes Managementsystem umgestellt. Im Kern geht es um auf die Zukunft gerichtete Investitionen und nicht mehr um ein Sachleistungsprinzip. Ziel ist die Erwirtschaftung von „Gewinn incl. Investoren- und Gesellschaftsrendite"[68] und der Anreiz, dass auch die Sozialunternehmen ihr eigenes Kapital (Ressourcen, Geld) nutzen und sich an Ausschreibungen der EU oder privater und öffentlicher Stiftungen beteiligen, um sich für die Zukunft abzusichern. Dadurch entsteht eine komplexe Mischform aus Dauer-, Eigen- und Fremdfinanzierung,[69] die einerseits die Existenzbedrohung der Wohlfahrtsverbände überwinden soll, die andererseits aber gerade zu einer höheren Krisenanfälligkeit,[70] gerade bei einer Wirtschaftskrise, führt, denn unter diesen Bedingungen verfügen nicht nur der Staat, sondern auch die privaten Stiftungen über weniger Kapital.

---

[65] § 17 SGB I

[66] Die Verwaltungslogik des Jugendamtes garantiert entsprechend auch, dass es keinen Vorrang der Wirtschaftlichkeit vor der Angemessenheit der sozialrechtlich regulierten Sachleistung geben darf (vgl. Luthe 2003, S. 15 ff).

[67] Brinkmann 2014, S. 8.

[68] Brinkmann 2014, S. 8.

[69] Vgl. ebenda.

[70] Ebenda.

Durch Ziel-, Leistungs- und Entgeltvereinbarungen zwischen den Ämtern der Sozialverwaltung als Leistungs- und Kostenträgern und Leitungserbringern wird der angestrebte Outcome regelmäßig überprüft. Durch diese Outcomesteuerung wird im Vergleich zur Inputsteuerung der Entscheidungsspielraum der Leistungserbringer eingeschränkt. Die Einhaltung der Ziel-, Leistungs- und Entgeltvereinbarungen durch Qualitätsvereinbarungen ermöglich die Überprüfung der Glaubwürdigkeit der Leistungserbringer. Beides bildet die Voraussetzung für die Fortsetzung der Zahlung/Inputs der Leistungsträger an die Leistungserbringer. Mit dieser Technologieersatztechnologie können die Leistungserbringer an Erwartungen des sozialpolitischen Systems ‚ausgerichtet' werden. Damit geht zugleich ein Anwachsen von Bürokratie einher sowie eine „Neudefinition von Ämtern", in denen „kollektiv bindende Entscheidungen getroffen werden, also Politik gemacht wird"[71]. Zugleich müssen sich die Leistungserbringer im Wettbewerb beweisen. Staub-Bernasconi spricht aus diesem Grunde von einer „neo-liberalen Planwirtschaft"[72]. „Für die Sozialwirtschaft [herrschen; B.H.] kaum Marktbedingungen […]. Die Maßnahmen, die als Hinwendung zum Markt gedacht waren, zeigen sogar gegenläufige Wirkungen, da die wesentlichen strukturellen und inhaltlichen Entscheidungen stärker zentralisiert sind als zur Zeit des so genannten Korporatismus."[73] Auch wenn es sich nicht um einen freien Markt handelt, hat die Neue Steuerung deutliche Auswirkungen auf die Leistungserbringer. Denn wenn Leistungserbringer versuchen, sich dem Erwartungshorizont der Leistungsträger zu entziehen, indem sie ihre Leistungen relational zur Konkurrenz gegenüber dem Leistungsträger zu teuer anbieten oder den versprochenen Output bzw. Outcome in der Vergangenheit nicht geleistet haben oder nicht bereit sind, diesen für die Zukunft transparent zu machen, wird ihnen der Input für die Leistung entzogen, so dass sie (vorübergehend) als Leistungserbringer auf dem Quasi-Markt exkludiert werden. Dadurch besteht die Gefahr, dass die Leistungserbringer bei hoher Konkurrenz ihre Leistungen unter Wert ‚verkaufen', um als Organisation ihre Existenz zu sichern. Diejenigen Leistungserbringer, die über Ressourcen und Wissen und Willen verfügen, sich als effektiv und effizient darzustellen, werden gegenüber denjenigen, die dispositional schlechter aufgestellt sind oder weniger erfahren im Umgang mit diesen Anforderungen sind bzw. gelten, auf dem Quasi-Markt eine höhere Wahrscheinlichkeit haben, inkludiert zu werden. Hieraus wird deutlich,

---

[71] Baecker 2007, S. 128.
[72] Staub-Bernasconi 2007, S. 23.
[73] Zacher 2005, S. 34.

wie durch diese Form der Neuen Steuerung als Ermöglichung der Gleichheit aller Leistungserbringer zugleich Gleichheit und Ungleichheit hervorgebracht werden. Organisationen werden durch diese Kontextsteuerung dazu aktiviert, sich im Sinne der Legitimationsform von Effektivität und Effizienz darzustellen. Sowohl Gleichheit als Versprechen (des Staates) wie Ungleichheit als Folge (polit-ökonomischen Handelns) finden unter dem Dach der Leistungserbringer statt. Im Hinblick auf die Wohlfahrtsverbände trägt die Neue Steuerung, wie ich im Folgenden darstellen werde, zur Entwicklung antinomischer Strukturen bei, da sich diese letztlich nicht mehr als selbstidentische Einheit beschreiben können. Stattdessen changieren sie vor diesem Hintergrund zwischen milieuorientiertem Werteverband und Dienstleistungsunternehmen.[74]

4.1. Zur Entwicklung der Wohlfahrtsverbände vor dem Hintergrund der Neuen Steuerung

Wohlfahrtsverbände werden vor dem historischen Hintergrund des deutschen Wohlfahrtsstaates und dessen Steuerung durch das Subsidiaritätsprinzip bevorteilt, da sich eine korporatische Struktur zwischen Wohlfahrtsverbänden und politischem System historisch entwickelt hat,[75] welche ihnen dispositional auf dem Quasi-Markt Vorteile verschafft. Die Vorteile bestehen darin, dass sie nach wie vor als ‚Wertegemeinschaften' gelten, da sie sich ursprünglich aus den Sozialmilieus entwickelten, obwohl der Bezug zu den Sozialmilieus angesichts der Pluralisierung der Lebensformen und der Umstellung der Wohlfahrtsverbände auf Dienstleistungsunternehmen[76] kaum mehr Bedeutung hat. Dennoch werden die Wohlfahrtsverbände in Rahmenbedingungen der Ausschreibungen der Leistungsprogramme einbezogen, bei sozialpolitischen Themen der Legislative angehört und gegenüber den gewinnorientierten Unternehmen durch ihre Gemeinnützigkeit im Sinne der Abgabenordnung[77] bevorteilt. Darüber hinaus ist eine Verbindung von Verbands- und Parteieliten zu beobachten.[78] Aus diesem Grunde liegt es nahe, von einem Klientelismus zwischen Sozialstaat und Wohl-

---

[74] Vgl. Rauschenbach/Olk/Sachße 1996, S. 19.
[75] Backhaus-Maul 2002.
[76] Vgl. Rauschenbach/Olk/Sachße 1996, S. 19; Bode 2010, S. 82.
[77] §§ 51-68 AO.
[78] Trampusch 2009, S. 173 ff.

fahrtsverbänden zu sprechen. Damit ist ein „[in]formelles[79], auf gegenseitigen Vorteil gerichtetes Machtverhältnis zwischen ranghöheren und niedriger gestellten [...] Organisationen gemeint. In der Regel erwartet die höhere Instanz (die den Vorteil verschafft) von der folgenden Instanz besondere (politische) Unterstützung oder Gefolgschaft"[80]. Gefolgschaft meint die absolute Anpassung an die Erwartungen des sozialpolitischen Systems (Unterwerfung), um die Vorteilsstellung zu behalten. Diese Form der Gefolgschaft kann als Patronage bezeichnet werden, „[franz.] Begünstigung und Förderung von (nahestehenden) Personen, die nicht in erster Linie durch die Leistungen der begünstigten Person (sondern bspw. durch Wohlverhalten) begründet ist"[81]. Wohlverhalten meint hier, sich den Erwartungen der Neuen Steuerung zu unterwerfen. Es entsteht ein komplexes „Interessengeflecht am Rande der Legalität und über ihre Grenzen hinaus"[82]. Luhmann verweist selbst auf diese Möglichkeit des Klientelismus, ohne es selbst explizit zu benennen, wenn er schreibt, dass „diejenigen, auf deren Kooperation die Verwaltung angewiesen ist, dafür etwas verlangen [können; B.H. [83]], und umgekehrt [...] die Verwaltung ihren rechtlich konzedierten Ermessensspielraum, die Unbestimmtheit von Rechtsbegriffen oder auch einfach ihre Disposition über Zeit und die eigene Trägheit benutze[n kann; B.H.], um schärferes Vorgehen anzudrohen für den Fall, dass eine Kooperation nicht zusammen kommt"[84]. Diese Androhung von Gewalt als Grenze des politischen Handelns wird aber durch die Einführung des Quasi-Marktes relativiert, da nun anstatt auf Recht[85] auf den Wettbewerb als Regulierung politischer Entschei-

---

[79] Ich habe informell eingeklammert, da es sich um eine formelle Form der Bevorteilung handelt, welche verfassungsrechtlich legitimiert ist. Die verfassungsrechtliche (Sonder-) Stellung der Religionsgemeinschaften wie auch der Wohlfahrtsverbände leitet sich aus Art. 140 GG i. V. m. Art. 136 bis 139 der Weimarer Reichsverfassung ab.
[80] Schubert/Klein 2016.
[81] Schubert/Klein 2016.
[82] Luhmann 2002, S. 261.
[83] Letzteres ist insofern bedeutend, da die Wohlfahrtsverbände eine volkswirtschaftliche Wertschöpfung zwischen 2,6 und 4,3 % aufweisen (Meyer 2016), welches ungefähr der der Chemieindustrie entspricht.
[84] Luhmann 2002, S. 262. Entsprechend verwundert es nicht, wenn die Wohlfahrtsverbände über eine dominierende „Position gegenüber öffentlichen und kommerziell ausgerichteten Trägern (gemessen an der Höhe der vollzeitäquivalenten Beschäftigungszahlen, ehrenamtliche Mitarbeiter nicht mitberücksichtigt) im Bereich der Behindertenhilfe (83,6%), Jugendheime (73%), Altenwohnheime (67,6%), humanitären und Flüchtlingshilfen (63,1%), Pflegeheime (63%) und Kindertagesstätten (62,3%)" (Becker/Moses 2004, S. 11) verfügen.
[85] Ebenda.

dungen rekurriert werden kann. Damit transformiert sich politische Macht in eine quasi-ökonomische, d.h. politisch-ökonomische Logik. Entsprechend wird auch die Bevorteilung der Wohlfahrtsverbände moniert, da sie weder demokratisch[86] noch wirtschaftlich[87] zu legitimieren sei. Durch diese Form des Klientelismus oder der politischen Ökonomie werden sowohl die Autonomie des politischen Systems wie auch die des Hilfesystems eingeschränkt. Es besteht die Gefahr, dass die Politik sowie die Wohlfahrtsverbände ihre Kontakte überziehen und damit die Möglichkeit der Eigendetermination verlieren.[88] Paradoxerweise trägt die Neue Steuerung damit nicht zur Begrenzung des Hilfesystems aufgrund knapper Ressourcen bei, sondern vielmehr zu dessen Steigerung, wie man an der Zunahme der Beschäftigten und der sozialen Dienstleistungen erkennen kann.

4.2. Die wachsende Bedeutung des Sozialmanagements als Antwort auf die Neue Steuerung

Die durch den Quasi-Markt entstehenden Fremdregulierungen werden durch Sozialmanagement in Selbstregulierungen der Leistungserbringer überführt, so dass diese trotz ihres Status als gemeinnützige Träger zunehmend sozialunternehmerisch agieren. Das heißt, die Leistungserbringer ‚sollen' trotz struktureller Kopplung mit dem politischen System unabhängig von diesem sein. Dieses ‚gelingt', indem den Leistungserbringern vor dem Hintergrund der Leistungs-, Entgelt und Qualitätsvereinbarungen ein Globalbudget zur Verfügung gestellt wird und sie die Möglichkeit haben, ‚frei' zu entscheiden, wie sie die Organisation managen, um die Leistungen in der fachlich angemessenen Qualität zu gewährleisten, zu welcher sie sich durch die Leistungs-, Entgelt- und Qualitätsvereinbarungen gegenüber dem Leistungsträger verpflichtet haben.[89]

---

[86] Backhaus-Maul 2002, S. 4.

[87] Zacher 2005, S. 36.

[88] Vgl. Baecker 2007, S. 124.

[89] Die Regelhaftigkeit der Organisation unterscheidet sich von einer Bürokratie, in der die Regelhaftigkeit von außen erwartet wird. Bürokratie „verfolgt von außen gesetzte Zwecke, an deren Erfüllung sie gemessen werden kann, so dass sie bei Nichterfüllung dieser Zwecke gegebenenfalls durch eine andere, geeignetere Bürokratie ersetzt werden kann" (Stichweh 2014, S. 30). Eine Organisation hingegen ist eher von innen her gesteuert, d.h. durch einen selbstprogrammierten Pfad, auf dem sie sich selbst laufend neu erfindet, „sich selbst auf neue Zwecke verpflichtet, so dass der Imperativ der Selbsterhaltung gegenüber dem der Zweckerfüllung dominiert" (ebenda). Dieses gelinge durch Management, welches aber eine innere Komplexität voraussetzt, um Fremdkontrolle in Selbstkontrolle zu überführen (vgl. ebenda).

Zugleich werden sie aber auch zur Rechenschaft gezogen, wenn dieses nicht gelingt. Das heißt, dass die Wohlfahrtsverbände nun das sozialunternehmerische Risiko tragen, anstatt es auf den Sozialstaat übertragen zu können.[90] Dieses mit der Umsteuerung einhergehende Risiko kann an den Insolvenzen der Verbände erkannt werden, welche zu einem erheblichen Imageschaden der Wohlfahrtsverbände in der Öffentlichkeit beitragen.[91]

Als postklassische soziale Dienstleistungsorganisationen sehen die Leistungserbringer ihre Arbeit nicht mehr als quasi selbstverständliches Ergebnis ihrer im Rahmen der Vereinbarungen anzubietenden Dienstleistungen an, sondern betrachten die Organisation selbst als Gegenstand von Entscheidungen, die sich aus einer Organisation ergeben, die ihrerseits laufend überprüft, welche sozialen Dienste sich durch Rückgriff auf welche Individuen (Mitarbeiter, Partner, Kunden) noch anbieten lassen. Wohlfahrtsverbände haben hier gegenüber kleineren Vereinen deutliche Vorteile, da sie einerseits von der Tradition der korporativen Einbindung in den Sozialstaat profitieren können,[92] und sie andererseits auf eine Tradition der Diversifizierung sozialer Dienstleistungen zurückgreifen können. Sie weisen eine interne Komplexität auf, die es ermöglicht, nach außen hin präzise auf Ausschreibungen zu reagieren, und haben die Ressourcen, um sich nach innen hin flexibel anzupassen.[93]

Die Mischfinanzierung durch sozialstaatliche Zuwendungen, Spenden, Eigenmittel und aus öffentlichen oder privaten Ausschreibungen erworbenen Mitteln ermöglicht es (s.o.), das existenzielle Risiko zu begrenzen, als Leistungserbringer exkludiert zu werden, da sie a) bereits als Leistungsanbieter bewährt sind und b) gegebenenfalls ihre Mitarbeitenden in anderen Bereichen sozialer Dienstleistung einsetzen können. Durch eine zunehmende Bedeutung projektorientierter und damit auf die Zukunft ausgerichteter Ausschreibungen für die Finanzierung der grundlegenden sozialen Dienstleistungen werden Wohlfahrtsverbände zu sozial-investigativen Unternehmen transformiert. Sie müssen in der Gegenwart eigene Ressourcen aufbringen, um sich im Wettbewerb zu bewähren und damit Grundlagen für ihre zukünftige Existenz zu schaffen. Zugleich werden die Leistungserbringer erzogen, sich so zu inszenieren, d.h. öffentlich über das Berichtwesen darzustellen (s.o.), dass sie den sozialpolitischen

---

[90] Bourcarde/Huster 2010, S. 34.
[91] Vgl. Bangert 2010, S. 206.
[92] Backhaus-Maul 2002, S. 5.
[93] Deinet/Janowicz 2016.

Erwartungen, welche in den Ausschreibungen formuliert werden, performativ in der Öffentlichkeit entsprechen. „Dagegen bleibt die hinter dieser Scheinwelt liegende Welt der an und mit Menschen geleisteten Dienste geheim; – und sie muss geheim bleiben, um überhaupt bestehen zu können. Unbekannt bleiben so nicht nur die tatsächlich geleisteten Dienstleistungen und deren Wirkungen, sondern auch die dabei gemachten Erfahrungen über Möglichkeiten, Defizite und Grenzen dieser Dienstleistungen, über Ausbau- und Veränderungsbedarf oder über Leistungsdefizite an anderen Stellen."[94]

Damit geht eine Schwächung der advokatorischen Funktion der Wohlfahrtsverbände einher.[95] Analog zum politischen System wird auch hier der Machtkreislauf unterbrochen.

4.3. Zur advokatorischen Funktion der Wohlfahrtsverbände im deutschen Wohlfahrtsstaat

In Deutschland vertreten insbesondere die Vertreter_innen der Wohlfahrtsverbände die Interessen der Sozialen Arbeit. Wenn aber im Kontext der Neuen Steuerung die Budgetautonomie bei den Wohlfahrtsverbänden liegt, haben diese die Möglichkeit über Tarife, Professionsinteressen in Hinblick auf eine fachlich angemessene Bezahlung zu unterwandern, zumal sie historisch gewachsen über einen eigenen Tarifvertrag verfügen, welcher unterhalb der öffentlichen Verwaltung liegt.[96] Darüber hinaus trägt die Flexibilisierung der Arbeitsmarktregulation zur Steigerung prekärer Arbeitsverhältnisse bei.

In diesem Kontext der Deregulierung des Arbeitsmarktes können sinkende Lohnentwicklung der Sozialarbeitenden bei den Wohlfahrtsverbänden und prekäre Beschäftigungsverhältnisse beobachtet werden (s.u.).[97] Dadurch werden Wohlfahrtsverbände nicht (mehr) selbstverständlich als Vertreter_innen professioneller Interessen wahrgenommen. Diese Entwicklung wird dadurch gestärkt, dass im Jugendhilfeausschuss die Sitzungen verknappt werden können, d.h. keine Mindestsitzungszahl mehr angegeben wird.[98] Dadurch ist es wahrscheinlicher, dass im Jugendhilfeausschuss Grundsatzentscheidungen und nicht Einzel-

---

[94] Möhring-Hesse 2008, S. 158.
[95] Segbers 2010, S. 13.
[96] Ebenda, S. 9.
[97] Vgl. Brinkmann 2014, S. 9.
[98] Herbert o.J.

entscheidungen getroffen werden, aber genau diese sind für die von solchen Entscheidungen betroffenen Bürger weiter weg, d.h., sie knüpfen nicht unmittelbar in ihr Interesse an.[99] Sobald es um ihre Interessen geht, haben sie nur ein Anhörungsrecht, aber kein Entscheidungsrecht.[100] Darüber hinaus wird den Wohlfahrtsverbänden sowie den Jugendverbänden die Basis für ihre advokatorische Funktion entzogen, indem nun alle Leistungserbringer Mitglieder im Jugendhilfeausschuss sein können, was dem Ziel dieser Institution widerspricht, welcher es gerade darum ging, die Erfahrungen von Adressat_innen wie Mitarbeitenden vertreten durch die Wohlfahrts- und Jugendverbände in der Jugendhilfe für die zukünftige Gestaltung der Jugendhilfe nutzbar zu machen.[101] Diese rückwärts gewendete Ausrichtung auf die Zukunft wird durch eine sozialinvestigative unternehmerische Zukunftsgestaltung ersetzt, an der sich alle Leistungserbringer ausrichten müssen, egal, ob sie gemeinwohlorientiert sind oder nicht.

Die aufgrund der sozialen Gesinnung unterstellte Bereitschaft, unterhalb öffentlicher Tarife in Wohlfahrtsverbänden zu arbeiten, wird im Kontext der Neuen Steuerung zu einer Bereitschaft transformiert, sich mit dem Sozialunternehmen (der Wohlfahrtsverbände) zu identifizieren, vor allem dann, wenn die Mitarbeitenden und die Adressat_innen Verhandlungen im Jugendhilfeausschuss verfolgt oder angehört haben, in denen sie mit der Ohnmacht der Mitglieder des JHAs angesichts der Knappheit der Mittel (Budgetierung) konfrontiert worden sind. Genau dadurch kann ein ‚Verständnis für deren Entscheidungsprobleme generiert werden, sich entweder für eine Aufwertung der Tarife der Sozialarbeitenden oder für eine zeitlich umfangreichere Unterstützung der Adressat_innen einzusetzen. Hingegen scheint das Leistungsanbot der Adressat_innen vor dem Hintergrund des rechtlichen Anspruchs auf Leistungen unantastbar.[102] Dadurch kommen die Sozialarbeitenden in die paradoxe Lage, dass sie für eine bessere Bezahlung auf Kosten ihrer Adressat_innen plädieren müssen, was bedeutet, dass sie effektiver und effizienter arbeiten müssen, um die Leistungsansprüche der Adressat_innen nicht in Frage zu stellen. Dann können sie sich aber auch nicht über die Verdichtung ihrer Arbeitszeit beschweren, bzw. sie können dann nicht mehr glaubwürdig postulieren, dass die verdichtete Arbeitszeit auf Kosten der Adressat_innen geht. Dadurch deprofessionalisieren sie

---

[99] Ebenda.
[100] Vgl. Münder u.a. 2006, S. 842.
[101] Vgl. ebenda.
[102] Münder u.a. 2006.

sich aber strukturell durch die Verdichtung ihrer Arbeitszeit oder sie deprofessionalisieren sich durch die Akzeptanz niedriger Tarife. Bei ersteren verlieren sie mit hoher Wahrscheinlichkeit ihre Glaubwürdigkeit. Vertrauensbildung zwischen Adressat_innen und Professionellen der Sozialen Arbeit wird vor diesem Hintergrund unwahrscheinlicher. Letztlich muss die Leitung des Wohlfahrtsverbands diese Entscheidung selbst (autonom) treffen, d.h. Dilemmatamanagement betreiben.[103] Diese Antinomie ist für die Leitung nur reflexiv handhabbar. Sie ergibt sich aus der Budgetautonomie der Leistungserbringer, welche ihnen Unabhängigkeit trotz vermehrter Abhängigkeit zu den Leistungsträgern ermöglichen soll. Sie bildet zugleich jenen Entscheidungsrahmen, in dem sich die dargestellten Strukturprobleme der Neuen Steuerung ausbilden, die für die konkrete Ausgestaltung der konstitutiven Antinomien des Sozialmanagements entscheidend sind. Auf diesem Wege entsteht ein erhöhter Entscheidungsdruck der Leitungen der Wohlfahrtsverbände, welcher dadurch bewältigt werden kann, dass darauf geachtet wird, dass diese Entscheidungen intransparent gegenüber den Professionellen und den Adressat_innen bleiben, da ansonsten mit einem öffentlichen Vertrauensverlust und Infragestellungen durch die Mitarbeitenden wie die Adressat_innen gerechnet werden kann. Zugleich kann der Umgang mit den Tarifen für ihre Mitarbeitenden oder die Rahmung der Bewilligung von Hilfen nicht unsichtbar bleiben, so dass das Sozialmanagement diesbezüglich in eine gesteigerte Begründungsverpflichtung kommt, will der Wohlfahrtsverband nicht den Verlust der Selbstbeschreibung, advokatorisch für Adressat_innen und Professionelle tätig zu sein, verlieren. Es fehlt den Führungskräften aber an einer methodisch kontrollierten und nach expliziten Geltungskriterien bewährten erfahrungswissenschaftlichen Wissensbasis zum Umgang mit solchen Dilemmata, da es sich bei der Neuen Steuerung um eine Transformation handelt, die dazu führt, dass alte Entscheidungsmuster delegitimiert sind und noch keine neu legitimierten Wissensbestände generiert worden sind. Das heißt, es werden sozialmanagerielle Entscheidungen fortgesetzt, ohne auf die abgesicherte Basis eines gesellschaftlich kodifizierten Wissens zurückgreifen zu können. Aus diesem Grunde verwundert es auch nicht, wenn im Sozialmanagement während dieser Übergangszeit auf das Wissen im Management zurückgegriffen wird. „Die den Dilemmata zugrundeliegenden Dualitäten werden zwar bearbeitet und in gewissem Sinne handhabbar gemacht, aber sie werden nicht im strengen Sinne aufgelöst. Dilemmatamanagement bleibt eine prozessbezogene Aufgabe der

---

[103] Grunwald 2012.

Unternehmensführung, die eher der Strategie des „Sowohl-als-Auch" als der des „Entweder-Oder" folgt."[104] Als Führung muss das Sozialmanagement darauf achten, entweder diese Dilemmata unsichtbar zu machen, indem die Entscheidungen über Tarife und die über die Erfüllung der Bedarfe der Adressat_innen zeitlich getrennt und unabhängig voneinander beschlossen werden, um einen Konflikt in der Organisation oder gar einen Skandal und damit einen öffentlichen Glaubwürdigkeitsverlust zu verhindern. Damit wird Komplexität reduziert und in der Unbestimmtheit der Entscheidungen absorbiert, mit denen dann weitergearbeitet werden kann. Es braucht diese Strategie der Geschlossenheit, um sich im Hinblick auf die Interessen sowohl der Professionellen als auch der Adressat_innen offen zu zeigen.[105] Dabei haben aber die Adressat_innen deutlich weniger Möglichkeiten der Einflussnahme als die Sozialarbeitenden als Mitglieder der Organisation. Die projektförmig beschäftigten Sozialarbeitenden können ihrerseits kaum um ihre Rechte kämpfen, da die Fortsetzung ihrer Weiterbeschäftigung von ihrem Wohlverhalten abhängig gemacht werden kann. Sie werden also darauf eingeschworen, sich an diesem investigativen sozialunternehmerischen Verhalten zu beteiligen, in der Hoffnung, davon profitieren zu können. Damit wird auch den Sozialarbeitenden ihre eigene Stimme genommen, da ihr Interesse sehr eng an das des Sozialmanagements gekoppelt wird. Sie können sich, wenn sie ihre Probleme existenzieller Sicherheit politisieren wollen, entweder an Berufsverbänden oder an Gewerkschaften orientieren. Aber auch die Berufsverbände müssen die antinomische Struktur bewältigen, da sie wissen, dass der Kampf für eine tarifliche Besserstellung der Professionellen bei gleichbleibendem Budget auf Kosten der Adressat_innen geht und dies im Widerspruch zu ihrer Selbstbeschreibung steht. Die Gewerkschaften hingegen haben eine Tradition, das Recht auf angemessen Bezahlung zu erkämpfen.

4.4. Wohlfahrtsverbände und Zivilgesellschaft

Strukturanalog zur Sozialpolitik verliert die zivilgesellschaftliche Legitimation der Wohlfahrtsverbände an Bedeutung. Stattdessen gewinnt das operative Ge-

---

[104] Ebenda, S. 66.
[105] Kühl 2002, S. 274. Die Paradoxieentfaltung oder die Veröffentlichung der antinomischen Struktur ist nur unter bestimmten Bedingungen empfehlenswert und zwar dann, wenn es um eine kritisch-politische Haltung geht, die als Voraussetzung einer Solidarität in der Differenz hat, um Systemprobleme systemisch, anstatt individuell zu bearbeiten. Wie dann aber daran angeschlossen wird, bleibt offen. S.u.

schäft an Bedeutung. „Verbands- und Vereinsgremien mutieren zu Aufsichtsräten und haben wenig(er) Durchgriff auf die Operationen des vermehrt von autonomen Geschäftsführungen kontrollierten Dienstleistungsarms."[106] Doch zugleich wird der Input der zivilgesellschaftlichen Kräfte weniger, so dass sich die (zivil-)gesellschaftliche Einbettung der organisierten Wohlfahrtspflege"[107] schwieriger gestaltet. Das liegt nicht zuletzt daran, dass die Einbindung in die sozialen Milieus für die advokatorische Funktion der Wohlfahrtsverbände aufgrund der Individualisierung und Pluralisierung der Lebenswelten (s.o) an Bedeutung verloren hat. „Diese Bindungen hatten ‚Macht', da in dem Sinne, dass sie für kompakte ‚Pakete' von Handlungsmöglichkeiten standen, […] die Milieus im Sinne konkreter Lebenswelten abbildeten."[108] Dadurch konnten die Wohlfahrtsverbände sich gegenüber dem Publikum viel leichter tun, „Legitimationsressourcen abzurufen"[109]. Sie konnten plausible Selbstbeschreibungen der sozialen Milieus, aus denen sie sich selbst entwickelt hatten, hervorbringen und entsprechend mit Zustimmung rechnen. Mit der Zunahme der Komplexität von Gesellschaft sind aber „Typisierungen von Informationswerten über konkrete Lebenslagen, vergleichbare Parameter über Lebensformen etc. […] nicht mehr als analoge Gruppen erfassbar, sondern nur noch als statistische Gruppen, […] d.h. [sie können nur; B.H.] mit Hilfe der Rekombination von Einzelmerkmalen sichtbar gemacht werden"[110]. Infolgedessen können Wohlfahrtsverbände immer schwieriger bestimmte Gruppen ansprechen und umgekehrt fühlen sich diese von den Wohlfahrtsverbänden nicht mehr angesprochen und schon gar nicht advokatorisch vertreten. Anstatt sich auf Sozialmilieus im lebensweltlichen Sinne zu beziehen, werden publikumsträchtige Sozialberichte erstellt, mit denen advokatorisch für die Unterstützung benachteiligter Bevölkerungsgruppen geworben wird. Damit geht der lebensweltliche Bezug der advokatorischen Funktion der Wohlfahrtsverbände, der in den Anfängen der Sozialen Arbeit gerade ihre Stärke gewesen ist, verloren.[111]

---

[106] Bode 2010, S. 84.
[107] Ebenda, S. 85.
[108] Nassehi 2015, S. 70.
[109] Ebenda.
[110] Ebenda, S. 71.
[111] Möhring-Hesse 2008, S. 157.

Mit dieser Entwicklung werden die Wohlfahrtsverbände zugleich in die Position einer sozialpolitischen Interessensvermittlung gerückt.[112] Durch finanzielle Anreizsysteme können gemeinwohlorientierte Dienstleistungen aufrechterhalten werden[113] und durch sozialarbeiterische Kontrolle im Rahmen der Wohlfahrtsverbände in eigenen Sonderabteilungen effektiv und effizient eingesetzt werden.[114] Dadurch bilden sie nicht mehr – wie zu Beginn – den Kern der Wohlfahrtsverbände, sondern werden vielmehr an der Peripherie des Dienstleistungsunternehmens verortet. Solche zivilgesellschaftlichen Aktionsformen, die sich nicht in den Wohlfahrtsverbänden bündeln lassen, werden als potenziell gefährlich ausgeschlossen, weil sie antidemokratische Tendenzen zeigen, oder sie werden nicht wahrgenommen, weil die Formen zivilgesellschaftlichen Engagements benachteiligter Bevölkerungsgruppen zu „informell, nicht-organisiert oder partikular" sind, um Gehör zu erhalten.[115]

An die Stelle eines breit getragenen zivilgesellschaftlichen Engagements treten Vorzeigeprojekte, welche „materiell wie symbolisch wertvolle Reputationsgewinne"[116] erzielen und instrumentell genutzt werden. Zugleich werden sie vom „'Kerngeschäft' mehr und mehr entkoppelt"[117]. Unsichtbar bleibt wie dieses zivilgesellschaftliche Engagement auch eine Antwort auf die „Preisgabe einer wesentlichen Errungenschaft des Wohlfahrtsstaats [ist B.H]: die Entkopplung von sozialer Sicherung und sozialer Beziehung in Gestalt eines verlässlichen, anonymen Ausgleichsmechanismus",[118] obwohl die „Sicherung der materiellen Lebensbedingungen (potentiell) benachteiligter Bevölkerungsgruppen und die Bekämpfung extremer Formen sozialer Ungleichheit durch Sozialpolitik und soziale Arbeit [...] sich [...] als wichtige Voraussetzung für ein

---

[112] „Unter dem Stichwort einer neuen Verantwortungsteilung wird in der Bürgergesellschaft mehr bürgerschaftliche Verantwortung von den Bürgerinnen und Bürgern erwartet. Formen der Selbstverpflichtung werden umso notwendiger, je stärker sich der Staat von geltenden Regelungsansprüchen zurückzieht und Aufgaben, die nicht staatlich geregelt werden müssen, bürgerschaftlichen Akteuren überantwortet." (Enquete-Kommission 2002, S. 77)
[113] Klie/Stemmer 2011; van Dyk/Doling/Haubner 2015, S. 38.
[114] „Im Unterschied zu den ehrenamtlichen Helfern bisherigen Typs haben die neuen Bürgerhelfer oftmals neben einem Zuviel an freier Zeit zugleich ein zu geringes Einkommen. Sie bilden den neuen Bürgertyp des 5. sozialen Zuverdieners." (Dörner 2007)
[115] Vgl. Olk 2005, S. 228.
[116] Bode 2010, S. 85.
[117] Ebenda.
[118] Van Dyk/Dowing/Taubner 2015, S. 40.

Aufblühen zivilgesellschaftlicher Handlungs- und Organisationsformen"[119] erweisen. Die Wohlfahrtsverbände werden somit „antinomisch" durch eine stärkere Orientierung am Sozialstaat und zugleich einem schwächer werdenden Bezug zur Zivilgesellschaft. Sie werden im Hinblick auf ihre zivilgesellschaftliche Grundlegung „permanent mit dem Risiko konfrontiert, dass Widersprüche [...] zwischen Alltags- und PR-Rationalität, Leuchtturmprojekten und ökonomischen Überlebenskampf offen zu Tage treten und die Legitimität der Wohlfahrtsverbände als weiteren Sozialexperten strapazieren"[120].

Die Erfolgsgeschichte des Managements als Steigerung der Leistungsfähigkeit der Leistungserbringer auf dem Quasi-Markt „liegt so auf der Hand wie die Erfolgsgeschichte der Steigerung der menschlichen Wohlfahrt, die das Produkt derselben Industrialisierung ist, der die Profession des Managements ihre Existenz verdankt"[121]. Zwar gehen mit ihr etliche Blindheiten gegenüber Nebenfolgen einher, wie die der Ausbeutung und Exklusion der am meisten Benachteiligten sowie eines zunehmenden Burnouts der Professionellen, so dass nicht zu Unrecht von ‚Prekarisierung' Sozialer Arbeit[122] gesprochen wird. Diese Blindheiten werden aber nicht als Nebenfolge der Neuen Steuerung begriffen, dann wäre eine Kritik des Systems notwendig (kritische Theorie!), sondern sie

---

[119] Olk 2005, S. 229.

[120] Bode 2010, S. 87.

[121] Baecker 2014, S. 13.

[122] Für den Bereich sozialer Dienste erscheint es mir sinnvoll, einer mehrdimensionalen Prekaritätsdefinition zu folgen: „Neben der Arbeitskraftperspektive (Einkommens- und Beschäftigungsunsicherheit) sind die Tätigkeitsperspektive (Identifikation mit der Tätigkeit, Qualität der sozialen Beziehungen) und mit ihr Status, gesellschaftliche Anerkennung und individuelle Planungsfähigkeit von Bedeutung" (Castel/Dörre 2008, S. 17). Die Daten der Krankenkassen zur psychohygienischen Situation der Mitarbeiter_innen im Berufsfeld für Soziale Arbeit sprechen hier Bände. Sozialpädagog_innen bzw. Sozialarbeiter_innen sind mit 233,3 Arbeitsunfähigkeitstagen je 1.000 Versicherte und mit knapp 24 Ausfalltagen pro Fall mit die am häufigsten mit „Burn-Out-Erscheinungen" registrierte Berufsgruppe in der Statistik der Allgemeinen Ortskrankenkassen" (Kessl u.a. 2014, S. 13). Die Sozial_Arbeiter_innen haben mit 302,3 Ausfalltagen je 100 Beschäftigten mit die meisten Krankheitstage durch psychische Erkrankungen (vgl. BKK, S. 111 in Kessl u.a. 2014). Diese hohen Krankheitstage durch psychische Krankheiten verweisen, so Kessl mit Bezug auf die Psychotherapiekammer, darauf, dass „Zeitdruck, Störungen des Arbeitsablaufs, wenig Möglichkeiten, Aufgaben an andere zu delegieren, organisatorische Ungerechtigkeiten, Abnahme kooperativer Arbeitsbeziehungen und ein Verlust an Möglichkeiten, Arbeitsprozesse selbständig zu steuern, Prädikatoren für ein höheres Risiko darstellen" (Kessl u.a. 2014, S. 14).

werden als Anlass zur Reform genommen, d.h. als neue Probleme wahrgenommen, die es zu lösen gilt.

5. Schluss

Durch die Einführung der Neuen Steuerung als Antwort des politischen Systems auf das sich selbst immer schneller reproduzierende und sich damit erweiternde Hilfesystem scheint die Autonomie des Hilfesystem trotz des Knappheitsregimes möglich zu sein. Zugleich wird aber deutlich, wie der Entscheidungsspielraum im Hilfesystem eingeschränkt wird. Durch die Umstellung der Legitimationsform von Mehrheitsentscheidungen zu Input-Output-Steuerung wird das sozialdemokratische System zunehmend durch ein meritokratisches System ersetzt. Das politische System operiert weniger seiner ‚Natur' nach über Mehrheitsentscheidungen und dem eingebauten Trend zur individuellen und kollektiven Rationalität. Vielmehr wird deutlich, dass die demokratische Ordnung zwar natürlich erscheint, aber sie letztendlich als ein spezifisch historisch gesellschaftliches Produkt zu verstehen ist. Solche Form gesellschaftlicher Aufklärung ist Anliegen der Kritischen Theorie, wenn es ihr um Herrschaftskritik geht.[123] Ausgangspunkt für eine herrschaftskritische Analyse ist die Analyse von gesellschaftlichen Widersprüchen,[124] um aufzuzeigen, dass die Annahmen einer demokratischen Gesellschaft sich bei genauer Betrachtung als ‚falsches Bewusstsein' herauskristallisieren, welche nicht nur zufällig, sondern notwendig falsch sei, weil es einer falschen Realität entspreche. „Insofern handelt es sich um gesellschaftlich induziertes falsches Bewußtsein."[125]

In den vorangegangenen Analysen konnte ich auch diese Widersprüchlichkeit herausarbeiten, indem ich die Gleichzeitigkeit von Autonomie und Heteronomie als Antinomie aufgezeigt habe, welche sich durch die Neue Steuerung auf verschiedenen Systemebenen verschärft. In der Systemtheorie wird meistens der Blick normativ auf die Autonomie der Funktionssysteme gelegt und die Heteronomie durch strukturelle Kopplung in den Hintergrund gestellt. Eine kritische Systemtheorie, die sich auch für die Nebenwirkungen des autonomen Operierens der Funktionssysteme interessiert, deckt diese sozialen Blindheiten auf und wird dadurch reflexiv. Durch diese Blickverschiebung wird das ‚reibungslose' Funk-

---

[123] Luhmann 1991.
[124] Jaeggi 2009; S. 269 f.
[125] Ebenda; S. 275.

tionieren der Funktionssysteme aber fraglich, weil die Selbstdestruktivität dieser Entwicklungen erkennbar wird. Im Unterschied zur Kritischen Theorie wird die steigende Heteronomie durch die Zunahme struktureller Kopplungen bei gleichzeitiger Verselbständigung der Funktionssysteme zwar der politischen Ökonomie des Knappheitsregimes zugerechnet, aber die Autonomie des Hilfesystems als Funktionssystem wird dadurch zunächst einmal nicht in Frage gestellt. Aber alle Funktionssysteme teilen, dass zunehmend „Offenheit für die fremdreferentielle Aufnahme multipler Ansprüche der sozialen Umwelt"[126] ‚erzwungen' wird, indem durch strukturelle Kopplungen Entscheidungsspielräume immer mehr eingeschränkt werden. Zugleich wird jedoch Leistungserbringern und Individuen Autonomie zugeschrieben, so dass sie für Entscheidungen und daraus resultierende Prozesse verantwortlich gemacht werden. In Abwandlung zu Adorno könnte gesagt werden, dass die totalitär werdende funktional differenzierte Gesellschaft sich dadurch selbst zerstört, dass „sie ihre Mitglieder nicht nur mit Haut und Haar beschlagnahmt, sondern nach ihrem Ebenbild erschafft",[127] indem alle zu einem sozialunternehmerischen Handeln erzogen werden, wobei die Folgebereitschaft dieser Entwicklungen nicht freiwillig, sondern alternativlos für den eigenen existenziellen Fortbestand zu sein scheint. Wer dafür nicht ansprechbar ist, steht in der Gefahr, nicht nur vorübergehend, sondern dauerhaft exkludiert zu werden. Dadurch entfernen sich die Funktionssysteme sowie die Organisationen zunehmend von der Zivilgesellschaft.

In der systemtheoretischen Diskussion wird darauf hingewiesen, dass die Form, wie Luhmann soziale Exklusionen thematisiert, nicht mehr (theorie-)systematisch zu fassen sei. Es handele sich nicht mehr um die „unproblematische" Form der Exklusion aus teilsystemischen Funktionskontexten, sondern um sozial stabilisierte Formen der Exklusion, die mit der Selbstbeschreibung der Gesellschaft als funktional differenziert nicht mehr zu vereinbaren seien.[128] Nimmt man aber die Bedeutung der strukturellen Kopplung als ein zentrales Theoriesegment der Systemtheorie ernst, wird die Einschränkung der Entscheidungsspielräume im Rahmen einer funktional differenzierten Gesellschaft deutlich, welche auf einer politischen Ökonomie beruhen und mit stabilen sozialen Exklusionsprozessen einhergehen können, sofern der Logik der Neuen Steuerung nicht gefolgt wird. Eine reflexiv kritische Systemtheorie, die offen dafür

---

[126] Nassehi 1995, S. 45.
[127] Adorno 2003, S. 390 f.
[128] Farzin 2006, S. 86; Hünersdorf 2013.

ist, das selbstdestruktive Potenzial gesellschaftlicher funktionaler Differenzierung analytisch in den Blick zu nehmen, anstatt funktionale Differenzierung zu idealisieren, nähert sich somit der Kritischen Theorie an. Die Annahmen einer funktional-differenzierten Gesellschaft sowie einer Totalität einer politischen Ökonomie stehen nicht im Widerspruch zueinander, sondern sie machen sich wechselseitig möglich. Mit ihnen geht einher, dass Ungewissheiten durch verschiedene Formen der der politischen Ökonomie entstammenden Technologieersatztechnologie ersetzt werden. Je technologischer das Funktionieren der Funktionssysteme ermöglicht wird, desto mehr entfernen sich die Funktionssysteme und damit auch das Hilfesystem von ihrem lebensweltlichen bzw. zivilgesellschaftlichen Bezug. Das hat zur Folge, dass die Sozialarbeitenden sowie die Adressat_innen prekarisiert, oder um es mit Adorno zu sagen, ausgebeutet werden, sofern sie in die Funktionssysteme inkludiert sind, oder dass sie als anti(sozialunternehmerisch-)demokratische Akteure (Organisationen, Mitarbeitende oder Adressat_innen) auf Dauer sozial exkludiert werden. Eine funktional differenzierte Gesellschaft scheint alternativlos zu sein, aber im Rahmen einer kritischen Systemtheorie kann sie reflexiv ihre selbstdestruktiven Kräfte beobachten, um sich davon irritieren zu lassen. Wenn aber die Eigenschaft der Systeme bei Luhmann ihr rapider Wandel und ihre Kontingenzsteigerung ist, dann zeigt Luhmann die Änderbarkeit und damit die Kontingenz des Bestehenden auf, ohne dabei in eine naive Fortschrittsvorstellung zu verfallen.

Literatur

Adorno, Theodor W. (1972): Soziologische Schriften. 4. Aufl. Frankfurt/M.: Suhrkamp (Gesammelte Schriften, Bd. 8-9).

Adorno, Theodor W. (1973): Vorlesung zur Einleitung in die Soziologie. Frankfurt/M.: Suhrkamp.

Adorno, Theodor W. (1979): Spätkapitalismus oder Industriegesellschaft? [1968]. In: Ders.: Gesammelte Schriften Band 8. Frankfurt/M.: Suhrkamp, S. 354-370.

Adorno, Theodor W. (2003): Reflexionen zur Klassentheorie [1942]. In: Ders.: Soziologische Schriften I. Frankfurt a. Main: Suhrkamp, S. 372-391.

Amstutz, Marc/ Fischer-Lescano, Andreas (2013): Kritische Systemtheorie. 1. Aufl. Bielefeld: transcript.

Backhaus-Maul, Holger (2002): Wohlfahrtsverbände als korporative Akteure. Über eine traditionsreiche Institution und ihre Zukunftschancen. In: *Aus Politik und Zeitgeschehen*, S. 1-7. Online verfügbar unter http://www.bpb.de/apuz/25545/wohlfahrtsvaerbaende-als-korporative-akteure?p=all.

Baecker, Dirk (2014): Organisation und Störung. 2. Aufl. Berlin: Suhrkamp.

Baecker, Dirk (2007): Wozu Gesellschaft? Berlin: Kulturverlag Kadmos

Bangert, Christopher (2010): Geschäftsführung und Aufsicht trennen. Die Grundsätze verantwortungsvoller Unternehmensführung im Deutschen Caritasverband. In: *Blätter der Wohlfahrtspflege - Deutsche Zeitschrift für Sozialarbeit* 157 (6), S. 207-210.

Becker, Wolfgang/Moses, Heike (2004): Controlling in karitativen Nonprofit-Organisationen. Bamberg: UF & C, Otto-Friedrich-Univ.

Bode, Ingo (2010): Bye-bye Zivilgesellschaft? Organisierte Wohlfahrtspflege im disorganisierten Wohlfahrtskapitalismus. In: *Widersprüche* 31 (116), S. 77-90.

Bourcare, Kay/Huster, Ernst-Ulrich (2010): Wohlfahrtsproduktion im dynamischen Wirtschaftsraum Europa. In: *Widersprüche* 31 (116), S. 23-38.

Breuer, Stefan (1995): Adorno/Luhmann: Die moderne Gesellschaft zwischen Selbstreferenz und Selbstdestruktion. In: Ders. (Hrsg.): Die Gesellschaft des Verschwindens. Von der Selbstzerstörung der technischen Zivilisation. Hamburg: Junius, S. 65-102.

Brinkmann, Volker (2014): Sozialwirtschaft und Soziale Arbeit im Wohlfahrtsverband. Tradition, Ökonomisierung und Professionalisierung. Münster.

Bundesministerium der Finanzen (2006): Das System der öffentlichen Haushalte. Berlin.

Castel, Robert/Dörre, Klaus (2008): Einleitung. In: Dies. (Hrsg.): Prekarität, Abstieg, Ausgrenzung. Die soziale Frage am Beginn des 21. Jahrhunderts. 1. Aufl. Frankfurt/M.: Campus, S. 11-20.

Deinet, Ulrich/Janowicz, Michael (Hrsg.) (2016): Berufsperspektive Offene Kinder- und Jugendarbeit. Bausteine für Personal- und Organisationsentwicklung. Weinheim: Beltz.

Dörner, Klaus (2007): Leben und Sterben, wo ich hingehöre. Dritter Sozialraum und neues Hilfesystem. Neumünster: Paranus-Verl. der Brücke Neumünster.

Enquete-Kommission "Zukunft des Bürgerschaftlichen Engagements (2002): Bürgerschaftliches Engagement: auf dem Weg in eine zukunftsfähige Bürgergesellschaft. Berlin: Deutscher Bundestag (14/8900).

Evers, Adalbert/Olk, Thomas (Hrsg.) (1996): Wohlfahrtspluralismus. Vom Wohlfahrtsstaat zur Wohlfahrtsgesellschaft. Wiesbaden: Westdeutscher Verlag.

Farzin, Sina (2006): Inklusion/Exklusion. Entwicklungen und Probleme einer systemtheoretischen Unterscheidung. Bielefeld: transcript.

Fischer-Lescano, Andreas (2009): Kritische Systemtheorie Frankfurter Schule. In: Callies, Gralf-Peter/Fischer-Lescano, Andreas/Wielsch, Dan/Zumbansen, Peer (2009): Soziologische Jurisprudenz – Festschrift für Gunther Teubner zum 65. Geburtstag. Berlin: Walter de Gruyter, S. 49-58.

Fischer-Lescano, Andreas (2013): Systemtheorie als kritische Gesellschaftstheorie. In: Amstutz, Marc/ Fischer-Lescano, Andreas (Hrsg.): Kritische Systemtheorie. 1. Aufl. Bielefeld: transcript, S. 13-38.

Frankfurter Arbeitskreis für Politische Theorie & Philosophie (Hrsg.) (2004): Autonomie und Heteronomie der Politik. Politisches Denken zwischen Post-Marxismus und Poststrukturalismus. Bielefeld: transcript.

Grunwald, Klaus (2012): Zur Bewältigung von Dilemmata und Paradoxien als zentrale Qualifikation von Leitungskräften in der Sozialwirtschaft. In: Bassarak, Herbert (Hrsg.): Personal im Sozialmanagement. Neueste Entwicklungen in Forschung, Lehre und Praxis. Wiesbaden: VS, S. 55-79.

Hadamek, Claus (2008): Wohlfahrtsstaat und Gesellschaft. Eine systemtheoretische Analyse der sozialwissenschaftlichen Wohlfahrtsstaatsforschung und die Theorie funktionaler Differenzierung. Dissertation Tromsø. http://munin.uit.no/bitstream/handle/10037/1714/thesis.pdf?sequence=3

Hartmann, Jutta/Hünersdorf, Bettina (2013): Was ist und wozu betreiben wir Kritik in der Sozialen Arbeit. Eine Einführung Wiesbaden: VS, S. 9-32.

Herbert, Alexander (o.J.): Ausführungsvorschriften des Kinder und Jugendhilfeausschuß nach § 71 KJHG. http://www.anwalt-offenbach.de/ seiten/jugend.html.

Hünersdorf, Bettina (2012): Autonomie. In: Kleve, Heiko/Wirth, Jan (Hrsg.): Lexikon des Systemischen Arbeitens. Grundbegriffe der systemischen Praxis, Methodik & Theorie. Heidelberg: Carl Auer Systeme, S. 43-46.

Hünersdorf, Bettina (2013): Systemtheorie als kritische Theorie? In: Hünersdorf, Bettina/Hartmann, Jutta (Hrsg.): Was ist und wozu betreiben wir Kritik in der Sozialen Arbeit? Wiesbaden: VS, S. 165-190.

Jaeggi, Rahel (2009): Was ist Ideologiekritik. In: Jaeggi, Rahel/Wesche, Tilo (Hrsg.): Was ist Kritik? 1. Aufl. Frankfurt/M.: Suhrkamp, S. 266-298.

Kaufmann, Franz-Xaver (2009): Sozialpolitik und Sozialstaat. Soziologische Analysen. 3. Aufl. Wiesbaden: VS.

Kessl, Fabian/Polutta, Andreas/Thole, Werner/van Ackeren, Isabelle/Dobischat, Rolf (2014): Prekarisierung der Pädagogik – Pädagogische Prekarisierung? Erziehungswissenschaftliche Vergewisserungen. In: Kessl, Fabian (Hrsg.): Prekarisierung der Pädagogik – Pädagogische Prekarisierung? Erziehungswissenschaftliche Vergewisserungen. Weinheim [u.a.]: Beltz Juventa, S. 7-26.

Kommunale Gemeinschaftsstelle für Verwaltungsvereinfachung (KGSt) (1993): Das neue Steuerungsmodell. Begründung, Konturen, Umsetzung. Bericht Nr. 5. Köln: KGSt.

Klie, Thomas/Stemmer Philipp (2011): Freiwilligkeit im Spannungsfeld ökonomischer Kalküle. In: *NDV Nachrichtendienst des Deutschen Vereins für öffentliche und private Fürsorge* (91), S. 1-5.

Kühl, Stefan (2002): Sisyphos im Management: Die vergebliche Suche nach der optimalen Organisationsstruktur. Frankfurt: Campus.

Luhmann, Niklas (1972): Knappheit, Geld und die bürgerliche Gesellschaft. In: *Jahrbuch für Sozialwissenschaft* 23, (2), S. 186-210.

Luhmann, Niklas (1984): Soziale Systeme. Grundriß einer allgemeinen Theorie. Frankfurt/M.: Suhrkamp.

Luhmann, Niklas (1987): Der Wohlfahrtsstaat zwischen Evolution und Rationalität. In: Niklas Luhmann (Hrsg.): Soziologische Aufklärung Bd. 4. Opladen: Westdeutscher Verlag, S. 104-116.

Luhmann, Niklas (1988): Die Wirtschaft der Gesellschaft. Frankfurt/M.: Suhrkamp.

Luhmann, Niklas (1991): Sthenographie und Eryalistik. In: Gumbrecht, Hans Ulrich/ Pfeffer, Karl Ludwig (Hrsg.): Paradoxien, Dissonanzen, Zusammenbrüche. Situationen offener Epistemologie. Frankfurt/M.: Suhrkamp, S. 58-82.

Luhmann, Niklas (1993): „Was ist der Fall?" und „Was steckt dahinter?" Die zwei Soziologien und die Gesellschaftstheorie. In: *Zeitschrift für Soziologie*, 22 (4), S. 245-258.

Luhmann, Niklas (2002): Die Politik der Gesellschaft. Frankfurt/M.: Suhrkamp.

Luhmann, Niklas (2004): Ökologische Kommunikation. Kann die moderne Gesellschaft sich auf ökologische Gefährdungen einstellen? [1986]. 4. Aufl. Wiesbaden: VS.

Luthe, Ernst-Wilhelm (2003): Der Aktivierende Sozialstaat im Recht. In: NDV (Nachrichtendienst des Deutschen Vereins). Online verfügbar unter http://www.fh-wolfenbüttel.de/fb/s/irs/luthe.htm. [22.7.2005], S. 1-22.

Maturana, Humberto/Varela, Francisco J. (1984): Der Baum der Erkenntnis. Die biologischen Wurzeln des menschlichen Erkennens. Vern: Goldmann.

Meyer, Dirk (2016): Freie Wohlfahrtspflege. Konrad Adenauer Stiftung. Online verfügbar unter http://www.kas.de/wf/de/71.10934/.

Möhring-Hesse, Matthias (2008): Verbetriebswirtschaftlichung und Verstaatlichung. Die Entwicklung der Sozialen Dienste und der Freien Wohlfahrtspflege. *Zeitschrift für Sozialreform* 54 (2), S. 141-160.

Münder, Johannes/Baltz, Jochem/Jordan, Erwin/Kreft, Dieter/Lakies Thomas/Proksch, Roland/Schäfer, Klaus (2006): Frankfurter Kommentar zum SGB VIII. Kinder und Jugendhilfe. Stand 1.1.2006. München: Juventa.

Nassehi, Armin (1995): Die Deportation als biographisches Ereignis. Eine biographieanalytische Untersuchung. In: Weber, Georg (Hrsg.): Die Deportation von Siebenbürger Sachsen in die Sowjetunion 1945-1949. Köln: Böhlau, S. 5-412.

Nassehi, Armin (2012): Ökonomisierung als Optionssteigerung. Eine differenzierungstheoretische Perspektive. In: *Soziale Welt* 63, S. 401- 418.

Nassehi, Armin (2015): Zirkulation als Selbstzweck? Kann man Marx mit Luhmann in kritischer Absicht lesen – und umgekehrt? In: Scherr, Albert (Hrsg.): Systemtheorie und Differenzierungstheorie als Kritik. Perspektiven im Anschluss an Luhmann. Weinheim: Beltz Juventa, S. 56-79.

Olk, Thomas (2005): Soziale Arbeit und die Krise der Zivilgesellschaft. *Neue Praxis* 35 (3), S. 223-230.

Pahl, Hanno (2008): Das Geld in der modernen Wirtschaft. Marx und Luhmann im Vergleich. Frankfurt a. M: Campus.

Pahl, Hanno/Meyer, Lars (2009): Soziologische Aufklärung gestern, heute, morgen: Luhmanns Systemtheorie der Gesellschaft als Fortschreibung Kritischer Theorie? In: Elbe, Ingo/Ellmers, Sven (Hrsg.): Eigentum, Gesellschaftsvertrag, Staat: Begründungskonstellationen der Moderne. Münster: Verl. Westfäl. Dampfboot, S. 279-311.

Rauschenbach, Thomas/Sachße, Christoph/Olk, Thomas (1996): Von der Wertgemeinschaft zum Dienstleistungsunternehmen. Oder: Über die Schwierigkeit, Solidarität zu organisieren. Eine einführende Skizze. In: Rauschenbach, Thomas/Sachße, Christoph/Olk, Thomas (Hrsg.): Von der Wertgemeinschaft zum Dienstleistungsunternehmen. Jugend- und Wohlfahrtsverbände im Umbruch. Frankfurt/M.: Suhrkamp, S. 11-33.

Renn, Joachim (2014): Einheit der Politik – Vielfalt des Politischen. Die Autonomie des politischen Systems und die multiple Differenzierung des Politischen. *Zeitschrift für theoretische Soziologie,* 2. Sonderband, hrsg. von Franzen, Martina u.a. Weinheim: Beltz, S. 236-259.

Schubert, Klaus/Klein, Martina (2016): Das Politiklexikon. Lizenzausgabe. 6., aktual. u. erw. Aufl. Bonn: Dietz. Im Internet online verfügbar unter http://www.bpb.de/nachschlagen/lexika/politiklexikon/17709/klientelismus.

Segbers, Franz (2010): Wohlfahrtsverbände im Wettbewerbsstaat. In: *Widersprüche* 31 (116), S. 7-22.

Scherr, Albert (Hrsg.) (2015): Systemtheorie und Differenzierungstheorie als Kritik. Perspektiven in Anschluss an Niklas Luhmann. Weinheim: Beltz Juventa.

Schimank, Uwe (2008): Kapitalistische Gesellschaft – differenzierungstheoretisch konzipiert. Beitrag zur Tagung der Sektion Wirtschaftssoziologie der Deutschen Gesellschaft für Soziologie/Theoretische Ansätze der Wirtschaftssoziologie", Februar 2008, Berlin.

Schneider, Armin; Beckmann, Kathinka; Roth, Daniela (2011): Jugendhilfe: Ausschuss? Ein Gremium zwischen uneingelösten Versprechen und abgebremsten Möglichkeiten. Opladen/Berlin/Farmington Hills/Mich.: Budrich.

Stichweh, Rudolf (2014): Paradoxe Autonomie: Zu einem systemtheoretischen Begriff der Autonomie von Universität und Wissenschaft. In: *Zeitschrift für theoretische Soziologie,* 2. Sonderband, hrsg. von Franzen, Martina u.a. Weinheim Beltz, S. 29-40.

Staub-Bernasconi, Silvia (2007): Soziale Arbeit: Dienstleistung oder Menschenrechtsprofession? Zum Selbstverständnis Sozialer Arbeit in Deutschland mit einem Seitenblick auf die internationale Diskussionslandschaft. Online verfügbar unter https://www.uni-siegen.de/zpe/projekte/menschenrechte/ staubbethiklexikonutb.pdf.

Streeck, Wolfgang (2015): Governance heißt das Zauberwort, das alle Konfusion beenden soll. Besprechung von Helmut Willke, Demokratie in Zeiten der Konfusion. Berlin: Suhrkamp 2014. In: *Frankfurter Allgemeine Zeitung*, 31. März 2015.

Trampusch, Christine (2009): Der erschöpfte Sozialstaat. Transformation eines Politikfeldes. Frankfurt/M./New York: Campus.

Van Dyk, Silke/Dowling, Emma/Haubner, Tine (2015): Für ein rebellisches Engagement. In: *Blätter für deutsche und internationale Politik* 37 (10), S. 37-40.

Wagner, Elke (2005): Gesellschaftskritik und soziologische Aufklärung: Konvergenzen und Divergenzen zwischen Adorno und Luhmann. In: *Berliner Journal für Soziologie* 15 (1), S. 37-54.

Weber, Georg/Hillebrandt, Frank (1999): Soziale Hilfe – ein Teilsystem der Gesellschaft? Wissenssoziologische und systemtheoretische Überlegungen. Opladen: Westdeutscher Verlag.

Wilke, Gerhard (2006): Kapitalismus: Frankfurt/M.: Campus.

Willke, Helmut (1996): Ironie des Staates. Grundlinien einer Staatstheorie polyzentrischer Gesellschaft. Frankfurt/M.: Suhrkamp.

Willke, Helmut (2014): Demokratie in Zeiten der Konfusion. Berlin: Suhrkamp.

Zacher, Johannes (2005): Die Marktillusion in der Sozialwirtschaft. In: *Beiträge zum Recht der sozialen Dienste und Einrichtungen* 58, S. 1-36.

Martin Hafen

Gesellschaftskritik an der Schnittstelle von Wissenschaft, Profession und Praxis der systemischen Sozialen Arbeit

1. Einleitung

Die Soziale Arbeit nimmt für sich in Anspruch, nicht nur zur Behebung sozialer Probleme beizutragen, sondern sich auch für die Beseitigung sozialer Strukturen einzusetzen, die das Entstehen dieser Probleme begünstigen. So schreibt die International Federation of Social Work IFSW in ihren ethischen Prinzipien:

> „*Social workers have a duty to bring to the attention of their employers, policy makers, politicians and the general public situations where resources are inadequate or where distribution of resources, policies and practices are oppressive, unfair or harmful.*"[1]

Mit diesem Präventionsanspruch ist zwangsläufig eine gesellschaftskritische Haltung der professionellen Sozialen Arbeit verbunden. Das mag ein Grund dafür sein, dass Kritische Theorien in der Linie von Adorno und Horkheimer bis hin zur Frankfurter Schule[2] und andere Theorien mit gesellschaftskritischen Elementen (Bourdieu, Foucault etc.) wichtige Referenztheorien für die Soziale Arbeit sind.

Fachleute der systemischen Sozialen Arbeit tun sich deutlich schwerer damit, ihre gesellschaftskritische Haltung wissenschaftstheoretisch zu untermauern. Das gilt zumindest für den Fall, dass sie sich hauptsächlich auf die soziologische Systemtheorie in der Tradition von Niklas Luhmann[3] stützen und

---
[1] IFSW 2012, Kap. 4.2 'Social Justice' unter Punkt 4 'Challenging unjust policies and practices'.
[2] Demirović 1999.
[3] Vgl. u. a. Luhmann 1994a/b, 1997.

nicht auf die systemistisch-ontologische Theorie von Staub-Bernasconi[4]. In der viel zitierten Publikation ‚Theorie der Gesellschaft oder Sozialtechnologie' zum Disput zwischen Habermas und Luhmann wirft der Kritische Theoretiker Habermas dem Systemtheoretiker Luhmann in den frühen 1970er-Jahren vor, die Systemtheorie dulde die durch sie beschriebenen gesellschaftlichen Verhältnisse, ja heisse sie sogar gut.[5] Diese Kritik wird in der Folge vielfach wiederholt und durch weitere Kritikpunkte ergänzt: etwa, dass die Systemtheorie die Bedeutung von Normen unterschätze,[6] dass sie den Menschen ungerechtfertigt aus der Kommunikation verbanne[7] oder dass sie machtblind sei.[8]

Das sind Zuschreibungen, die Professionelle der Sozialen Arbeit nicht gerne auf sich bezogen sehen. Es kann davon ausgegangen werden, dass auch Sozialarbeitende mit einer systemischen Arbeitshaltung die stetige Zunahme sozialer Ungleichheit, die mit der scheinbar ungehinderten Ausbreitung des Neokapitalismus im Zusammenhang steht, nicht einfach befürworten. Trotzdem sind ‚Kritik' oder ‚Gesellschaftskritik' nach wie vor keine zentralen Begriffe im Vokabular der systemischen Sozialen Arbeit. So werden ‚Kritik' oder ‚Gesellschaftskritik' im ‚Lexikon des systemischen Arbeitens'[9] weder als Begriffe definiert, noch erscheinen sie bei den einleitend beschriebenen sieben grundsätzlichen Aspekten des systemischen Arbeitens, die gemäss den Autoren für die Beiträge im Lexikon einen „Minimalkanon" systemischen Arbeitens darstellen.[10] In diesem Sinn mögen Fachleute der systemischen Sozialen Arbeit die in den letzten Jahren aufkommenden Publikationen begrüssen, in denen das ‚kritische Potenzial' der luhmannschen Systemtheorie ergründet wird.[11]

Es ist nicht das primäre Ziel dieses Textes, das theoretische Potenzial einer kritischen Systemtheorie zu beurteilen. Vielmehr geht es darum auszuloten, ob sich Kritik im Selbstverständnis von Profession und professioneller Praxis nicht ohne Bezugnahme auf kritische Theorien aus der Wissenschaft hinlänglich begründen lässt. Oder als Frage formuliert: Sind Fachleute der systemischen Sozialen Arbeit wirklich auf eine *kritische* Systemtheorie angewiesen, um ihrem

---

[4] Staub-Bernasconi 2007a, 2007b.
[5] Habermas/Luhmann 1971, S. 142ff.
[6] Krawietz 1992, Werner 1992.
[7] Dziewas 1992.
[8] Staub-Bernasconi 2000.
[9] Wirth/Kleve 2012.
[10] Wirth/Kleve 2012, S. 10f.
[11] Etwa Fischer/Lescano 2012; Scherr 2015, Möller 2016.

eingangs beschriebenen Auftrag nachzukommen, nicht nur soziale Hilfe zu leisten, sondern auch zur Behebung der Gesellschaftsstrukturen beizutragen, welche die sozialen Probleme bedingen? – Um diese Frage zu beantworten, wird die Bedeutung der Gesellschaftskritik aus systemtheoretischer Perspektive auf drei unterschiedlichen Ebenen analysiert: auf der Ebene des Funktionssystems ‚Wissenschaft', auf der Ebene der Profession Soziale Arbeit und auf der Ebene der Praxis der systemischen Sozialen Arbeit.

2. Kritik auf der Ebene des Funktionssystems ‚Wissenschaft'

Niklas Luhmann hat sich nach der einleitend erwähnten Diskussion mit Jürgen Habermas weiter mit der Kritischen Theorie auseinandergesetzt. So wirft er in seinem Werk ‚Die Gesellschaft der Gesellschaft'[12] der kritischen Soziologie vor, dass sie als Beobachtung 1. Ordnung auftrete, die für sich tadelfreie moralische Impulse und einen besseren Durchblick reklamiere. Durch die Beschreibung anderer Positionen als konservativ oder affirmativ kompensiere die Kritische Theorie in gewisser Weise das Stagnieren der eigenen Theorieentwicklung. Nach Luhmann[13] sind zwar weder die Soziologie noch die Wissenschaft im Allgemeinen wertfrei. Der Unterschied liege jedoch darin, dass die Wissenschaft in einer Position der Beobachtung zweiter Ordnung operiere. Wenn sich der Beobachter 1. Ordnung für Gerechtigkeit, Frieden, Gesundheit oder Erhaltung der Umwelt ausspreche, setze er die Geltung seiner Werte als gegeben voraus. Die Beobachtung 2. Ordnung andererseits sehe die Geltung der Werte nicht als gegeben an, sondern eröffne mit der Kommunikation von wertebezogenen Aussagen die Möglichkeit, mit Annahme oder Ablehnung zu reagieren. Luhmann weiter:

> „Was die Soziologie zusätzlich tun kann, ist: die strukturellen Bedingungen für ihre Position als Beobachter zweiter Ordnung zu reflektieren. Sie liegen, wie leicht zu sehen, in der funktionalen Differenzierung des Gesellschaftssystems."[14]

---

[12] Luhmann 1997, S. 1115 f.
[13] Ebenda, S. 1122.
[14] Ebenda, S. 1123 f.

Damit verbunden ist die Erkenntnis, dass die Beobachtungen der Wissenschaft immer nur *wissenschaftliche* Wahrheit repräsentieren, während die andern Funktionssysteme die Welt nach ihren spezifischen Leitunterscheidungen beobachten und das Verhältnis von Selbstreferenz und Fremdreferenz nach ihren eigenen Strukturen regulieren. Die Wissenschaft wiederum, so Luhmann an anderer Stelle[15], entkoppelt die spezifisch wissenschaftlichen Bemühungen zur Erreichung wahrheitsfähiger Erkenntnis von anderen sozialen Werten, Normen, Vorurteilen und Interessen. Weiter liefere eine wissenschaftliche Beschreibung bestimmter Gesellschaftsstrukturen und ihrer kaum erträglichen Folgen (z.B. in Hinblick auf Umweltzerstörung) kein „Rezept für die Herstellung eines anderen Gegenstandes Gesellschaft, sondern nur eine Verlagerung von Aufmerksamkeiten und Empfindlichkeiten in der Gesellschaft."[16]

Wir wollen es bei diesen Ausführungen Luhmanns zum Verhältnis von Wissenschaft und Kritik belassen und versuchen, einige sich daraus ergebende Fragen zu beantworten: Die erste Frage bezieht sich auf die Funktion der Kritik im Wissenschaftssystem, also die Frage, welches Problem durch Kritik im Wissenschaftssystem gelöst werden soll.[17] Die eigentliche, primäre Funktion des Wissenschaftssystems liegt wie beschrieben in der Generierung von wahrheitsfähiger Erkenntnis. Damit wird das Problem gelöst, dass unter den Bedingungen der Moderne die Kirche als Wahrheitsinstanz zunehmend an Bedeutung verliert. Was könnte nun die Funktion von *Kritik* im Wissenschaftssystem sein? Um diese Frage zu beantworten, lohnt es sich, zwei Formen von Kritik zu unterscheiden: die selbstreferentielle Kritik, die sich auf die Operationen des Wissenschaftssystems bezieht, und die fremdreferenzielle, die auf Ergebnisse wissenschaftlicher Beobachtung der Welt referiert. Die erste Form von Kritik ist unverzichtbar. Sie tritt etwa in der Form von Methodenkritik auf oder auch als Kritik an der Theoriearbeit anderer, wie sie beim Disput zwischen Luhmann und Habermas zum Ausdruck kam. Die Selbstreferenz dieser Kritik bringt aus systemtheoretischer Perspektive mit sich, dass sie selbst nach den Kriterien der Wissenschaft auf ihren Wahrheitsgehalt geprüft werden kann. Ebenfalls der selbstreferenziellen Kritik kann die Wissenschaftsethik zugerechnet werden, die sich auf die moralische Verantwortlichkeit des methodischen Vorgehens oder die Wahl des Forschungsgegenstandes bezieht. Fragen in dieser

---

[15] 1994b, S. 348.
[16] Luhmann 1997, S. 1119.
[17] Vgl. zum Funktionsbegriff der Systemtheorie Fuchs 2000, S. 159.

Hinsicht könnten sein: Darf man einer Kontrollgruppe eine nachweislich wirkungsvolle Therapie vorenthalten? oder – in Hinblick auf die Wahl des Forschungsgegenstandes – ist es legitim, die wissenschaftlichen Grundlagen für eine Technologie zu erarbeiten, die vielen Menschen mehr Schaden als Nutzen bringt, so wie das bei der Atombombe der Fall war?

Die Funktion der fremdreferentiellen Kritik erscheint weniger klar. Welches Problem soll *dadurch* gelöst werden? Aus systemtheoretischer Perspektive kann es nicht darum gehen, dass die Wissenschaft die beschriebenen Probleme (z. B. Umweltprobleme oder Probleme massiver sozio-ökonomischer Benachteiligung) selbst zu lösen versucht. Die Wissenschaft wird ja als selbstorganisierendes, operativ geschlossenes System konzipiert, das wie jedes andere autopoietische System nur innerhalb seiner Grenzen operieren kann.[18] Die Operationen der Wissenschaft orientieren sich am binären Code (der Leitunterscheidung) des Systems, der als ‚wahr/unwahr' beschrieben wird. Die Programme, mit welchen die Wissenschaft ihre Erkenntnissuche betreibt, sind Theorien und Methoden.[19] In anderen Worten: Wissenschaftliche Kommunikation fällt keine politischen Entscheidungen, befindet nicht über Recht und Unrecht, erzieht keine Kinder und tätigt keine Zahlungen. Letztere werden von Organisationen (z.B. einer Universität) getätigt, die mit der Wissenschaft gekoppelt sind, aber eben auch mit andern Funktionssystemen wie in diesem Fall der Wirtschaft.

Auf operativer Ebene kann die Wissenschaft entsprechend nicht in ihre Umwelt ausgreifen und in die selbstreferentielle Operativität der jeweiligen Systeme intervenieren. Andererseits sind die Systeme in der Umwelt der Wissenschaft nicht nur geschlossen, sondern auch offen; der Selbstreferenz steht also auch immer die Fremdreferenz dieser Systeme gegenüber. Sie ermöglicht, dass die Wissenschaft zur relevanten Umwelt dieser Systeme werden kann. Infolge ihrer Autopoiesis sind es aber die Systeme selbst, die bestimmen, ob und in welchem Ausmaß sie den wissenschaftlichen Erkenntnissen Aufmerksamkeit schenken und in welcher Hinsicht sie sich durch diese Erkenntnisse in ihrer Strukturbildung beeinflussen lassen. Gerade die Politik zeigt ja immer wieder, dass sie vor allem für wissenschaftliche Erkenntnisse offen ist, die den eigenen politischen Absichten entgegenkommen, und die andern tendenziell weniger beachtet.

Nun kann man fragen, ob die Integration von wissenschaftlicher Erkenntnis und Kritik, wie wir sie bei den Kritischen Theorien beobachten können, die

---

[18] Luhmann 1994b.
[19] Ebenda, S. 413.

Anschlussfähigkeit der Wissenschaft in Systemen wie der Politik, des Rechts oder der Wirtschaft erhöht. Das ist eine empirische Frage, die sich im Rahmen dieses Textes nicht beantworten lässt. Unabhängig davon, ob die Beantwortung dieser Frage positiv oder negativ ausfällt, stellt sich eine weitere Frage: Ist es wirklich die Aufgabe der Wissenschaft, ihre Erkenntnisse mit Unterscheidungen wie ‚gut/schlecht' oder ‚erwünscht/unerwünscht' zu bewerten und einen Veränderungsbedarf zu kommunizieren? – Meiner persönlichen Meinung nach lautet die Antwort ‚nein'; Bewertung ist nicht Aufgabe der Wissenschaft. Diese Haltung steht durchaus in einem gewissen Widerspruch zu Luhmann, der, wie oben ausgeführt, der Wissenschaft dann Bewertung zugesteht, wenn sie die Kontingenz der Bewertung mitkommuniziert.[20]

Zur Erläuterung meiner Haltung setze ich bei einem andern Wissenschaftsbereich an: der Naturwissenschaft. Es käme wohl kaum jemandem in den Sinn, naturwissenschaftliche Erkenntnis als gut oder schlecht zu bewerten. ‚Die gekrümmte Raumzeit in Einsteins spezieller Relativitätstheorie? – Das geht gar nicht; da müssen wir was tun dagegen!' Natürlich ist Einsteins Relativitätstheorie nicht vor Kritik im Wissenschaftssystem selbst gefeit; es ist nicht nur legitim, sondern ausführlich erwünscht, dass auch diese wissenschaftliche Erkenntnis vor dem Hintergrund der systemspezifischen Leitunterscheidung ‚wahr/unwahr' weiterhin beobachtet wird. Aber das Konzept der ‚Krümmung der Raumzeit' als ‚gut' oder ‚schlecht' im moralischen Sinn zu bezeichnen, käme wohl niemandem in den Sinn. Hier mag man entgegnen, dass Naturgesetze nun mal unveränderbar seien und sich deshalb der Kritik entzögen. In Hinblick auf diesen Einwand ließe sich jedoch einfach antworten, dass Luhmanns Gesellschaftstheorie in vielerlei Hinsicht einer Evolutionstheorie entspricht und dass Evolution per definitionem nicht veränderbar, sondern das Resultat zahlloser Operationen ist.[21] Diesbezüglich wäre zudem ein Aspekt zu berücksichtigen, auf den Fuchs[22] hinweist: Die Gesellschaft und die Funktionssysteme sind durch Kritik nicht betreffbar, weil sie über keine soziale Adresse verfügen. Erreichbar sind immer nur Organisationen und Einzelpersonen (in der Sprache des Rechts: juristische und natürliche Personen), und die lassen sich in der Regel nicht für gesellschaftliche Missstände verantwortlich machen.

---

[20] ‚Kontingenz' ist nach der Aristoteles zugeschriebenen Bedeutung zu verstehen als „weder notwendig noch unmöglich" oder vereinfacht: ‚als auch anders möglich'. (Luhmann, 1992, S. 96).

[21] Vgl. dazu das Kap. 3 ‚Evolution' in Luhmann 1997, S. 413-594.

[22] 2012.

Bedeutet dies, dass wir wissenschaftliche Erkenntnis einfach so hinnehmen sollen? – ‚Die Zahl der übergewichtigen Menschen ist kontinuierlich am Steigen. – Egal!' ‚Die Schere zwischen den Wohlhabenden und den Mittellosen geht weiter aus einander. – Wen kümmert's?' ‚Alle fünf Sekunden stirbt weltweit ein Kind im Alter von unter fünf Jahren. – Nicht mein Problem!' – Die Antwort auf die Frage zu diesen Beispielen ist einfach. Selbstverständlich sollen diese wissenschaftlichen Erkenntnisse Betroffenheit auslösen und Handlungsbereitschaft generieren. Einfach nicht in der Wissenschaft. Sie hat nichts anderes zu tun, als diese und andere Weltbestände mit ihren Mitteln, also den Theorien und Methoden sowie der Leitunterscheidung ‚wahr/unwahr', zu beobachten. Und das gilt auch für die Wissenschaftler, die als *Person* im System tätig sind – immer vor dem Hintergrund der systemtheoretischen Überlegung, dass eine ‚Person' aus der Perspektive kein Mensch mit Körper und Psyche ist, sondern eine soziale Struktur im System Wissenschaft, die unter anderem ganz spezifische Rollenerwartungen umfasst.[23]

Sobald sich die Bezeichnung ‚Wissenschaftlerin' nicht mehr auf die Person im System Wissenschaft bezieht, sondern auf den Menschen, wird die Perspektive gewechselt. Die Bezeichnung ‚Wissenschaftlerin' konkurriert dann mit andern Bezeichnungen wie ‚Mutter', ‚Ehefrau', ‚Freundin', ‚Wählerin', ‚Konsumentin' etc. und den damit verbundenen systemspezifischen Rollenerwartungen, und es ist klar, dass im Wissenschaftssystem keine dieser anderen Bezeichnungen Strukturwert gewinnt. Sie sind allenfalls als Umweltaspekte von Bedeutung, die sich auf das systeminterne Geschehen auswirken – etwa dann, wenn ein krankes Kind einer Forscherin ihre Konzentrationsfähigkeit und damit die Qualität ihrer Forschungstätigkeit beeinträchtigt. Anderseits ist klar, dass die ‚Wissenschaftlerin' gewisse wissenschaftliche Erkenntnisse in andern Systemen als Person bewerten und ihr Handeln danach ausrichten kann. Die ‚Wissenschaftlerin' als Mensch ist wohl kaum mit weniger Einfühlungsvermögen, Rücksicht oder moralischem Gewissen ausgestattet als andere Menschen auch. In ihrer Rolle als Wissenschaftlerin spielen diese Eigenschaften aber keine Rolle. Und selbst der die karriere-orientierteste Forscherin lebt ihren Ehrgeiz nicht im Funktionssystem Wissenschaft aus, sondern im Kontext der Organisationen, die mit dem Wissenschaftssystem gekoppelt sind und ihre Karrierewünsche erfüllen können. Die Wissenschaft kann das nicht; sie kann nur wahrheitsfähige Erkenntnis von unwahrer Erkenntnis unterscheiden und trifft keine Entschei-

---

[23] Luhmann 1991.

dungen zur Verleihung einer Professur. Das macht die Universität als Organisation.

3. Kritik auf der Ebene der Profession Soziale Arbeit

Die bisherigen Ausführungen haben gezeigt, dass der Unterscheidung von System und Umwelt und damit auch der Unterscheidung von Selbst- und Fremdreferenz[24] für die in diesem Text bearbeitete Frage einige Bedeutung zukommt. Alle autopoietischen Systeme reproduzieren die Differenz von Selbstreferenz und Fremdreferenz nach ihren eigenen Strukturen, ohne einen ‚objektiven' Zugriff auf die Welt zu haben. Das einzige Mittel, das soziale und psychische Systeme haben, um einen Bezug zur Umwelt herzustellen, ist die Operation der Beobachtung, also die Operation des Bezeichnens im Kontext einer Unterscheidung.[25] Die Operation ist selbstreferenziell, während das Resultat der Operation, die Beobachtung, der Fremdreferenz und somit einer systeminternen Konstruktion der Umwelt entspricht. Für die hier getätigten Überlegungen ist entscheidend, dass es aus dieser Perspektive keine gegebene ‚objektive' Umwelt gibt, die für alle gleich wäre. Vielmehr konstruieren die Systeme selektive Aspekte aus ihrer relevanten Umwelt nach ihren eigenen Bedingungen. Wie gezeigt, erfolgt diese Konstruktion im Wissenschaftssystem nicht beliebig, sondern nach den Regeln wissenschaftlichen Konstruierens im Rahmen von empirischer Forschung und Theoriebildung – unabhängig davon, welcher Aspekt der Umwelt in den Fokus wissenschaftlicher Beobachtung gerät.

Wenn wir nun die Soziale Arbeit und die für sie relevante Umwelt in den Fokus rücken, so gelten die beschriebenen theoretischen Annahmen auch für sie. Auch die Soziale Arbeit reproduziert die Differenz von Selbst- und Fremdreferenz nach ihren eigenen Strukturen. Das bedeutet unter anderem, dass sie selbst bestimmt, welche Umweltaspekte sie in den Fokus nimmt, welche Information sie daraus gewinnt und welchen Einfluss diese Informationsgewinne auf ihre Systemstrukturen haben. Wirft man einen Blick auf die unterschiedlichen Umwelten der Sozialen Arbeit, so rücken auf der einen Seite die Zielpersonen (etwa Klientinnen in der Sozialarbeit oder Kinder und Jugendliche mit ihren Familien

---

[24] Luhmann 1994b, S. 315.
[25] Ebenda, S. 60 ff.

in der Sozialpädagogik) und anderseits die Auftraggeber in den Fokus. Daraus ergibt sich in der Sozialarbeit das so genannte doppelte Mandat von Hilfe und Kontrolle, das zum Ausdruck bringt, dass die unterschiedlichen Ansprüche dieser beiden Umwelten zu Konflikten im System der Sozialen Arbeit führen können[26].

Staub-Bernasconi[27] hat das doppelte Mandat der Sozialen Arbeit zu einem Tripelmandat erweitert. Der dritte Teil des Mandats bezieht sich auf die Profession der Sozialen Arbeit und verweist auf die Notwendigkeit eines systematischen Bezugs auf wissenschaftliche Erkenntnis und eine angemessene ethische Reflexion. Schließlich könnte man ergänzen, dass es neben den beschriebenen drei Mandaten noch eine Reihe weiterer Systeme gibt, die Ansprüche gegenüber der Sozialen Arbeit insgesamt und gegenüber den einzelnen Sozialarbeitenden geltend machen.[28] Zu denken wäre etwa an politische Parteien, die sich für die unbedingte Verfolgung von ‚Sozialschmarotzern' einsetzen, an die Massenmedien, die solche oder ähnliche Haltungen verbreiten oder – und das ist von besonderer Bedeutung für die tägliche Praxis – an die Organisation, in der die Sozialarbeitenden angestellt sind. Diese Organisation ist ja aus der Perspektive der Systemtheorie kein Subsystem des Funktionssystems ‚Soziale Arbeit' oder ‚Soziale Hilfe'[29]; vielmehr ist sie mit unterschiedlichen Funktionssystemen gekoppelt. Ein weiterer Kopplungsfavorit von Organisationen im Sozialbereich ist z. B. das Wirtschaftssystem, was bekanntlich zu organisationsinternen Konflikten zwischen fachlicher Notwendigkeit und betriebswirtschaftlicher Effizienz führen kann.

Doch wenden wir uns den beiden Aspekten des Tripel- oder eines multiplen Mandats der Sozialen Arbeit zu, die für diesen Text von zentraler Bedeutung sind: der Notwendigkeit des Bezugs auf wissenschaftliche Erkenntnis und der Wichtigkeit einer angemessenen ethischen Reflexion im Rahmen des professionellen Handelns. Der erste Aspekt rückt die Wissenschaft als System in der relevanten Umwelt der Sozialen Arbeit in den Fokus. Die wissenschaftlichen Erkenntnisse bilden für die Soziale Arbeit Informationsmöglichkeiten, die auf-

---

[26] Böhnisch/Lösch 1973.
[27] 2007.
[28] Hafen 2008.
[29] Die Frage, ob es sich bei der Sozialen Arbeit um ein eigenständiges Funktionssystem handelt, kann hier nicht behandelt werden. Ich verweise hier auf die Diskussion in Merten (2000) und teile die Haltung der Autoren, die von einem Funktionssystem ‚Soziale Arbeit' oder ‚Soziale Hilfe' sprechen (für die Argumentation vgl. Hafen 2008).

genommen und verarbeitet werden können, jedoch nicht müssen. Die Forderung nach Wissenschaftsbezug im Kontext des Tripelmandats bedeutet, dass die Soziale Arbeit als Profession gemäß ihrer Selbstbeschreibung nicht darauf verzichten kann, sich im Sinne der Evidenzbasierung ihrer Tätigkeit auf wissenschaftliches Wissen zu beziehen. Es ist aber auch zu betonen, dass die Forderung im Rahmen des Tripelmandats weder garantieren kann, dass dieser Wissenschaftsbezug systematisch erfolgt, noch dass die wissenschaftlichen Erkenntnisse angemessen interpretiert und sinnvoll für die Gestaltung der Sozialen Arbeit in der Praxis genutzt werden.

Wie dieser Bezug systematisch hergestellt werden kann, zeigt Luhmann am Beispiel dessen, was er als Reflexionstheorien bezeichnet. Reflexionstheorien sind keine wissenschaftlichen Theorien; sie zeichnen sich nach Luhmann[30] dadurch aus, dass sie vornehmlich mit der ‚redescription' von bestehenden Beschreibungen in professionellen Handlungsfeldern (in diesem Fall: der Sozialen Arbeit) operieren und sich mit den Zielen und Institutionen ihres Beschreibungsbereichs identifizieren, was eine „kritische Einstellung zum Vorgefundenen"[31] nicht ausschließe. Luhmann weiter:

„Wenn Selbstbeschreibungen als ‚Theorien' bezeichnet werden, sind damit gewisse Ansprüche verbunden. Es muss sich um durchdachte Formulierungen handeln, die Ansprüchen an Konsistenz zu genügen suchen. Sie dürfen dem Wunschdenken oder der Imagination nicht freien Lauf lassen. Es sind nicht Theorien im Sinne von Forschungsprogrammen des Wissenschaftssystems, wohl aber Formulierungen, die auf strukturelle Kopplungen mit dem Wissenschaftssystem angewiesen sind und zwar wissenschaftlich Unbefriedigendes, nicht aber rasch Widerlegbares behaupten dürfen."[32]

Eine Reflexionstheorie der systemischen Sozialen Arbeit, die sich an den Grundlagen der soziologischen Systemtheorie orientiert, wäre entsprechend keine wissenschaftliche, sondern eine modifizierte, an der Praxis der Sozialen Arbeit ausgerichtete Theorie. Entsprechend wäre sie eine Theorie, welche die

---

[30] Luhmann 2002, S. 199 ff.
[31] Ebenda, S. 201.
[32] Ebenda, S. 203.

Abstraktionsleistung einer Gesellschaftstheorie durch die Reduktion der Sinnbezüge auf die Soziale Arbeit limitiert.[33]

Wie mit dem Zitat gezeigt, schließt Luhmann auf dieser Theorieebene „eine kritische Einstellung zum Vorgefundenen" explizit nicht aus. Aus dieser Optik lässt sich formulieren, dass Gesellschaftskritik zwar aus den oben beschriebenen Gründen in der wissenschaftlichen Theoriearbeit eher keine Option ist. Dafür kann es im Rahmen der Entwicklung von professionsbezogenen Reflexionstheorien jedoch durchaus sinnvoll sein, auch gesellschaftskritische Aspekte einfließen zu lassen. Der Einbezug gesellschaftskritischer Elemente macht gerade auch darum Sinn, weil im Konzept des Tripelmandats ja nicht nur der Bezug auf wissenschaftliche Erkenntnisse, sondern auch eine ethische Reflexion eingefordert wird. Man könnte entsprechend formulieren, dass auch eine an der soziologischen Systemtheorie ausgerichtete Reflexionstheorie einer systemischen Sozialen Arbeit weder darauf verzichten soll, zwischen ‚gut' und ‚schlecht' zu unterscheiden, noch dass sie ‚wertfrei' operieren soll. Das Ziel wäre eher, die Werte und Bewertungen immer wieder kritisch zu hinterfragen. Diese reflektierende Haltung lässt sich als ‚Professionsethik' bezeichnen – zumindest wenn man dem systemtheoretischen (oder luhmannschen) Ethikverständnis folgt. Nach diesem Verständnis bietet sich an, Ethik selbst als Reflexionstheorie zu konzipieren.[34] Eine Ethik der Sozialen Arbeit sollte in diesem Sinn weniger zur Begründung der moralischen Haltung und der Werte angeführt werden, die in die Programme und Methoden der professionellen Sozialen Arbeit einfließen, als dazu dienen, die Bedingungen der Möglichkeit zu beschreiben, unter denen dies geschieht.

Interventionsversuche im Kontext der Sozialen Arbeit und anderer Professionen arbeiten immer wieder mit Unterscheidungen, die mit der Unterscheidung gut/schlecht doppelcodiert werden: Freiheit/Grenzen, Genuss/Missbrauch, Risiko/Sicherheit etc. Eine ethische Perspektive im Sinne Luhmanns kann dazu beitragen, dass erstens die nicht aktualisierte Seite einer Unterscheidung öfters ins Blickfeld gerät – dergestalt, dass das Schlechte auch gute Aspekte umfassen kann, dass zweitens andere mögliche Unterscheidungen beachtet werden und dass man drittens die Konstruktivität dieser ethischen Haltung beachtet und anerkennt, dass die Antworten auch anders ausfallen können. Dabei geht es

---

[33] Vgl. zu diesen Ausführungen Hafen (2005, S. 231ff.), der auf Basis der luhmannschen Systemtheorie eine Reflexionstheorie der Prävention erarbeitet hat.
[34] Luhmann 1999, S. 360.

keineswegs um die Beliebigkeit von Normen und Werten, sondern um eine reflektierte Moral und Wertsetzung, die es im Einzelfall erlaubt, selbst universalistische ethische Forderungen auf ihre Geltung zu hinterfragen und sie anderen Möglichkeiten gegenüberzustellen. Nehmen wir als Beispiel die ethische Forderung, dass jede Beratung die Anzahl der Möglichkeiten im intervenierten System erhöhen sollte.[35] Diese Forderung tönt plausibel – gerade in Hinblick auf die theoretischen Annahmen der Systemtheorie. Und doch mag es Situationen geben, in denen diese Grundhaltung diskutiert werden kann, etwa dann, wenn die Zielpersonen der Interventionsversuche nicht Wahlmöglichkeiten, sondern Sicherheit und Führung suchen. In einem solchen Fall kann man darüber diskutieren, ob die eine ethische Grundhaltung (Erweiterung der Möglichkeiten) einfach über eine andere gestellt werden kann, die ebenfalls plausibel klingt (z.B. die Respektierung der Autonomie der Zielpersonen). Wir können nicht auf eine übergeordnete Maßgabe für die Entscheidung solcher Fragen zählen – oder um es in den Worten von Heinz von Förster auszudrücken:

> „*Nur* die *Fragen, die im Prinzip unentscheidbar sind*, können wir *entscheiden.*"[36]

Das bringe Freiheit mit sich, aber mit der Freiheit der Wahl auch die Verantwortung für die eigenen Entscheidungen.

4. Kritik in der Praxis der Sozialen Arbeit

Nach Luhmann[37] ist ‚práxis' bei Aristoteles eine Tätigkeit, die ihren Sinn in sich selber hat, ohne dass etwas aus ihr folgt, also eine Tätigkeit um ihrer selbst willen. Näher bei der heutigen Verwendung des Praxisbegriffs scheint der Begriff der ‚poiésis' zu stehen. Von ‚Poiésis' spricht Aristoteles nach Luhmann[38], wenn – ähnlich wie beim Begriff der Produktion – nicht das Handeln selbst im Zentrum des Interesses steht, sondern wenn mit der Handlung etwas geschaffen werden soll. Der Praxisbegriff wird hier entsprechend nicht in seiner ursprünglichen Bedeutung verwendet. Vielmehr wird bei Tätigkeiten von ‚professioneller Praxis' gesprochen, die sich im Modus der Autopoiesis (in der Regel in organisier-

---

[35] Wirth/Kleve 2012, S. 11.
[36] Foerster 1993, S. 73.
[37] Luhmann 2002b, S. 111.
[38] Ebenda.

ter Form und gegen Bezahlung) reproduzieren und denen auf der Ebene der Beobachtung Zwecke (bei der Sozialen Arbeit z. B. die Bearbeitung und Verhinderung sozialer Probleme) zugeschrieben werden. Von zentraler Bedeutung ist dabei, dass sich die Praxis in der Form von relevanten Einzelfällen manifestiert, die bei allen Gemeinsamkeiten viele Unterschiede aufweisen. Das macht die Praxis hyperkomplex – umso mehr als nicht nur die Praxis beobachtet werden muss, sondern auch die unzähligen Selbst- und Fremdbeschreibungen dieser Praxis. Die Funktion von Theorien – seien dies nun wissenschaftliche Theorien oder Reflexionstheorien aus dem Bereich der jeweiligen Profession – liegt dann gerade darin, diese Komplexität durch ihre Ordnungsleistungen zu reduzieren.

Wie alle Menschen werden auch Professionelle der Sozialen Arbeit in unterschiedlichen Systemen als Personen inkludiert und mit spezifischen sozialen Erwartungen konfrontiert. Wenn wir von ‚Sozialarbeitenden' sprechen, dann sind damit Personen gemeint, die im Kontext des Funktionssystems der Sozialen Arbeit tätig sind. Zur Erinnerung: Eine Person ist eine soziale Struktur; sie beinhaltet weder körperliche noch psychische Aspekte. Das psychische System einer Sozialarbeiterin oder eines Sozialpädagogen bleibt zwangsläufig Umwelt des Funktionssystems Soziale Arbeit. Es ist aber eine höchst relevante Umwelt, welche die Kommunikationen im System kontinuierlich beeinflusst, ohne sie direkt kausal bestimmen zu können.

Nehmen wir nun eine konkrete Situation professioneller Praxis: ein Beratungsgespräch einer Sozialarbeiterin mit einer Migrantin aus Eritrea. Die Beratung stellt ein eigenständiges System dar, das durch zahlreiche Systeme in seiner Umwelt beeinflusst wird. Da sind zum einen die psychischen Systeme der Sozialarbeiterin und der Klientin und zum andern die Organisation, bei der die Sozialarbeiterin angestellt ist (etwa eine Flüchtlingsberatungsstelle) sowie die Familie der Migrantin. Dann kommen eine Unzahl weiterer Systeme dazu, die einen Einfluss auf den Verlauf der Beratung nehmen können: das Rechtssystem mit seinen Bestimmungen, die Immobilienverwaltung, welche der Flüchtlingsfamilie die Notwohnung vermietet hat, die Herkunftsfamilie in Eritrea, die auf Geldzusendungen angewiesen ist, weil sie sich für die Flucht der Flüchtlingsfamilie verschuldet hat. Weiter können die öffentliche Meinung und die massenmediale Bearbeitung der Flüchtlingsthematik eine Rolle spielen oder der Umstand, dass die Sozialarbeiterin in krankes Kind hat und sie möglichst früh nach Hause gehen sollte, um die Betreuung zu übernehmen.

Die Profession mit ihren Ansprüchen auf Wissenschaftsbezug und ethische Reflexion beeinflusst das Praxishandeln als weiterer Umweltfaktor neben den vielen andern Faktoren. Die Rede von ‚professionellem' Handeln entspricht folglich einer Selbstbeschreibung professioneller Praxis, die ausblendet, dass das Praxishandeln bei weitem nicht nur durch die Ansprüche der Profession, sondern durch viele weitere Umweltfaktoren geprägt ist. Die professionelle Kompetenz der Sozialarbeiterin besteht dann darin, diese unterschiedlichen Einflüsse möglichst gut, d. h. im Sinn der Bewältigung der sozialen Probleme der Klientin und ihrer Familie zu integrieren und dabei dem professionellen Mandat des Wissenschaftsbezugs und der ethischen Reflexion möglichst viel Bedeutung zuzumessen. Alle Sozialarbeitenden wissen, wie schwierig das ist. Alleine schon die Rahmenbedingungen, die durch die Organisation bereitgestellt werden, in deren Kontext die Beratung erfolgt, erschweren diese Aufgabe in der Regel massiv. Oft ist kein Budget für die systematische Auseinandersetzung mit wissenschaftlichen Erkenntnissen vorhanden und auch für eine fundierte ethische Reflexion der Beratungstätigkeit im Team fehlt in vielen Fällen die Zeit. Dabei darf dabei nicht vergessen werden, dass auch die Organisation selbst (hier: die Flüchtlingsberatungsstelle) unterschiedlichen Mandaten ausgesetzt ist. Das professionelle Tripelmandat ist nur ein Mandat neben andern, und es ist keineswegs garantiert, dass dieses Mandat im Fokus der Organisation liegt – vor allem, wenn die Stellenleitung keine Ausbildung in Sozialer Arbeit, sondern in Jurisprudenz oder Betriebswirtschaft hat.

Es ist offensichtlich, dass der eingangs formulierte präventive Anspruch der Sozialen Arbeit sehr anspruchsvoll ist. Nicht der einzige, aber ein wichtiger Grund dafür ist, dass sich die mit dem Präventionsanspruch verbundene Kritik nicht selten an Systeme richten wird, die zur relevanten Umwelt der in der Sozialen Arbeit tätigen Organisationen gehören, insbesondere an die Verwaltung und an die Politik. Die Hand zu beißen, die einen füttert, kann für die Organisationen der Sozialen Arbeit schnell unangenehme Konsequenzen mit sich bringen und für die Sozialarbeitenden auch, wenn sie in ihrer Organisation keine Rückendeckung für ihre Kritik erhalten. Oft müssen die Sozialarbeitenden ihrer Kritik an den gesellschaftlichen Verhältnissen dann in andern Systemen Ausdruck verleihen: im Privatbereich bei Diskussionen mit der Familie oder Freunden, im öffentlichen Raum durch Teilnahme an Demonstrationen oder in der Politik durch die Wahl von Parteien, die den gesellschaftlichen Verhältnissen selbst kritisch gegenüber stehen.

5. Abschließende Bemerkungen

Wenn man die Selbstbeschreibung der Profession Soziale Arbeit als Maßstab nimmt, lässt sich sagen, dass Gesellschaftskritik ein wichtiges Element der Sozialen Arbeit im Allgemeinen und damit auch der systemischen Sozialen Arbeit ist. Zugleich macht ein Blick auf die professionelle Praxis Sozialer Arbeit deutlich, wie schwierig es ist, Kritik im Zuge der eigenen Arbeitstätigkeit offen zu formulieren, geschweige denn zu erreichen, dass diese Kritik in den kritisierten Systemen wahrgenommen wird und zu entsprechenden Strukturanpassungen führt. Aus der Sicht der Profession ist es trotzdem wünschbar, dass die Soziale Arbeit aus diesen limitierenden Kontextbedingungen mit allen Kräften das Beste herauszuholen versucht, um ihr Irritationspotenzial für diejenigen Systeme möglichst hochzuhalten, die eine Veränderung der kritisierten Gesellschaftsstrukturen initiieren können. Um dies zu erreichen, kann unter anderem auf vorliegende wissenschaftliche Erkenntnisse Bezug genommen werden. Dafür ist es wie gezeigt nicht notwendig, dass die wissenschaftlichen Erkenntnisse selbst in Form von Kritik kommuniziert werden. In vielen Fällen sprechen die Fakten für sich, und es kann im Kontext der Sozialen Arbeit getrost der Profession mit ihren Reflexionstheorien und den Sozialarbeitenden überlassen werden, von den wissenschaftlichen Erkenntnissen eine Kritik an der Gesellschaft resp. an den adressablen Systemen (juristische und natürliche Personen, d. h. Organisationen und Individuen) abzuleiten, die mit der Entstehung und Erhaltung der kritisierten Strukturen in Verbindung gebracht werden können. Die Systemtheorie bietet mit ihren Beschreibungen eine Vielzahl wissenschaftlicher Erkenntnisse, die genauso Anlass zur Kritik geben können, wie empirische Befunde aus den Sozialwissenschaften und andern Wissenschaftsbereichen. Es besteht daher aus der hier verfolgten Perspektive keine Notwendigkeit, dass die Systemtheorie selbst als Instanz von Gesellschaftskritik auftritt.

Literatur

Amstutz, Marc/Fischer-Lescano, Andreas (Hrsg.) (2013): Kritische Systemtheorie. Zur Evolution einer normativen Theorie. Bielefeld: transcript.

Böhnisch, Lothar/Lösch, Hans (1973): Das Handlungsverständnis des Sozialarbeiters und seine institutionelle Determination. In: Otto, Hans-Uwe; Schneider, S. (Hrsg.): Gesellschaftliche Perspektiven der Sozialarbeit, Bd. 2. Neuwied/Berlin: Luchterhand, S. 21-40.

Demiroviç, Alex (1999): Der nonkonformistische Intellektuelle. Die Entwicklung der kritischen Theorie zur Frankfurter Schule, Frankfurt/M.: Suhrkamp.

Dziewas, Ralf (1992): Der Mensch – ein Konglomerat autopoietischer Systeme? In: Krawietz/Welker (Hrsg.), S. 113-132.

Foerster, Heinz von (1993): KybernEthik. Berlin: Merve.

Fuchs, Peter (2000): Systemtheorie und Soziale Arbeit. In: Merten, Roland (Hrsg.), S. 157-175.

Fuchs, Peter (2012): Die Unbeeindruckbarkeit der Gesellschaft: Ein Essay zur Kritikabilität sozialer Systeme. In: Amstutz/Fischer-Lescano (Hrsg.), S. 99-110.

Habermas, Jürgen/Luhmann, Niklas (1971): Theorie der Gesellschaft oder Sozialtechnologie. Was leistet Systemforschung? Frankfurt/M.: Suhrkamp.

Hafen, Martin (2005): Systemische Prävention. Grundlagen für eine Theorie präventiver Massnahmen. Heidelberg: Carl Auer.

Hafen, Martin (2008): Die Mandatierung der Sozialarbeit – eine systemtheoretische Analyse und ihre Folgerungen für die Praxis der Sozialarbeit. *Soziale Arbeit in Österreich SIO*, 06, S. 453-459.

International Federation of Social Workers IFSW (2012): Statement of Ethical Principles. http://ifsw.org/policies/statement-of-ethical-principles/ [Zugriff 15.06.2016].

Krawietz, Werner (1992): Zur Einführung: Neue Sequenzierung der Theoriebildung und Kritik der allgemeinen Theorie sozialer Systeme. In: Krawietz/Welker (Hrsg.), S. 14-42.

Krawietz, Werner/Welker, Michael (Hrsg.) (1992): Kritik der Theorie sozialer Systeme. Auseinandersetzungen mit Luhmanns Hauptwerk. Frankfurt/M.: Suhrkamp.

Luhmann, Niklas (1991): Die Form Person. *Soziale Welt* 42, S. 166-175.

Luhmann, Niklas (1992): Kontingenz als Eigenwert der modernen Gesellschaft. In: Ders., Beobachtungen der Moderne. Opladen: Westdeutscher Verlag, S. 93-128.

Luhmann, Niklas (1994a): Soziale Systeme – Grundriss einer allgemeinen Theorie. 5. Aufl., Frankfurt/M.: Suhrkamp.

Luhmann, Niklas (1994b): Die Wissenschaft der Gesellschaft. 2. Aufl. Frankfurt/M..

Luhmann, Niklas (1997): Die Gesellschaft der Gesellschaft. Frankfurt/M.: Suhrkamp.

Luhmann, Niklas (1999): Ethik als Reflexionstheorie der Moral. In: Ders., Gesellschaftsstruktur und Semantik. Bd. 3. 2. Aufl. Frankfurt/M.: Suhrkamp, S. 358-447.

Luhmann, Niklas (2002a): Das Erziehungssystem der Gesellschaft. Herausgegeben von Dieter Lenzen. Frankfurt/M.: Suhrkamp.

Luhmann, Niklas (2002b): Einführung in die Systemtheorie. Heidelberg: Carl Auer.

Merten, Roland (Hrsg.) (2000): Systemtheorie Sozialer Arbeit. Neue Ansätze und veränderte Perspektiven. Opladen: Leske & Budrich.

Möller, Kolja/Siri, Jasmin (Hrsg.) (2016): Systemtheorie und Gesellschaftskritik: Perspektiven der Kritischen Systemtheorie. Bielefeld: transcript.

Scherr, Albert (Hrsg.) (2015): Systemtheorie und Differenzierungstheorie als Kritik. Perspektiven in Anschluss an Niklas Luhmann. Weinheim/Basel: Beltz & Juventa.

Staub-Bernasconi, Ruth (2000): Machtblindheit und Machtvollkommenheit Luhmannscher Theorie. In: Merten (Hrsg.), S. 225-242.

Staub-Bernasconi, Silvia (2007a): Soziale Arbeit als Handlungswissenschaft. Bern/Stuttgart/Wien: Haupt.

Staub-Bernasconi, Silvia (2007b): Vom beruflichen Doppel- zum professionellen Tripelmandat. Wissenschaft und Menschenrechte als Begründungsbasis der Profession. *Soziale Arbeit in Österreich SIO*, 02, S. 8-17.

Werner, Petra (1992): Soziale Systeme als Interaktion und Organisation. Zum begrifflichen Verhältnis von Institution, Norm und Handlung. In: Krawietz/Welker (Hrsg.), S. 200-214.

Wirth, Jan. V./Kleve, Heiko (Hrsg.) (2012): Lexikon des systemischen Arbeitens. Grundbegriffe der systemischen Praxis, Methodik und Theorie. Heidelberg: Carl Auer.

Teil II

Systemische Kritik als Selbstkritik der Sozialen Arbeit

Ralf Osthoff

Anregungspotenziale der soziologischen operativen Systemtheorie für eine kritische Soziale Arbeit

In diesem Beitrag wird ein metatheoretischer Rahmen skizziert, der als soziologisches Angebot für eine Reflexion von Kritik (in) der Sozialen Arbeit dienen kann. Als Referenzmodell hierfür dient die Systemtheorie von und nach Niklas Luhmann. Deren Grundgerüst findet in zentralen Theoriebausteinen eine Darstellung, und Kristallisationspunkte für eine kritische Betrachtung von Gesellschaft und von Sozialer Arbeit werden aus diesem Ansatz herausgearbeitet.

Als wissenschaftstheoretischer Ausgangspunkt dient ein operativer Konstruktivismus, der soziale und psychische Systeme nicht als feststehende Gegebenheiten versteht, sondern als sich permanent vollziehende Anschlussbildungen entweder durch Verkettungen von sozialen Kommunikationsprozessen oder durch Verkettungen von psychischen Bewusstseinsprozessen.

Dieser wissenschaftstheoretische Ansatz ist für alle nachfolgend beschriebenen Theoriebausteine der soziologischen Systemtheorie von Luhmann konstitutiv. Auf Grundlage des operativen Konstruktivismus wird die soziologische Konzeptualisierung der Systemtypen gesellschaftliche Funktionssysteme und Organisationen sowie die soziologische Bestimmung des Menschen von Luhmann in seiner Theoriearchitektur umfassend und konsequent prozesshaft modelliert.

Die weiteren sozialen Systemtypen Interaktionen und soziale Bewegungen sind in dieser Hinsicht von Luhmann im Vergleich zu den eben genannten Systemtypen deutlich weniger ausgearbeitet worden. Um die Argumentationslinien zur Identifizierung kritischer Potenziale der soziologischen operativen Systemtheorie für die Soziale Arbeit im vorliegenden Beitrag möglichst stringent zu zeichnen, wird deshalb auf deren Einbeziehung in die Darstellung verzichtet.

Drei kritikbezogene Referenzebenen gelangen nachfolgend in den Blick: (a) eine soziologische Kritik der Sozialen Arbeit als gesellschaftliches Funktionssystem mit seinen spezifischen programmgebundenen Operationsweisen; (b) Soziale Arbeit als Gesellschaftskritik mit dem systemtheoretischen Mittel alternativer zweiwertiger Leitunterscheidungen sowie (c) die Suche nach Impulsen für eine systemtheoretisch begründete Selbstkritik der Sozialen Arbeit, die sich als soziale Kommunikation in der Sozialarbeitswissenschaft sowie in der Praxis in Organisationen vollzieht.

1. Die soziologische operative Systemtheorie

1.1 Wissenschaftstheoretische Grundlegung

Ausgehend von der Leitfrage, unter welchen Bedingungen soziale Ordnung möglich ist, geht die traditionelle Soziologie von der Prämisse aus, dass die Gesellschaft aus konkreten Menschen besteht, die diese Gesellschaft in ihren Beziehungen handelnd konstituieren. Im Rahmen eines solchen Ansatzes sind für soziologische Gesellschaftsreflexionen sowohl ontologisch als auch anthropologisch begründbare Vorannahmen des Welt- und Menschseins unabdingbar.

In der soziologischen operativen Systemtheorie von und nach Niklas Luhmann wird ein alternativer Ansatzpunkt gewählt.[1] Um die Eigenlogik des Sozialen als ein grundlegend vom Nicht-Sozialen Abzugrenzendes herausarbeiten zu können, geht das Verständnis vom Gegenstand der Soziologie[2] von wissenschaftlichen Konstruktionen aus, die die beobachteten Ereignisse und Dinge der Welt nicht als durch das Handeln von Einzelmenschen geschaffen begründen. Soziales Geschehen und dessen Effekte werden in diesem soziologischen Modell nicht kausal auf Menschen zurückgeführt. Stattdessen referiert theorietechnisch die Gesellschaft auf den Menschen im Medium Kommunikation, während

---

[1] Da die Systemtheorie von Luhmann als eine hochgradig abstrahierende Supratheorie eine alltagsferne voraussetzungsreiche begriffliche Architektur aufweist, werden in die nachfolgende Darstellung des Ansatzes bewusst inhaltliche und sprachliche Redundanzen eingebaut, um ein Einlesen in die Theoriekonstruktion zu erleichtern.

[2] Einmalig sei an dieser Stelle betont: Es geht nachfolgend um genuin soziologische Bestimmungen des Verhältnisses von Mensch – Gesellschaft und nicht um (sozial)psychologische Beobachtungsperspektiven, die erheblich andere Begriffsbestimmungen von Mensch, Gesellschaft oder Kommunikation einführen (können).

das psychische System des Einzelmenschen sowohl auf sich selbst, auf andere Menschen als auch auf Gesellschaft im Medium Bewusstsein bzw. Gedanken referiert.

Aus dieser radikal-soziologischen Sicht konstituiert nicht der/die Einzelne Gesellschaft, denn Soziales wird ausschließlich aus Sozialem hergeleitet. Gesellschaft wird in ihren Strukturen und Prozessen in der soziologischen operativen Systemtheorie also nicht von Handlungen und Interaktionen der Menschen her gedacht.

So wie der Mensch in der operativen Systemtheorie nicht als ein Teil der Gesellschaft angesehen wird, so gilt auch, dass die Gesellschaft nicht als ein Teil von Einzelmenschen oder von Gruppen aufgefasst wird. Diese Positionierung unterstellt keinesfalls, dass Gesellschaft ohne Menschen bestehen könnte oder Menschen ohne Gesellschaft existieren könnten – beide werden allerdings begriffstheoretisch als jeweilige Umwelt füreinander modelliert.

Die Prämisse für die Bestimmung der Verhältnisse von Mensch(en) zu Gesellschaft lautet: Weder die Gesellschaft (sozial operierend im Medium Kommunikation) noch die Menschen (psychisch operierend im Medium Bewusstsein) können (den) Menschen als Ganzheit erreichen.

Die soziologische operative Systemtheorie ist als Gesellschaftstheorie zunächst ein Theorievorschlag und in diesem Sinne *eine* mögliche analytische Zugangsweise zu gesellschaftlichen Zusammenhängen. Ihr Programm und Instrumentarium kann für eine Erörterung komplexer Fragestellungen unterschiedlicher Fachdisziplinen wie Soziologie, Rechtswissenschaft, Wirtschaftswissenschaft, Psychologie oder Pädagogik genutzt werden. Auch in der Sozialarbeitswissenschaft lassen sich mit diesem analytischen reflexionstheoretischen Zugang Prozesse gelingender und misslingender komplexer sozialer Ordnungsbildungen jenseits von Anwendungstheorien in ihren übergeordneten Zusammenhängen beobachten, wodurch auf eine spezifische Weise systematische Erkenntnisse über Gesellschaft konstituierende Dynamiken gewonnen werden können.

Als soziologische Beobachtungstheorie stellt die operative Systemtheorie ein Angebot dar, welches die Soziale Arbeit in ihren eigenen fachlichen Diskursen daraufhin überprüfen kann, ob bzw. in welcher Weise dieses soziologische Programm als Metatheorie mit den Reflexionstheorien der Sozialarbeitswissenschaft in einen wissenschaftstheoretisch stimmigen und heuristisch nützlichen

Zusammenhang gebracht werden kann. Weil es dabei um grundsätzlich verschiedene Theorieformen bzw. -ebenen geht, kann eine soziologische Wissenstheorie die Beobachtungstheorien Sozialer Arbeit nicht ersetzen oder additiv ergänzen. Vielmehr geht es darum, mögliche Anschlussfähigkeiten zu überprüfen und zu nutzen.

Der grundsätzliche Anspruch der soziologischen operativen Systemtheorie besteht darin, theoretische und methodische Ordnungsgewinne zu erzielen durch eine Beschreibung von modernen und insbesondere von spätmodernen Gesellschaften als sich mit ihren jeweiligen spezifischen eigenen Mitteln funktional ausdifferenzierende soziale Teilsysteme. Ihre Heuristik basiert dabei (1) auf einer stringenten begrifflichen Durchführung von System-Umwelt-Unterscheidungen sowie (2) auf der strikten analytischen Trennung von sozialen und psychischen, in ihren jeweiligen spezifischen Operationsweisen als selbstbezüglich konzeptualisierten Systemen.

Wissenschaftstheoretisch geht die soziologische operative Systemtheorie von der Prämisse aus, dass kein intersubjektiv teilbarer und markierbarer einheitlicher Bezugspunkt für Wissensgenerierungen sowie für interpretierende Bemühungen und normative Setzungen gesamtgesellschaftlich festgelegt werden kann. Im Paradigma eines „operativen Konstruktivismus"[3] findet eine Umstellung erkenntnistheoretischer Denkfiguren vom Sein auf Vorgänge, d.h. von Substanzbegriffen auf Funktionsbegriffe statt.

Zusammenfassend lässt sich sagen: Die soziologische operative Systemtheorie stellt eine spezielle Perspektive einer soziologischen Beobachtungskonzeption dar, die soziale Tatsachen konzeptionell, empirisch und (theorie-)kritisch analysiert.

1.2 Der Systembegriff

Systeme werden in der soziologischen operativen Systemtheorie verstanden als Vollzüge (Geschehnisse, Ereignisse, Prozesse, Operationen, Beobachtungen), die ihre eigenen Strukturen herstellen, erhalten oder verändern. Dabei behandeln diese Operationen andere Systeme als ihre Umwelt. Aus diesen Systemen nehmen sie Anregungen und Störungen nach ihren eigenen Selektionskriterien auf und bearbeiten diese nach ihren eigenen Handlungsprinzipien. Systeme können

---

[3] Siehe Luhmann 1992, insb. S. 519-531, sowie grundlegend Luhmann 1988.

die Operationen anderer Systeme nicht steuern im Sinne kausaler Beeinflussung von Anschlussbildungen.

Diese Merkmale werden bei Luhmann sowohl für soziale Systeme als auch für psychische Systeme zu Grunde gelegt. Beide Systemtypen erzeugen durch ihre Operationen ihre jeweiligen systemimmanenten varianten Zustände bezüglich Sicherheiten, Wahrscheinlichkeiten und Determiniertheiten sowie die damit verbundenen Chancen und Risiken ihrer Bestandserhaltung.

Systeme sind somit keine zeitstabilen Substanzen, sondern zeitvariable Vollzüge, die sich permanent durch ihre eigenen System/Umwelt-Unterscheidungen konstituieren. Diese Operationen sind einerseits gekennzeichnet durch Selbstreproduktionen und Anschlussbildungen der eigenen Elemente, und andererseits sind sie gekennzeichnet durch *informationale* Ausschließung von anderen Systemen bei gleichzeitiger *energetischer* Offenheit für Impulse aus diesen Systemen.

In dieser Konzeptualisierung von System ist die Umwelt all das andere, was nicht zu einem System gehört – und zwar als Umwelt des jeweiligen Systems – und somit als dessen fremdreferentielles Beobachtungskonstrukt.

Systeme sind in dieser Theoriearchitektur keine ontologischen objekthaften Gegebenheiten, sondern stets momenthafte Aktualisierungen sozialer oder psychischer Vorgänge. Wissenschaftstheoretisch formuliert ist ein System ein begriffliches Konstrukt, das als methodischer Ausgangspunkt für Differenzbildungen im Schema System/Umwelt dient.

1.3 Systemtypen

1.3.1 Soziale Systemtypen

Funktionssysteme. In seiner elaborierten allgemeinen soziologischen Systemtheorie unterscheidet Luhmann gesellschaftliche Teilsysteme, die er als autopoietische „Funktionssysteme" ausführlich in ihren System-Umwelt-Relationen theoretisch analysiert.[4] Wissenschaft, Wirtschaft, Politik, Recht, Religion, Erziehung/Bildung, Familie, Medizin, Massenmedien und Kunst werden als solche gesellschaftlichen Teilsysteme verstanden.

---

[4] Nachfolgend insbesondere Luhmann: 1994, 2002a und 2002b.

Diese Funktionssysteme haben unterschiedliche gesellschaftliche Aufgaben und steuern sich selbst nach jeweils spezifischen Begründungslogiken und Handlungsrationalitäten.

Auch die für eine soziologisch-systemtheoretische Betrachtung der Sozialen Arbeit besonders relevanten Funktionssysteme Politik, Recht, Wirtschaft und Erziehung/Bildung erzeugen und reflektieren ihre eigenen Operationen durch interne Festlegungen ihres Systems und ihrer Umwelt.

Als bedeutsam für Verstehensansprüche und Verständigungsleistungen im Hinblick auf die nichteigenen Systeme erweist sich, dass jedes Funktionssystem die Beobachtungsperspektive dafür, wie und weshalb es von den anderen Funktionssystemen jeweils unterschiedlich beschrieben wird, zwangsläufig ausklammert. Denn alle Funktionssysteme arbeiten mit der internen Unterscheidung von Selbstreferenz und Fremdreferenz. Dadurch nehmen diese gesellschaftlichen Teilsysteme nicht wahr, wie sie von den anderen Funktionssystemen jeweils unterschiedlich beschrieben werden.

Funktionssysteme bleiben füreinander intransparent und unkalkulierbar; sie können sich nicht so verhalten, als ob sie zugleich ein anderes Funktionssystem wären. So ist das Wirtschaftssystem beispielsweise als Beschäftigungssystem für das Erziehungssystem relevant unter dem Gesichtspunkt der Verfügbarkeit von Ausbildungs- und Arbeitsplätzen. Einer Langfristigkeit von Lebenslaufplanungen im Kontext ausdifferenzierter Berufsausbildungen steht die Kurzfristigkeit wirtschaftlicher Bedarfe mit Chancenunsicherheiten trotz Fort- und Weiterbildungsmöglichkeiten entgegen. Indes sind alle Funktionssysteme in umfänglicher Weise vom Wirtschaftssystem abhängig; sie können und müssen sich aneinander orientieren. Die Funktionssysteme können sich jedoch aufgrund ihrer funktionalen Differenzierung in ihrer operativen Geschlossenheit nicht wechselseitig ersetzen, sondern nur sich selbst über ihre eigenen Systemreferenzen spezifiziert steuern.

So kann das Funktionssystem Politik lediglich durch kollektiv bindende Entscheidungen Einfluss auf das Funktionssystem Wirtschaft nehmen. Strukturell gekoppelt miteinander sind Politik und Wirtschaft beispielsweise bezogen auf Eingriffe in den Arbeitsmarkt.

Es gibt in unserer modernen funktional differenzierten Gesellschaft keine die Teilsysteme übergreifende gesamtgesellschaftliche Steuerungsinstanz. Die Beziehungen der Funktionssysteme zueinander werden durch strukturelle Kopplungen hergestellt und aufrechterhalten. Diese wirken zweiseitig in die beiden beteiligten Funktionssysteme hinein, bleiben jedoch innerhalb der Systeme als Anschlüsse unsichtbar.

Alle gesellschaftlichen Funktionssysteme sind in ihrer selbststeuernden Operationsweise sowohl fremdbezogen als auch selbstbezogen. Sie haben jeweils eine spezifische Funktion für „die Gesellschaft", die sie als exklusive Leistungsart für die anderen Funktionssysteme erbringen. Die Leistung geschieht anhand systemeigener Unterscheidungen, die sich am eigenen Systemcode orientieren und die Funktionssysteme beobachtend auf sich selbst zurückbeziehen.

Durch ihre funktionale Spezifikation und die damit verbundene Selbsteinschränkung infolge der operativen Geschlossenheit sind die Entscheidungsmöglichkeiten der Funktionssysteme begrenzt. Gerade durch diese Selbstlimitation produzieren sie Sinn.[5]

Jedes Funktionssystem muss sich selbst durch seine Entscheidungen legitimieren.[6] Es konstituiert seine eigenen Alternativen innerhalb der eigenen Operationsweisen durch Selbstreflexion, bei gleichzeitiger Orientierung an den systeminternen Referenzen und an der Reflexion seiner Bestimmungsleistungen für andere Funktionssysteme.[7]

Funktionssysteme können andere Funktionssysteme nicht steuern oder kontrollieren. Sie können diese jedoch sehr wohl stören, irritieren, verwirren, provozieren, enttäuschen, überraschen oder anregen. Solche Perturbationen müssen vom jeweiligen Funktionssystem stets im Rahmen seiner eigenen Handlungslogiken in funktionsspezifische Informationen transformiert werden. Nur so können Funktionssysteme die Anschlussfähigkeit ihrer Operationen überhaupt gewähren. Jedes Funktionssystem regelt selbst seine Themenbesetzungen, Kommunikationsregeln, seine Positionierung von Personen, seine Handlungsanleitungen und Entscheidungen.[8]

Alle Funktionssysteme sind darauf angewiesen, dass die jeweils anderen Funktionssysteme ihre Funktionen erfüllen. Gerade weil Funktionssysteme keine anderen Funktionssysteme ersetzen können, haben sie die Möglichkeit, sich fortschreitend auszudifferenzieren. Die damit verbundene Hochleistungsorien-

---

[5] Luhmann 2002a, S. 118.
[6] Ebenda, S. 243.
[7] Siehe Luhmann 1998, S. S. 861 und 2008a, S. 58.
[8] Luhmann 1998, S. 738 f.

tierung führt zu wechselseitigen Dynamisierungen der Funktionssysteme. So hat sich in der funktional differenzierten Gesellschaft in allen Funktionssystemen der Kombinationsspielraum in der spannungsreichen Sozial- und der Zeitdimension erhöht.[9]

Jedes gesellschaftliche Funktionssystem führt spezifische Selbstbegrenzungen ein, die von anderen Funktionssystemen unterscheidbare Bedingungen der eigenen generalisierbaren Thematisierungsmöglichkeiten zur Aufgabenerfüllung in eine geordnete Form bringen.

Die soziologische operative Systemtheorie geht – wie bereits gesagt – von der Prämisse einer informationalen Geschlossenheit von Funktionssystemen aus, die jeweils in spezifischer Weise ihre Abläufe und Sinnzuschreibungen durch ausschließlich innere Versorgung mit Entscheidungen organisieren.[10] Dies betrifft alle Operationen wie die Ideengenerierung, die Besetzung von Themen, die Ausbildung von Kommunikationsregeln, die Positionierung von Personen oder die Einführung und Überprüfung von Handlungsanleitungen. Eine interne Differenzierung in Funktion, Leistung und Reflexion ist konstitutiv für die Selbstausbildung und -erhaltung von gesellschaftlichen Funktionssystemen. Erfolgende Korrekturen beziehen sich auf die eigenen Intentionen, Entscheidungen und deren Folgen. Die damit einhergehende funktionale Selbstbeschränkung im Rahmen der eigenen Handlungslogik schafft erst gesellschaftliche Legitimation und ist dadurch sinnbildend. Alle Funktionssysteme sind darauf angewiesen, dass sowohl sie selbst als auch die anderen Funktionssysteme ihre Funktionen als spezifische Eigenleistungen für andere erfüllen. Dadurch sind die Funktionssysteme trotz bzw. gerade wegen ihrer operativen Geschlossenheit wechselseitig voneinander abhängig.

Die gesellschaftlichen Funktionssysteme organisieren ihre spezifische Selbstbeobachtung strukturbildend durch die Schaffung interner und externer Umwelten. Die Unterscheidung Selbst-/Fremdreferenz ist ausschließlich innerhalb der jeweiligen Funktionssysteme möglich.[11] Diese konstruieren ihre eigenen Alternativen durch Selbstreflexion, Orientierung nach innen und nach außen und schaffen Kontinuität durch die Erfüllung ihrer spezifischen Bestimmungsleistung für andere Funktionssysteme.[12] Auch ihr spezifisches Eigengedächtnis

---

[9] Luhmann 1998, S. 739.
[10] Luhmann exemplarisch 2002a, S. 105 ff., S. 118, S. 138 und S. 243.
[11] Luhmann 1992, S. 545.
[12] Vgl. Luhmann 2008a, S. 58, sowie 1998, S. 861.

bezieht sich auf die zu erfüllenden Leistungen für andere soziale Systeme: etwa das Wirtschaftssystem durch Erinnern an Zahlungen, das Erziehungssystem durch Erinnern an interne Selektionen im Code bessere/schlechtere Leistungen.[13]

Durch die sehr spezifischen strukturellen Kopplungen von Funktionssystemen an ihre jeweiligen Umwelten in Folge ihrer Leistungserbringung dynamisieren sich die gesellschaftlichen Systeme wechselseitig. Sie treiben sich zwar gegenseitig an, können einander jedoch nicht funktionsbezogen ergänzen oder ersetzen.

Da Funktionssysteme nur für spezifische Funktionen ausdifferenziert sind, haben sie keinen Vorrang bzw. keine übergeordnete Bedeutung im Vergleich zu anderen Funktionssystemen, weswegen auch keine gesellschaftliche Rangordnung der Funktionssysteme möglich ist.

Somit gibt es auch keine zuständige Zentralinstanz zur Problemregulierung von Moral oder sozialer Ungleichheit. Weder die Gesellschaft als Ganzes noch einzelne Funktionssysteme können Herrschaft, Werte oder Normen zentralisiert steuern.

Die spezifischen Anforderungen an das Funktionssystem Politik in der Gegenwartsgesellschaft beispielsweise sind gekennzeichnet durch eine deutlich zunehmende zeitorientierte Reaktivität von Entscheidungen. Dadurch ist dessen Handlungslogik auf Schnelligkeit und Flexibilität ausgerichtet und nicht auf eine zielorientierte Rationalität der sachlichen Richtigkeit.[14] Politik muss deshalb unkontrollierbare Effekte ihrer Entscheidungen zunehmend von der Sachdimension in die Zeitdimension verlagern.[15]

Auch kann der Staat nicht über Politik das Wirtschaftssystem ordnen. Für Wirtschaft lautet der Problembezug Knappheit mit der Leitdifferenz Zahlungen/Nichtzahlungen sowie weiteren spezifischen binären Unterscheidungen wie Kapital/Arbeit und Investition/Konsum.[16] Die Organisationsweise der Wirtschaft ist die Geld verwendende Transaktion. Die Steuerung des Wirtschaftssystems lässt sich somit nur über Geldmengenunterscheidungen bewerkstelligen und

---

[13] Luhmann 2002a, S. 184 f.
[14] Ebenda, S. 142.
[15] Ebenda, S. 164.
[16] Luhmann 1994, S. 81.

liegt deshalb ausschließlich in der Systemreferenz Wirtschaft.[17] Geld ist als Medium von allen rechtlichen, politischen und moralischen Kontrollinstanzen der Gesellschaft abgekoppelt.[18]

Die zentrale Differenz in der Spätmoderne heißt internationaler Finanzmarkt/regional organisierte Komplexe von Industrie und Arbeit. Der internationale Handel verstärkt die Differenzierung der Funktionssysteme Wirtschaft und Politik durch die Verselbständigung der Geldmacht und der Finanzströme jenseits der Erwerbs- und Arbeitsgesellschaft mit eigenen Funktionsregeln, zunehmend entkoppelt von territorialstaatlicher Politik und von Verankerungen in sozialstaatlichen Sicherungssystemen. Die historisch neu hinzugekommene Entkopplung von Finanzsphäre und Wirtschaft führt zu einer dramatischen Neuordnung von Besitz- und Machtverhältnissen, die durch Sicherungssysteme nicht gesteuert oder korrigiert, geschweige denn verhindert werden können, sondern bestenfalls gestört werden können.

In dieser Gesamtdynamik verschärft sich auch die Differenz von Individuum und Gesellschaft[19] mit massiven Folgen beispielsweise für die Arbeitswelt. So sieht die Handlungslogik des Funktionssystems Wirtschaft vor, das Arbeitsrecht an die Interessen des Kapitals anzupassen, und versucht durch Perturbationen dem Funktionssystem Politik das Gesellschaftsproblem Arbeitslosigkeit zu überlassen. Dieses wiederum ermöglicht der Sozialen Arbeit strukturelle Kopplungen, z. B. im Tätigkeitsfeld der Beschäftigungsförderung.

Die funktional hochgradig ausdifferenzierte spätmoderne Gesellschaft lässt sich zudem nicht mehr als durch Moral interpretiert beschreiben.[20] So sind die Werte der verschiedenen gesellschaftlichen Funktionssysteme keine moralischen Werte, die sich mit der Leitdifferenz gut/schlecht gleichgesetzt codieren lassen. Deshalb ist auch keine moralische Integration der Gesellschaft erreichbar. Ein Rückgriff auf Moral geschieht dann, wenn die spezifischen Funktionscodes der einzelnen gesellschaftlichen Funktionssysteme in zerstörerischer Weise in diesen Systemen selbst durch die eigenen Operationen oder durch massive Störungen aus ihrer Umwelt gefährdet werden. Funktionalistisch betrachtet wird auf

---

[17] Luhmann 1994, S. 345.
[18] Negt 2008, S. 64.
[19] Luhmann 1994, S. 25.
[20] Luhmann 2008a, S. 166 f.

das Medium Moral deshalb referiert, damit die systeminterne Organisation durch Vertrauen sichergestellt werden kann.[21]

Moral zirkuliert als Kommunikationsweise gesellschaftsweit, ohne sich selbst als eigenes gesellschaftliches Funktionssystem ausdifferenzieren zu können. Als Operationsmodus ist Moral weder in ein eigenes gesellschaftliches Funktionssystem noch in ein sonstiges gesellschaftliches Teilsystem eingebunden. Trotzdem sind diese sozialen Systeme in jeweils hochspezifischer Weise auf Moral angewiesen, und Moral kann ihrerseits gesellschaftliche Systeme irritieren.

Kritische Analyseperspektiven in der Betrachtung der Ausdifferenzierung von Funktionssystemen ergeben sich aus der Beobachtung, dass als Nebeneffekt dieser Ausdifferenzierung insbesondere durch Interdependenzen zwischen verschiedenen Funktionssystemen strukturelle Instabilitäten entstehen können. So verschärft die Autopoiesis von Politik und von Wirtschaft die Differenz von Individuum und Gesellschaft, indem diese beiden Funktionssysteme sich wechselseitig destabilisieren, um ihre Selbststeuerungsfähigkeit bei einer ungesicherten rationalen Voraussicht zu erhalten.[22]

Organisationen. Organisationen sind ebenso wie gesellschaftliche Funktionssysteme ausdifferenzierte soziale Systeme, die selbsterzeugend nach ihrer jeweiligen Eigenlogik operieren und deshalb nur von sich selbst reformiert werden können.[23] Ihre gesellschaftliche Funktion besteht darin, für Funktionssysteme spezifische Leistungen sicherzustellen. Festlegen können sie Funktionssysteme indes nicht, auch können sie nicht von Funktionssystemen operativ festgelegt werden. Organisationen müssen darüber hinaus auch nicht einem gesellschaftlichen Funktionssystem zugeordnet werden. Ihre spezifische Operationsweise besteht darin, Entscheidungsbedarfe sowie die Notwendigkeit von Entscheidungen zu kommunizieren, um damit Ausgangspunkte für weitere zu treffende Entscheidungen zu schaffen. Innerhalb ihrer Operationsweise ‚Entscheiden als Kommunikation' erzeugen sie auch ihre Entscheidungsmöglichkeiten für Mitgliedschaft. Organisationen bilden und reproduzieren sich also als operative Netzwerke von Entscheidungen selbsttätig durch Entscheidungen sowie durch die Sicherung der Fortsetzbarkeit von Entscheidungsprozessen. Sie haben sys-

---

[21] Ebenda, S. 334.
[22] Vgl. Luhmann 1994, S. 25-31.
[23] Siehe nachfolgend Luhmann 1998, S. 166, S. 830, S. 840 ff. und 2002c, S. 231, S. 235 und S. 245 ff. sowie 2002a, S.128 f. und S. 231 ff.

temeigene Routinen und Interpretationen, wodurch sie Unsicherheiten reduzieren. Innerhalb ihrer spezifischen Operationsweise ‚Entscheidungen treffen' vollziehen sie Gesellschaft als Kommunikation.

Aufgrund ihrer begrenzten Kapazität der Verarbeitung von Information bei gleichzeitig hohen Anforderungen an ihre Leistungserbringung müssen Organisationen stets neue Wege finden, Entscheidungen zu treffen, die akzeptabel für den Leistungsempfänger und gleichzeitig intern revidierbar sind, wenn sich ihre Systembedingungen intern oder die Anforderungen aus ihrer Umwelt verändern.

Während Funktionssysteme der Gesellschaft grundsätzlich für alle Personen zugänglich sein müssen, haben Organisationen einen spezifischen Mechanismus der Unterscheidung Mitglied/Nichtmitglied anhand ihrer jeweiligen Inklusions-/Exklusionskriterien.[24] Die organisierten Sozialsysteme geben durch die Festlegung von Inklusionsregeln für Eintritt, Austritt und Entlassung von Mitgliedern generalisierte Verhaltensmuster im Hinblick auf systeminterne Bearbeitungen vor. Durch diese Stabilisierung von Erwartungen mittels einer rekursiven Erzeugung von Entscheidungen erzeugen Organisationen selbst ihre systemintern notwendigen Sicherheiten.

In ihrer Operationsweise beziehen sich Organisationen auf verschiedene Funktionssysteme. Sie verfolgen dabei stets eigene Zwecke in sozialer Kooperation. Hierfür gibt es Ämter, die hierarchisch angeordnet sind. Die Mitglieder werden auf der Grundlage von festgelegten Verhaltenserwartungen aufgenommen. Die Entscheidungsmöglichkeiten über Mitgliedschaft werden erzeugt durch Arbeitsprogramme, Weisungen, festgelegte Kommunikationswege oder Personaleinstellungen.[25]

Organisationen können Funktionssysteme nicht festlegen[26], sondern haben das Ziel, bestimmte gesellschaftliche Leistungen sicherzustellen[27]. Sie sind an gesellschaftliche Teilsysteme strukturell gekoppelt, können jedoch ausschließlich sich selbst reformieren[28]. Strukturell gekoppelt sind Organisationen aufgrund ihrer Geldabhängigkeit besonders eng an das Wirtschaftssystem.[29]

---

[24] Siehe Luhmann 2002c, S. 231 und S. 235.
[25] Luhmann 1998, S. 830.
[26] Ebenda, S. 843 Fußnote.
[27] Luhmann 2002c, S.247.
[28] Ebenda, S. 245.
[29] Siehe Luhmann 1994, S. 308 und S. 323.

Wegen ihrer begrenzten Kapazität zur Informationsverarbeitung müssen Organisationen mit nichtoptimalen Problemlösungen zufrieden sein.[30] Sie schaffen in ihrer Operationsweise „Indifferenzzonen" verschiedener brauchbarer Lösungen. Dabei bietet gerade die gezielte Explizierung von Unsicherheit und von Fehlern in Organisationen diesen vielfältige Anregungen für Reflexionen im Hinblick auf Innovationen bei der Leistungserbringung sowie für kritische Selbstreflexionen, was die Organisationserhaltung bzw. -entwicklung betrifft. Die intentionale Erzeugung von Kritik ermöglicht Anschlüsse für Selbstvergewisserung und damit für neue Entscheidungen.[31] In Organisationen regen Störungen von außen und von innen dazu an, systemintern nach neuen Lösungen zu suchen.[32] Die eigentätige systeminterne Produktion von Irritationen in Organisationen provoziert alternative Antworten auf unternehmensbezogene Fragen, indem sie (festgefahrene) Routinen durchbrechen, um dadurch Entscheidungsgrundlagen für neue bzw. bessere Lösungen zu generieren.

Somit ist der soziale Systemtyp Organisation auch in besonderer Weise dafür prädestiniert, in Kritik enthaltene anregende Gehalte für Alternativen zu erkennen und für die eigene gesellschaftliche Leistungserbringung zu nutzen. Systemtheoretische Organisationenkritik lässt sich zum einen als Kritik an den Bedingungen, Zwecken und Mitteln von Entscheidungsprogrammen, Mitgliedschaftsregeln sowie den Erwartungen interner und externer Anspruchsgruppen und Interesseneignern formulieren.

Das Reflexionsdefizit von Organisationen der Sozialen Arbeit erklärt sich systemtheoretisch aus der enormen Fähigkeit und Notwendigkeit, im Konkurrenzkampf mit anderen Organisationen ein Höchstmaß an differenzierter Sensibilität, an Auflösungsvermögen und an organisierter Informationsverarbeitungskapazität aufzuweisen.[33]

Aus dem Blickwinkel einer operativen Systemtheorie wird die Selbstkritik von Organisationen der Sozialen Arbeit durch die Einsicht ermöglicht, dass im Rahmen deren professioneller sozialer Hilfe die Frage nach der Berechtigung von Ansprüchen entscheidungsrelevant primär an die Sicherstellung der eigenen

---

[30] Vgl. Luhmann 2002a, S. 128 f. Fußnote.
[31] Baecker 2003, S. 40.
[32] Vertiefend Baecker 2011, der die Systemrationalität von Management und damit auch von Führung nicht unter dem Aspekt von Steuerung betrachtet, sondern Störung als Oberbegriff für operative Anlässe im Management wählt.
[33] Siehe allgemein zu Organisationen Luhmann 2008a, S. 220.

Fortsetzbarkeit der Organisation gebunden ist. Erst diese Rückbezogenheit auf die Sicherstellung der eigenen Systemerhaltung ermöglicht es Organisationen der Sozialen Arbeit, auftragsbezogen Ziele und Zwecke für soziale Hilfe zu formulieren und umzusetzen.[34]

Gesellschaft. Mit dem Anspruch an die Wissenschaftsdisziplin Soziologie, eine ihren gesamten Gegenstandsbereich erfassende Theorie des Sozialen zu entwickeln, konzeptualisiert Niklas Luhmann Kommunikation als die exklusive Operationsweise von Gesellschaft. Kurz gesagt: Gesellschaft *ist* Kommunikation. Diese sich dem Alltagsverständnis widersetzende begriffliche Festlegung dient dazu, systematisch eine Theoriearchitektur aufzubauen, die nicht den Einzelmenschen mit seinem Bewusstsein und Handeln als methodischen Ausgangspunkt wissenschaftlicher Betrachtungen für die Begründung des Genuinen von Soziologie und von Sozialität wählt.

Der soziologische Kommunikationsbegriff der operativen Systemtheorie steht somit nicht für eine Form zwischenmenschlichen Handelns, sondern ausschließlich für ein Prozessieren von Gesellschaft bzw. genauer: von sozialen Systemen (gesellschaftliche Funktionssysteme, Organisationen, Interaktionen, Gesellschaft).

Obgleich psychische Systeme infolge ihrer wechselseitigen Intransparenz von Bewusstsein (im Plural) nicht miteinander kommunizieren können, sind sie notwendigerweise als Impulsgeber daran beteiligt, dass Kommunikation als soziales System – sprich: als Vollzug von Gesellschaft – überhaupt entstehen und sich fortsetzen kann. Durch Kommunikation bildet und erhält sich Gesellschaft; durch Kommunikation reproduzieren sich alle sozialen Systeme und differenzieren sich aus.

1.3.2 „Der Mensch" – in sich unterschieden als mehrere Systeme

Der Mensch als „Mensch". Das Wort „Mensch" wird sowohl im Alltag als auch in vielen wissenschaftlichen Zusammenhängen als Gattungsbegriff (der Mensch, die Menschen, die Menschheit) verwendet. Wenn Luhmann von „Menschen"

---

[34] Siehe Maaß 2009, S. 153.

spricht, dann sieht es sie als organisch-psychische wiederum in sich differenzierbare Einheit mit Eigensinn.[35]

Dabei ist „Mensch" jedoch im Rahmen der soziologischen operativen Systemtheorie als Sammelbegriff für empirisch fassbarere Einzelmenschen weder im Singular noch im Plural begriffsfähig. Als soziologische Systemkategorie erweist sich „Mensch" nicht geeignet, da mit dieser Bezeichnung weder soziale Operationen, Systembildung und -erhaltung, noch Grenzen sozialer Systeme zu ihrer Umwelt theoretisch fundiert bestimmt werden können.

„Mensch" kann lediglich als vorwissenschaftliche Bezeichnung für ein ungegliedertes intransparentes semantisches Bündel von Konstrukten verwendet werden. Die Bezeichnung Mensch ist sozial zwar in ihrer Relevanz für soziologische Reflexionen unverzichtbar und folgenreich, jedoch ist sie im Sinne einer begrifflich-methodischen Ordnung nicht als Ausgangspunkt geeignet, da weder der Einzelmensch auf die Gesellschaft als Ganzes, noch die Gesellschaft als ganzes System auf den Einzelmenschen kommunikativ zugreifen kann. Für Menschen sind alle sozialen Systeme, in denen sie operieren, Umwelten; ebenso sind Einzelmenschen für alle sozialen Systeme Umwelten.

Gerade weil soziale Systeme – also Interaktionen, Organisationen, gesellschaftliche Funktionssysteme und Gesellschaft – sich nicht menschenfrei bilden können und auch nicht menschenfrei operieren, ist es für ein systemtheoretisches soziologisches Theoriegebäude unabdingbar, „Mensch" logisch konsistent und empirisch gehaltvoll in die begriffliche Architektur einzubauen.

Soziologisch lässt sich „Mensch" sowohl als Einzelmensch als auch in der Mehrzahl nur dann systemtheoretisch platzieren, wenn er analog zu der Konzeptualisierung von sozialen Systemen ebenfalls als System-Umwelt-Unterscheidung modelliert wird. Das bedeutet: Eine allgemeine systemtheoriefähige Bezeichnung des Menschen fasst ihn nicht als eine vorgegebene Einheit, sondern konstruiert ihn als ein Konglomerat nicht-sozialer autopoietischer Systeme, mittels derer der Mensch zum einen in sich selbst wiederum unterschieden werden kann (Teilsysteme des „Menschen": z.B. die Systemtypen psychisches System, neurophysiologisches System, organisches System, Immunsystem) und zum anderen von sozialen Systemen unterscheidbar ist.

„Mensch" ist nur dann soziologisch fassbar, wenn er/sie sozial adressierbar ausgewiesen werden kann und zwar ausschließlich als selbststeuerungsfähig in

---

[35] Luhmann 2008b, S. 82 f.

Interaktionen mit einzelnen oder mehreren anderen, als Mitglied oder Partner von Institutionen oder als Inputgröße in gesellschaftliche Kommunikation. Menschen beteiligen sich somit strukturell gekoppelt an Interaktionen, Organisationen, gesellschaftlichen Funktionssystemen und somit an Gesellschaft durch Bewusstsein mittelbar an Kommunikation mit ihrem Sprechen und Handeln, ohne jedoch selbst Elemente dieser sozialen Systeme zu sein. Gelingensfaktoren von Kommunikation und daraus abgeleitete Ansprüche an gelingende Verständigung lassen sich normativ nicht an Einzelne anbinden.[36]

Zusammengefasst lässt sich sagen: Der Mensch im Singular als Einzelmensch und im Plural als Summe von Einzelmenschen ist als (soziologischer!) Begriff nicht geeignet, soziale Einheiten von Erkenntnis, Sinn, Wissen oder Moral zu erzeugen.

Folgt man nun begriffstechnisch der operativ-konstruktivistischen soziologischen Zuordnung von Identitätszuschreibungen aus Differenz anstatt aus Einheit, sowie der Bestimmung von Kommunikation als aneinander anschließende soziale Operationen, aus denen sich soziale Systeme konstituieren und erhalten, dann hat dies weitreichende Folgen für die analytische Verortung des Menschen in der Gesellschaft und für die Bestimmung von Einzelmenschen als solche sowie für die konstitutive Zuschreibung deren zwischenmenschlicher Beziehungen.

Kommunikation wird dann verstanden als Vollzug von Gesellschaft in den unterschiedlichen Funktionssystemen mit dort jeweils spezifizierten Medien, Funktionen und Codierungen. Ein Funktionieren von Sozialbeziehungen hängt dann nicht mehr von Intersubjektivität oder Konsens ab, sondern davon, dass Kommunikation nicht abreißt, indem sie also fortgesetzt wird, weil sie anschlussfähig ist.[37]

Entscheidend ist nun, dass die menschliche Beteiligung am Kommunikationsprozess in der Theoriekonstruktion der soziologischen operativen Systemtheorie keinesfalls ausgeschlossen wird. Denn die Fortsetzung von Kommunikation, konzipiert als soziale Operationsweise der Synthetisierung der drei Komponenten Information, Mitteilung und Verstehen, kann nur dann statt-

---

[36] Siehe Luhmann 2008a, S. 348.
[37] Luhmann 1998, S. 874.

finden, wenn strukturelle Kopplungen psychischer, organischer, chemischer und physischer Art gesichert sind.[38]

Die psychischen Systeme operieren nicht durch Kommunikation, sondern durch Bewusstsein, denn sie können weder an das Bewusstsein von anderen psychischen Systemen anschließen noch können sie Gesellschaft bilden. Aus dieser Perspektive erscheint es durchaus plausibel, psychische Systeme (Bewusstseinssysteme) und soziale Systeme (Kommunikationssysteme) für analytische Zwecke deutlich voneinander zu trennen.[39] Eine solche prinzipielle Unterscheidung impliziert die erkenntniskritische Grundannahme, dass sich sowohl Personen untereinander als auch Personen und Gesellschaft nicht gegenseitig durchschauen oder wechselseitig in ihrer Funktionsweise determinieren können. Sie beeinflussen sich jedoch in dem Sinne, als sie füreinander Bedingungen schaffen, die eine Fortsetzung der spezifischen autopoietischen Operationsweisen Bewusstsein/Kommunikation anregen, einschränken oder blockieren.[40]

Der Mensch als „Individuum". In der lateinischen Ursprungsbedeutung ist das Individuum ein einzelnes Seiendes, ein Unteilbares, eine Entität, die als Identität von anderem unterscheidbar ist. Den konkreten Einzelmenschen in seiner Einmaligkeit als etwas Besonderes ernst zu nehmen, hat im Rahmen der soziologischen operativen Systemtheorie zur Konsequenz, die grundsätzliche wechselseitige Intransparenz empirischer Individuen anzuerkennen, anthropologische Generalisierungen kritisch zu hinterfragen und die Unwahrscheinlichkeit von Konsensansprüchen im Sinne einer Erwartung der Erzeugung von Übereinstimmungen durch Prozesse der Verständigung bezüglich Wahrnehmen, Denken, Fühlen und Wollen kritisch zu benennen.[41]

Insbesondere für die Praxis Sozialer Arbeit gilt deshalb in diesem Sinne der Satz: „Wer sich um *den* Menschen kümmert, kann das nur, wenn er ihn von *den* Menschen unterscheidet…"[42]

Deshalb gilt: Nirgendwo tritt die Gesellschaft dem Individuum als Einheit gegenüber und gleichsam tritt auch das Individuum der Gesellschaft nirgendwo als undifferenzierte Ganzheit gegenüber.[43]

---

[38] Luhmann, 2002c, S. 40.
[39] Siehe Luhmann 2008b, S. 87.
[40] Siehe Luhmann, 1992, 225 f. und S. 282.
[41] Siehe Luhmann 2002c, S. 139; 2008b, S. 146 sowie S. 348.
[42] Fuchs 2007, S. 29.

Der Mensch als „Person". Person ist in der soziologischen operativen Systemtheorie ein Kollektivkonstrukt zur Benennung von Aufgaben, Pflichten und Statuszuweisungen. Der Begriff dient zur Kennzeichnung einer sozialen Adresse für systemspezifische Kommunikation. Personen entstehen als beobachtete Referenzobjekte durch Zuordnungen von „Menschen" seitens sozialer Systeme als Autoren, als ausgewiesene Adressaten und als Thema in Kommunikationen. Personen konstituieren sich aufgrund von Rollenzuweisungen und -erwartungen.[44] Sie sind sozial konstruierte Zurechnungspunkte für generalisierbare Erwartungen und Zumutungen an Menschen.[45] Sie werden nicht (!) als Systeme modelliert, sondern als Regelungen erwartbarer sozialer Interaktionen durch die Vergabe von Rollen und Positionen.[46] Personen sind kommunikativ erzeugte Erwartungsstrukturen sozialer Systeme; selbst sind sie jedoch keine psychischen oder organischen Systeme oder gar Menschen im ganzheitlichen Sinne.[47]

Personen dienen der Selbstorganisation sozialer Systeme, indem sie im Medium Kommunikation Verhaltensmöglichkeiten von Menschen einschränken und dadurch ordnen. Für psychische Systeme sind Personen im Medium Bewusstsein wahrnehmbare und wieder erkennbare Umweltausschnitte.[48]

Wenn Einzelmenschen nicht mehr als „ganzer Mensch" Sozialsystemen zugeordnet werden, sondern stattdessen lediglich Teilaspekte von ihnen in der Form Person in Kommunikationen zur Geltung gebracht werden, dann ist es theorietechnisch für soziologische Analysen praktikabel, zwischen „Person" als vergesellschafteten Teilaspekten von Einzelmenschen und „Individuum" als ungeteilt „ganzem Menschen" zu unterscheiden und konsequent letzteren nicht als integralen Bestandteil sozialer Systeme aufzufassen.

Der Mensch als „Subjekt". Für Luhmann ist der Begriff „Subjekt" eine semantische Denkfigur, die zwar Inklusion symbolisiert[49], jedoch einen Standort nicht in der Gesellschaft, sondern in sich selbst hat.[50] Subjekte operieren somit außer-

---

[43] Siehe Luhmann 1993, S. 245 f.
[44] Siehe an mehreren Stellen Luhmann 1998, S. 106 f. und S. 804; 2002c, S. 153; 2002a, S. 375; 2008b, S. 278 und S. 337. Weiterführend bei Fuchs 2003.
[45] Luhmann 2002b, S. 29.
[46] Luhmann 2008a, S. 141 ff.
[47] Luhmann 1992, S. 33.
[48] Luhmann 2002a, S. 375 f.
[49] Luhmann, 1992, S. 350 sowie 1993, S. 212, S. 215, S. 231 und S. 247.
[50] Luhmann, 1993, S. 212.

halb aller Funktionssysteme selbsttätig und selbstbezüglich[51], sie identifizieren und begreifen sich somit selbst.

„Subjekt" fungiert als Begriff für den Menschen als sich und andere(s) Erkennenden, als Denkenden und als Handelnden, der eine Subjekt-Objekt-Unterscheidung sowohl bezogen auf sich selbst als auch auf andere Identitäten vornimmt. Der Subjektbegriff verweist auf Reflexionslasten zur Selbstbestimmung, zur Kontrolle der eigenen Veränderungen, er verweist auf die Anforderung an Menschen, sich selbst zu individualisieren.

Der Mensch als „psychisches System". Während der Systemtyp soziales System (unterschieden nach den Sozialsystemtypen gesellschaftliches Funktionssystem, Organisation, Gesellschaft, Interaktion) ausschließlich im Medium Kommunikation durch Selektionen aus Information, Mitteilung und Verstehen operiert, indem Kommunikation an Kommunikation anschließt, operiert der Systemtyp psychisches System hingegen ausschließlich im Medium Bewusstsein durch Gedanken, an die wiederum Gedanken anschließen.

Beide Systemtypen prozessieren selbststeuernd im Sinne von Sich-Vollziehen (sich bilden, erhalten, verändern). Beide referieren dabei in ihrer spezifischen Operationsweise unmittelbar selbstbezüglich auf ihre internen Unterscheidungen sowie mittelbar fremdbezüglich auf den jeweils anderen Systemtyp, der ihnen als extern attribuierte Umwelt des eigenen Systems theorietechnisch zugeordnet wird.

Bewusstsein kann die Operationsweise Kommunikation zwar nicht durchschauen oder kontrollieren; trotzdem sind psychische Systeme für soziale Systeme insofern unentbehrlich, als sie auslösende, fördernde oder einschränkende Bedingung für deren Fortsetzung darstellen.[52] Oder anders formuliert: Einzelmenschen haben als psychische Systeme eine besondere Bedeutung für Gesellschaft, da Sozialsysteme auf die strukturelle Kopplung an wahrnehmende Systeme angewiesen sind.[53]

Im Medium Denken werden vom psychischen System Bewusstsein-Körper-Unterscheidungen getroffen,[54] die als Differenzbildung einerseits eine vorgestellte Getrenntheit von Geist und Körper und andererseits eine vorgestellte

---

[51] Ebenda, S. 215.
[52] Siehe Luhmann exemplarisch 1992, S. 22, S. 225 f. und S. 282; 2002a, S. 374.
[53] Fuchs 2007, S. 82.
[54] Vgl. Fuchs 2003, S. 43.

Zusammengehörigkeit von Geist und Körper erzeugen. Dadurch wird dem psychischen System eine interne Differenzierung der Einheit Mensch als Unterscheidung Bewusstsein/Organismus möglich.[55]

Körper sind Umwelt sowohl von sozialen Systemen als auch von psychischen Systemen[56], beobachtbar sind Körper als Leib.[57]

1.3.3 Verhältnisbestimmung Gesellschaft – Mensch

Eine Kernthese der soziologischen operativen Systemtheorie lautet, dass in der funktional differenzierten Gesellschaft keine multifunktionalen Einheiten vorhanden sind, die ein übergeordnetes Gesamtsystem Gesellschaft darstellen könnten und dem die konkreten einzelnen Menschen umfassend angehören.[58] Auch gibt es keine gesellschaftlichen Teilsysteme, denen Menschen als einzigen angehören könnten.[59]

Dem Einzelmenschen erscheint Gesellschaft komplex und undurchschaubar; sie tritt ihm nicht als Einheit gegenüber.[60] Somit kann es keine Vollinklusion von Menschen als Platzierung in „die" Gesellschaft geben. Vielmehr werden die Inklusionsbedingungen spezifisch von den jeweiligen Funktionssystemen festgelegt.[61]

Für eine Verhältnisbestimmung Gesellschaft – Mensch gibt es keine Vorrangigkeit im Hinblick auf Konstituierungsbedingungen, weder von Gesellschaft (Operationsweise Kommunikation), noch von psychischem System (Operationsweise Bewusstsein bzw. Denken). Beide sind wechselseitig unabdingbar notwendige Umwelten füreinander, die sich gegenseitig anregen.[62] Weder kann der Mensch als übergeordnete Einheit Gesellschaft konstituieren oder gar steuern, noch kann ein übergeordnetes Gesamtsystem oder Teilsystem von Gesell-

---

[55] Siehe Dziewas 1992, S. 125 ff.
[56] Siehe Fuchs 2007, S. 65, Fußnote.
[57] Ebenda, S. 64, Fußnote.
[58] Exemplarisch Luhmann 2008, S. 287.
[59] Luhmann 1993, S. 158.
[60] Ebenda, S. 245.
[61] Ebenda, S. 249.
[62] Siehe „reziproke Irritierbarkeit" bei Schroer 2001, S. 230. Bei Luhmann „Perturbationen": wechselseitiges Stören, Irritieren, Anregen, Provozieren, Einschränken, Verwirren, Blockieren, Überraschen zur jeweiligen Eigentätigkeit – anstatt: Fremd-Steuern, Determinieren, Austauschen, Übertragen.

schaft auf den Menschen als Ganzheit (Individuum) zugreifen.[63] Trotzdem beeinflussen sich beide Systemtypen gegenseitig.

In der Theoriearchitektur von Luhmann können „Mensch", „Individuum" und „Subjekt" als Begriffe nicht Gesellschaftstheorien begründen. Aus diesem Grunde werden psychische Systeme und soziale Systeme für analytische soziologische Zwecke begrifflich als verschiedene Systemreferenzen scharf voneinander getrennt, indem sie wechselseitig als Umwelt füreinander konzeptualisiert werden.

Die systemtheoretische Auslagerung des empirisch hochkomplexen Einzelmenschen aus dem Gesellschaftssystem ermöglicht es, Operationen des/der Menschen nicht notwendigerweise als gesellschaftliche Operationen ausweisen zu müssen.[64] Dadurch wird auch die Blickrichtung für Analysen möglich, die das Funktionieren von Sozialbeziehungen nicht von Intersubjektivität oder Konsens abhängig betrachten müssen, sondern als Fortsetzung von Kommunikation beobachten können.[65]

2. Indikationenkalkül: Die Unterscheidungslogik als Heuristik zur Relationierung systemtheoretischer Zusammenhänge

Der „Indikationenkalkül" nach Spencer Brown ist ein differenzierungslogisches Instrumentarium, mit dem komplexe begriffliche Zusammenhänge für analytische oder konzeptionelle Zwecke in Wissenschaft und professioneller Praxis unterschiedlicher Fachdisziplinen hergestellt werden können.[66] Er bietet einen methodischen Rahmen für die Erzeugung von Unterscheidungsprozessen und liefert dabei Anlässe, bislang gewohnte Denkmuster und damit verbundene begriffliche Bestimmungen systematisch zu hinterfragen.

Im Rahmen der soziologischen operativen Systemtheorie von Niklas Luhmann hat dieses Instrumentarium einen zentralen Stellenwert.

---

[63] Vgl. Schroer 2001, S. 246.
[64] Vgl. Luhmann 2002b, S. 26 und S. 28.
[65] Luhmann 1998, S. 874.
[66] Siehe Einführungen in die Unterscheidungslogik von Schönwälder-Kuntze u. a. 2009 sowie Lau 2008.

In logischen Schritten kann mithilfe dieser Metatheorie der konstitutive Zusammenhang zwischen dem Prozess des Treffens einer Unterscheidung, dem Hinweisen bzw. Bezeichnen und Benennen sowie dem Entstehen eines Inhalts aufgezeigt und weiterentwickelt werden. Die Pragmatik der Unterscheidungslogik stellt eine Aufforderung dar, als Akteur im professionellen Kontext selbst eigene bzw. neue Unterscheidungen zu kreieren und diese zu gebrauchen, indem Sachverhalte in systematischer Weise anders betrachtet und benannt werden.

Als Ausgangspunkt dient die erkenntnistheoretische Prämisse, wonach nicht nur die Beobachtungen von Dingen und Ereignissen, sondern auch Selbstreflexionen ausschließlich auf der Grundlage der Operation des Treffens von Unterscheidungen und des stets an sie anschließenden Bezeichnens[67] erfolgen können. Erkenntnisse über die Welt und über einen selbst sind niemals vollständig, weil sie als ein Unterscheiden stets eine „Form" bestehend aus zwei Seiten, einer Grenze zwischen diesen beiden Seiten und einem Kontext konstituieren, wobei diese Form notwendigerweise Unterbestimmtheiten und Unbestimmtheiten der Beobachtung enthält.

Beim Unterscheiden und Anzeigen bzw. Bezeichnen wird also zunächst eine Seite in den Blick genommen und die andere wird zumindest aus zeitlogischen Gründen vernachlässigt. Die zwar identifizierbare, aber vorübergehend noch unmarkierte zweite Seite der Unterscheidung ist deshalb zunächst ein „blinder Fleck" bei Beobachtungen, kann dann aber ebenfalls in den Blick geraten und ermöglicht ihrerseits analog zur vorangegangenen Unterscheidung wiederum System-Umwelt-Unterscheidungen.

Als perspektivisch erweiternd im Hinblick auf neue Erkenntnisgewinne kann sich eine Sensibilisierung für das durch jede getroffene Unterscheidung produzierte „Ausgeschlossene" und die sich im Prozess des Unterscheidens mitkonstituierende Grenze zwischen den beiden Seiten der Unterscheidung erweisen. Denn ein jedes Beobachten blendet andere mögliche Sichtweisen, Inhalte, Themen zumindest vorübergehend aus und liefert damit potenzielle Anlässe für neue Unterscheidungen. Es gibt somit keinen festen Ausgangspunkt für Erkenntnisgewinne, keine gesicherten methodischen Anfänge, sondern fortlaufende Herstellungsprozesse aus immer wieder neu vollzogenen Unterscheidungen.

---

[67] Das semantische Umfeld von „Bezeichnen" lässt sich vielfältig entwickeln: Benennen, Verwenden, Gebrauchen, Zuschreiben, Hinweisen, Hervorheben, Aktualisieren, Anzeigen, Andeuten, Konstruieren.

Aus diesem Blickwinkel sind auch Selbstreferenzen keine statischen Wiederholungen, sondern komplexitätssteigernde oder -reduzierende Neuerungen.

Alle wissenschaftlichen und alltäglichen Reflexionen über Gegenstände, Menschen, Ereignisse und Themen beschränken sich nicht auf ein Ordnen von als stabil wahrgenommenen Sachverhalten und Identitäten, sondern erschaffen in ihrem Vollzug unweigerlich gleichermaßen Einheiten und Differenzen. Somit besteht Einheit aus Differenzen, die erst aufeinander bezogen das, was wir als Identität bezeichnen, konstituieren.

Die Differenzierungslogik stellt ein kritisches metatheoretisches Angebot für eine Dekonstruktion des systemischen Lobliedes auf die „Ganzheitlichkeit" dar, insofern diese als Ganzheit im Sinne von Totalität verstanden wird. Sie versteht Identität nicht als Entität, sondern als Ergebnisse (Plural) von vollzogenen Unterscheidungen und somit als beobachterrelative aktiv konstruierte soziale oder psychische Einheiten. Diese sind lediglich fragile momenthafte Zustände, entstanden aus dem Oszillieren zwischen Einheit und Differenz. Jedes Sein („Das, was ist", „Das, was jemand ist") konstituiert sich aus Beobachtungen und Benennungen, die „anderes" (d.h. „Das, was es oder er (noch) nicht ist") ebenfalls – jedoch verdeckt – beinhalten.

Somit setzen auch Fremd- und Selbstbeobachtungen Unterscheidungen und Bezeichnungen voraus, sie konstituieren sich aus Trennungen und erzwingen geradezu den Verzicht auf eine zu erkennende Ganzheit im Sinne von „So, wie es oder jemand wirklich ist". Sehr wohl bleibt jedoch die rechtfertigbare Haltung möglich, dass Ganzheitlichkeit als ethische und ästhetische Perspektive den Menschen ernst nimmt.

Das Instrumentarium der Differenzierungslogik löst das Anfangsproblem in methodischer Hinsicht durch eine Erstunterscheidung, die dann weitere Unterscheidungen nach sich zieht. Unterscheidungen sind also keine in der Realität vorhandenen Sachverhalte, sondern werden faktisch in Alltag und Wissenschaft als solche getroffen. Und: Sie sind zu treffen, um den angenommenen und den empirisch durch Konstruktbildungen erfassbaren „Objekten" überhaupt Identität im Sinne einer Markierung zuschreiben zu können. Unterscheidungen zeigen an, sie weisen hin, sie bezeichnen. Durch diese Hinwendung (ein Eintreten, Einsatz, Anfang, Eintrag)[68] erzeugen sie zwei Seiten einer analytisch gebrauchsfähigen Struktur („Form"): eine zunächst ausgewählte Seite (Innenseite der Form) und

---

[68] Lau 2008, S. 32.

eine zweite Seite, die durch diese Differenzbildung ebenfalls hervorgebracht wird, allerdings als vorerst noch unbestimmtes Sonstiges in zeitlicher Hinsicht erst nachrangig markiert und dadurch beschrieben werden kann (Außenseite der Form). Methodischer Ausgangspunkt, so die Prämisse der Differenzierungslogik, ist nicht Identität und Einheit, sondern ein Akt der Trennung, wodurch ein zugeschriebener Zustand markiert wird und der andere (noch) nicht.[69]

Logisch gleichwertig sind die zu der Zwei-Seiten-Form hinzukommenden Aspekte der Grenze zwischen dem Unterschiedenen sowie ein impliziter Hintergrundkontext, innerhalb dessen dieses Unterschiedene als ein voneinander Verschiedenes sichtbar wird.[70] Auf diese Weise entstehen als Beobachterkonstrukte Systeme im Sinne getroffener System-Umwelt-Unterscheidungen.

Diese legen den Referenzrahmen von Erkennen fest. Dadurch werden stets andere mögliche Beobachterperspektiven (zumindest zu dem aktuellen Zeitpunkt des Erkennens) ausgeschlossen, denn eine Unterscheidung zu treffen und diese gleichzeitig zu beobachten, ist unmöglich.[71] Beobachtung ist nur durch Trennung möglich, Einheiten wahrnehmen zu können erfordert zuvor Unterscheidung. Anders formuliert: Ganzheiten zu erleben, zu postulieren oder begrifflich zu bestimmen, geht in methodischer Hinsicht eine Differenzbildung voraus. In diesem Sinne sind Ganzheiten als solche nicht empirisch beobachtbar, sondern sind konstruierte Einheiten aufgrund von Unterscheidungen.

Der Indikationenkalkül ist ein System von konstruierten Übereinkünften des Hinweisens.[72] Durch das Treffen von Unterscheidungen als Vollzüge des Trennens im Sinne von Hinweisen, Benennen und damit des Hervorhebens werden als Resultat zwei voneinander verschiedene Zustände hervorgebracht, die eine zweiwertige „Form" konstituieren und deren eine Seite markiert wird, während die andere Seite (zunächst) unmarkiert bleibt. Diese Form ist kein stabiles Faktum, sie muss stets in neuen Vollzügen von Unterscheidungen gebildet werden. Somit schreibt eine Form dem Erkenntnisobjekt eine vorübergehende Identität zu. Im Sinne einer Beziehungseinheit entsteht gleichzeitig unter vier Aspekten der zeitlich befristete Beobachtungsgegenstand als das, was er (vorübergehend)

---

[69] Schönwälder-Kuntze u. a. 2009, exemplarisch S. 17, S. 26 und S. 28.
[70] Ausführlich Lau 2008, S. 37, S. 52, S.138 und S. 169 sowie Schönwälder-Kuntze u. a. 2009, S. 49 und S. 61.
[71] Siehe Lau 2008, S. 157 ff.
[72] Siehe Schönwälder-Kuntze u. a. 2009, S. 26 ff.

ist, das, was er nicht ist, die Grenze zwischen diesen beiden unterschiedlichen Seiten sowie der Kontext, in dem sich diese Unterscheidung bildet.[73]

Aus differenzierungslogischer Perspektive wird der stets zeitkritische Faktor aller Beobachtungen deutlich, denn diese vollziehen sich in Alltag, Profession und Wissenschaft als momenthaft aktualisierte psychische oder soziale Systemoperationen und sind auf die eigene Referenz zeit- und sachlogisch (zunächst) unkritisch!

Analytisch gewinnbringend für kritische Systembetrachtungen kann darüber hinaus die Merkmalsbestimmung der Grenze zwischen den beiden Seiten der Unterscheidung sein. Auf diese Weise geraten Bedingungen von Prämissen, Motiven oder von Normen in den Blick und lassen sich erkenntnistheoretisch hinterfragen. Ermöglicht wird im Indikationenkalkül eine Reflexion der Doppelfunktion von Grenzziehungen, indem sie die beiden Seiten der Unterscheidung sowohl trennen als auch aufeinander beziehen und dadurch miteinander „verbinden".[74]

Mit seiner theoretisch äußerst aufwändigen und sich sowohl dem Alltagsverständnis als auch dem subjekttheoretischen Wissenschaftsparadigma widersetzenden begrifflichen Modellierung weist Luhmann in seinen Schriften immer wieder erkenntniskritisch hin auf notwendigerweise im Prozess des unterscheidenden Operierens entstehende Leerstellen der Selbst- und Fremdbeobachtung durch Systeme bzw. von Systemen.

Aus der Perspektive der soziologischen operativen Systemtheorie ist kein übergeordneter Beobachterstandpunkt zur Generierung einer Gesamtsicht möglich. Beobachtungen sind alle Handhabungen des Treffens von Unterscheidungen und Bezeichnungen durch operierende Sinnsysteme, also durch psychische oder soziale Systeme. Beobachtungen sind systeminterne Differenzbildungen und somit stets perspektivisch in den vorgenommenen Selektionen und spezifisch in den gewonnenen Einsichten.

Die Differenzierungslogik arbeitet systematisch mit Codierungen. Dabei ist ein Code eine zweiwertige Leitunterscheidung.[75] In gesellschaftlichen Funkti-

---

[73] Ebenda, S. 42, S. 49, S. 61 und S. 73.
[74] Ebenda, S. 277 und S. 291 f.
[75] Die barre oblique (Schrägstrich /) signalisiert eine Unterscheidung der beiden Seiten, wobei die beiden Seiten insofern zusammen gehören, als sie durch einen gemeinsamen Leitcode aufeinander verweisen.

onssystemen werden Leitunterscheidungen als binäre Codes etabliert, die dazu dienen, diese jeweiligen Funktionssysteme auszudifferenzieren.[76] Die binären Codes sind einfache und invariante Zwei-Seiten-Formen. Die eine Seite hat einen positiven Wert, der als Präferenzwert fungiert und der die Anschlussfähigkeit von Operationen im Funktionssystem vermittelt; die andere Seite der Unterscheidung hat einen Negativwert, der als Reflexionswert die Bedingungen des Präferenzwertes bezeichnet, indem er auf die Nichtselbstverständlichkeit von Anschlüssen aufmerksam macht.

Diese Zwei-Werte-Codierungen können anschließend wiederum unterschieden werden, zunächst auf der derzeit markierten linken Seite und dann anschließend auch auf der rechten Seite.

In der beruflichen Praxis Sozialer Arbeit ist systemisch-unterscheidungslogisches Beobachten ein geistiges Oszillieren zwischen verschiedenen Referenzbereichen wie Auftragszielen, Aktivitäten oder Kundengruppen unter der Fragestellung, welche Aspekte durch die jeweilige Unterscheidung und Benennung eingeschlossen und welche ausgeschlossen werden – sowie darüber hinaus, unter welchen Bedingungen das gerade Ausgeschlossene vielleicht latent wirkt und wie es wiederum in die Betrachtung hinein genommen werden kann. Differenzbildungen sind je nach Anlass und Intention vielfältig möglich.[77]

3. Soziologie der Sozialen Arbeit im Rahmen der operativen Systemtheorie

3.1 Soziale Arbeit als gesellschaftliches Funktionssystem

Soziale Arbeit als Profession kann analog zu anderen Professionen anhand der drei Bereiche Wissenschaft (Forschung), Lehre (Ausbildung) und Praxis (Anwendung) übergreifend analysiert werden.[78] In welchem Verhältnis diese Bereiche zueinander stehen, muss die Soziale Arbeit als Profession selbst entscheiden: Verbindungen, Wechselwirkungen, Vorrangigkeiten oder Spannungsverhältnisse sind von ihr innerhalb ihrer drei Bereiche selbstreferentiell

---

[76] Siehe Luhmann exemplarisch 1994, S. 339 und 1998, S. 750.
[77] Siehe Kapitel 3.2 zur Leitcodierung von Sozialer Arbeit.
[78] Siehe Engelke u. a. 2009, S. 16.

bezogen auf den eigenen Bereich und fremdreferentiell bezogen auf die jeweils beiden anderen Bereiche zu diagnostizieren, zu kommunizieren und zu gestalten.

So legt die Soziale Arbeit selbst ihre Disziplinbezeichnungen fest: Sozialpädagogik mit primärer Referenz auf Bildungspolitik, Sozialarbeit mit primärer Referenz auf Sozialpolitik, Soziale Arbeit als umfassende Fachdisziplin. Sie formuliert Professionsverständnisse mithilfe unterschiedlicher wissenschaftstheoretischer Grundmodelle, sie bestimmt ihre Bezugswissenschaften und erstellt Modelle ihrer Verknüpfung mit diesen Wissenschaften.[79]

Der gemeinsame Gegenstand von Sozialer Arbeit ist dabei stets ihre spezifische gesellschaftliche Funktionsbestimmung mit der Aufgabenstellung der Verhinderung und der Bewältigung von sozialen Problemen auf individueller Einzelfallebene sowie auf kollektiver Ebene von sozialen Gruppen und von Gemeinwesen.

Die Entwicklung der Berufsgeschichte von Sozialer Arbeit lässt sich als Prozess der Vergesellschaftung von sozialer Hilfe vom Almosenwesen bis hin zu einem öffentlichen Funktionsbereich der Sozialpolitik und der Wohlfahrtspflege zur Bewältigung individueller und sozialer Problemlagen mit „äußerer Not" (Mangel an Nahrung, Kleidung, Obdach, Moral, Bildung) sowie „innerer Not" (seelisches Erleiden) nachzeichnen.[80]

Dabei lassen sich zwei geschichtliche Entwicklungslinien von Sozialpädagogik unterscheiden, eine pädagogische auf der einen und eine juristische auf der anderen Seite.[81] Sozialpädagogik hat sich in Deutschland neben Familienerziehung und Schulpädagogik als dritte gleichberechtigte Institutionalisierung von Erziehung und Bildung herauskristallisiert.[82]

Die Ausdifferenzierung von Sozialwesen hin zu einem Gesamtbereich Soziale Arbeit (Wissenschaft, Ausbildung, Beruf) erfolgte parallel mit dem Zusammenwachsen der beiden ehemaligen Säulen Sozialarbeit (Sozialpolitik:

---

[79] Innerhalb ihres Bereiches Forschung z.B. Engelke u. a. 2009, S. 300 ff., die zwölf Wissenschaften benennen.
[80] Siehe hierzu z. B. Bommes/Scherr 2012, S. 30 ff., Sozialarbeit als Armenfürsorge sowie Sozialpädagogik als Armenerziehung und Kinder-/Jugendhilfe; Schilling/Zeller [4]2010, S. 17 ff., S. 43 und S. 82; Staub-Bernasconi 2007. S. 38, Armutsforschung als Wissenschaft von Not und Hilfe.
[81] Staub-Bernasconi 2007, S. 75 f.
[82] Ebenda, S. 104 f.

organisierte Sicherungsleistungen) und Sozialpädagogik (Bildungspolitik: organisierte Erziehungsleistungen). Für die Sozialarbeit als Erwachsenenfürsorge waren Soziologie, Psychologie und Recht die Leitwissenschaften; für die Sozialpädagogik als Jugendfürsorge war es die Erziehungswissenschaft.[83]

Soziale Arbeit wurde zu einem Sammelbegriff infolge einer Expansion sozialer Berufe mit einer Vervielfältigung von Arbeitsfeldern, in denen ein organisiertes breites Leistungsangebot für sehr unterschiedliche Adressatengruppen bereitgestellt wird. Dabei referiert Soziale Arbeit auf Gesellschaft als Zusammenhang der Erzeugung sozialer Probleme mit der Zielsetzung, gelingendes individuelles und kollektives Leben zu ermöglichen.

Die Ausdifferenzierung von Sozialer Arbeit ist verbunden mit der Erweiterung von Adressatenkreisen, mit der Verwissenschaftlichung, mit der Erweiterung von Arbeitsformen und Methoden und mit der Ökonomisierung ihrer Disziplin. Stets erhalten geblieben ist indes das Selbstverständnis von Sozialer Arbeit als moralisch engagierte Profession mit der Zielsetzung, soziale Ungleichheit und die mit ihr verbundenen Nöte von Einzelnen und Gemeinschaften zu beseitigen.

Soziale Arbeit reflektiert, artikuliert und verbindet Gemeinschaftsinteressen mit Interessen von Einzelmenschen und Gruppen.[84] Sie identifiziert, formuliert quantifizierend und qualifizierend in ihrem professionellen Handeln soziale Bedarfs- und Notlagen, indem sie politisch legitimiert mit dem Einsatz öffentlicher Mittel am Schnittpunkt von Zivilgesellschaft und Staat operiert.

Die gesellschaftliche Funktionsbestimmung von Sozialer Arbeit lässt sich in zweigliedriger Ausrichtung einerseits integrativ als professionelle „Anpassungshilfe und Überwindung psychosozialer Notstände"[85] und andererseits kritisch-dialektisch als „distanziertes Verhältnis zur Identität des gesellschaftlichen Sozialsystems"[86] beschreiben.

Für systemtheoretisch-kritische Betrachtungen verdeutlicht der erstgenannte Ansatz strukturell bedingte Überforderungen infolge der Komplexität und Diffe-

---

[83] Vgl. ebenda, S. 116 und S. 134 ff. Staub-Bernasconi spricht von der Konvergenz der historischen Traditionslinien Sozialarbeit (materielle Hilfen, Verwaltung) und Sozialpädagogik (außerschulische Erziehung und Bildung), S. 153.
[84] Schumacher 2007, S. 68-73.
[85] Harney 1975, S. 107.
[86] Ebenda, S. 108.

renzierung sozialer Systeme, der zweitgenannte Ansatz reflektiert die strukturellen Verursachungsanteile von sozialen Defiziten und Abweichungen.

Die Funktion von Sozialarbeit kann nach dieser Unterscheidung nicht lediglich mit Hilfe gleichgesetzt werden; sie ist weitreichender innerhalb von Organisationsstrukturen und Programmen „als organisierte Beseitigung psychosozialer Funktionsmängel"[87] in der Nachfolge von Armenpflege und Fürsorge anzusehen, institutionalisiert als Bedarfsausgleich. Dabei hat Soziale Arbeit ein „Eigeninteresse als organisiertes Dienstleistungssystem"[88].

Die Anspruchsbindung der Sozialen Arbeit geschieht durch Organisationen, wobei Hilfeleistungen immer an Ansprüche gebunden sein müssen, damit deren Form überhaupt wirksam werden kann. Die Programmatik der Sozialen Arbeit ergibt sich aus der aktuell zu verzeichnenden Notlage. Aus dieser formuliert Soziale Arbeit ein Angebot, um ausgeschlossene Adressen an wichtige Funktionssysteme heranzuführen.[89]

Soziale Arbeit lässt sich erst dann als ein primäres gesellschaftliches Funktionssystem beschreiben, wenn sie die Relevanz von sozialen Hilfeleistungen selbst entscheiden und bestimmen kann. Hierzu muss sie autorisiert und fähig sein, mit eigenen Mitteln zu entscheiden, was als Hilfeanspruch anerkannt wird.

Luhmann prognostizierte 1998, dass sich ein neues „sekundäres Funktionssystem" bilden könnte, das sich mit den Exklusionsfolgen der fortschreitenden gesellschaftlichen Ausdifferenzierung befasst.[90] Demnach wäre Soziale Arbeit (noch) kein primäres gesellschaftliches Funktionssystem, weil es durch eine sehr hohe politische und wirtschaftliche Ressourcenabhängigkeit gekennzeichnet ist und verstreut auf den gesellschaftlichen Systemebenen Organisationen und Interaktionen als Sozialsystem operiert.

Eine Soziologie der Sozialen Arbeit geht der Fragestellung nach, auf welche gesellschaftlichen Phänomene Soziale Arbeit bezogen ist bzw. wie diese gesellschaftlich als Form des Helfens durch rechtliche, politische und moralische „Verankerung" von Normen ermöglicht wird.[91]

---

[87] Ebenda, S. 110.
[88] Ebenda, S. 113.
[89] Maaß 2009, S. 72.
[90] Luhmann 1998, S. 633.
[91] Siehe Bommes/Scherr 2012, S. 12 f.

Die Aufgabe einer soziologischen Theorie der Sozialen Arbeit besteht in der Analyse sozialer Strukturen und Prozesse, die als Bedingungen vielfältiger Formen von Hilfebedürftigkeit und von Leistungen Sozialer Arbeit als Organisations- und Interaktionsgeschehen fungieren.[92] Dabei muss die Soziale Arbeit selbst festlegen, was Hilfe bedeutet, unter welchen Bedingungen geholfen wird und welche Art von Hilfe geleistet wird.[93]

Die Adressaten von Sozialer Arbeit werden als hilfsbedürftige Fälle sozial konstruiert im Rahmen politischer, rechtlicher und ökonomischer normativer Voraussetzungen. Hilfsbedürftigkeit wird als Hilfsberechtigung an bestimmte Personen adressiert, wodurch Hilfe als sozial erwartbare organisierte Hilfe in Funktionskontexten von Institutionen sich von individueller Hilfsbereitschaft unterscheidet.[94]

Die Selbstreferenz des Systems Soziale Arbeit operiert ausschließlich im Modus Kommunikation von Ansprüchen[95] und die Funktion des limitierenden Mediums *Anspruch* besteht dabei im In-Aussicht-Stellen von Erfolgen der Kommunikation im Rahmen rechtlich begründeter Forderung nach Leistung.[96]

Soziale Arbeit bearbeitet ausschließlich spezifische gesellschaftliche Ungleichheitslagen.[97] In diesem gesellschaftlichen Funktionszusammenhang hat die Soziale Arbeit die (selbst-)kritische Frage nach dem Verhältnis von Nachfragen, (berechtigten) Ansprüchen und Leistung zu stellen.[98] Die Kernfrage, wer wann auf was Anspruch hat, wird von den Organisationen der Sozialen Arbeit unterschiedlich eingeschätzt. Dabei sind aufgabenbezogene ethische Entscheidungskonflikte im Spannungsfeld Hilfe/Kontrolle und Klienteninteresse/ Wirtschaftlichkeit zu lösen.

Ausgangsfragestellung von Sozialer Arbeit ist in systemtheoretischer Perspektive im Anschluss an Luhmann die Erwartbarkeit von Hilfe und deren Sicherung spezialisierter Leistungen durch bestimmte Formen.[99] Entscheidbar werden solche Leistungen aufgrund der Legitimation von Sozialer Arbeit durch

---

[92] Ebenda, S. 17 f.
[93] Ebenda, S. 50.
[94] Ebenda, S. 112 f.
[95] Maaß 2009, S. 111.
[96] Ebenda, S. 125.
[97] Ebenda, S. 175.
[98] Ebenda, S. 126 f.
[99] Siehe Dallmann 2007, S. 59.

spezifische Konditionalprogramme, die soziale Hilfebedürftigkeit in „Fälle" transformieren und damit auch ausschließend Nicht-Hilfe für Nicht-Fälle im professionellen Rahmen Sozialer Arbeit begründen.

Da Soziale Arbeit in ihrer professionstypischen Funktionsambivalenz Hilfe/Kontrolle von ihren Adressaten entweder unterstützend oder einmischend erfahren wird, bietet sich eine Leitunterscheidung Helfen/Nicht-Helfen an.[100]

3.2 Die Leitcodierung Sozialer Arbeit: Soziale Hilfe

Bei einer Vielzahl von Definitionen der Sozialen Arbeit[101] wird als übergreifendes Merkmal ihrer Funktionsbestimmung die gesellschaftlich legitimierte und organisierte soziale Hilfe im Hinblick auf Integration und Befähigung benannt. Dabei sind die Ansprüche an Bedarfsausgleiche leistungsgebunden[102], wobei für die Programmatik der bedingten Hilfe Sozialer Arbeit eine aktuelle Notlage relevant ist. Differenzierungslogisch formuliert ist die Leitunterscheidung Anspruch/Leistung Voraussetzung für professionelle soziale Hilfe.[103] Sie begründet die Unterscheidung *Helfen/Nicht-Helfen*, in der Praxis der Sozialen Arbeit codiert als *Fall/Nicht-Fall*.

Soziale Hilfe ist aus dem soziologischen Blickwinkel der operativen Systemtheorie in erster Linie Sicherstellung der eigenen Fortsetzbarkeit. Auf deren Grundlage erfolgen Zweckbestimmungen, die von Organisationen der Sozialen Arbeit selbst festgelegt werden.[104]

Soziale Arbeit als ein gesellschaftliches Funktionssystem ausweisen zu können, erfordert einen eindeutigen *binären Code* herauszuarbeiten, durch den sie sich nachweislich konstituiert, und mittels dem sie ihre Umwelt beobachtet.[105] Unterschiedliche Codierungsversuche für Soziale Arbeit sind möglich: *Fall/Nicht-Fall, Bedürftigkeit/Nicht-Bedürftigkeit, Hilfe/Nicht-Hilfe*.

Eine Überprüfung der Codierung ist theoretisch und empirisch notwendig.[106] Kriterien für ihre Angemessenheit ist deren Fähigkeit zur Strukturierung der

---

[100] Vgl. Schumacher 2007, S. 54.
[101] Siehe Maaß 2009, S. 8 und S. 9 Fußnote.
[102] Ebenda, S. 91 ff.
[103] Ebenda, S. 96 ff.
[104] Ebenda, S. 153.
[105] Merten 2005, S. 45.
[106] Ebenda, S. 46.

systeminternen Kommunikation.[107] Hierzu muss die Codierung notwendigerweise hochgradig abstrakt und generalisierungsfähig sein, um der gesamten Bandbreite von Aktivitäten gerecht zu werden.[108] Diesem Kriterium entsprechend ermöglicht der Code *Hilfe/Nicht-Hilfe* eine hohe Variabilität von Programmen des Helfens in sachlicher, sozialer und zeitlicher Hinsicht.[109]

Die für die Praxis Sozialer Arbeit grundlegende Leitunterscheidung *Unterstützung/Kontrolle* markiert eine spannungsreiche, zumindest eine ambivalente Herausforderung für die funktionsspezifische gesellschaftliche Leistungserbringung soziale Hilfe zwischen den beiden Polen Dienstleistung auf der einen und Eingriff auf der anderen Seite.

Dabei ermöglicht die Codierung *Helfen/Nicht-Helfen* weitere Unterscheidungen von sozialer Hilfe im Hinblick auf Voraussetzungen und Selektionsformen der Leistungserbringung. So kann die eine Seite der Unterscheidung, nämlich soziale Hilfe, ihrerseits wiederum unterschieden werden zum Beispiel in *Hilfe/Mithilfe*. Durch eine solche Unterscheidung können Beobachtungs- und Handlungsperspektiven unter verschiedenen beteiligungsorientierten Gesichtspunkten von Gegenleistung, Forderung, aber auch von Ermöglichung zunehmender Autonomie systematisch in den Fokus genommen werden.

Eine weitere Unterscheidungsmöglichkeit von sozialer Hilfe wäre *(bedingte) Hilfe/Hilfe zur Selbsthilfe*; wobei die zweite Seite dieser Unterscheidung, nämlich *Hilfe zur Selbsthilfe* unter ermöglichungspädagogischen systemischen Gesichtspunkten für sich wiederum unterschieden werden kann in *Hilfe zur Selbsthilfe/Hilfe zur Hilfe*.

Schritte zur Entwicklung von sozialer Hilfe (*idealtypisch*):

Soziale Hilfe	*für* Einzelne und Gruppen
Hilfe zur Selbsthilfe	*mit* Einzelnen und Gruppen für diese
Hilfe zur Hilfe	*von* Einzelnen und Gruppen für andere

---

[107] Ebenda, S. 47.
[108] Ebenda, S. 48.
[109] Ebenda, S. 51.

Dieses Modell kann hilfreiche Hinweise geben, um die Möglichkeiten der Teilhabe und der Beteiligung von Menschen, die als Fälle legitimiert Unterstützung erhalten, nicht vorschnell gedanklich zu begrenzen. Darüber hinaus kann es aber auch zu selbstkritischen Überlegungen bezüglich des eigenen Anspruchs als professionell Helfende sowie der Erwartungen an die Leistungsfähigkeit der Klienten anregen.

Zu einer (selbst)kritischen Sozialen Arbeit gehört eine Problematisierung des Prinzips Hilfe zur Selbsthilfe: Wo sind die Kompetenzen und Ressourcen bei den professionell Helfenden? Werden die Motivationen und Fähigkeiten der Adressaten von Sozialer Arbeit überschätzt?[110]

Die Leitcodierung von Sozialer Arbeit *soziale Hilfe/soziale Nicht-Hilfe* ermöglicht differenzierungslogisch durch den Wiedereintritt der zweiten Seite der Unterscheidung – der sozialen Nicht-Hilfe – in die Form eine Erweiterung von Beobachtungsperspektiven. So kann Nicht-Hilfe im Effekt als hilfreich erkannt werden im Sinne von erfolgter Hilfe durch Nicht-Hilfe. Der gleiche Perspektivenwechsel gilt für die Beobachtung der ersten Seite der Unterscheidung, denn geleistete Hilfe kann sich in ihren Folgen durchaus auch als nicht hilfreich erweisen.

Für die Gegenstandsbestimmung von Sozialer Arbeit im Hinblick auf die Funktion ihrer gesellschaftlichen Leistungserbringung erweist sich die begriffliche Differenzierung von „sozialer Hilfe" als unabdingbar. Hierzu gehört z.B. die Unterscheidung *sozial/nicht-sozial*, die ihrerseits durch den Wiedereintritt der zweiten Seite der Form des Nicht-Sozialen in das Soziale zahlreiche Anschlussunterscheidungen nahelegt: soziale Hilfe (im engeren Sinne interaktions- bzw. kollektivbezogene Angebote) unterschieden von psychologischer Unterstützung (geistig und seelisch, verhaltensbezogen), oder unterschieden von materieller Versorgung (mit Wohnraum, Gütern), vielleicht auch von körperlicher Versorgung (mit Lebensmitteln oder Medikamenten).

Durch differenzierungslogische Beobachtungsperspektiven können psychologische oder materielle Hilfen in strukturierter Weise entweder in die soziale Leistung konzeptionell einbezogen werden oder aus dieser ausgeschlossen werden. Mit Hilfe des Instrumentariums der zweiwertigen Codierung kann Soziale Arbeit ihr Profil als Profession schärfen, weil sie auf unterschiedlichen Ebenen

---

[110] Siehe hierzu Hill u. a. 2012, S. 14-19.

(z.B. moralisch, pädagogisch, wirtschaftlich) ihre getroffenen Ein- und Ausschließungen sprachlich präzise begründen und rechtfertigen kann.

4. Systemtheoretische Begriffsbestimmungen als Theorieangebote für eine kritische Soziale Arbeit

4.1 Kritik

Im *alltäglichen* Wortgebrauch versteht man Kritik als die sich von einem Etwas distanzierende Reaktionsweise (Haltung oder Urteil) im Hinblick auf einen festgestellten bzw. unterstellten Mangel, ein Fehlen oder auf eine Diskrepanz zwischen Sein und Sollen.

In dieser Ablehnung von Gedachtem oder Bestehendem, dem Bezweifeln von Richtigsein oder Berechtigung sowie einem Nicht-für-richtig-Halten oder einem Nicht-für-gut-Heißen besteht zumindest ein impliziter Anspruch auf Veränderung im Sinne von Verbesserung oder Überwindung. Zur Semantik von Kritik gehören in diesem Sinne Skepsis, Zweifel und Misstrauen, die ein In-Frage-Stellen von Behauptungen, Handlungen sowie von deren Resultaten und von strukturellen Gegebenheiten nach sich ziehen. Referenzbereiche von Kritik über Reflexionen im Alltagsleben hinaus konstituieren sich als Konnotation von Kritik mit Unterscheiden und mit Beurteilen z.B. in Diskursen von Erkenntnis, Moral oder Politik bezogen auf Strukturen, Prozesse oder Ergebnisse.

In *philosophischen* Zusammenhängen ist Kritik eine rechtfertigungsfähige Form des Wissens, ein Hinterfragen von Aussagen und Wahrheiten, ein Reflektieren von Möglichkeitsbedingungen und damit von Grenzen der Erkenntnis. Sozialwissenschaften versuchen, in einem solchen Horizont von wissenschaftstheoretischen Voraussetzungen herauszufinden, auf welchen Erkenntnissen, Denkweisen und Gewohnheiten die akzeptierte gesellschaftliche Praxis beruht.

Kritik kann zudem auch in Form von *soziologischer Gesellschaftskritik* als zu aktualisierende Praxis des methodisch geleiteten Hinterfragens von Bedingungen und Strukturen der Macht- und Herrschaftsverhältnisse sowie von (scheinbaren) gesellschaftlichen Selbstverständlichkeiten, Notwendigkeiten und Unveränderbarkeiten oder von Widersprüchen verstanden werden. Dabei nimmt sie die Verhältnisse von Produktion, Konsum, Verständigung und Anerkennung ins Blickfeld ihrer Analysen.

In der *soziologischen operativen Systemtheorie* verwirklicht sich Kritik im bewussten Erkunden von Latenzen und Kontingenzen, die wissenschaftliche und außerwissenschaftliche Beobachtungen zwangsläufig erzeugen.[111] Danach erfordern kritische Systemreflexionen einen aufmerksamen Umgang mit Unsicherheiten und Unterbestimmtheiten durch multiperspektivische Selbstbeobachtungen im Hinblick auf Möglichkeiten und Risiken der Selbsterhaltung und der Aufgabenerfüllung (Organisationen) sowie der Funktionen der Leistungserbringung (Funktionssysteme).

Als Aufzeigen alternativer Deutungen wird Kritik *erkenntnistheoretisch* begründet durch die Beobachtungsrelativität jedweder Sinnzuschreibungen und methodisch umgesetzt wird sie mittels eines Instrumentariums von System-Umwelt-Unterscheidungen.

In *methodischer* Hinsicht ist Kritik zunächst implizit durch die Technik des Unterscheidens präformiert; denn durch Differenzbildungen geraten manche Phänomene in das Blickfeld, andere wiederum werden notwendigerweise gerade dadurch ausgeblendet. Mit diesem Vorwissen um die unabdingbare Erzeugung „blinder Flecken" als Folge jeder Unterscheidung wird Kritik dann explizit, wenn bisherige Unterscheidungen zunächst als solche benannt und in ihren Konsequenzen beschrieben werden, und wenn sie daran anschließend zum Anlass genommen werden, nach alternativen Wahrnehmungen, Kategorisierungen oder Deutungen und Vergleichen zu suchen.

In der *soziologischen operativen Systemtheorie* artikuliert sich Kritik als Differenzbildungen bei der Formulierung von theoretischen Vorannahmen sowie der Formulierung von Zielen und Ergebnissen empirischer Beobachtungen. Diese Differenzbildungen sind Operationen von Unterscheiden und Bezeichnen, die ihrerseits in diesem Vollzug durch sie selbst zumindest vorübergehend nicht beobachtbare Leerstellen produzieren.

Eine „soziologische Aufklärung" im Sinne Luhmanns schuldet diesen nicht steuerbaren Effekten von Operationen eine soziologisch-skeptische Abgeklärtheit gegenüber Konzepten der Einheit von Vernunft und ihrer Geltungskriterien, der Möglichkeit von erkenntnis- und wissenschaftstheoretischen Letztbegrün-

---

[111] Luhmann 1998, S. 1119.

dungen, der Einheit von guter Absicht und guten Folgen sowie einem Glauben an eine hohe Wahrscheinlichkeiten von Konsens in Interaktionen.[112]

Eine kritische Beschreibung der Gesellschaft impliziert in soziologisch-systemtheoretischer Perspektive auch eine Kritik ihrer Kritik und somit ihrer selbst- und fremdreferenziellen Möglichkeiten und Begrenzungen.

In diesem Sinne hat Kritik die Funktion einer gesellschaftlichen Selbstalarmierung aufgrund der Einsicht, dass Gesellschaft (Plural) über keine zentrale Repräsentationseinheit (Singular) verfügt, aus deren Einheitsschema sich soziale Normen, Werte und Moral als allgemeingültige Handlungsprinzipien ableiten ließen, bzw. auf welche diese Ableitungen akzeptierend oder ablehnend zurückgespiegelt werden könnten.

Eine Soziologie der Kritik stellt dabei *eine* mögliche Beobachtungsweise von Praxen des Kritischen innerhalb der gesellschaftlichen Funktionssysteme mit ihren jeweils spezifischen Codierungen und Programmen dar.

Während Gesellschaftskritik im Rahmen der Kritischen Theorie als Ideologiekritik in Form der Analyse von Widersprüchen innerhalb einer als Einheit gedachten Gesellschaft formuliert wird, ist Gesellschaftskritik im Rahmen der soziologischen operativen Systemtheorie Teilsystem-Kritik in Form einer Herausarbeitung der Verschiedenheit von Differenzbildungen sozialer Funktionssysteme. Diese geschieht mittels spezifischer Leitunterscheidungen im Vergleich mit anderen sozialen Funktionssystemen innerhalb einer als polikontextuell gedachten Gesellschaft.[113]

Das kritische Potenzial der operativen Systemtheorie wird mit den Mitteln der Differenzierungstheorie zum Ausdruck gebracht. Durch dieses Instrumentarium lassen sich gesellschaftliche Missstände systematisierend in ihren strukturellen Vorgaben, in ihren Vollzügen und in den Folgen der jeweiligen selbst- und fremdreferenziellen Operationsweisen, Eigenlogiken und Eigendynamiken sowie deren strukturellen Kopplungen mit anderen sozialen Systemen sowohl für gesellschaftliche Funktionssysteme, als auch für Organisationen identifizieren.

Gesellschaftliche Krisen und Defizite sind mit einem solchen Ansatz nicht als eine allgemeine Gesellschaftskritik formulierbar, sondern als kritische Identi-

---

[112] Vgl. auch Elke Wagner in Luhmann Handbuch 2012, S. 428-431.
[113] Vgl. Hünersdorf 2013, S. 170 Gesellschaftsveränderung vs. Gesellschaftsanalyse.

fikation von Störungen der Selbstregulationen von Systemen und der Probleme bei strukturellen Kopplungen mit anderen Systemen. Die Kernfrage einer theorieimmanenten Kritik lautet: An welche Adresse kann sich Kritik überhaupt richten, wenn die funktional differenzierte Gesellschaft nicht mehr durch das Vorhandensein einer vertikalen Ordnung verbindliche Regulierungen auf der Grundlage gesamtgesellschaftlich gültiger Rationalitätsformen durchsetzen kann?

Zur Beantwortung dieser Frage sind Beobachtungen notwendig, die unterschiedliche Systemrationalitäten auf ihre innere Stimmigkeit hin überprüfen und dabei schauen, ob diese sich funktionsbezogen bewähren. Hinterfragt werden unterschiedliche gesellschaftliche Funktionen und infolgedessen auch unterschiedliche Selbst- und Fremdbeschreibungen sozialer Systeme, deren Defizite in der Leistungserbringung für andere soziale Systeme sowie Widersprüche und Blockaden in den strukturellen Kopplungen und im rekursiven Zusammenspiel mit Belastungsfolgen für soziale Systeme.

Als Hintergrundfolie für solche teilsystembezogenen soziologischen Reflexionen durch die Soziale Arbeit dienen die disziplinspezifischen Referenzen auf soziale Ungleichheit, psychosoziale Nöte und Einschränkungen bezüglich gesellschaftlicher Teilhabe von Einzelnen und Gruppen oder allgemein gesprochen Bedarfe nach sozialer Hilfe.

Nach dem differenzierungslogischen Kriterium des Wiedereintritts einer Unterscheidung in die Unterscheidung geht die soziologische operative Systemtheorie davon aus, dass eine Gesellschaftstheorie auch sich selbst als Teil der Gesellschaft reflektieren muss.

4.2 Moral

In der systemtheoretisch-operativen Perspektive nimmt eine soziologische Reflexionstheorie keine substanzielle, sondern eine funktionale Betrachtungsweise von Moral in der Gesellschaft ein.[114] Konzeptionell lässt sich Moral als soziales Medium in der Form von moralischer Kommunikation beschreiben. Codiert durch die Werte *Achtung/Nicht-Achtung (bzw. Missachtung), gut/böse* oder *gut/schlecht* wird moralische Kommunikation sozial strukturiert.[115] Dies geschieht im Rahmen der selbstgesteuerten spezifischen Logik der Leistungser-

---
[114] Siehe Luhmann 2008b.
[115] Vgl. Dallmann 2007, S. 61 ff.

bringung von gesellschaftlichen Funktionssystemen. Deren wechselseitigen Leistungen werden im jeweiligen eigenen Systemcode als solche formuliert und umgesetzt, wobei die jeweiligen Funktionssysteme unter ihren spezifischen Bedingungen auf den Moralcode zurückgreifen. Moral wird in diesem Sinne verstanden als eine Kommunikationsweise innerhalb gesellschaftlicher Teilsysteme.

In der derzeitigen funktional hoch differenzierten Gesellschaft hat weder eines der Funktionssysteme noch ein übergeordnetes System „Gesamtgesellschaft" die Möglichkeit oder die exklusive Aufgabe, für Teilsysteme oder Gesamtgesellschaft moralische Beurteilungsschemata bereit zu stellen, oder diese gar übergeordnet verpflichtend festzulegen. Gesellschaft lässt sich deshalb nicht mehr als durch Moral integriert beschreiben.[116] Auch Politik und Religion sind nicht in der Lage, Moral zu universalisieren. Denn die Werte der verschiedenen Funktionssysteme sind keine moralischen Werte in der Codierung *gut/schlecht* bzw. nicht mit diesen gleichsetzbar.[117] Somit ist auch keine moralische Integration der Gesellschaft erreichbar.

Ein Rückgriff auf Moral geschieht dann, wenn die spezifischen Funktionscodes in den einzelnen gesellschaftlichen Funktionssystemen in zerstörerischer Weise in den Systemen selbst oder durch massive Störungen aus ihrer Umwelt gefährdet werden. Funktionalistisch betrachtet wird auf das Medium *Moral* deshalb referiert, um die systeminterne Organisation durch Vertrauen sicher zu stellen.[118]

Jedes gesellschaftliche Funktionssystem, auch die Soziale Arbeit, reflektiert selbstreferenziell und fremdreferenziell in einer systemspezifisch eigenen Operationsweise seinen Moralgebrauch. Denn bislang hat sich kein Funktionssystem Moral herausgebildet, das mit exklusiven Formen achtungsbezogener Leistungserbringung für andere Funktionssysteme dienen könnte, so dass notwendigerweise mehrere Moralen parallel vorfindbar sind.

Moral zirkuliert als Kommunikationsweise gesellschaftsweit, ohne sich selbst als Teilsystem ausdifferenzieren zu können.[119] Sie ist in kein Funktionssystem und auch sonst in kein gesellschaftliches Teilsystem als exklusive Aufgabe der Leistungserbringung eingebunden. Moral kann jedoch gesellschaftliche

---

[116] Luhmann 2008b, exemplarisch S. 166 und S. 217.
[117] Ebenda, S. 167.
[118] Ebenda, S. 334.
[119] Ebenda, S. 336.

Funktionssysteme wie Politik, Wirtschaft, Recht oder Wissenschaft und die anderen sozialen Systemtypen, nämlich Organisationen und Interaktionen, irritieren, da diese jeweils in hochspezifischer Weise im Rahmen ihrer gesellschaftlichen Leistungserbringung auf Moral angewiesen sind.

4.3 Macht

Macht wird in der operativen Systemtheorie als ein in sozialen Systemen zirkulierendes Medium aufgefasst, das die Möglichkeit schafft, mit Kontingenz produktiv umzugehen.[120] Alle sozialen Systeme erzeugen jenseits von Kausalitäten und von Intentionen beteiligter Personen interne Ungewissheiten und Unterbestimmtheiten und damit Macht. Die analytischen Potenziale eines sozialen Machtkonzepts, das ohne Kausalitätsvoraussetzungen formuliert ist, ermöglichen einen Blick auf die Strukturen wechselseitiger Präferenzen von Machthabern und von Machtadressaten. Denn Macht funktioniert nur dann, wenn beide Akteure die Vermeidungsalternative, nämlich das, was der Machthaber nicht zu realisieren wünscht, kennen – und beide Seiten diese auch vermeiden wollen.[121]

Betrachtet man Machtrelationen zwischen Personen oder zwischen Institutionen als wechselseitig aufeinander verweisende Beziehungen, die grundsätzlich von beiden Seiten wahrgenommen und reflektiert werden, dann können auch Abgleichungs- und Abstimmungsprozesse als Aushandlungen zwischen den Beteiligten beobachtet werden. Hierzu gehören beispielsweise reziproke Interaktionsverhältnisse zwischen Helfenden und ihren Klienten. Die Machtverhältnisse können sehr unterschiedlich ausbalanciert werden, je nachdem ob die Adressatengruppe der sozialen Hilfe auf eigene Initiative hin oder aufgrund externer Sanktionsandrohungen die Leistungen Sozialer Arbeit annimmt. Wenn Soziale Arbeit ihr Ausloten zwischen Hilfe und Kontrolle unter dem Gesichtspunkt von Normalisierungsmacht reflektiert, dann werden die Möglichkeiten und Grenzen des professionellen Handelns konkretisierbar. Neben den strukturellen Rahmenbedingungen geraten dadurch die Zuschreibungen der beteiligten Akteure sowie deren jeweilige Verantwortlichkeiten bei der Rechtfertigung, Konstituierung, beim Gebrauch und Missbrauch und bei der Aufrechterhaltung von Macht ins

---

[120] Siehe Luhmann 2002a, insb. S. 18-27 und S. 47.
[121] Ebenda, S. 47.

Visier. Ein systemischer Blick regt dazu an, zirkulär die Zuschreibungen der jeweils anderen Beteiligten zu bedenken.

Ein Desiderat für die Weiterentwicklung des Machtbegriffs innerhalb der soziologischen operativen Systemtheorie besteht darin, Macht als gesellschaftliches Medium unter funktionalistischen Gesichtspunkten präzise in Abgrenzung zu konkreten Interaktionen zu analysieren und dabei auch die Unterscheidung *Macht/Ohnmacht* zu treffen.

Eine an die soziologische operative Systemtheorie anschlussfähige Machttheorie müsste Quellen, Mittel und Prozesse von Macht systematisch innerhalb der unterschiedlichen gesellschaftlichen Systemtypen Funktionssysteme, Organisationen und Interaktionen herausarbeiten, ebenso wie deren strukturelle Kopplungen mit den Motiven psychischer Systeme. In kritisch-soziologischer Perspektive wäre aus dem Blickwinkel der Sozialen Arbeit dabei neben einer machtkritischen Beobachtung der Produktion gesellschaftlicher Ungleichheiten auch der produktive Nutzen von Machtstrukturen für gesellschaftliche und für psychische Systeme in die systemtheoretischen Analysen einzubeziehen.

4.4 Soziale Inklusion

Der Begriff Inklusion steht allgemein für die Ermöglichung von Teilhabe am sozialen Leben im Sinne von Zugehörigkeit und dem damit verbundenen Abbau von Zugangsbarrieren. Als Menschenrecht postuliert Inklusion die Einbeziehung aller Menschen als vollwertiges Mitglied in die Gesellschaft durch eine vorbehaltlose Anerkennung von Verschiedenheit und von Gleichheit. Im Sinne von Statusgleichheit und Gleichbehandlung sind gesellschaftliche Teilhabemöglichkeit und selbstbestimmtes Leben ein Grundrecht für alle Menschen. Inklusion impliziert eine Akzeptanz und Unterstützung von Vielfalt und von Unterschieden menschlicher Denk- und Handlungsweisen sowie die Wertschätzung individueller Bedürfnisse.

Gesellschaftliche Teilhabe bezieht sich auf finanzielle Mittel, Erwerbsarbeit, Bildung, medizinische Versorgung, Wohnunterkunft, auf Entscheidungen bezüglich der eigenen Lebensführung sowie auf politische Beteiligung und auf soziale Anerkennung.

In der funktional differenzierten Gesellschaft wird Inklusion durch die jeweiligen Funktionssysteme geregelt.[122] Inklusion/Exklusion ist eine jeweils systeminterne Unterscheidung zur Bestimmung von Teilhabe.[123] Es gibt keine ausschließende Teilsysteminklusion mehr für Einzelmenschen.[124] Stattdessen findet innerhalb von Funktionssystemen eine Fluktuation von kommunikationsbezogenen Einschlüssen und Ausschlüssen statt. Inklusion fungiert somit als ein Metacode zur Beschreibung der Teilhabe von Menschen an gesellschaftlichen Systemen, jedoch lediglich mit den jeweils „funktionsrelevanten Ausschnitten ihrer Lebensführung"[125].

In der funktional differenzierten Gesellschaft gibt es keine Vollinklusion in soziale Systeme wie Familie, Verwandtschaft oder Stand. Es gibt allerdings auch keine Vollexklusion aus der Gesellschaft als ganzer. Exklusion kann aus Organisationen geschehen, aus der Kommunikation von Funktionssystemen, nicht jedoch aus den Funktionssystemen selbst. Exklusion ist kein statisches Ausschließen, sondern wird vollzogen in Interaktionsbeziehungen durch Entziehung von relevanten Berechtigungen. Rollenbezogen gibt es verschiedene Formen und Grade von Inklusion und Exklusion, z.B. als Konsument, Produzent, Lernender oder Patient.

Nach Luhmann besteht die Gefahr einer sich entwickelnden globalen Supercodierung *Inklusion/Exklusion*. Daran schließt sich für die Soziale Arbeit die Frage an, welche Bereiche funktionaler Differenzierung zu weitrechenden Ausschließungen führen. Es existieren unterschiedliche Exklusionsregeln in den jeweiligen Funktionssystemen, die ebenfalls unterschiedliche Effekte erzeugen.

Benachteiligungen durch unterschiedliche Lebenschancen entstehen auch als Nebenprodukt des rationalen Operierens der einzelnen Funktionssysteme, insbesondere der Systeme Wirtschaft und Erziehung.[126] So werden Unterschiede der Kreditwürdigkeit, der Arbeitsfähigkeit oder von Begabungen für soziale Differenzierungen genutzt. Luhmann drückt dies drastisch aus, wenn er darauf verweist, dass Geld und Bildung eine „perverse Selektivität"[127] entfalten. Möglich

---

[122] Luhmann 2008a, S.232.
[123] Ebenda, S. 244.
[124] Ebenda, S. 241.
[125] Merten 2005 zu Luhmann ,S. 43 Fußnote. Frage der Leitdifferenz Inklusion/Exklusion wie bei Luhmann oder Inklusion/Nicht-Inklusion wie bei Merten (2005, S. 43.)
[126] Luhmann 1998, S. 774.
[127] Ebenda, Fußnote.

sind dabei Verkettungen von Exklusionen trotz (oder gerade wegen!) der operativen Geschlossenheit von Funktionssystemen.

Das Vorhandensein von Interdependenzen zwischen Inklusion und Exklusion wirft nicht zuletzt in der Sozialen Arbeit die unterscheidende Frage nach vorteilhaften und nach problematischen Inklusionen auf, wenn mit der Ermöglichung von Teilhabe parallel auch Ausschlüsse einhergehen.

Inklusion schafft unter Umständen neue Konkurrenz, Inklusion kann somit auch bedeuten: es wird (andere) Verlierer geben, wenn Soziale Arbeit durch ihre Angebote neue Selektionen mitproduziert, wie beispielsweise im Arbeitsfeld der Beschäftigungsförderung, wenn dort in Trainingsmaßnahmen für arbeitslose Menschen durch Bewerbungscoachings neue Konkurrenzen geschaffen werden. Theorietechnisch ist der Begriff der gesellschaftlichen Inklusion deshalb nur dann brauchbar, wenn er gerade auch das Ausschließende sichtbar macht.[128]

Die Leitunterscheidung *Inklusion/Exklusion* regt im Indikationskalkül durch die Wiedereinführung dieser Unterscheidung in die Unterscheidung auf beiden Seiten dieser Codierung dazu an, sowohl mit Inklusionen verbundene Exklusionsfolgen als auch exklusionsbedingte Teilhabechancen in den Blick zu nehmen. Die Kernfrage für die Soziale Arbeit lautet: Bezogen auf welche Funktionssysteme und Organisationen führen Inklusionen *und* Exklusionen zu kollektiven oder individuellen Problemlagen? Mit einer solchen systemischen Beobachterperspektive lassen sich soziale Ungleichheiten als dynamische Formen sowohl mit Teilhabemöglichkeiten als auch mit Ausgrenzungen von Personen(gruppen) in Relation setzen.

4.5 Risiko

Die soziologische operative Systemtheorie referiert auch auf gesellschaftliche Risiken, Gefahren und Unsicherheiten.[129] Mit dem Instrumentarium der Differenzierungslogik besteht die Möglichkeit, Risiko als soziologische Kategorie in einer kritisch-alternativen Weise nicht nur im Rahmen der gängigen Leitunterscheidungen *Risiko/Sicherheit* oder *Risiko/Unsicherheit* zu beleuchten, sondern stattdessen die Unterscheidung *Risiko/Gefahr* zu treffen. Die Ausgangsthese für eine solche Perspektivenverschiebung in der Beobachtung besteht darin, dass alles Entscheiden sowohl Risiken als auch Gefahren produziert. Mit dem Begriff

---
[128] Siehe Luhmann 2008a, S. 227.
[129] Siehe hierzu ausführlich Luhmann 1991.

Risiko werden dann die Nachteile getroffener Entscheidungen den jeweiligen eigenen Entscheidungen zugerechnet; mit dem Begriff der Gefahr geschieht diese Zurechnung bezogen auf die Wirkungen durch andere. Der systemische Blick verdeutlicht dann, dass ein Risiko des einen für den anderen eine Gefahr bedeuten kann.[130]

Luhmann beschreibt in diesem Denkschema z.B. die Zirkularität sozialer Zukunftsprobleme von Knappheit mit dem Effekt von Bedürfnisbefriedigung der einen auf Kosten anderer oder die paradoxe Engpasserzeugung von Gelegenheiten wie Arbeiten im Kontext der Evolution von Wirtschaft mit der Folge einer gleichzeitigen Vermehrung von Wohlstand und Überfluss sowie von Armut und Knappheit.[131]

Für ihn sind Wirtschaft und Technologie die wichtigsten Risiko erzeugenden Faktoren der modernen Gesellschaft.[132] Auch das politische System erfordert und ermöglicht im Operativen ein hohes Maß an riskantem Entscheiden[133] im Rahmen der Ämterstruktur des Staates mit eindeutigen Über- und Unterordnungen, wobei dieses bei geringer Möglichkeit der Folgenabschätzung erfolgt. Durch die hohe Temporalisierung episodenhafter und zeitknapper Entscheidungsstrukturen gibt das politische System zudem Risikolasten an andere Funktionssysteme wie Recht und Wirtschaft weiter.[134]

In der funktional sich hochgradig ausdifferenzierenden Gesellschaft nehmen Gewissheitsverluste für Rationalitätsansprüche zu, was eine Universalisierung von Risiken nach sich zieht.[135] Die wachsende ökologische Selbstgefährdung der globalen Gesellschaft ist ein eindringlicher Beleg für diese Entwicklung.

Breuer brachte die von Luhmann formulierte soziologische Beobachtung, dass Umweltgefahren nicht teilsystemübergreifend definiert und behandelt werden können, bereits vor drei Jahrzehnten in ihren drastischen Konsequenzen präzise auf den Punkt: „Durch die Wahl eines funktionsorientierten Differenzierungsprinzips hat die Gesellschaft nicht nur die Voraussetzung für eine ungeheure Ausweitung ihres Möglichkeitshorizontes geschaffen, sondern zugleich die Bedingung dafür, dass sie den selbsterzeugten Gefährdungen mit unzureichen-

---

[130] Ebenda, S. 118 ff.
[131] Ebenda, S. 70 f.
[132] Luhmann 1992, S. 254.
[133] Luhmann 1991, S. 155.
[134] Ebenda, S. 176.
[135] Luhmann 1998, S. 176.

den Mitteln gegenübersteht. (...) Umweltprobleme können daher nur auf der Ebene der Funktionssysteme behandelt werden, nach Maßgabe der dort jeweils herrschenden Codes. Und das heißt zugleich: sie können nur sehr unvollkommen behandelt werden." [136]

Auch die deutliche Zunahme alltäglicher Risiken durch gesteigerte Entscheidungsmöglichkeiten und -notwendigkeiten für Handeln und Unterlassen und die damit verbundene Ausbreitung von Risikoerleben[137] erfordert ein differenziertes begriffliches Instrumentarium, um im Rahmen soziologischer Analysen Bedingungen und Folgen Unsicherheit produzierender gesellschaftlicher Faktoren für soziale und für psychische Systeme erfassen zu können.

Für die Soziale Arbeit können mehrschichtige risikobezogene Differenzbildungen mit der zweiten alternativen Unterscheidungsseite Sicherheit, Unsicherheit oder Gefahr z.B. bei der Behandlung von klassischen Themen wie Ausschließung und Ungleichheit oder bei den in den letzten Jahren neu hinzugekommenen Großthemen wie Verfolgung, Flucht und Terrorismus komplexe Beobachtungen ermöglichen.

5. Temporalanalysen als Forschungsbeitrag einer systemtheoretischen Gesellschaftskritik

In der funktional differenzierten Gesellschaft führen scharfe Brüche in Lebensgestaltung und Zeitwahrnehmung zwischen Vergangenheit und Zukunft zu einem Verlust von Sicherheiten. Es entstehen steigende Orientierungs- und Entscheidungsanforderungen an die Gegenwart, die Funktionssysteme und Organisationen immer schwieriger erfüllen können, da sie unter Zeitdruck mit ungewissen Folgen operieren.[138] Insbesondere das Wirtschaftssystem reagiert dermaßen schnell, dass es fast nur noch Ereignisse erfassen und seine Operationen nicht mehr vorrangig auf strukturelle Vorgaben aufbauen kann.[139]

Als Kategorie innerhalb der soziologischen operativen Systemtheorie dient der Zeitbegriff zur Merkmalsbestimmung sozialer und psychischer Systeme, die sich stets temporalisiert selbst erzeugen und selektiv ordnen. Die Elemente von

---

[136] Breuer 1987, S. 116.
[137] Luhmann 2008b, S.362 f.
[138] Vgl. Luhmann 1999, S. 175.
[139] Luhmann 1994, S. 103.

sozialen und psychischen Systemen sind in dieser Theoriearchitektur keine substantiellen Komponenten dieser Systeme, sondern Ereignisse, die permanent neue Aktualitäten herstellen. Somit sind die Komponenten von Systemen ebenso wie deren Relationen und die Umwelt dieser Systeme begrifflich als prozesshafte systemrelative beobachterabhängige Vollzugsweisen bestimmt.

Im Rahmen einer kritischen soziologischen Reflexion der modernen Gesellschaft können die Temporalanalysen von Hartmut Rosa als zentraler Verknüpfungspunkt sowohl für Sozialsystemperspektiven als auch für Akteursperspektiven herangezogen werden.[140] Seine These lautet, dass die Temporalstrukturen einer Gesellschaft die Erfordernisse von sozialen Systemen und die Orientierungen von psychischen Systemen zusammenführen. Dabei wird die Beschleunigung von Prozessen und Ereignissen als Grundprinzip der modernen Gesellschaft angesehen. Ausgehend von dieser Prämisse besteht die Notwendigkeit einer kategorialen Berücksichtigung der Temporaldimension, um die einschneidenden gesellschaftlichen Veränderungen im Hinblick auf soziale Praxen, Organisationen und individuelle Selbstverhältnisse bzw. im Hinblick auf die Umsetzung von Lebensentwürfen sozialtheoretisch fassen zu können.

In seiner Kategorisierung von Zeitebenen unterscheidet Rosa drei Horizonte, die Akteure zugleich ausbilden: die Zeitstrukturen des Alltags, die zeitliche Perspektive für das eigene Leben als Ganzheit sowie die übergreifende Zeit der eigenen Epoche.[141]

Eine Analyse der vollzogenen Alltagszeit in der modernen Gesellschaft lässt sich beispielsweise anhand folgender Leitunterscheidungen durchführen: *Arbeit/Freizeit, Beruf/Familie, Haushalt/Kind, Partnerschaft/Eigenzeit*. Für eine Reflexion der biografischen Lebenszeit bietet sich z.B. eine Unterscheidung zeitlich gesollter/gewünschter Horizonte zu Ausbildung, Beruf oder Elternschaft an. Bezogen auf die Epoche als historische Weltzeit ließen sich z.B. gesellschaftliche Ansprüche/individuelle Freiheitsgrade kontrastieren.

Der Anregungsgehalt einer Zeitsoziologie für die operative Systemtheorie besteht darin, die zeitstrukturelle Kopplung von Sozialsystemen mit den Effekten ihres Prozessierens in den Blick zu nehmen. Die funktional differenzierte Gesellschaft hat enorme Synchronisationsbedarfe der unterschiedlichen sozialen

---

[140] Siehe Rosa 2012 sowie 2013.
[141] Rosa 2012, S. 30 ff.

Funktionssysteme, Organisationen und Interaktionen, aber auch der psychischen Systeme.

Es besteht ein enger Zusammenhang der Ausdifferenzierung von Funktionssystemen mit der Differenzierung von Zeitstrukturen und -horizonten. Die temporalen Konsequenzen dieser funktionalen Differenzierung und der mit ihr verbundenen Steigerungslogik der modernen Gesellschaft können mit der Methode des Indikationenkalküls erfasst werden: z.B. im Hinblick auf die Verknappung von Zeit mit den Folgen von Fristen und Terminen, dem engen Zusammenhang von Geld und Effizienz, Teilzeit- und Projektarbeit oder instrumentellen Vernunftkriterien in Politik und Wirtschaft mit ihren Kontingenzen und Ambivalenzen, die Erhöhung des Lebenstempos sowie die Zunahme von Zeitknappheit in gesellschaftlichen Funktionssystemen, Organisationen und Interaktionen.

Durch die gesellschaftliche Umstellung der Semantik vom Seinsschema auf das Zeitschema wird Identität zu einer situativen Größe,[142] wobei Zeit thematisch (und operativ!) in die Selbstbeschreibung der funktional differenzierten Gesellschaft eingelagert ist.[143] Im Begriffsjargon der operativen Systemtheorie könnte man von einer Verzeitlichung der Zeit sprechen. Denn Zeitprozesse bilden Zeitstrukturen aus, die zu Elementen der Selbstorganisation sozialer und psychischer Systeme werden.

Nahezu alle Funktionssysteme sind durch diese temporale Autopoiesis von Gesellschaft wettbewerbsförmig organisiert[144], mit der Folge, dass sie Überschüsse produzieren, die die Dynamisierung der Sozialordnung insgesamt im Hinblick auf Innovationsdruck und Konkurrenzprinzip vorantreiben.

In Einklang mit der Interpretation der operativen Systemtheorie nach Luhmann geht Rosa davon aus, dass Wettbewerbe zwar geregelt ablaufen, aber nicht zentral gesteuert werden können.[145] Sie operieren in Abschottung gegenüber äußeren Vorgaben systemimmanent nach dem Kriterium *Erfolg* im Sinne von *Konkurrenzerfolg*.[146] Rosa spricht von der „Endogenisierung des Wettbewerbs", der sich zunehmend zeitlich und sozial entgrenzt entfaltet.[147]

---

[142] Rosa 2013, S. 218.
[143] Luhmann 1998, S. 1014 f.
[144] Rosa 2013, S. 324 ff.
[145] Ebenda, S. 333.
[146] Ebenda, S. 340.
[147] Ebenda, S. 348.

Im Entwurf seiner kritischen Theorie der sozialen Beschleunigung geht Rosa davon aus, dass Anerkennung in der Spätmoderne im temporalen Modus über das Kriterium Geschwindigkeit nach der Formel *Leistung ist gleich Arbeit pro Zeiteinheit* erfolgt.[148] Systemtheoretisch bedeutsam ist dabei, dass das „Diktat der Geschwindigkeit" weder ethisch noch politisch codiert ist, und dass es dadurch mit den Mitteln von Ethik und Politik auch nicht kritisierbar oder gar veränderbar ist, sondern vielmehr als Sachzwang wahrgenommen wird.[149] Die sozial konstruierten zeitlichen Normen erscheinen somit nicht als politisch, philosophisch oder theologisch rechtfertigbar oder verhandelbar.[150]

Der mit den dynamisierten Zeitverhältnissen aufgebaute Druck trifft soziale und psychische Systeme gleichermaßen, wobei Rosa seinen Blick auf die Subjekte richtet, deren Willensbildung und Handlungsorientierungen ohne Ausweichmöglichkeiten auf alle Lebensbereiche erfolgen. Es (be)trifft insbesondere Personen(gruppen) mit einer deutlichen ökonomischen, sozialen und kulturellen Ressourcenarmut, die aus dem Wettbewerbssog herausfallen, wie kranke und arbeitslose Menschen.

Die Kritik der Zeitverhältnisse ist dahingehend eine funktionalistische Kritik von systemtheoretischer Relevanz, als sie aufzeigt, welche Spannungen zwischen und innerhalb von Sozialsystemen durch Desynchronisierungen entstehen.[151] Während für das Wirtschaftssystem in besonderer Weise das Erarbeiten und Ausnutzen von Zeitvorsprüngen gegenüber der Konkurrenz konstitutiv und notwendig zur eigenen Systemerhaltung ist, gilt für das Politiksystem, dass wichtige und komplexe Entscheidungen genügend Zeit benötigen. Letzteres gilt ebenso für Bildung und für Soziale Arbeit. Doch auch diese Systeme können sich nicht von Steigerungsinterventionen bezüglich der individuellen Konkurrenzfähigkeit ihrer Schüler/-innen und Klientinnen frei machen, auch wenn ihre primäre Funktion der Leistungserbringung eine andere ist. Die Konkurrenz- und Beschleunigungslogik hat keine systemimmanenten Grenzen[152], wodurch zeitliche Normen mit ihren Ablaufplänen und Fristen mehr oder minder in allen Funktionssystemen Ansprüche an die selbstbestimmte Lebensführung von Menschen einschränken oder gar unterlaufen. Rosa bringt seine normative Kritik auf

---

[148] Ebenda, S. 279.
[149] Ebenda, S. 284-286.
[150] Ebenda, S. 299.
[151] Ebenda, S. 292 ff.
[152] Ebenda, S. 303.

den Punkt, wenn er konstatiert: Die moderne Gesellschaft produziert in ihrem Rückgriff auf eine „Rhetorik des Müssens"[153] „schuldige Subjekte"[154].

Eine Kritik der sozialen Beschleunigung mit den Mitteln der operativen Systemtheorie nimmt gleichermaßen die analytisch als eigenständig zu betrachtenden Teilbereiche technische Beschleunigung, sozialer Wandel und Lebenstempo ins Visier von soziologischen Beobachtungen.[155]

Durch die Leitunterscheidung *Beschleunigung/Entschleunigung* lassen sich zudem mit der allgemeinen Beschleunigung einhergehende gegensätzliche Prozesse in die Temporalanalysen von Soziologie oder Sozialer Arbeit einbeziehen, als da sind: natürliche Geschwindigkeitsgrenzen, Entschleunigungsinseln, dysfunktionale Effekte der Beschleunigung wie Verweigerungs- und Ausstiegsreaktionen, intendierte Entschleunigung, kurzzeitige Bremsen wie z.B. Reha-Maßnahmen.[156] Die Gegenkräfte Entschleunigung oder Beharrung können sowohl als selbstgewählte, auferlegte oder auch als nichtintendierte Begleitphänomene von Beschleunigung in sozialen Systemen auftreten; sie können allerdings den Gesamtprozess gesellschaftlicher Beschleunigung als ein sich selbst antreibender Prozess nicht verhindern.

6. Ausblick

Kritische Soziale Arbeit schaut aus der Perspektive einer operativen Systemtheorie auch auf die eigene Beteiligung an den kritisierten Prozessen und deren Resultate in Folge ihrer berufspolitischen und professionellen Logik des Helfens im allgemeinen sowie der institutionellen Logiken der helfenden Organisationen im speziellen. Eine solche Selbstkritik kann als Reflexion der eigenen Disziplin Soziale Arbeit auf Forschung, Ausbildung und Praxis bezogen auf Organisationen und Interaktionen referieren.

Selbstkritische Theorie impliziert bereits durch ihre jeweiligen Modi der Fixierung von Selbst- und Fremdbezüglichkeit die Konstruktion eigener Systemmodellierungen, zumindest jedoch einen Rückgriff auf bereits vorhandene systemtheoretische oder/und systemische Konzepte.

---

[153] Ebenda, S. 297.
[154] Ebenda, S. 299.
[155] Vgl. Rosa 2012 insb. S. 124 ff. sowie 2013, S. 190 ff.
[156] Vgl. Rosa 2012, S. 138 ff. und 2013, S. 196 ff.

Dabei sind die Folgen der Operationsweise Kritik in die kritische Selbst- und Fremdreflexion von gesellschaftlichen Funktionssystemen und Organisationen (Planung, Steuerung, Evaluation) einzubeziehen.

Kritik aus der Perspektive der soziologischen operativen Systemtheorie kann als Gesellschaftskritik indes nicht als eine generalisierbare Gesamtbeschreibung von Gesellschaft formuliert werden; sie kann lediglich als spezifizierte Beobachtungen der jeweiligen sozialen Funktionssysteme wie Politik, Wissenschaft, Recht oder Soziale Arbeit vollzogen werden. Dadurch wechseln auch die normativen Bezugspunkte sowie die Kontingenzen von Geltungsbehauptungen. Für das gesellschaftliche Funktionssystem Wissenschaft und somit auch für die Wissenschaft der Sozialen Arbeit ist Kritik ein konstitutiver Operationsmodus.[157]

Literatur

Baecker, Dirk (2003): Organisation und Management. Frankfurt/M.: Suhrkamp.

Baecker, Dirk (2011): Organisation und Störung. Berlin: Suhrkamp.

Bommes, Michael/Scherr, Albert (2012): Soziologie der Sozialen Arbeit. Eine Einführung in Formen und Funktionen organisierter Hilfe. 2. Aufl. Weinheim und Basel: Beltz Juventa.

Breuer, Stefan (1987): Adorno, Luhmann: Konvergenzen und Divergenzen von Kritischer Theorie und Systemtheorie. In: *Leviathan*, H. 1, S. 91-125.

Dallmann, Hans-Ulrich (2007): Ethik im systemtheoretischen Denken. In: Lob-Hüdepohl, Andreas/Lesch, Walter (Hrsg.): Ethik Sozialer Arbeit. Ein Handbuch. Paderborn u.a.: Schöningh, S. 57-68.

Dziewas, Ralf (1992): Der Mensch – ein Konglomerat autopoietischer Systeme? In: Krawietz, Werner/Welker, Michael (Hrsg.), S. 113-132.

Engelke, Ernst/Spatscheck, Christian/Borrmann, Stefan (^{3}2009): Die Wissenschaft Soziale Arbeit. Werdegang und Grundlagen. Freiburg i. B.: Lambertus.

Fuchs, Peter (2003): Der Eigen-Sinn des Bewusstseins. Die Person, die Psyche, die Signatur. Bielefeld: transcript.

Fuchs, Peter (2007): Das Maß aller Dinge. Eine Abhandlung zur Metaphysik des Menschen. Weilerswist: Velbrück Wissenschaft.

Gebhard, Gunther/Meißner, Stefan/Schröter, Steffen (2006): Kritik der Gesellschaft? Anschlüsse bei Luhmann und Foucault. In: *Zeitschrift für Soziologie*, H. 4, 08, S. 269-285.

---

[157] Vgl. Gebhard u. a. 2006, S. 278 f.

Harney, Klaus (1975): Sozialarbeit als System. Die Entwicklung des Systembegriffs durch N. Luhmann im Hinblick auf eine Funktionsbestimmung sozialer Arbeit. *Zeitschrift für Soziologie*, H. 2, April, S. 103-114.

Hill, Burkhard/Kreling, Eva u. a. (Hrsg.) (2012): Selbsthilfe und Soziale Arbeit. Das Feld neu vermessen. Weinheim/ Basel: Beltz Juventa.

Hünersdorf, Bettina (2013): Systemtheorie als kritische Theorie der Sozialen Arbeit? In: Hünersdorf, Bettina, Hartmann, Jutta (Hrsg.): Was ist und wozu betreiben wir Kritik in der Sozialen Arbeit? Disziplinäre und interdisziplinäre Diskurse. Wiesbaden: Springer Fachmedien, S. 165-188.

Jahraus, Oliver./Nassehi, Armin u. a. (Hrsg.) (2012): Luhmann Handbuch. Leben – Werk – Wirkung. Stuttgart/Weimar: J. B. Metzler.

Krawietz, Werner/Welker, Michael (Hrsg.) (1992): Kritik der Theorie sozialer Systeme. Auseinandersetzungen mit Luhmanns Hauptwerk. Frankfurt/M.: Suhrkamp.

Lau, Felix (2008): Die Form der Paradoxie. Eine Einführung in die Mathematik und Philosophie der „Laws of Form" von G. Spencer Brown. 3. Aufl. Heidelberg: Carl-Auer Verlag.

Lessenich, Stephan (2014): Soziologie – Krise – Kritik. Zu einer kritischen Soziologie der Kritik. In: *Soziologie*, H. 1, S. 7-24.

Luhmann, Niklas (1988): Erkenntnis als Konstruktion. Bern: Benteli.

Luhmann, Niklas (1991): Soziologie des Risikos. Berlin/New York: Walter de Gruyter.

Luhmann, Niklas (1992): Die Wissenschaft der Gesellschaft. Frankfurt/M.: Suhrkamp.

Luhmann, Niklas (1993): Gesellschaftsstruktur und Semantik. Studien zur Wissenssoziologie der modernen Gesellschaft. Bd. 3. Frankfurt/M.: Suhrkamp.

Luhmann, Niklas (1994): Die Wirtschaft der Gesellschaft. Frankfurt/M.: Suhrkamp.

Luhmann, Niklas. (1998): Die Gesellschaft der Gesellschaft. 2 Bde. Frankfurt/M.: Suhrkamp.

Luhmann, Niklas (1999): Gesellschaftsstruktur und Semantik. Bd. 4. Frankfurt/M.: Suhrkamp.

Luhmann, Niklas (2002a): Die Politik der Gesellschaft. Frankfurt/M.: Suhrkamp.

Luhmann, Niklas (2002b): Das Erziehungssystem der Gesellschaft. Frankfurt/M.: Suhrkamp.

Luhmann, Niklas (2002c): Die Religion der Gesellschaft. Frankfurt/M.: Suhrkamp.

Luhmann, Niklas (2008a): Die Moral der Gesellschaft. Frankfurt/M.: Suhrkamp.

Luhmann, Niklas (2008b): Soziologische Aufklärung 6. Die Soziologie und der Mensch. 3. Aufl. Wiesbaden: VS (orig. 1995).

Maaß, Olaf (2009): Die Soziale Arbeit als Funktionssystem der Gesellschaft. Heidelberg: Carl-Auer.

Merten, Roland (2005): Soziale Arbeit aus einer (erweiterten) Perspektive der Systemtheorie Niklas Luhmanns. In: Hollstein-Brinkmann, Heino/Staub-Bernasconi, Silvia (Hrsg.): Systemtheorien im Vergleich. Was leisten Systemtheorien für die Soziale Arbeit? Versuch eines Dialogs. Wiesbaden: VS, S. 35-62.

Negt, Oskar (2008): Arbeit und menschliche Würde. Göttingen: Steidl.

Rosa, Hartmut (2012): Beschleunigung. Die Veränderung der Zeitstrukturen in der Moderne. 9. Aufl. Berlin.: Suhrkamp.

Rosa, Hartmut (2013): Weltbeziehungen im Zeitalter der Beschleunigung. Umrisse einer neuen Gesellschaftskritik. 2. Aufl. Berlin: Suhrkamp.

Sameisky, Heiner (2002): Soziale Arbeit als Funktionssystem!? Über die gesellschaftliche Verortung der Sozialen Arbeit mittels Niklas Luhmanns Systemtheorie. In: *Züricher Beiträge zur Theorie und Praxis Sozialer Arbeit*, 05, H. 5, S. 35-89.

Scherr, Albert (2000): Luhmanns Systemtheorie als soziologisches Angebot an Reflexionstheorien der Sozialen Arbeit. In: de Berg, Henk/Schmidt, Johannes (Hrsg.): Rezeption und Reflexion. Zur Resonanz der Systemtheorie Niklas Luhmanns außerhalb der Soziologie. Frankfurt/M.: Suhrkamp, S. 440-468.

Scherr, Albert (Hrsg.) (2015): Systemtheorie und Differenzierungstheorie als Kritik. Perspektiven im Anschluss an Niklas Luhmann. Weinheim/Basel Beltz Juventa.

Schilling, Johannes/Zeller, Susanne (2010): Soziale Arbeit. Geschichte – Theorie – Profession. 4. Aufl. München/Basel: Ernst Reinhardt.

Schönwälder-Kuntze, T./Wille, K./Hölscher, T. (2009): George Spencer Brown. Eine Einführung in die „Laws of Form". 2. Aufl. Wiesbaden: VS.

Schroer, Markus (2001): Das Individuum der Gesellschaft. Synchrone und diachrone Theorieperspektiven. Frankfurt/M.: Suhrkamp.

Staub-Bernasconi, Silvia (2007): Soziale Arbeit als Handlungswissenschaft. Systemtheoretische Grundlagen und professionelle Praxis – Ein Lehrbuch. Bern u. a.: Haupt.

Heiko Kleve

Drei Kritiken Sozialer Arbeit
Von der Gesellschafts- und Neoliberalismuskritik zur
selbstreflexiven Systemkritik

Ausgangspunkte

In den vergangenen vier Jahrzehnten hat die Soziale Arbeit mindestens drei Kritikbewegungen erlebt. In den 1960er, 70er und 80er Jahren etablierte sich eine von der Kritik an der kapitalistischen Gesellschaft ausgehende grundsätzliche Infragestellung klassischer Funktionen und Strategien Sozialer Arbeit. Sozialarbeiterinnen und Sozialarbeiter wurden als Agentinnen und Agenten des herrschenden kapitalistischen Systems gesehen, die daran mitwirken, die als Ausbeutungsverhältnisse bewerteten sozialen Strukturen aufrechtzuerhalten und zu festigen. Diese Bewegung könnten wir als *Kritische Soziale Arbeit 1.0* bezeichnen; sie kommt exemplarisch zum Ausdruck in dem von Walter Hollstein und Marianne Meinhold herausgegebenen „Reader Sozialarbeit unter kapitalistischen Produktionsverhältnissen".[1]

In den 2000er Jahren entstand der hier als *Kritische Soziale Arbeit 2.0* bezeichnete Diskurs, der sich insbesondere mit den politischen Bestrebungen auseinandersetzt, den gewachsenen Sozial- und Wohlfahrtsstaat zu transformieren, ihn ökonomischen Prinzipien der Effektivität und Effizienz zu unterziehen. In diesem kritischen Diskurs geht es insbesondere um den Schutz und die Absicherung wohlfahrtsstaatlicher Leistungen bzw. um die Abwehr von Veränderungen des Sozialstaates, die gemeinhin als „neoliberal" bezeichnet werden und für die die so genannten Hartz IV-Reformen der Arbeitsmarktpolitik der rot-grünen Bundesregierung zu Beginn der 2000er Jahre exemplarisch stehen. Mechthild

---

[1] Siehe Hollstein/Meinhold 1973.

Seithes *Schwarzbuch Soziale Arbeit* könnte als paradigmatisch für diese Kritiklinie gelten.[2]

Die *Kritische Soziale Arbeit 3.0*, die ich im letzten Teil dieses Beitrags skizziere, nimmt *zum einen* die Gesellschafts- und die damit verbundene Sozialarbeitskritik der 1960er, 70er und 80er Jahre auf und schließt *zum anderen* auch an die Ökonomisierungskritik der 2000er Jahre an – jeweils aber in ganz eigenständiger Weise. Denn als Ausgangspunkt der Kritik Sozialer Arbeit 3.0 wird die normative Funktion der Sozialen Arbeit[3] herangezogen, die in der Ethik, den rechtlichen Grundlagen und methodischen Zielen der Sozialen Arbeit verankert ist. Diese normative Funktion besteht darin, von professioneller Hilfe abhängige Menschen zu mehr individueller Verantwortung und Autonomie, zu einem Zuwachs an lebensweltlicher Selbstorganisation und Selbsthilfe anzuregen. Das fallbezogene Ende der Sozialen Arbeit, nach erfolgreicher Reaktivierung individueller Autonomie und lebensweltlicher Selbstorganisation, kann als ethische, rechtliche und methodische Intention Sozialer Arbeit bezeichnet werden. An dieser normativen Funktion richtet sich die Kritik Sozialer Arbeit 3.0 aus, davon ausgehend entwickelt sie ihre selbstreflexive Systemkritik, und zwar auf der Basis einer systemtheoretischen Argumentation.

Im Folgenden gehen wir in drei Schritten vor: In einem *ersten Schritt* sollen vier Formen der sozialwissenschaftlichen Kritik veranschaulicht werden, die sich auch in Diskursen der Sozialen Arbeit zeigen. Im *zweiten Schritt* werden in sehr groben Zügen die Argumentationslinien der Kritiken Sozialer Arbeit 1.0 und 2.0 nachgezeichnet. Und im *dritten Schritt* erfolgt die Präsentation zentraler Thesen der selbstreflexiven Systemkritik Sozialer Arbeit als Kritische Soziale Arbeit 3.0. Den Abschluss des Beitrags bildet ein zusammenfassendes Resümé.

1. Vier Formen der Kritik

Der Begriff „Kritik" ist vom Französischen *critique* abgeleitet, was wiederum eine griechische Wurzel hat (*kritikē, krínein*), die ins Deutsche mit Verben wie „trennen" und „unterscheiden" übersetzt werden kann.[4] Die unterschiedlichen Formen von Kritik gehen von solchen Unterscheidungen bzw. Trennungen aus. Sie beschreiben und erklären einen beobachteten sozialen Zustand (etwa des

---

[2] Siehe Seithe 2011.
[3] Vgl. Ackermann 2011.
[4] Vgl. Wikipedia, https://de.wikipedia.org/wiki/Kritik [04.07.2016].

gesellschaftlichen Systems) oder Konstatieren eine bestimmte Form von Ideen und Theorien im Kontext der Kontingenz, also vor dem Hintergrund der Möglichkeit, dass das fokussierte soziale System oder die thematisierten Ideen und Theorien auch anders sein könnten, sollten oder müssten. Kritik kann als ein expliziter oder impliziter Vergleich verstanden werden: *Beobachtetes, das als problematisch bewertet wird, wird mit Möglichem, das als angemessener und passender gesehen wird, verglichen.*

Davon ausgehend können wir mindestens vier Formen der Kritik differenzieren: zwei Varianten der System- und Gesellschaftskritik und zwei Varianten der Ideenkritik. Bezüglich der System- und Gesellschaftskritik können wir zwischen normativ-positiver und normativ-negativer Kritik unterscheiden. Die Ideenkritik wollen wir als empirische Theorien- und als empirische Normenkritik bezeichnen.

- Die *normativ-positive System- und Gesellschaftskritik* kann angesichts von kritischen sozialwissenschaftlichen und sozialphilosophischen Positionen beobachtet werden. Dieser Kritik liegt die Unterscheidung zwischen beobachtbaren gesellschaftlichen Zuständen, einem Ist-Phänomenbereich, und erwünschten sozialen Zuständen, also entsprechenden Sollwerten, zugrunde. Ausgehend von einer Norm, wie die Gesellschaft, das Soziale bestenfalls sein sollte, müsste oder könnte, wird die konstatierte soziale Realität als unzureichend bewertet. Beobachtete soziale Phänomene werden an positiven Idealzuständen (etwa an der marxistischen Idee des Sozialismus/Kommunismus, der weltweiten Realisierung der Menschenrechte, der sozialen Gerechtigkeit oder der inklusiven Gesellschaft) gemessen und davon ausgehend als problematisch bewertet. Häufig geht eine solche normativ-positive Kritik mit Moral einher:[5] Es werden diejenigen geachtet, als Gruppe bzw. Kollektiv in positiver Weise bewertet, die diese Kritik teilen; und jene, die die Kritik nicht teilen, diesbezüglich Neutralität zeigen oder gar als Verteidiger der problematisierten gesellschaftlichen Zustände wahrgenommen werden, erfahren Ablehnung, Missachtung. In Konfrontation mit den kritisierten gesellschaftlichen Zuständen und in Auseinandersetzung mit den vermeintlichen Profiteuren und Verteidigern dieser Zustände identifizieren sich die Kritiker als zusammengehörig, als an einem Strang ziehendes Kollektiv, kurz: als „die Guten" in kritischer und ablehnender Abgrenzung von „den Bösen".

---

[5] Vgl. zum hier zugrunde gelegten Moralbegriff Luhmann 1984, S. 319.

Damit zeigt sich, dass normativ-positive Gesellschaftskritik auch eine sozialpsychologische Funktion haben kann: Sie schafft eine Gruppen- bzw. Kollektividentität. Diese Funktion bleibt jedoch zumeist latent, untergründig und wird selten expliziert. Sichtbar wird sie in gemeinsamen Massenveranstaltungen – z.B. in klassischer Weise: auf Demonstrationen gegen als problematisch markierte gesellschaftliche Zustände oder in Formen, die das Internetzeitalter ermöglicht: in digitalen Protestwellen in den so genannten sozialen Netzwerken. Vordergründig offenbart sich die Funktion dieser Kritik jedoch anders, nämlich als sozialer Konflikt, als Konfrontation von widerstreitenden Polen, etwa der Veränderung, des Wandels auf der einen Seite und der Beharrung auf der anderen Seite. Kritik offenbart sich damit als Versuch, die Gesellschaft umzusteuern, um die Differenz zwischen dem beobachteten Ist- und dem angestrebten Soll-Zustand zu verringern bzw. gänzlich einzuebnen.[6]

- Die *normativ-negative System- und Gesellschaftskritik* unterscheidet ebenfalls einen bestmöglichen gesellschaftlichen Zustand von einer als problematisch beobachteten sozialen Realität. Allerdings enthält sich diese Kritik der positiven Bestimmung des Idealzustandes – das, was schwierig läuft, was abzulehnen, grundsätzlich infrage zu stellen ist, wird benannt, ohne jedoch eine konkrete Utopie zu beschreiben, wie es besser sein könnte. Als maßgeblicher sozialphilosophischer Begründer einer solchen normativ-negativen Gesellschaftskritik kann Theodor W. Adorno gelten, der diese Art der Kritik in seinem bekannten Aphorismus, dass es „kein richtiges Leben im falschen [gibt]"[7] zum Ausdruck bringt. Demnach lassen sich positive gesellschaftliche Zustände nicht nachdenkend oder kommunizierend in einem gesellschaftlichen Kontext entwickeln, der von seinen gesamten sozialen Lebensbedingungen her „falsch" ist, die Menschen entfremde von ihren ureigenen Bedürfnissen und Interessen. Nur der unmittelbare Zugriff auf diese Interessen jedoch könne als Voraussetzung gelten, um ein positives Sozial- und Gesellschaftsbild zu zeichnen, das anzustreben ist. Für die normativ-negative Gesellschaftskritik läuft der gesellschaftliche Wandel, den diese Kritik ebenfalls anstrebt, über die Negation der aktuellen gesellschaftlichen Verhältnisse, über die stete Ab-

---

[6] Vgl. ausführlich und aufschlussreich dazu Hagendorff 2014.
[7] Adorno 1951/2001, S. 59.

lehnung dieser, über das Benennen von Fehlern, Schwachstellen, Problemen und Übeln innerhalb der Gesellschaft und ihrer sozialen Verhältnisse. Die Funktionen dieser Kritik lassen sich mit einer latenten und einer manifesten Seite beschreiben: Latent führt auch diese Kritik zur Gruppen- und Kollektividentität all derer, die sich einig sind im Dagegen-Sein, etwa gegen den Kapitalismus, gegen Atomkraft, gegen die Zentralbanken etc., vereint in der Ablehnung gegen das Bestehende. Allerdings ist die Kritik durchaus gesellschaftsverändernd, zeigt eine sich manifestierende Transformationswirkung: Indem sie die Finger in die Wunden gesellschaftlicher Entwicklungen legt, könnte sie, zumindest wenn sie eine gewisse kritische Masse erreicht, die aktuellen Zustände ins Trudeln bringen, mithin den gesellschaftlichen Status Quo irritieren und provozieren – ohne jedoch steuern und manipulieren zu können, wie und welche neuen sozialen Zustände sich einpendeln.

- Die *empirische Theoriekritik* problematisiert nicht die beobachtete Realität der sozialen Verhältnisse, sondern konfrontiert theoretische Reflexionen dieser Verhältnisse mit ihren Fehl- und Schwachstellen, die ausgehend von beobachteten sozialen Verhältnissen, also empirisch, erfahrungsorientiert benannt werden. Diese Kritik können wir als jene des Kritischen Rationalismus von Carl Popper bezeichnen.[8] Demnach geht es darum, theoretische Aussagen, die letztlich immer Annahmen, Hypothesen über die Welt sind, auf der Basis der Konfrontation mit dieser Welt auf ihre Fehler, ihre Fehlinterpretationen hin abzusuchen, um sie sodann zu korrigieren. Dieser Korrektur geht die Falsifikation voraus. Genau dies kennzeichnet nach Popper die kritische wissenschaftliche Haltung. Zwischen Theorien und Wirklichkeit bleiben für diese Form der Kritik immer Differenzen und Trennungen bestehen, ähnlich wie zwischen Speisekarte und Speise oder Landkarte und Gebiet. Theorien sind Ansammlungen von Hypothesen. Dennoch sollten diese Hypothesen, wie dies der erkenntnistheoretische Konstruktivismus benennt, eine Nützlichkeit und Brauchbarkeit hinsichtlich der Orientierung in der Welt ermöglichen.[9] Sollte diese so genannte *Viabilität* der Theorien nicht gegeben sein, können wir sie als von der Erfahrung widerlegt, falsifiziert ansehen.

---

[8] Siehe als Einführung etwa Popper 1974/2004.
[9] Vgl. etwa Glaserfeld 1981.

Die Funktion dieser Kritik lässt sich als evolutionär bewerten: In der stetigen Konfrontation mit der empirisch erfassbaren Wirklichkeit wandeln und entwickeln sich Theorien, um als brauchbare und nützliche Orientierungen, als Landkarten und Modelle unsere Welterfahrungen und Handlungen zu ordnen, zu systematisieren, zu erklären und zu verstehen – ohne jemals jedoch die Welt, wie sie „wirklich" oder „real" ist, abbilden zu können. Eine weitere, eher latente Funktion dieser empirischen Theoriekritik ist die Ausbildung einer Haltung der Bescheidenheit und Skepsis – bescheiden bleiben wir angesichts dieser Kritik, da wir keine Möglichkeiten haben, Wahrheit zu erreichen; skeptisch werden wir, wenn, von wem auch immer, behauptet wird, die Wahrheit erkennen und verkünden zu können.

- Die *empirische Normenkritik* thematisiert und problematisiert die Differenz zwischen normativen Konzepten, etwa von normativ-positiven Gesellschaftskritiken und den sozialen Wirkungen, die die Versuche, die Gesellschaft entsprechend den theoretischen Postulaten zu verändern, zeitigen. Damit wird zugleich eine zweite Differenz sichtbar, nämlich jene zwischen den „guten" Handlungsabsichten und den „schlechten" Handlungsfolgen. Denn die „guten" normativen Intentionen, die gefühlte, die gedachte und die gemeinte Menschenfreundlichkeit die dem normativen Handeln zugrunde liegen mögen, schlagen nur allzu häufig in negative, etwa menschenfeindliche Effekte um. Diese unerfreuliche Verquickung des „Guten" mit dem „Schlechten" ist das Thema zahlreicher Schriften der Sozialphilosophie des 20. Jahrhunderts. So wurde beispielsweise in drei solchen Klassikern, und zwar in *Dialektik der Aufklärung* von Max Horkheimer und Theodor W. Adorno [10], in *Die offene Gesellschaft und ihre Feinde* von Karl Popper[11] und in *Der Weg zur Knechtschaft* von Friedrich August von Hayek[12] verdeutlicht, wie große gesellschaftliche Projekte, insbesondere die Aufklärung, Rationalität und Vernunft (thematisiert von Horkheimer und Adorno), Gesellschaftsvisionen, die das soziale Ganze zu erkennen und zu transformieren suchen (thematisiert von Popper) und planwirtschaftliche, die freiheitliche Marktwirtschaft eindämmende Politikkonzepte (thematisiert von Hayek) letztlich zu äußerst

---

[10] Horkheimer/Adorno 1944/1989.
[11] Popper 1945/1992.
[12] Von Hayek 1945/2011.

menschenfeindlichen Realitäten führten: zur verwalteten, die individuellen Freiheiten extrem einschränkenden Gesellschaften des Faschismus, Stalinismus und Realsozialismus.

Empirische Normenkritik bedeutet also, dass großangelegte kritisch daher kommende Gesellschaftskonzepte, die sich selbst als normativ-positive Gesellschaftskritiken präsentieren können, konfrontiert werden mit den problematischen Wirkungen ihrer gesellschaftlichen Transformations- und Steuerungsbemühungen. So ist die Funktion dieser Kritik, dass wir immun werden gegen Normen und Ideale, die zwar hehre Ziele avisieren, Erlösung aus allen Übeln anbieten, die aber letztlich menschenfeindliche Ergebnisse, totalitäre Strukturen und Unfreiheit produzieren.

Alle vier Kritikvarianten zusammenfassend können wir sagen, dass Kritik als Differenz von sozialer Wirklichkeit und theoretischen Annahmen auftritt, um davon ausgehend entweder die Wirklichkeit an der Theorie zu messen oder gar steuernd zu verändern (*normative Gesellschaftskritik*) oder umgekehrt: die Theorien mit der sozialen Wirklichkeit zu konfrontieren, um sie wirklichkeits- bzw. praxistauglicher zu gestalten (*Theorien- und Normenkritik*). Theorie auf der Höhe der Zeit setzt Kritik auch gegen sich selbst an, hadert mit sich und kultiviert den Selbstzweifel – gerade dies kann als Marken- und Qualitätszeichen angemessener Theorie im Gegensatz zur Ideologie verstanden werden.[13]

2. Sozialarbeiterische Gesellschafts- und Neoliberalismuskritik

Die Kritische Soziale Arbeit 1.0 kann sowohl als normativ-positive als auch als normativ-negative Gesellschaftskritik bewertet werden. In den Diskursen der 1960er bis 1980er Jahre ging es *zum einen* um die Vision einer neuen, am marxistischen Ideal des Sozialismus orientierten Gesellschaft und *zum anderen* um eine radikale Infragestellung der aktuellen gesellschaftlichen Realität. Die Sozialarbeit wurde mit einem repressiven politischen System identifiziert, das letztlich an der Erhaltung der kapitalistischen Zustände, der Ausbeutung der Menschen durch Menschen arbeite.

---

[13] Vgl. grundsätzlich dazu Zima 1989 und bezogen auf den Theoriediskurs Sozialer Arbeit: Kleve 2003.

Besonders deutlich wird dies von Hollstein und Meinhold pointiert. Demnach fällt der „Sozialarbeit in der gegenwärtigen Gesellschaft die Rolle zu, Agent und Repräsentant des herrschenden Staates zu sein. Seine Aufgabe ist es [...], bei seinen Klienten sowohl für die *materielle* wie für die *ideologische Reproduktion* des bestehenden Systems zu sorgen".[14] Soziale Arbeit wird als Stütze des gesellschaftlichen Systems gesehen, die dabei hilft, die Menschen so zu versorgen, dass diese die Existenz des Systems nicht gefährden. Die Probleme, mit denen sich die Soziale Arbeit befasst, werden eindeutig als gesellschaftlich verursacht betrachtet, als Folge der ungerechten sozialen Verhältnisse.

Soziale Arbeit befasse sich mit den Menschen, die aufgrund der gesellschaftlichen Zustände in Schwierigkeiten geraten, die zudem marginalisiert und exkludiert werden. Die Profession wird als Sorgende und Verwaltende von Menschen gesehen, „die ausgebrochen sind, sich nicht integrieren lassen wollen oder können, krank (gemacht) wurden, ‚am Rande' leben, Obdachlose, Pflege- und Unterstützungsbedürftige, Straffällige, lernunwillige Kinder, Erwerbsunfähige".[15] Als Alternative dazu wird eine andere Gesellschaftsordnung gefordert, deren Realisierung die Soziale Arbeit mit befördern könne, wenn sie sich mit ihren Klientinnen und Klienten gegen das herrschende gesellschaftliche System verbünde. Denn der „Anspruch der Betroffenen [kann] nur gegen die offiziellen Institutionen durchgesetzt werden. Das bedeutet als Konsequenz, daß die Impulse zum Wandel nicht von der institutionalisierten Sozialarbeit ausgehen können, sondern von den Opfern ausgehen müssen".[16] Diese Opfer habe die Soziale Arbeit im Kampf für die Veränderung der gesellschaftlichen Zustände zu unterstützen.

Eine anders ausgerichtete, aber ebenfalls der Kritischen Sozialen Arbeit 1.0 zurechenbare Kritik der herrschenden kapitalistischen Verhältnisse können wir mit dem Reader von Ivan Illich *Entmündigung durch Experten* erkennen.[17] Illich und die mit ihm schreibenden Kritikerinnen und Kritiker problematisieren die in den 1970er Jahren aufkommende Etablierung der Dienstleistungsberufe, zu denen auch die Soziale Arbeit gehöre. Diese Berufe entmündigten ihre Klientel, erklärten sich zuständig für die Befriedigung sämtlicher psychosozialer Bedürfnisse der Menschen. Und genau dadurch beförderten sie professionelle Abhän-

---

[14] Hollstein/Meinhold 1973, S. 1.
[15] Ebenda.
[16] Ebenda.
[17] Illich u.a. 1977/1979.

gigkeitsbeziehungen: „Sie nehmen den Leuten die Autonomie, indem sie diese – durch rechtliche Maßnahmen, Eingriffe in die Umwelt und soziale Veränderungen – zwingen, Wohlfahrtskonsumenten zu werden".[18]

Weiterhin wird hier bereits die Wachstumsdynamik der professionellen psychosozialen Dienstleistungen problematisiert. Denn dieser gesellschaftliche Sektor sei durch seine nicht begrenzbare Ausdehnung gekennzeichnet: „Die Produktion von Dienstleitungen kennt ja keine Begrenzungen, denen die Produktion von Gütern unterliegt – Ressourcen, Kapital und Standort. Insofern hat das Geschäft der sozialen Dienstleistung unbegrenzte Möglichkeiten der Ausdehnung".[19] Dadurch würden die „öffentlichen Haushalte […] mehr und mehr belastet".[20]

Mit dieser die ökonomischen Grenzen der Sozialen Arbeit thematisierenden Kritik wird bereits die Kritische Soziale Arbeit 3.0 vorbereitet sowie ein Thema der Kritischen Sozialen Arbeit 2.0 angesprochen, das dort jedoch gänzlich anders diskutiert wird, und zwar als Verteidigung der sozialarbeiterischen Expansion. Die Kritische Soziale Arbeit 2.0 versteht sich als Widerstand gegen eine Transformation des fürsorgenden in einen aktivierenden Sozialstaat,[21] der in Deutschland insbesondere durch die Reformvorschläge und -programme der Agenda 2010 der rot-grünen Bundesregierung Anfang der 2000er Jahre zum Ausdruck kommt. Diese neue Sozialpolitik wird als „neoliberal" bezeichnet, weil sie liberale Werte wie Autonomie, Selbstaktivität und Eigenverantwortung verstärkt auch hinsichtlich sozialstaatlicher Unterstützungen einfordert. Klientinnen und Klienten Sozialer Arbeit werden aufgefordert, intensiver als bisher die Lösung ihrer Probleme selbstaktiv anzugehen. Und dazu soll der Sozialstaat und mit ihm die Soziale Arbeit passende Anreize bieten – Anreize, die nicht das Verharren in der professionellen Fremdhilfe befördern, sondern das eigenverantwortliche Aktivwerden in Richtung zunehmender Selbsthilfe. Als Neoliberalismuskritik zeigt sich die Kritische Soziale Arbeit 2.0 ebenfalls als Normen- und Theoriekritik, als Ablehnung (neo-)liberaler Haltungen und Einstellungen in der professionellen Hilfe und ihrer politischen Kontexte.

Institutionell hatte die Kritische Soziale Arbeit 1.0 ihren Ort beispielsweise im „Arbeitskreis kritischer Sozialarbeiter" (AKS), der Anfang der 1970er ge-

---

[18] Illich 1977/1979, S. 9.
[19] McKnight 1977/1979, S. 37.
[20] Ebenda, S. 38.
[21] Vgl. exemplarisch für diese Kritik Seithe 2010.

gründet wurde, sich zum Ende des Jahrzehnts aber wieder verlor. Seit einigen Jahren erfährt ein neuer AKS eine beeindruckende Renaissance. Denn seit dem Jahre 2005 gibt es diesen Arbeitskreis wieder,[22] als eine Form der Kritischen Sozialen Arbeit 2.0. Der neue AKS versucht, an die klassischen Traditionslinien der Kritischen Sozialen Arbeit 1.0 anzuschließen. Allerdings ist er aus einer anderen gesellschaftlichen Situation erwachsen und vertritt andere als die kritischen Positionen der 1960er, 70er und 80er Jahre.

Während in den 1970er Jahre die Expansion der Sozialen Arbeit und ihrer Institutionen in der Gesellschaft begann und Kritikerinnen und Kritiker die Entmündigung durch die Experten oder eine Kolonialisierung der Lebenswelt[23] durch das sozialarbeiterische System befürchteten, verteidigen die heutigen kritischen Sozialarbeiterinnen und Sozialarbeiter den Status Quo der breit ausgebauten sozialarbeiterischen Expertensysteme. Sie kämpfen an gegen eine Sozialpolitik, die sozialarbeiterische Hilfen zu verschlanken versucht und den einzelnen Bürgerinnen und Bürgern, also auch den Nutzerinnen und Nutzern der Sozialen Arbeit, mehr Eigenverantwortung bei der Lösung ihrer Probleme abverlangt.

Die klassische und die aktuelle Kritische Soziale Arbeit sind jedoch vereint in einer Diagnose: Die individuellen Probleme der Menschen bei ihrer Lebensführung resultierten in erster Linie aus den gesellschaftlichen Verhältnissen, die eben das Verhalten bestimmen, begrenzen, in bestimmte Bahnen lenken und problematisch werden lassen. Mit der klassischen These von Karl Marx, dass das gesellschaftliche Sein das Bewusstsein bestimme,[24] wird die sozialarbeiterische Ambivalenz, zwischen Individuum und Gesellschaft, zwischen Verhalten und Verhältnissen zu stehen, auf der sozialstrukturellen Seite interpunktiert.

Der Unterschied zwischen der klassischen und der aktuellen Kritischen Theorie sollte jedoch klar gesehen werden: Die klassische Bewegung kritischer Sozialarbeiterinnen und Sozialarbeiter war kritisch, und zwar nicht nur der Gesellschaft gegenüber, sondern auch hinsichtlich des eigenen Berufsstandes und der entsprechenden Institutionen. Heutige Kritische Soziale Arbeit könnte mit einem Gegenbegriff von Kritik markiert werden, sie könnte auch als *affirmativ* gelten. Denn sie bejaht den in den letzten Jahrzehnten des 20. Jahrhunderts stark ausgebauten Sozial- und Wohlfahrtsstaat und kritisiert Reform- und Umbaustra-

---

[22] Siehe http://www.kritischesozialearbeit.de [17.06.2016]
[23] Siehe Habermas 1981. S. 522.
[24] Vgl. Marx 1859/1987, S. 502.

tegien. Während Stränge der Kritischen Sozialen Arbeit 1.0 die sozialarbeiterische Expansion problematisierten, die dadurch wachsenden Abhängigkeitsverhältnisse zwischen Nutzerinnen und Nutzern Sozialer Arbeit und den sozialprofessionellen Fachkräften kritisierten, verteidigen aktuelle kritische Sozialarbeiterinnen und Sozialarbeiter die breit ausgebauten professionellen Hilfesysteme gegen Versuche, diese zu verschlanken und zugunsten von lebensweltlicher Selbsthilfe zurückzubauen.

In ihrer Kritik, und damit kommen wir schließlich nochmals zu einer Gemeinsamkeit der klassischen und aktuellen Kritischen Sozialen Arbeit, moralisieren die Kritikerinnen und Kritiker nicht selten. Sie verorten sich auf der Seite der „Guten", während damit zwangsläufig die Kritisierten und das Kritisierte auf der Seite des „Schlechten" positioniert werden. Mit dieser Moral verteilen sie zugleich Achtung und Missachtung[25] und sortieren vereinfachend strukturell komplexe Kommunikationsverhältnisse: in die „Guten" und die „Schlechten". Zudem wird mit dieser Moral eine Entscheidung verlangt: entweder für die Einen oder die Anderen zu sein.

Die Kritische Sozialarbeit 1.0 und 2.0 sind verwandt, aber freilich nicht identisch. Während die klassische Kritik eine radikale Gesellschaftskritik ist, zeigt sich die aktuelle Kritik zum Teil als affirmativ. In der Kritischen Sozialen Arbeit 2.0 wird darum gekämpft, ein System zu erhalten, das sich in den letzten Jahrzehnten etabliert hat, und das nach wie vor wächst. Die negativen Effekte der Expansion dieses Systems werden tendenziell ausgeblendet. Dass eine auf Wachstum angelegte Soziale Arbeit die Potentiale ihrer Nutzerinnen und Nutzer stark schwächen und unterminieren kann, die sie in ihren Programmen, fachlichen und ethischen Standards zu stärken vorgibt, ist eine solche mögliche Nebenfolge sozialstaatlich organisierter und auf Expansion ausgerichteter Sozialer Arbeit.

3. Selbstreflexive Systemkritik Sozialer Arbeit

Die Kritische Soziale Arbeit 3.0 wollen wir als eine Kritik verstehen, die sich an der normativen Ausrichtung Sozialer Arbeit orientiert. Diese Ausrichtung, die Timo Ackermann eingehend beschrieben hat und anhand von unterschiedlichen theoretischen Reflexionen und gesetzlichen Grundlagen Sozialer Arbeit auf-

---

[25] Vgl. dazu nochmals Luhmann 1984, S. 319.

zeigt,²⁶ wird sichtbar in methodischen, ethischen und rechtlichen Prinzipien Sozialer Arbeit und meint die sozialprofessionelle Verpflichtung, „auf die Stärkung der Entscheidungsfähigkeit ihrer Klienten und die Beförderung ihrer Selbsthilfekräfte hinzuwirken".²⁷ Daher soll professionelle Hilfe „nie die Generierung einer Situation meinen, die eine Partei dauerhaft von der anderen, der helfenden Partei, abhängig macht".²⁸ So kann klar geschlussfolgert werden, dass professionelle Helferinnen und Helfer, wollen sie Abhängigkeiten vermeiden, dafür sorgen müssen, so zu helfen, dass die Klientinnen und Klienten unabhängig von ihnen werden können. „Der Helfer muss sich für seine Klienten unnütz machen, er muss seinen Klienten ermöglichen, sich selbst zu helfen".²⁹

Dieser normative Ausgangspunkt ist kompatibel mit der in der Kritischen Sozialen Arbeit 2.0 abgelehnten Neoliberalisierung der Sozialen Arbeit. Denn die neoliberalen Reformen des Sozialstaates, etwa die Agenda 2010, haben eben genau dies versucht: die Kräfte des Sozialstaates auszubauen, die die Selbsthilfeförderung der Nutzerinnen und Nutzer stärken, die die (Wieder-) Erlangung von Autonomie und Eigenverantwortung befördern. Beispielhaft kommt dies in der so genannten Hartz IV-Gesetzgebung zum Ausdruck, nach der das Fördern und Fordern von langzeitarbeitslosen Menschen praktiziert werden soll. Einher ging diese Reform mit der Ersetzung des Begriffs „Klient" durch den Begriff „Kunde", womit zum Ausdruck gebracht wird, dass die Nutzerinnen und Nutzer Sozialer Arbeit als kundige Marktteilnehmerinnen und -teilnehmer betrachtet werden sollen. Allerdings offenbart diese Bezeichnung nicht viel mehr als einen Etikettenschwindel; denn die aktuellen politisch-ökonomischen Rahmenbedingungen im Sozialstaat verunmöglichen tatsächliche Kundenmacht der Nutzerinnen und Nutzer Sozialer Arbeit.

Ausgehend von der benannten normativen Ausrichtung Sozialer Arbeit meint Kritische Soziale Arbeit 3.0 vor allem Selbstkritik des sozialarbeiterischen Systems, und dies aus zweierlei Gründen: *Zum einen* gehen wir mit der Theorie selbstreferentieller Systeme davon aus,³⁰ dass Systeme sich nur durch eigene Operationen verändern können, dass Veränderung letztlich Selbstveränderung ist. Und *zum anderen* richtet sich damit die Kritik der Kritischen Sozialen Arbeit

---

[26] Vgl. Ackermann 2007.
[27] Ebenda, S. 16.
[28] Ebenda.
[29] Ebenda.
[30] Vgl. paradigmatisch Luhmann 1984.

3.0 auf das eigene System, auf die Soziale Arbeit selbst, die an ihren eigenen normativen Ansprüchen zu messen, zu bewerten und zu kritisieren ist.

Damit verabschieden wir uns auch von einer radikalen Gesellschaftskritik, die die Kritische Soziale Arbeit 1.0 und 2.0 vertreten und die vor allem gegen das kapitalistische System gerichtet ist. Im Gegensatz dazu gehen wir mit der systemtheoretischen Evolutionstheorie[31] davon aus, dass wir nicht (mehr) in einer kapitalistischen, sondern in einer funktional differenzierten Gesellschaft leben, die am ehesten mit einer Sozialtheorie reflektiert und verstanden werden kann, die als „neuer Liberalismus" bezeichnet werden könnte.[32] Dieser Liberalismus anerkennt und verteidigt die Freiheit der funktional ausdifferenzierten Gesellschaftssysteme wie Wissenschaft, Pädagogik, Recht, Politik, Wirtschaft, Kunst, Religion, Massenmedien, Soziale Arbeit etc., sieht aber auch deren wechselseitige Abhängigkeiten und notwendigen Abstimmungsprozesse. Gerichtet ist dieser neue Liberalismus gegen die Sehnsucht nach Einheitsperspektiven, ganzheitlichen Blicken, die suggerieren, dass wir die gesamte Gesellschaft aus einer „richtigen" Perspektive in den Blick bringen oder eine gemeinsame Kollektividentität erzeugen könnten.

Demnach offenbart sich die Gesellschaft als eine differenzierte Struktur, die sich aus unterschiedlichen Spezialperspektiven, separierten Logiken zusammensetzt, die eigenständigen Funktionen folgen, die zwar auf die gesamte Gesellschaft ausgerichtet sind, die jedoch nur lose zusammen gebunden sind. Es ist ein Ergebnis der sozialen Evolution, dass wir in einer Gesellschaft leben, die hinsichtlich ihrer Subsysteme Freiheiten der dynamischen Selbstentfaltung zulässt. Wissenschaft, Politik, Recht, Wirtschaft, Religion, Pädagogik, Massenmedien oder Soziale Arbeit sind voneinander getrennte Systeme, die ihren eigenen Perspektiven, Logiken und Funktionen folgen und von den jeweils anderen Systemen zwar mit Ressourcen versorgt werden, aber sich nicht gegenseitig determinieren oder steuern können. Alle diese Systeme setzen sich jeweils Rahmenbedingungen, die sie für ihr eigenes Funktionieren benötigen. In ihrem eigenen Funktionieren jedoch sind sie in der dynamischen und nicht determinierbaren Entfaltung ihrer Spezialperspektiven und -logiken frei.

Für die Soziale Arbeit heißt dies, dass professionelles Helfen *einerseits* spezifischen eigenen Logiken folgt, etwa normativ auf die Hilfe zur Selbsthilfe ausgerichtet ist. Dass sie jedoch *andererseits* hinsichtlich der Erfüllung ihrer

---

[31] Vgl. Luhmann 1997.
[32] Nassehi 2015, S. 292.

normativen Funktion von den Rahmenbedingungen und Ressourcen geprägt wird, die insbesondere die Politik, das Recht und die Wirtschaft durch die Ausfüllung ihrer Spezialfunktionen bereitstellen.

Genau an dieser Stelle setzt die Kritische Soziale Arbeit 3.0 ihre Kritik an. *Die Ausbalancierung der Freiheit der Sozialen Arbeit hinsichtlich der Erfüllung ihrer Funktion (der Hilfe zur individuellen Autonomie und lebensweltlichen Selbstorganisation) mit der Angewiesenheit auf die Bereitstellung der Ressourcen anderer Systeme, insbesondere aus Politik, Recht und Wirtschaft erscheint kritik- und damit optimierungsbedürftig.* Dieser Optimierungsbedarf wird etwa dadurch sichtbar, dass Soziale Arbeit, gerade weil sie stark von politischen, rechtlichen und wirtschaftlichen Einflussgrößen abhängig ist, die erfolgreiche Realisierung ihrer normativen Funktion systematisch verfehlt.[33] Professionelle Hilfe führt zu häufig zu Abhängigkeitsbeziehungen, zur Verstetigung von Hilfsbedürftigkeit, zur Verfestigung von psychosozialen Problemlagen. Diese strukturelle Ambivalenz[34] sichert dem sozialarbeiterischen System zwar seine Nutzerinnen und Nutzer, unterminiert jedoch die erfolgreiche Realisierung seiner Zielstellung.

- Das *Verhältnis von Sozialer Arbeit und Politik* sichert zwar das Sozialstaatsgebot, sorgt für die Generierung und Etablierung sozialpolitischer Prämissen und sozialrechtlicher Regeln zur Bereitstellung sozialarbeiterischer Leistungen, bindet jedoch das System der Sozialen Arbeit eng an staatliche Institutionen mit ihren Regulierungs- und Steuerungsbemühungen sowie mit dem staatlichen Gewaltmonopol. Warum sonst wird die Soziale Arbeit, etwa der Jugend-, Sozial- und Gesundheitsämter sowie der Arbeitsagentur von ihren Nutzerinnen und Nutzer immer noch verwechselt mit polizeilichen Maßnahmen der Kontrolle von Norm und Abweichung?

Je enger die Soziale Arbeit mit staatlichen Organisationen verquickt ist, desto weniger wird der Dienstleistungscharakter deutlich, den die Soziale Arbeit sich selbst zuschreibt. Daher könnte es durchaus passend sein und aus kritischer Perspektive gefordert werden, dass sich Soziale Arbeit intensiver als bisher von der staatlichen Politik emanzipiert. Provozierend könnten wir gar formulieren, dass Soziale Arbeit nicht stärker politisch agieren sollte, wie gemeinhin in der Kritischen Sozialen Arbeit 2.0 postu-

---

[33] Vgl. ausführlich dazu etwa Ackermann 2007.
[34] Vgl. ausführlich Kleve 2000; 2007.

liert wird, sondern weitaus weniger. Soziale Arbeit sollte weniger als politisch kämpfende, sondern als unabhängige und professionell wirkende Dienstleistung konstituiert werden.

Auch die staatliche Finanzierung Sozialer Arbeit kann diesbezüglich kritisch befragt werden. Über staatliche Steuereinnahmen werden zwar die Organisationen der Sozialen Arbeit, sowohl die öffentlichen als auch die freien Träger über Fachleistungsstunden und Tagessätze oder über Zuwendungen mit Geld versorgt. Dies geht jedoch häufig einher mit problematischen Wirtschaftlichkeitsprämissen, die ökonomische, speziell marktwirtschaftliche Dynamiken zwar zu simulieren versuchen, letztlich aber auf eine striktere Verstaatlichung der Sozialen Arbeit hinauslaufen.[35] Über die vermeintlich effiziente Zuteilung von Geld versucht der Staat, die Soziale Arbeit nach seinen Prinzipien zu regulieren und in die eigendynamische Logik professionellen Helfens einzugreifen. Allzu häufig hat dieses Eingreifen nichts anderes im Sinn, als die staatlichen Haushalte, die Kassen des Bundes, der Länder und der Kommunen zu entlasten.

Diese staatliche Sparpolitik wird von der Kritischen Sozialen Arbeit 2.0 als neoliberale oder marktwirtschaftliche Ökonomisierung kritisiert und abgelehnt. Allerdings zeigt sich hier keine „Vermarktwirtschaftlichung" der Sozialen Arbeit, sondern ein massiver Eingriffsversuch des politischen Funktionssystems der Gesellschaft in die Eigenlogik professionellen Helfens.

Birger Priddat[36] beschreibt diese vermeintliche Ökonomisierung für den Hochschulbereich in einer Weise, wie wir dies durchaus ebenfalls in der Sozialen Arbeit beobachten können. Demnach offenbart sich hier mitnichten die Wirtschaft als das übergriffige System, sondern das politische, der Staat mit seinen Steuerungsbemühungen und Regulierungsversuchen mittels des Mediums Geld. Staatliche Sparmaßnahmen, ob im Bildungsbereich oder in der Sozialen Arbeit, sind „keine rein ökonomischen Operationen, obwohl sie verwaltungstechnisch so gehandhabt werden, sondern Effekte der Staatsverschuldungen, die die öffentlichen Güter minimieren. […] Diese Verwaltungspolitik wird als ‚Ökonomisierung' ausgegeben, um an Effizienznarrative anzuknüpfen, die faktisch nicht bedient werden. […] Es geht gar nicht um Management […], sondern um eine

---
[35] Vgl. Möhring-Hesse 2015.
[36] Vgl. Priddat 2014.

kostenreduktive Verwaltung".[37] Zudem führt diese staatliche Pseudo-Ökonomisierung zu einem massiven Ausbau von Bürokratie, zur Expansion der verwalteten Welt und der bürokratischen Kolonialisierung der Lebenswelten.[38]

- Das *Verhältnis von Sozialer Arbeit und Recht* ist förderlich für die Soziale Arbeit, wo es um die Durchsetzung von Rechtsansprüchen hinsichtlich der professionellen Hilfe für Nutzerinnen und Nutzer geht sowie um die Einforderung der (professionellen) Hilfe zur (lebensweltlichen) Selbsthilfe auch als juristische Norm. Das Recht ist jedoch dort hinderlich, wo rechtliche Regelungen in der Trägheit ihrer Anpassung an veränderte gesellschaftliche Entwicklungen und Bedingungen sozialarbeiterische Innovationen eher erschweren als fördern. So begründen die Sozialgesetzbücher individuelle Rechtsansprüche, was mit der individuellen Finanzierung sozialarbeiterischer Leistungen einhergeht. Fachleistungsstunden und Tagessätze, etwa in den Hilfen zur Erziehung, beziehen sich auf einzelne Individuen.

Derartige individuelle Rechtsansprüche verunmöglichen jedoch innovative Transformationen der Sozialen Arbeit, insbesondere die Umstellung der individuellen Fall- auf sozialräumliche Budgetfinanzierung.[39] Während die Fallfinanzierung eine individualisierte Problemzuschreibung voraussetzt, würde die sozialräumliche Budgetfinanzierung stärker fallunabhängiges und fallübergreifendes Soziales Arbeiten ermöglichen, um sozialstrukturelle Veränderungen in Städten, Stadtteilen und Gemeinden anzustreben, die bestenfalls dazu beitragen, soziale Rahmenbedingungen des Zusammenlebens so zu gestalten, dass die Ausprägung individueller Probleme wenn nicht gänzlich unterminiert, so doch unwahrscheinlicher wird.[40]

Neben der rechtlichen Festschreibung der individuumsbezogenen Finanzierung setzen die sozialrechtlichen Regelungen zumeist voraus, dass professionelles Helfen erst dann anlaufen kann, wenn personenbezogene Problem- und Defizitzuschreibungen erfolgt sind. Ressourcenorientiertes

---

[37] Ebenda, S. 225 f.
[38] Siehe Beschreibungen und Erklärungen zur Ausweitung der Bürokratie: von Mises 1944/2013 (aus liberaler Sicht) und Graeber 2016 (aus anthropologischer Perspektive).
[39] Vgl. Münder 2007.
[40] Vgl. Hinte/Treß 2007 und Früchtel/Cyprian/Budde 2007a; 2007b.

Arbeiten, das insbesondere die systemische Soziale Arbeit anstrebt, wird damit schwieriger. Ist erst einmal eine Defizitdiagnose oder ein entsprechendes Assessment erfolgt, beeinflusst dies nicht nur die Selbstbeschreibungen der Nutzerinnen und Nutzer Sozialer Arbeit. Auch unterschiedliche helfende Institutionen gruppieren sich um diese Defizite und Probleme, weil sie für deren Behebung bezahlt werden. So stellt sich die provozierende Frage, was die Organisationen mehr zur professionellen Hilfe motiviert, ihre finanzielle Absicherung, der staatliche Geldfluss, der über die Defizit- und Problemmarkierung sowie -bearbeitung realisiert wird, oder die nachhaltige Behebung der Defizite, die Lösung dieser Probleme.[41]

Auch hinsichtlich des Verhältnisses von Recht und Sozialer Arbeit können wir mit der Kritischen Sozialen Arbeit 3.0 mehr Abgrenzungs- und Autonomiebestrebungen der Sozialen Arbeit einfordern. Je unabhängiger die Soziale Arbeit von rechtlichen Regelungen agieren kann, desto selbstbestimmter könnte sie ihre Fachlichkeit, ihr ressourcenorientiertes und nicht nur individuums-, sondern sozialstrukturbezogenes Arbeiten umsetzen und weiter ausbauen. Freilich könnte eine andere Strategie sein, unermüdlich darum zu kämpfen, dass die Sozialgesetze der Ethik und Fachlichkeit Sozialer Arbeit anzugleichen sind und nicht umgekehrt die Soziale Arbeit einseitig den rechtlichen Dynamiken zu folgen hat.

- Das *Verhältnis von Sozialer Arbeit und Wirtschaft* erscheint oft recht missverständlich, und zwar so, als ob sozialarbeiterische Organisationen sich einem Druck des wirtschaftlichen Funktionssystems zu beugen hätten. Wie bereits hinsichtlich des Verhältnisses von Sozialer Arbeit und Politik betont, können wir vielmehr eine zunehmende Verstaatlichung der Sozialen Arbeit beobachten, die mit einer expandierenden Bürokratisierung einhergeht. Zudem ist der staatlich gesteuerte Geldfluss in Richtung sozialarbeiterischer Organisationen derzeit so strukturiert, dass nicht die normative Funktion der Sozialen Arbeit, deren ethische und methodische Fachlichkeit der Autonomie- und Selbsthilfeförderung finanziell belohnt wird, sondern das Gegenteil: die Ausweitung der fallbezogenen Hilfe.

Denn insbesondere die freien sozialarbeiterischen Träger erhalten ihr Geld mit der Fallarbeit. Die finanzielle Absicherung der organisationsbe-

---

[41] Vgl. Baecker 1994.

zogenen Sozialen Arbeit ist mit der Problembearbeitung, nicht mit der Lösungskreation verkoppelt. Je intensiver und länger Sozialarbeiterinnen und Sozialarbeiter an Problemen arbeiten, desto finanziell abgesicherter sind die Träger. Die ökonomischen Anreizstrukturen der Sozialen Arbeit laufen also ihren ethischen, methodischen und sozialrechtlichen Zielen entgegen. Daher ist es an der Zeit, die Finanzierungsstrukturen der Sozialen Arbeit grundsätzlich auf den Prüfstand zu stellen. Eine Kritische Soziale Arbeit 3.0 fordert Finanzierungsprinzipien, die der Ethik und methodischen Fachlichkeit entsprechen, die sozialarbeiterisches Agieren belohnen, das so schnell wie möglich die fallbezogene Beendigung der Sozialen Arbeit avisiert, und zwar aufgrund nachhaltig wirksamer Selbsthilfeförderung.

Des Weiteren könnte intensiv geprüft werden, wie die postulierte Kundenorientierung vom Etikettenschwindel zur Realität werden kann. Dies könnte gelingen durch eine Veränderung des sozialrechtlichen Leistungsdreiecks: Die staatlichen Leistungsträger transferieren die finanziellen Mittel zum Einkauf sozialarbeiterischer Leistungen direkt in Richtung der Leistungsberechtigten, etwa in Form von Gutscheinen für psychosoziale Hilfedienstleistungen. Diese Gutscheine könnten bei öffentlichen und freien Trägern eingelöst werden, die die Gutscheine bei staatlichen Institutionen, dem Bund, den Ländern oder den Kommunen schließlich wieder zur finanziellen Absicherung ihrer Organisation nutzen. Mit einem solchen System würde tatsächlich mehr Marktwirtschaft in die Soziale Arbeit geholt und ein Machtzugewinn für die Nutzerinnen und Nutzer spürbar. Die Träger müssten tatsächlich das an Leistungen anbieten, was ihre Kunden, die potentiellen Nutzerinnen und Nutzer Sozialer Arbeit einfordern, was sie letztlich nachfragen und in Anspruch nehmen wollen.

Kritische Soziale Arbeit 3.0, so könnten wir schlussfolgern, tritt für eine Kritik an den strukturellen Koppelungen, den Verhältnissen der Sozialen Arbeit zur Politik, zum Recht und zur Wirtschaft ein. Sie versucht, diese Verhältnisse so zu gestalten, dass die Soziale Arbeit in der Ausübung ihrer normativen Funktion autonomer wird und tatsächlich das mit höherer Wahrscheinlichkeit als bisher erreicht, was die Soziale Arbeit als gesellschaftliches System legitimiert: die Menschen bei der autonomen und selbstbestimmten Gestaltung ihres Lebens so zu unterstützen, dass Autonomie und Selbstbestimmung geschützt und gestärkt oder – bei Verlust – wieder gewonnen werden. Grundlage dieser Kritik ist ein liberales Menschen- und Gesellschaftsbild, das als höchstes moralisches Gut die Freiheit der Lebensgestaltung nach eigenen Maßstäben versteht bei gleichzeitiger Achtung gemeinschaftlicher Bindungen in den Lebenswelten und der gesellschaftlichen Arbeitsteilung bezüglich der Funktionssysteme und Organisationen.

4. Resümee

Mit diesem Beitrag unterbreite ich dem Theoriediskurs der Sozialen Arbeit den Vorschlag, drei kritische Perspektiven voneinander zu unterscheiden: die Gesellschaftskritik der 1960er, 70er und 80er Jahre (Kritische Soziale Arbeit 1.0), die Neoliberalismuskritik der 2000er Jahre (Kritische Soziale Arbeit 2.0) und die Perspektiven einer selbstreflexiven Systemkritik Sozialer Arbeit (Kritische Soziale Arbeit 3.0). Unschwer ist zu erkennen, dass ich für die Kritische Soziale Arbeit 3.0 optiere.[42] Denn sowohl die Kritik der kapitalistischen Gesellschaft als auch die Problematisierung der vermeintlichen Ökonomisierung Sozialer Arbeit gehen von Prämissen aus, die aus sozialtheoretischer Sicht nur bedingt geteilt werden können.

Die Bezeichnung „Kapitalismus" ist für unsere funktional differenzierte Gesellschaft eine verkürzte Kennzeichnung. Denn neben der Dynamik der Wirtschaft ist die Gesellschaft zugleich von politischen, rechtlichen, wissenschaftlichen, massenmedialen, religiösen und zahlreichen weiteren sozialen Strukturlogiken geprägt. Daher ist die Gesellschaft nicht ausschließlich wirtschaftlich als Kapitalismus verstehbar, sondern als Gesellschaft unterschiedlicher und parallel laufender Systeme. Diese Systeme sind zugleich frei, systemtheoretisch gesprochen: autopoietisch sich vollziehend, und aufeinander bezogen, eben strukturell gekoppelt, in Wechselverhältnissen verbunden.

Wie insbesondere diese Wechselverhältnisse zwischen der Sozialen Arbeit und der Politik, dem Recht und der Wirtschaft optimaler gestaltet werden könnten, wurde ansatzweise skizziert. Dabei zeigte sich zudem, dass die von der Kritischen Sozialen Arbeit 2.0 kritisierte Ökonomisierung der Sozialen Arbeit kein übergriffiges Wirtschaftssystem, sondern eine striktere Verstaatlichung und Bürokratisierung der Sozialen Arbeit offenbart. In Abgrenzung dazu wurde die Kritische Soziale Arbeit 3.0 als normativ-positive Systemkritik skizziert, die versucht, die Soziale Arbeit so zu irritieren, dass diese sich wieder stärker zu

---

[42] Siehe dazu bereits und weiterführend Kleve 2015; 2016; Kleve u.a. 2016.

ihren ethischen, methodischen und rechtlichen Grundprinzipien der Selbsthilfeförderung, der Stärkung von Autonomie und Selbstorganisation ihrer Nutzerinnen und Nutzer bekennt und alles unternimmt, dass dem entgegenlaufende Entwicklungen, die die Chronifizierung von Hilfsbedürftigkeit befördern, transformiert werden. Dies kann gelingen, so die Hoffnung, wenn die Soziale Arbeit ihre Wechselverhältnisse zu den Systemen Politik und Recht neu formatiert und die ökonomischen Finanzierungsstrukturen so gestaltet, dass die monetären Anreize auf Lösungskreation statt auf Problembearbeitung ausgerichtet werden.

Literatur

Ackermann, Timo (2007): Fallstricke Sozialer Arbeit. Systemtheoretische, psychoanalytische und marxistische Perspektiven. Heidelberg: Carl-Auer.

Adorno, Theodor W. (1951/2001): Minima Moralia. Reflexionen aus dem beschädigten Leben. Frankfurt/M.: Suhrkamp.

Baecker, Dirk (1994): Soziale Hilfe als Funktionssystem der Gesellschaft. In: *Zeitschrift für Soziologie*, Heft 2, S. 93-110.

Früchtel, Frank/Cyprian, Gudrun/Budde, Wolfgang (2007a): Sozialer Raum und Soziale Arbeit. Textbook: Theoretische Grundlagen. Wiesbaden: VS.

Früchtel, Frank/Cyprian, Gudrun/Budde, Wolfgang (2007b): Sozialer Raum und Soziale Arbeit. Fieldbook: Methoden und Techniken. Wiesbaden: VS.

Glasersfeld, Ernst von (1981): Einführung in den radikalen Konstruktivismus. In: Watzlawick, Paul (Hrsg.): Die erfundene Wirklichkeit. Wie wissen wir, was wir zu wissen glauben? Beiträge zum Konstruktivismus. München: Piper, S. 16-38.

Graeber, David (2016): Bürokratie. Die Utopie der Regeln. Stuttgart: Klett-Cotta.

Habermas, Jürgen (1981): Theorie des kommunikativen Handelns. Band 1: Handlungsrationalität und gesellschaftliche Rationalisierung und Band 2: Zur Kritik der funktionalistischen Vernunft. Frankfurt/M.: Suhrkamp.

Hagedorff, Thilo (2014): Sozialkritik und soziale Steuerung. Zur Methodologie systemangepasster Aufklärung. Bielefeld: transkript.

Hayek, Friedrich August von (1944/2011): Der Weg zur Knechtschaft. Reinbek/München: Lau/Olzog.

Hinte, Wolfgang/Treeß, Helga (2007): Sozialraumorientierung in der Jugendhilfe. Theoretische Grundlagen, Handlungsprinzipien und Praxisbeispiele einer kooperativ-integrativen Pädagogik. Weinheim/München: Juventa.

Hollstein, Walter/Meinhold, Marianne (Hrsg.) (1973): Sozialarbeit unter kapitalistischen Produktionsbedingungen. Frankfurt/M.: Fischer.

Horkheimer, Max; Adorno, Theodor W. (1947\1989): Dialektik der Aufklärung. Philosophische Fragmente. Reclam: Leipzig.

Illich, Ivan u.a. (Hrsg.) (1977/1979): Entmündigung durch Experten. Zur Kritik der Dienstleistungsberufe. Reinbek bei Hamburg: Rowohlt (1979).

Kleve, Heiko (2000): Die Sozialarbeit ohne Eigenschaften. Fragmente einer postmodernen Professions- und Wissenschaftstheorie Sozialer Arbeit. Freiburg/Br.: Lambertus.

Kleve, Heiko (2003): Ideologie und Theorie in der Sozialen Arbeit. Zur ambivalenten Bedeutung der 68er Bewegung für die Sozialarbeit/Sozialpädagogik. *Zeitschrift für Sozialpädagogik*, Heft 3/2003, S. 315-330.

Kleve, Heiko (2007): Postmoderne Sozialarbeit. Ein systemtheoretisch-konstruktivistischer Beitrag zur Sozialarbeitswissenschaft. Wiesbaden: VS.

Kleve, Heiko (2015): Die Wirtschaft der Sozialen Arbeit. Zum ambivalenten Wechselverhältnis von Geld und Helfen. *Soziale Arbeit*, Heft 4, S. 122-128.

Kleve, Heiko (2016): Systemische Sozialarbeit und Liberalismus. Plädoyer für soziale Selbstorganisation und individuelle Autonomie - eine Diskussionsanregung. *Familiendynamik*, Heft 3, S. 208-2015.

Kleve, Heiko u.a. (Hrsg.) (2016): Autonomie und Mündigkeit in der Sozialen Arbeit. Beltz/Juventa. Weihnheim.

Luhmann, Niklas (1984): Soziale Systeme. Grundriß einer allgemeinen Theorie. Frankfurt/M.: Suhrkamp.

Luhmann, Niklas (1997): Die Gesellschaft der Gesellschaft. 2 Bände. Frankfurt/M.: Suhrkamp.

Marx, Karl (1859/1987): Zur Kritik der politischen Ökonomie, in: Marx, Karl/Engels, Friedrich: Ausgewählte Werke in sechs Bänden. Band II. Berlin: Dietz.

McKnight, John (1977/1979): Professionelle Dienstleistung und entmündigende Hilfe. In: Ivan Illich u.a. (Hrsg.): Entmündigung durch Experten. Zur Kritik der Dienstleistungsberufe. Reinbek bei Hamburg: Rowohlt, S. 37-56.

Mises, Ludwig von (1944/2013): Die Bürokratie. Sankt Augustin: Academia.

Möhring-Hesse, Matthias (2015), Die Kehrseite dessen, was man gemeinhin „Ökonomisierung" nennt. Zur Kritik der Verstaatlichung der Sozialen Dienste. In. *EthikJournal*, Heft 3. Download unter: http://www.ethikjournal.de [30.06.2016].

Münder, Johannes (2007): Was ist rechtskonform? Die rechtlichen Möglichkeiten des KJHG beim Umbau der Hilfen zur Erziehung, in: Verein für Kommunalwissenschaften (Hrsg.): Sozialraumorientierter Umbau der Hilfen zur Erziehung: Positive Effekte, Risiken +Nebenwirkungen. Band 2. Berlin, S. 7-12.

Nassehi, Armin (2015): Die letzte Stunde der Wahrheit. Warum rechts und links keine Alternativen mehr sind und Gesellschaft ganz anders beschrieben werden muss. Hamburg: Murmann.

Popper, Karl (1974/2004): Ausgangspunkte. Meine intellektuelle Entwicklung. München: Piper.

Popper, Karl (1945/1992): Die offene Gesellschaft und ihre Feinde. Band I: Der Zauber Platons. Tübingen: Mohr Siebeck.

Priddat, Birger P. (2014): Wir werden zu Tode geprüft. Wie man trotz Bachelor, Master & Bologna intelligent studiert. Hamburg: Murmann.

Seithe, Mechthild (2010): Schwarzbuch Soziale Arbeit. Wiesbaden: VS.

Zima, P. V. (1989): Ideologie und Theorie. Eine Diskurskritik. Tübingen: Francke.

Sebastian Sierra Barra

Der vernetzte Mensch als Herausforderung für die Soziale Arbeit

„Dort, wo man den homo sapiens *so gesehen hatte, als löse er sich mit einem majestätischen Sprung von der Natur, um mit seiner hervorragenden Intelligenz die Technik, die Sprache, die Gesellschaft hervorzubringen, sieht man nun im Gegenteil, wie Natur, Gesellschaft, Intelligenz, Technik, Sprache und Kultur gemeinsam den* homo sapiens *im Laufe eines mehrere Millionen Jahre währenden Prozesses hervorbringen. Es wird unklar, womit der Mensch sich ausweisen soll: Ist er* faber? *Ist er* socius?"[1]

1. Problemstellung

Bei den Bestrebungen, die Soziale Arbeit zu einer Profession zu entwickeln, spielt Kritik eine wesentliche Rolle. Geht es doch nicht zuletzt darum, sich von den staatlich-institutionellen Überhängen des Wohlfahrtsstaates zu emanzipieren bzw. sich aus den Fangnetzen zunehmender Bürokratisierung zu befreien.

Das klassische Verständnis von Kritik, wie es sich in der Formulierung Foucaults „als Kunst, nicht dermaßen regiert zu werden" äußert, hat den Menschen oftmals in Opposition zu Institutionen, Organisationen und Staatsapparaten gestellt.[2] Das Unterworfene oder Untergeordnete ist dem Konzept des Subjekts immer schon eingeschrieben. Durkheim spricht von „Zwang", Elias von „Triebverzicht", Foucault von „Disziplinierung" und Max Weber von einem „stahlharten Gehäuse", das in Folge einer neuen rationalen Wirtschaftsordnung jeden Einzelnen mit „überwältigendem Zwange bestimmt."[3] Für diese „Veren-

---
[1] Morin 1974, S. 65. Hervorhebungen im Original.
[2] Foucault 1992, S. 12.
[3] Weber 1981, S. 188f.

gung des modernen Lebens", wie Nico Stehr formuliert, sind immer wieder Wissenschaft und Technik verantwortlich gemacht worden.[4]

Die Ankündigung einer „Informations- oder Wissensgesellschaft" musste daher in den Jahrzehnten nach dem Zweiten Weltkrieg als Fortführung eines Entfremdungsprozesses verstanden werden, der in der Industriellen Revolution seinen Ausgang nimmt. Denn die Rede von wissensbasierten postindustriellen Ökonomien, wie sie in den Schriften der 1950 bis 70er Jahre von Autoren wie Lane, Machlup, Drucker und Bell formuliert wurden, lokalisierte sozialen Wandel auf der Ebene von Institutionen- und Organisationsumbau.[5] Den Umbau sollte ein neuer Typus von Managern und Beratern vorantreiben, der in der von Schumpeter entworfenen Figur eines „dynamischen Unternehmers" seine Blaupause fand. Seine ökonomische Aufgabe besteht in einer „Durchsetzung neuer Kombinationen" oder „schöpferischen Zerstörung."[6] Diese auf eine Zunahme von wissenschaftlichem Wissen und Abstraktion setzenden Zukunftsvisionen wurden teilweise zu Recht als Angriff auf die sozialen Bewegungen der gleichen Jahrzehnte betrachtet, die in diesen sozio-ökonomischen Programmen eine Fortsetzung und Intensivierung der industriellen Herrschaftsverhältnisse und Entfremdungsprozesse sahen.

Heute scheint mit der Entwicklung von Bio- und Nanotechnologien, der Entstehung des World Wide Web und der Durchsetzung von wissensbasierten Ökonomien, wie sie derzeit in den Szenarien sogenannter Industrien 4.0 auftauchen, der Neoliberalismus gesiegt zu haben. Alles soll miteinander vernetzt werden und miteinander kommunizieren, um an das „Öl des 21. Jahrhunderts" (Daten) zu gelangen.[7] Die Geschichte des Kapitalismus lässt sich somit als Stufenfolge konzipieren, die an einem vorläufigen Kulminationspunkt angekommen ist. Yann Moulier Boutang spricht von einem „dritten Kapitalismus", der dem Handelskapitalismus (1. Stufe) und dem Industriekapitalismus (2. Stufe) folge und nun kognitive Prozesse zur Quelle seiner Wertschöpfung erklärt.

„Die Ökonomie der physischen Produktion wird abgelöst durch eine immaterielle Ökonomie der Information, dominiert vom quartären Sektor, der insbesondere die Finanz- und Kommunikationsdienstleistungen für die Un-

---

[4] Stehr 2001, S. 7.
[5] Vgl. Mattelart 2003, Webster 2006.
[6] Vgl. Schumpeter 1926.
[7] Vgl. Bundesministerium für Wirtschaft und Energie 2016.

ternehmen, entsprechend den Anforderungen der Produktion in den globalen Städten, neu ordnet."[8]

Folgerichtig müsste Kritik gerade jetzt den Menschen gegen einen „technologischen Totalitarismus", zusammengesetzt aus Wissenschaft, Technologie und Ökonomie, zu verteidigen suchen.[9]

Die Soziale Arbeit steht hier vor einem Dilemma: Als Dienstleisterin in einem neoliberal-kapitalistischen System ist sie an der Hervorbringung von Problemlagen beteiligt, die sie doch anschließend lösen soll. Den Menschen in den Mittelpunkt zu stellen, entspricht größtenteils dem neoliberalen Programm. Der Ausweg, den Menschen nicht vereinzeln zu lassen, bedeutet ihn zu vernetzen, was ebenfalls keinen Widerspruch zum Anforderungsprofil neoliberaler Subjektivierung darstellt. Da die Soziale Arbeit Teil des Gesamtproblems ist, wird die notwendige Kritik am System somit zu einer Selbstkritik, die sich im Sinne einer systemischen Kritik verstehen muss.

Um im Spannungsverhältnis zwischen (staatlicher) Kontrolle und (individueller) Hilfe bestehen zu können, wird nun seit Jahren der Vorschlag von Staub-Bernasconi diskutiert, aus diesem Doppelmandat ein Tripelmandat zu machen. Denn zwischen staatlichem System und Individuum lassen sich strukturelle Konflikte ausmachen, mit denen die Frage aufgeworfen wird, auf welcher Seite die Soziale Arbeit steht. Insbesondere in Zeiten sogenannter Ökonomisierung des Sozialen wird die Mandatierung von staatlicher Seite unter Verdacht gestellt, eher wirtschaftlichen denn sozialen Interessen zu folgen. Die Forderung nach einem dritten Mandat legitimiert sich deshalb zwischen Staat und Individuum und findet ihre Bodenhaftung in den Menschenrechten und einer wissenschaftlichen Fundierung:

„Wissenschaftliche Basis, Berufskodex und die darin enthaltenen Menschenrechte begründen mithin das dritte, selbstbestimmte *Mandat seitens der Profession Sozialer Arbeit. Mit diesem Dritten Mandat sind Professionalität und Politik keine Gegensätze, aber: es muss wissenschaftlich und menschenrechtlich begründete Fachpolitik sein, die sich in öffentliche Diskurse und Politiken einmischt und diese mitgestaltet."*[10]

---

[8] Moulier Boutang 1998, S. 13.
[9] Vgl. Schirrmacher 2015.
[10] Staub-Bernasconi 2007, S. 201, Hervorhebung von mir.

Systemtheoretisch lässt sich das als Ausdifferenzierung eines neuen Teilsystems interpretieren, dessen binärer Code mit Hilfe/Nichthilfe, Inklusion/Exklusion oder Integration/Desintegration identifiziert werden kann.[11] Bedingung für eine solche Interpretation bleibt die gesellschaftliche Rahmung, das heißt die Annahme, dass Politik, Wirtschaft, Recht usw. weiterhin ausdifferenzierte Teilsysteme eines klar zu bestimmenden Sozialsystems darstellen.

Unter den Bedingungen digital vernetzter Lebensräume wird eine solche Bestimmung des Sozialen als Gesellschaft aber zusehends schwieriger. Kritik, und das wird zu zeigen sein, muss von einem systemischen Verständnis von Menschen und ihren technischen Umwelten ausgehen und muss den Menschen als vernetzten Menschen betrachten. Will man die Autonomiebestrebungen der Sozialen Arbeit ernst nehmen, muss also geklärt werden, um welches Soziales es eigentlich geht.

2. Gesellschaft vs. Soziales

In den letzten Jahrzehnten ist insbesondere durch digitale Informations- und Kommunikationstechnologien und die damit neu entstandenen Vernetzungsmöglichkeiten die Frage nach den Grenzen des Sozialen für die gesellschaftswissenschaftliche Theoriebildung zu einer zentralen Herausforderung geworden. Sie tut sich schwer damit, Antworten auf die Neuzusammensetzungen menschlichen Lebens zu finden, auf die prinzipielle Vernetzbarkeit von Menschen und Dingen, die jedem Versuch einer logischen Schließung des Sozialen widersprechen muss.

Nun kann sozialer Wandel schon längst nicht mehr auf einen gesellschaftlichen Wandel reduziert werden, weil Gesellschaft mit globalen Themen, etwa Migration und Klimawandel, immer schon Teil größerer Veränderungsdynamiken ist. Die Inter- und Transnationalisierung der Märkte sind seit den 1990er Jahren immer stärker zu Informations- und Netzwerkökonomien geworden, die sich gegen die nationale Regulierung zur Wehr setzen.[12] Menschen reagieren weltweit unterschiedlich auf diese Veränderungen, lassen aber eine Gemeinsamkeit erkennen: Auch hier wird vernetzt, werden Interessensgruppen gebildet, Netzwerke aufgebaut. Man solidarisiert sich gegen Unternehmen, gegen staatli-

---

[11] Vgl. Kleve 2010, S. 29.
[12] Vgl. Teubner 2010.

che Eingriffe und bildet neue Kooperationen. Vor uns breitet sich ein komplexes Geschehen aus, das sich nicht einfach auf Handlungen von Menschen reduzieren lässt, sondern eine neue Praxis darstellt. Menschen sind dabei, eine digitale Praxis zu entwickeln, die sowohl eine Reaktion auf die weltweiten Veränderungen darstellt als auch diese selbst hervorruft.

Zahlreiche Kehren und Wenden haben in den letzten Jahren an die konstitutive Rolle von Räumen, Körpern, Materie, Bildern etc. beim Entstehen sozialer Zusammenhänge erinnert (z. B. spatial, performative, iconic, cultural, material, practice turn). Die Berücksichtigung von Nichtmenschlichem (Dinge, Artefakte, Technologien etc.) hat dabei in der sozialwissenschaftlichen Theoriebildung die Aufmerksamkeit auf prozess- und praxistheoretische Ansätze gelenkt. Diese Theorien stehen nach Andreas Reckwitz im Gegensatz zu Luhmanns Theorie des Sozialen, die „auf eine Situierung des Sozialen außerhalb der Körper, des Bewusstseins und der Artefakte basiert."[13] Für praxistheoretische Ansätze ist dagegen „die Situierung des Sozialen und der Kultur in den Bewußtseinen, Körpern und Artefakten, mithin eine Grenzüberschreitung zwischen dem Kulturell-Symbolischen und den scheinbar asozialen Sphären des Körpers, der Psyche und der Materialität zentral."[14]

Diese Überschreitung darf dabei nicht nur als Erweiterung des Sozialen verstanden werden. Vielmehr verweist sie zugleich auf die Frage nach den konkreten Wechselwirkungen zwischen den unterschiedlichen Komponenten, mit denen Soziales erst hervorgebracht wird. Was zum Sozialen dazugehört und was nicht, wird Gegenstand permanenter Aushandlungsprozesse.

In Anlehnung an den praxistheoretischen Ansatz von Andreas Reckwitz lässt sich so gegen die Vorstellung einer festen Größe des Sozialen argumentieren. Dabei geht es in umgekehrter Reihenfolge um ein Verständnis der derzeitigen Entstehungs- und Entwicklungs-zusammenhänge menschlicher Selbstorganisation, die sich nur sehr bedingt aus den bisherigen gesellschaftlichen Ordnungen ableiten lässt. Die ethnischen, nationalen, territorialen und völkischen Erfindungen der sogenannten Moderne setzten auf Dauer und Stabilität. Man musste sich als Teil vom Ganzen imaginieren, sich integrieren, der „Ordnung der Dinge" folgen. Die Ordnung war vorgegeben, die Biographien ebenso. Es waren Sozialformate der ordnenden Schließung und Immunisierung, die jede Devianz illega-

---

[13] Reckwitz 2004, S. 215 f.
[14] Ebenda.

lisierte und bekämpfte.[15] Unter diesen Bedingungen führten Menschen Vorschriften aus, folgten Paragraphen, festgeschriebenen Geschlechterrollen und industriellen Ablaufplänen. Wiederholung sollte die Reproduktion des Gesellschaftsganzen garantieren. Selbstbestimmtes Handeln blieb den Führungskräften vorbehalten.

Die digitale Praxis stellt nun auf Grenzüberschreitung ab, denn das Bestehende und Bekannte kann nur noch bedingt Antworten auf die Probleme von Morgen liefern:

> *„Kreativität und Innovation sind zentrale Elemente der heutigen wissensbasierten Gesellschaften Europas, um den Chancen und Herausforderungen der Globalisierung wirksam begegnen zu können. Beide sind eng verknüpft, denn persönliche Kreativität ist unabdingbare Voraussetzung für die Innovationsfähigkeit einer Gesellschaft."*[16]

Konkret heißt das, dass die Aktivitäten jedes einzelnen Menschen von potentiellem Interesse sind. Menschen werden zu Daten- und Informationsträgern, deren Wert in der Vernetzung entsteht: Wie viel kommuniziert wer mit wem und worüber? Relevante Informationen müssen nicht mehr ortsgebunden sein, Wissen kein „einheimisches" Produkt mehr. Das trifft nicht nur den sogenannten „Brain Drain"-Effekt, mit dem die Wettbewerbsfähigkeit durch eine globale Ausschreibung für die „besten Köpfe" erfolgt, sondern gilt prinzipiell in einer globalisierten Welt, in der Mobilität und Flexibilität zur Grundbedingung der (staatlichen, unternehmerischen und individuellen) Existenz werden.[17] Für die Entwicklung von Lösungsansätzen werden transnationale Netzwerke aktiviert, was nicht ausschließt, dass anschließend unternehmerische oder staatliche Labels den Entstehungsprozess für sich beanspruchen. Die explosionsartige Vermehrung von Qualitätssiegeln und Zertifikaten in den letzten Jahren zeigt ein steigendes Interesse der Konsumenten an den Zusammensetzungen unseres Alltags. Gleichzeitig entsteht neues Wissen darüber, wie die einzelnen Daten miteinander in Verbindung gebracht werden müssen.

Wir beginnen erst langsam, die neuen sozialen Zusammenhänge zu verstehen, die durch digitale Praxen erzeugt werden. Wenn man jedoch davon ausgeht,

---

[15] Vgl. Esposito 2004.
[16] Bundesinstitut für Berufsbildung 2009.
[17] Vgl. Sennett 1998.

dass Soziales keine feste Größe darstellt, rückt die Frage nach den Entstehungs- und Entwicklungszusammenhängen ins Zentrum.

Die Entstehungs- und Entwicklungszusammenhänge, die Konstruktionsbedingungen, unterliegen ebenso den historischen Veränderungen wie die unterschiedlichen Sozialformate. Mit anderen Worten: Soziales ist das Ergebnis koevolutionärer Prozesse zwischen Menschen und ihren Erfindungen, in denen überhaupt erst die Grundlage für Beziehungen entsteht:

> *„Wir müssen uns von der Vorstellung verabschieden, soziale Objektivität würde aus etwas anderem hervorgehen als dem Prozess der Verknüpfung. Nicht bereits existierende Elemente wie zum Beispiel Individuen oder soziale Gruppen sind es, die verknüpft werden, sondern es ist die Verknüpfung selbst, die soziale Elemente – als Individuen oder soziale Gruppen – überhaupt erst hervorbringt. Differenz geht Identität voraus; Relation geht Substanz voraus."*[18]

3. Digitalisierung: Soziales im Entstehen

Die Vorstellung, Welt sei vorhanden, weicht Modellen möglicher Weltzustände. Wissen ist Potential zur Erzeugung neuer Möglichkeits- und Handlungsräume, in denen Neues, bisher nicht Vorhandenes entsteht und nicht mehr eine göttliche, natürliche, wissenschaftliche oder gesellschaftliche Ordnung repräsentiert. Die mit der Unterstützung digital-vernetzter Infrastrukturen erzeugten Datenkörper und damit aufgeworfenen Fragen nach der Art der Verbindung, ihrer Dauerhaftigkeit, ihren konkreten Konstellationen, verbieten nicht nur die Trennung von Individuum und (Infra-)Struktur, sondern lassen sich auch nicht mehr auf Gesellschaft reduzieren. Weltweit sind derzeit weit mehr Dinge miteinander vernetzt als es Menschen gibt. Analoge Infrastrukturen sind entweder digitalisiert (etwa die Kommunikationsinfrastrukturen) oder mit digitalen Netzwerken verbunden (z. B. Energieversorgungen, Flugzeuge, Bahnen, Autos etc.). In der Sprache der sogenannten Industrie 4.0 werden diese Systeme als *Cyber-Physical-Systems* oder *Embedded Systems* bezeichnet.[19] Diese Systeme umgeben uns nicht nur, sondern wir sind mit ihnen jeden Tag, stündlich, minütlich, se-

---

[18] Marchart 2013, S. 346.
[19] Vgl. Lee/Seshia 2011.

kündlich vernetzt. Friedrich Kittler schrieb Mitte der 1980er Jahre: „Medien bestimmen unsere Lage, die (trotzdem oder deshalb) eine Beschreibung verdient."[20] Heute muss man betonen, dass diese Lage nicht zuletzt deshalb bestimmend ist, weil die mit ihr generierten Daten Fragen danach aufwerfen, wie die soziale Lage von Menschen mit Medien- und Datenlagen in Verbindung steht.

Menschen erzeugen relevante Daten über sich selbst in sozialen Netzwerken, auf Onlineportalen, wohlwissend, dass ihr Such- und Kaufverhalten beobachtet, ausgewertet und genutzt wird. Organisationen und Institutionen legen Kunden- oder Klientenprofile an. Die Nutzung von Smartphones ermöglicht die Erstellung von Bewegungsprofilen mit Orts- und Zeitangaben und arrangiert zugleich eine permanente Vernetzung mit der Umwelt. Die dabei entstehenden digitalen Datenkörper lassen sich nicht nur zahlreich vernetzen, sondern erzeugen eine individuelle, einzigartige digitale Signatur. Ohne genau zu wissen, wie die Datengenerierung und Verknüpfung mit anderen Datenkörpern im technischen Sinne abläuft, vertrauen Menschen dieser errechneten Wirklichkeit zusehends ihr Leben an.

Unter dem Titel „Die Weltbürste" brachte *Der Spiegel* in einer Spezialausgabe zur Globalisierung eine elektrische Zahnbürste als Beispiel für den globalisierten Kapitalismus: „4500 Mitarbeiter, zehn Länder, drei Kontinente, fünf Zeitzonen" sind an der Produktion einer elektrischen Zahnbürste der niederländischen Firma Philips beteiligt. „Die neue Konfliktlinie der globalen Welt verläuft nicht mehr zwischen Kapital und Arbeit, sondern zwischen Arbeit und Arbeit, zwischen Kapital und Kapital."[21] Dass es sich dabei vielleicht auch um eine Konfliktlinie zwischen Gesellschaft und Sozialem handeln könnte, scheint nicht in den Sinn zu kommen.

Während sich das Verhältnis von Kapital und Arbeit also tiefgreifend verändert, bleibt für viele Gesellschaft offensichtlich weiterhin der angestammte Ort des Sozialen. In dem Moment, wo Wissen nicht mehr auf die Reproduktion feststehender Regeln setzt, sondern dazu aufruft, neue Möglichkeits- und Handlungsräume zu erschaffen, wird der Ort der Kritik deutlich: Es gilt neue Regeln des sozialen Zusammenlebens zu erfinden, die mit der Art und Weise der Wissensgenerierung korrespondieren, weil sich mit ihr immer schon die Sozialformation ankündigt.

---

[20] Kittler 1986, S. 3.
[21] Hoppe 2005.

> *„Die Vergesellschaftung wird durch die Informations- und Kommunikationstechnologien ermöglicht, die selbst nicht mechanisch sind, sondern kognitive und relationale Technologien darstellen. Einer repetitiven Zeit wird eine Zeit der Erfindung entgegengesetzt, eine Zeit der kontinuierlichen Erschaffung des Neuen."*[22]

Kritik muss sich der Praxis der Verknüpfungen widmen, durch die soziale Elemente als Individuen oder soziale Gruppe erst entstehen.[23] Selbstentfaltung verweist damit auf eine intrinsische Verwobenheit zwischen Mensch und Technologie, weil das Selbst ohne einen digitalen Körper Gefahr läuft, aus den Entstehungsprozessen ausgeschlossen zu werden. Die Rede vom „digitalen Graben" seit den 1990er Jahren bezieht sich auf die Gefahr eines gesellschaftlichen Ausschlusses, auf die Reproduktion sozialer Ungleichheiten.[24] Sich zu vernetzen, sich in Beziehung zu setzen, zu verändern, aktiv zu werden ist eine Grundanforderung auch des Gesellschaftssozialen geworden. Der vernetzte Mensch aber wird zu einer Herausforderung eben dieser gesellschaftlichen Ordnung, denn es wird schwierig, die Vernetzungen zu kontrollieren. In Anspielung auf Carl Schmitt formulierte Stefan Beck: „Souverän ist, wer über den Ausschaltungszustand entscheidet."[25]

4. Der vernetzte Mensch oder Bürger?

Soziales – und das ist entscheidend – wird also zunehmend von individuellen Nutzungsweisen der Nutzer_innen abhängig. Welche Informationen relevant für das eigene Leben und die Vorstellung der Welt sind, entscheidet dabei nicht mehr alleine das soziale Nahfeld. Soziale Zusammenhänge auf Dauer zu halten, wird eine ressourcenintensive Angelegenheit des Daten-, Informations- und Wissensmanagements. Der Grundsatz der Netzneutralität, nach dem alle Daten gleich sind, enthält nämlich die Botschaft eines enormen Anstiegs von Relationierungsmöglichkeiten. Das mit diesem erweiterten Spektrum an Möglichkeiten gesteigerte Versprechen auf Selbstentfaltung führt schließlich zu der Frage, um welches Selbst es da eigentlich geht, das sich entfalten soll.

---

[22] Corsani 2012, S. 107.
[23] Lash 2002.
[24] Zillien 2006.
[25] Beck 1997.

An dieser Stelle ist nun kein Platz, die neoliberalen, psychologischen, marxistischen, physiologischen, neurologischen Konzepte des Selbst und seiner Verwirklichung zu diskutieren. Für die Soziale Arbeit lässt sich aber sicherlich ein Kanon formulieren, dass die Verwirklichung des Selbst sich interaktiv mit seiner Umwelt entwickelt und mitnichten ein von seiner Umwelt unabhängiges Konzept darstellt.[26]

Unter der intrinsischen Verbindung von Mensch und Technik, die mit der Erschaffung digitaler Datenkörper als enorme Erweiterung der eigenen Handlungsspielräume betrachtet werden muss, werden die Forderung nach Partizipationsmöglichkeiten und die damit verbundenen Schemata von Inklusion/Exklusion bzw. Integration/Desintegration neu bestimmt werden müssen. Denn die um digitale Zusatzräume erweiterte Lebenswelt steht zusehends im Widerspruch zu den territorialen Einheiten und Bevölkerungslogiken. Partizipation lässt sich heute nicht mehr auf Teilhabe an einem gesellschaftlichen Kollektiv beschränken, sondern bedeutet, an den sich ständig neu formierenden Netzwerk- oder Sinnkollektiven lokal und global zugleich beteiligt sein zu können. Zugehörigkeit hat sich im Zeitalter digitaler Vernetzungsmöglichkeiten pluralisiert und lässt „elastische Geographien" entstehen, wie man in Anlehnung an Eyal Weizmann formulieren könnte.[27] Teilnahme und Teilhabe bezeichnen dann das Recht auf Entwicklungsoffenheit des eigenen Lebens einerseits und des Sozialraums andererseits.

Die Figur der aktiven Bürger_in, wie sie heute von unterschiedlichen Stellen gewünscht und gefördert wird, ist als Aneignungsstrategie auf dieses offene Geschehen zu verstehen. Gesellschaftliche Teilhabe und Teilnahme werden in Zeiten sogenannter Informations- und Wissensgesellschaften eine vernetzte Bürgerin voraussetzen, die nicht mehr als Identität konzipiert sein muss. Andrew Barry sieht eine Verbindung von politischer und technologischer Sphäre, die auf die Notwendigkeit neuer Aktivierungsmethoden abzielt:

> „Whatever active citizenship is, it is surely not an identity one can simply adopt. It is a process with many different specific logics and forms, which only occurs in specific circumstances. Most of the time people are not par-

---

[26] Vgl. Hurrelmann/Grundmann/Walper 2008.
[27] Vgl. Weizmann 2009.

ticularly active citizens. Active citizenship is a rather specialist form of being."[28]

Es sind unsere digitalen Datenkörper, die aktiviert werden, unsere hinterlegten Interessen, Abonnements, Privat- und Berufsnetzwerke, unser Interessenprofil im Onlinemarkt. Interessant ist dabei, dass die aktive Teilnahme am Geschehen einen Kontrollverlust personengebundener Daten voraussetzt, der neben der Forderung nach Datenschutz die Frage aufwirft: Mit wem möchte ich meine Daten teilen?[29] Oder anders formuliert: Wem gehört mein Daten-Ich?

5. Für eine digitale Praxis der Sozialen Arbeit

Die Interaktionsweisen der sozialen und physischen Umwelten haben sich mit den neuen digitalen Umwelten maßgeblich verändert, weil sie nicht nur den Sozialraum (Globalisierung), sondern den Sozialraum in der Nutzung erst erzeugen. Das Problem stellt sich also im wahrsten Sinne an der Schnittstelle der konkreten Vernetzungsweisen, weil Menschsein an technologische Bedingungen geknüpft ist. Mit anderen Worten: *Anthropogenese* und *Technogenese* müssen als ein sich gegenseitig koevolutionär hervorbringender Prozess verstanden werden.[30] Daraus lassen sich aber weder endgültige Familien-, Gruppen-, Gemeinschafts- oder Gesellschaftsordnungen als natürliche Formationen menschlichen Zusammenlebens begründen, noch ist in dieser Entwicklungsoffenheit eine lineare historische Bewegung auszumachen.[31]

Wie lässt sich dies mit der Frage einer zukünftigen praxisorientierten Professionalisierung der Sozialen Arbeit verbinden?

Nimmt man ernst, dass Soziales erst durch Verknüpfung hervorgebracht wird, können die täglich global vernetzten Verknüpfungen von derzeit mehr als drei Milliarden Menschen nicht unberücksichtigt bleiben.[32] Die Gegenüberstellung von „virtueller" und „realer Welt" ist längst durch Konzepte „erweiterter Zusatzräume" oder „erweiterter Realität" ersetzt worden.[33] Die spezielle Herausforderung besteht deshalb darin, das lokale Alltagsleben seines nationalen My-

---

[28] Barry 2000, S. 1.
[29] Vgl. Ochs 2015.
[30] Leroi-Gourhan 1984.
[31] Vgl. Knecht 2003.
[32] Faßler, 2011.
[33] Faßler 1999.

thos zu berauben, indem man auf die Empirie eines global-vernetzten Alltags verweist.[34]

Diese Erweiterungen verbinden gewissermaßen Theorie und Praxis, weil es in den rechnenden Räumen um die Verknüpfung von Wahrscheinlichkeiten geht, das heißt um die höhere oder niedrigere Wahrscheinlichkeit von Verbindungen.[35]

Es gilt also zum einen, die Schnittstellen, durch die Daten- und Informationsströme Wahrscheinlichkeiten wirklicher oder weniger wirklich werden lassen, in den Blick zu nehmen. Zum anderen gilt es, ein Verständnis der Datengenerierung zu entwickeln, die sich in den digitalen Datenkörpern ausdrückt. Welche Daten wollen wir bzw. wie lässt sich ein „offenes Betriebssystem" des Sozialen unterstützen?

Der Wunsch nach politischer Intervention, nach Kritikfähigkeit, sollte daher nicht auf ein klassisches Verständnis von Politik setzen. Das käme einer Perpetuierung des nationalstaatlichen Modells menschlicher Selbstorganisation gleich. Es hieße, weiterhin eine geosoziale Weltordnung zu reproduzieren, die nationalökonomische Gesellschaften als Sozialkörper bewirtschaftet. Insofern stellt sich das Dilemma der Sozialen Arbeit für meine Begriffe weniger als Dilemma zwischen Staat und Klienten dar, sondern vielmehr als eine Problemstellung, bei der wir nicht wissen, um welches Soziale es sich eigentlich handeln soll.

Jacques Rancière hat vom „Anteil der Anteillosen" gesprochen und damit jene gemeint, die nicht zur symbolischen sozialen Ordnung gehören. Es ist eine

„Ordnung der Körper, die die Aufteilung unter den Weisen des Machens, den Weisen des Seins und den Weisen des Sagens bestimmt, die dafür zuständig ist, dass diese Körper durch ihre Namen diesem Platz und jener Aufgabe zugewiesen sind; sie ist eine Ordnung des Sichtbaren und des Sagbaren, die dafür zuständig ist, dass diese Tätigkeit sichtbar ist und jene andere es nicht ist, dass dieses Wort als Rede verstanden wird, und jenes andere als Lärm."[36]

Digital vernetzt, stellt sich dieser Ordnungskonflikt zwischen dem Ganzen und seinen Teilen heute allerdings weniger als einer des Sichtbaren und Sagbaren

---

[34] Vgl. Sassen 2008, S. 21.
[35] Vgl. Flusser 1991.
[36] Rancière 2002, S. 40 f.

dar. Es geht nicht mehr um die „Ordnung der Körper", sondern um Arten und Weisen errechneter Vernetzungen.

Aus diesen Überlegungen heraus muss Teilhabe neu verstanden werden. Es geht nämlich dann nicht mehr darum, am Sozialen im Sinne eines körperlich gedachten Ganzen teilzunehmen, sondern Teilhabe bezeichnet dann eine Teilnahme am Sozialen im Entstehen. Vernetzung bedeutet, neue Zuständigkeitsbereiche zu entwickeln, strategisch Felder zu besetzen, Ressourcen miteinander in Verbindung zu bringen und neue Organisationsweisen zu entwickeln.

Eine kritische Soziale Arbeit, so mein Vorschlag, sollte digitale Praxen als einen Modus menschlicher Selbstorganisation verstehen, mit dem Soziales hervorgebracht wird, aber nicht auf einen Gesellschaftskörper reduziert werden kann. Das bedeutet zu allererst, nicht nur die Bedenken und Gefahren zu sehen, sondern neugierig zu sein, neugierig auf diese neuen Formen der Kooperation, die den Gestaltungsraum – ob im Studium oder im Arbeitsleben – verändern, wenn nicht vergrößern. Dabei sollte die Soziale Arbeit sich stärker mit den Generierungsweisen digitaler Datenlagen beschäftigen, weil diese zur Grundlage menschlicher Existenzweise geworden sind. Das wiederum benötigt eine intensivere Auseinandersetzung mit digitalen Technologien, die den Menschen als medial vernetzt verstehen muss. Da wir alle erst nach und nach diese Entwicklungen in ihrer Tragweite erkennen und verstehen, wird die Soziale Arbeit sich stärker mit Kulturpraktiken des Hervorbringens beschäftigen, sich schließlich auf Komplexität zubewegen müssen. Eine kritische Soziale Arbeit könnte man dann so verstehen, dass sie in der Unterstützung menschlicher Selbstorganisation nicht versucht, aus den Teilen eine Summe zu bilden.

„Gehe ich von der ‚Summe der Teile' aus, so hat ‚das Ganze' nur dann Vorsprung, wenn in der Summe die Teile nichts miteinander zu tun haben. (...) Die Summe ist dabei der Hilfsbegriff des Ganzen und eine massive Abwertung der Teile."[37]

Welche Konsequenzen sich aus solch entwicklungsoffenen Prozessen für die menschliche Existenz ziehen lassen, sollte daher zum zentralen Verhandlungsgegenstand der Sozialen Arbeit werden.

---

[37] Faßler 2012, S. 153.

Literatur

Barry, Andrew (2000): Making the active scientific citizen. Paper presented at 4S/EASST conference, 'Technoscience, citizenship and culture', University of Vienna, 28-30 September 2000.

Beck, Stefan (1997): Umgang mit Technik. Kulturelle Praxen und kulturwissenschaftliche Forschungskonzepte. Berlin: Akademie Verlag.

Bundesinstitut für Berufsbildung (2009): Innovationspotenziale in der europäischen Berufsbildung. *BWP Berufsbildung in Wissenschaft und Praxis* 6/2009.

Bundesministerium für Wirtschaft und Energie (2016): Smart Data – Innovationen aus Daten. Ein Technologieprogramm des Bundesministeriums für Wirtschaft und Energie. Berlin.

Burkart, Günter/Runkel, Gunter (Hrsg.) (2004): Niklas Luhmann und die Kulturtheorie. Frankfurt a. M.: Suhrkamp.

Corsani, Antonella (2012): Gibt es einen kognitiven Kapitalismus? Elemente eines Bruchs. In: Lorey, Isabell/Neundlinger, Klaus (Hrsg.): Kognitiver Kapitalismus. Wien: Turia und Kant Verlag. S. 103-132.

Dünne, Jörg/Günzel, Stephan (Hrsg.) (2006): Raumtheorie. Grundlagentexte aus Philosophie und Kulturwissenschaften. Frankfurt a. M.: Suhrkamp.

Esposito, Roberto (2004): Communitas. Ursprung und Wege der Gemeinschaft. Berlin: Diaphanes Verlag.

Faßler, Manfred (1999): Cyber-Moderne. Medienevolution, globale Netzwerke und die Künste der Kommunikation. Wien/New York: Springer.

Faßler, Manfred (2011): Kampf der Habitate. Neuerfindungen des Lebens im 21. Jahrhundert. Wien/New York: Springer.

Faßler, Manfred (2012): „Beitragen, um etwas zu erzeugen". In: Sützl, Wolfgang et al. (Hrsg.): Medien-Wissen-Bildung: Kulturen und Ethiken des Teilens. Innsbruck: innsbruck university press. S. 147-164.

Flusser, Vilém (1991): Räume. In: Dünne, Jörg/Günzel, Stephan (Hrsg.): Raumtheorie. Grundlagentexte aus Philosophie und Kulturwissenschaften. Frankfurt/M.: Suhrkamp.

Foucault, Michel (1992): Was ist Kritik? Berlin: Merve Verlag.

Grundmann, Stephan et al. (Hrsg.) (2010): Unternehmen, Markt und Verantwortung: Festschrift für Klaus Hopt. Berlin: De Gruyter.

Hoppe, Ralf (2005): Die Weltzahnbürste.Iin: *Der Spiegel* 26/2005.

Hurrelmann, Klaus / Grundmann, Matthias / Walper, Sabine (2008): Handbuch Sozialisationsforschung. Weinheim und Basel: Beltz.

Kittler, Friedrich (1986): Grammophon/Film/Typewriter. Berlin: Brinkmann & Bose.

Kleve, Heiko (2010): Konstruktivismus und Soziale Arbeit. Einführung in Grundlagen der systemisch-konstruktivistischen Theorie und Praxis. Wiesbaden: Springer VS.

Knecht, Michi (2003): Die Politik der Verwandtschaft neu denken. Perspektiven der Kultur- und Sozialanthropologie, in: Zentrum für transdisziplinäre Geschlechterstudien der Humboldt-Universität zu Berlin (Hrsg.): Warum noch Familie? In: *Bulletin Texte*, Nr. 26, S. 52-70.

Lash, Scott (2002): Critique of Information. London, Thousand Oaks, New Delhi: SAGE Publications.

Lee, Edward A./Seshia, Sanjit A. (2011): Introduction to Embedded Systems. A Cyber-Physical Systems Approach. LeeSeshia.org.

Leroi-Gourhan, André (1984): Hand und Wort. Die Evolution von Technik, Sprache und Kunst. Frankfurt/M.: Suhrkamp.

Lorey, Isabell/Neundlinger, Klaus (Hrsg.) (2012): Kognitiver Kapitalismus. Wien: Turia und Kant.

Marchart, Oliver (2013): Das unmögliche Objekt: Eine postfundamentalistische Theorie der Gesellschaft. Berlin: Suhrkamp.

Mattelart, Armand (2003): Kleine Geschichte der Informationsgesellschaft. Hamburg: Avinus Verlag.

Morin, Edgar (2010): Die Methode. Die Natur der Natur. Hrsgg. von Wolfgang Hofkirchner. Wien: Turia & Kant.

Moulier Boutang, Yann (1998): Vorwort. In: Negri, Antonio/Lazzarato, Maurizio/Virno, Paolo (Hrsg.): Umherschweifende Produzenten. Immaterielle Arbeit und Subversion. Berlin: ID-Verlag, S. 5-22.

Negri, Antonio/Lazzarato, Maurizio/Virno, Paolo (Hrsg.) (1998): Umherschweifende Produzenten. Immaterielle Arbeit und Subversion. Berlin: ID.

Ochs, Carsten (2015): Die Kontrolle ist tot – lang lebe die Kontrolle! Plädoyer für ein nach-bürgerliches Privatheitsverständnis. Internet: www.medialekontrolle.de [letzter Zugriff 04.01.2015].

Rancière, Jacques (2002): Das Unvernehmen: Politik und Philosophie. Frankfurt/M.: Suhrkamp.

Reckwitz, Andreas (2004): Die Logik der Grenzerhaltung und die Logik der Grenzüberschreitungen: Niklas Luhmann und die Kulturtheorien. In: Burkart, Günter/Runkel, Gunter (Hrsg.): Niklas Luhmann und die Kulturtheorie. Frankfurt/M.: Suhrkamp, S. 213-240.

Sassen, Saskia (2008): Das Paradox des Nationalen. Frankfurt/M.: Suhrkamp.

Schirrmacher, Frank (Hrsg.) (2015): Technologischer Totalitarismus. Eine Debatte. Berlin: Suhrkamp.

Schumpeter, Joseph (1926): Theorie der wirtschaftlichen Entwicklung. München/Leipzig: Duncker & Humblot.

Sennett, Richard (1998): Der flexible Mensch. Die Kultur des neuen Kapitalismus. Berlin: Berlin-Verlag.

Staub-Bernasconi, Silvia (2007): Soziale Arbeit als Handlungswissenschaft. Bern: UTB.

Stehr, Nico (2001): Moderne Wissensgesellschaften. In: Bundeszentrale für politische Bildung (Hrsg.), *Aus Politik und Zeitgeschichte*, B 36/2001.

Sützl, Wolfgang et al. (2012): Medien-Wissen-Bildung: Kulturen und Ethiken des Teilens. Innsbruck: innsbruck university press.

Teubner, Gunther (2010): Selbst-Konstitutionalisierung transnationaler Unternehmen? Zur Verknüpfung „privater" und „staatlicher" Corporate Codes of Conduct. In: Grundmann, Stephan et al. (Hrsg.): Unternehmen, Markt und Verantwortung: Festschrift für Klaus Hopt. Berlin: De Gruyter.

Weber, Max (1981): Die protestantische Ethik und der Geist des Kapitalismus. In: Die protestantische Ethik I, Gütersloh.

Webster, Frank (2006): Theories of the Information Society. New York: Routledge.

Weizmann, Eyal (2009): Sperrzonen. Israels Architektur der Besatzung. Hamburg: Edition Nautilus.

Zillien, Nicole (2006): Digitale Ungleichheit. Neue Technologien und alte Ungleichheiten in der Informations- und Wissensgesellschaft. Wiesbaden: Springer VS.

Hans-Ulrich Dallmann

Die Grenzen der Moral
Kritik der Kritik von Ethik und Moral – zugleich der Versuch, ein theologisches Theorieelement in die Debatte einzuführen

Luhmanns Version der Theorie sozialer Systeme besitzt kritisches Potential. Das zeigt sich paradigmatisch an seiner Theorie der Moral, die sich geradezu als eine Kritik moralischer Kommunikation lesen lässt. Luhmanns Kritik, so lässt sich zusammenfassen, gipfelt in der These, dass Ethik sich nicht als Beobachtung zweiter Ordnung etabliert, also Unterscheidungen unterscheidet, sondern sich stattdessen bemüht, den einen Wert des moralischen Codes zu bestimmen, ohne die Unterscheidung selbst im Blick zu behalten. Einfacher gesagt: Luhmann wirft den Ethikern vor, das Gute als „gut" zu deklarieren und dadurch das eigene Unternehmen – Ethik – als selbst „gut" darzustellen. Es geht der Ethik nicht um die Differenz gut/schlecht, sondern um die Begründung des Guten in allen Spielarten. Damit wird nur verdoppelt, was ohnehin in der gesellschaftlichen Kommunikation angezeigt wird, nämlich bestimmtes Verhalten als moralisch gut zu qualifizieren.

In diesem Beitrag soll es zunächst darum gehen, Luhmanns Moraltheorie knapp zu skizzieren.[1] Im Anschluss daran werde ich auf einige „blinde Flecken" seiner Theorie eingehen, die im Wesentlichen aus einem verkürzten Verständnis von Ethik resultieren. Schließlich werde ich Luhmanns Kritik an einem zentralen Punkt – der Zurechnung moralischer Urteile auf Personen als Ganze – aufnehmen und ausgehend von einer theologischen Unterscheidung eine Möglichkeit ausloten, fatalen Moralisierungen zu entgehen.

---

[1] Ich folge dabei weitgehend meiner Darstellung in Dallmann 2007.

1. Luhmanns Beschreibung der Moral

„*A sociology of the moral will never become an ethical theory.*"[2]

Die Systemtheorie Niklas Luhmanns entwickelt keine eigene Ethik. Das läge ihrem Selbstverständnis auch völlig fern. Als soziologische Theorie versteht sie sich als eine Beschreibung der moralischen Kommunikation in der Gesellschaft. In Luhmanns mittlerweile klassischen Worten:

> „*Ich verstehe unter Moral eine besondere Art von Kommunikation, die Hinweise auf Achtung oder Mißachtung mitführt. Dabei geht es nicht um gute oder schlechte Leistungen in spezifischen Hinsichten, und etwa als Astronaut, Musiker, Forscher oder Fußballspieler, sondern um die ganze Person, soweit sie als Teilnehmer von Kommunikation geschätzt wird. Achtung oder Mißachtung wird typisch nur unter besonderen Bedingungen zuerkannt. Moral ist die jeweils gebrauchsfähige Gesamtheit solcher Bedingungen. Sie wird keineswegs laufend eingesetzt, sondern hat etwas leicht Pathologisches an sich. Nur wenn es brenzlig wird, hat man Anlaß, die Bedingungen anzudeuten, unter denen man andere achtet oder nicht achtet. Der Bereich der Moral wird hiermit empirisch eingegrenzt und nicht etwa als Anwendungsbereich bestimmter Normen oder Regeln oder Werte definiert.*"[3]

Moral verfügt also über einen spezifischen Code, der durch die Werte Achtung und Nicht-Achtung strukturiert ist. Nur was diesen Code aktualisiert, ist moralische Kommunikation. Zentral ist, dass der Code im Blick auf Personen angewandt wird, diese geraten bei moralischer Kommunikation nicht etwa nur hinsichtlich bestimmter einzelner Fähigkeiten, Fertigkeiten oder Charakterzüge in den Blick, sondern *als Ganze*. Dem entsprechend definiert Luhmann Moral:

> „*Von Moral wollen wir sprechen, wo immer Individuen einander als Individuen, also als unterscheidbare Personen behandeln und ihre Reaktionen aufeinander von einem Urteil über die Person statt über die Situation abhängig machen.*"[4]

Es ist typisch für diese Form der Kommunikation, dass sie *symmetrisch strukturiert* ist: Wer moralisch kommuniziert, bindet sich damit selbst, „wenn man

---

[2] Luhmann 1996, S. 32.
[3] Luhmann 1990, S. 17f.
[4] Luhmann 1997, S. 244.

andere moralisch beurteilt, kommuniziert man zwangsläufig mit, daß dieselben Bedingungen auch für den gelten, der das Urteil äußert."[5]

Eine weitere Besonderheit ist, dass, anders als in früheren, in der gegenwärtigen Gesellschaft Moral über keinen spezifischen Systembezug verfügt. In vormodernen Kulturen, so Luhmann, war die Religion der Bereich, der die Aufgabe hatte, moralische Beurteilungsschemata bereitzustellen.[6] Seitdem sich diese enge Verbindung zwischen Religion und Moral aufgelöst hat, gehört Moral zur Umwelt aller gesellschaftlichen Subsysteme. Unter den Bedingungen funktionaler Differenzierung der Gesellschaft führt dies dazu, dass der Moralcode und die jeweiligen systemspezifischen Codes wie Recht/Unrecht, wahr/falsch, transzendent/immanent oder Hilfe/Nicht-Hilfe nicht mehr kongruent sind. Dies ist eine Bedingung für die Funktionsfähigkeit der einzelnen Subsysteme, die selbst nicht mehr moralisch gesteuert werden können:

„Es darf gerade nicht dahin kommen, daß man die Regierung für strukturell gut, die Opposition für strukturell schlecht oder gar böse erklärt. Das wäre die Todeserklärung für Demokratie. Dasselbe läßt sich leicht nachprüfen am Falle von wahr/unwahr, von guten oder schlechten Zensuren, von Geldzahlungen oder deren Unterlassen, von Liebesentscheidungen für diesen und keinen anderen Partner. Die Funktionscodes müssen auf einer Ebene höherer Amoralität eingerichtet sein, weil sie ihre Werte für alle Operationen des Systems zugänglich machen müssen."[7]

Die Gesellschaft als ganze kann also nicht mehr so betrachtet werden, als würde sie moralisch gesteuert oder integriert. Trotzdem ist moralische Kommunikation nicht funktionslos, sie gewinnt eine spezifische Bedeutung als „Alarmanlage":

„Sie kristallisiert dort, wo dringende gesellschaftliche Probleme anfallen und man nicht sieht, wie sie mit den Mitteln der symbolisch generalisierten Kommunikationsmedien und in den entsprechenden Funktionssystemen gelöst werden könnten."[8]

Das erklärt, warum der Ruf nach Ethik gerade bei gesellschaftlichen Konflikten laut wird. Allerdings hat diese konfliktbezogene moralische Kommunikation einen Nachteil, sie nimmt „polemogene", also Streit auslösende, Züge an. Mora-

---

[5] Luhmann 1989, S. 366.
[6] Vgl. Luhmann 2000, S. 173-184.
[7] Luhmann S. 1990, 24.
[8] Luhmann 1997, S. 404.

lische Kommunikation entschärft nicht gesellschaftliche Konflikte, sie dient auch nicht der Suche nach Konsens, sondern erzeugt und formuliert Dissense. Dies gilt gleichermaßen auf der Ebene gesellschaftlicher Konflikte und auf der Ebene von Interaktionen – auch und gerade im Bereich von Intimbeziehungen (wo sich leicht nachprüfen lässt, dass moralische Kommunikation eher zu Streit führt als ihn schlichtet).

Ethik wird von Luhmann als *Reflexionstheorie der Moral* beschrieben.[9] Reflexion ist ein spezifischer Bezug eines Systems auf sich selbst. Im Rahmen der Theorie der funktionalen Differenzierung lassen sich für jedes Subsystem der Gesellschaft genau drei Systemreferenzen beschreiben: Der Bezug auf das Gesamtsystem Gesellschaft (Funktion), auf die anderen Subsysteme der Gesellschaft (Leistung), die für das jeweilige System Teil seiner Umwelt sind, sowie der Bezug auf sich selbst (Reflexion). Der strikte Selbstbezug der Reflexion dient zur Steuerung von Funktion und Leistung eines Systems. Mit den Worten Luhmanns ist die Reflexion eine Beobachtung dritter Ordnung, in der das System seine es konstituierenden Unterscheidungen beobachtet, also die Unterscheidungen, mit denen es arbeitet, unterscheidet. Anders als die Fremdbeobachtung orientiert sich Reflexion am Code des Systems, das sie beschreibt, während eine externe Beobachtung dies gerade nicht tut, ja nicht einmal kann, ohne sich selbst dem System zuzurechnen.

Wird Ethik so als Reflexionstheorie der Moral gefasst, bezieht sie sich ausschließlich auf die codegesteuerte Achtungskommunikation und nicht etwa auf Recht/Unrecht oder wahr/unwahr. In einem Rechtsstreit Unrecht zu haben, ist kein moralischer, sondern eben ein rechtlicher Sachverhalt; und um zu funktionieren, muss die Unterscheidung moralisch neutral sein. Weiterhin folgt daraus, dass die Reflexion die Unterscheidung, auf die sie sich bezieht, nicht begründen kann, weil sie selbst mit Hilfe der Unterscheidung operiert. Die Unterscheidung zwischen (im moralischen Sinne) gut oder schlecht kann nicht ihrerseits wieder gut oder schlecht sein.

Für die Ethik folgt daraus, dass ihre zentrale Aufgabe sein muss, den Anwendungsbereich der Moral zu begrenzen. Es geht dann um die doppelte Frage, in welchem Zusammenhang die Unterscheidung überhaupt eingesetzt werden kann, und die nach den Kriterien für die Unterscheidung. Insofern „ist es die vielleicht vordringlichste Aufgabe der Ethik, vor Moral zu warnen."[10] Weiterhin

---

[9] Luhmann 1989.
[10] Luhmann 1990, S. 41.

müsste der Ethik auch die Betreuung des moralspezifischen Programms zugewiesen werden. Dies wäre der Aufgabenbereich einer ethischen Methodologie, die reflektiert, unter welchen Bedingungen und aufgrund welcher Unterscheidungen sinnvoll einem bestimmten Verhalten ein bestimmter Codewert beigelegt wird. Dies kann allerdings unter den Bedingungen der Moderne, in denen alle ethischen Letzt- und Bestbegründungsstrategien keine allgemeine Plausibilität für sich beanspruchen können (zumindest nicht empirisch), nicht mehr gelingen. Auf der Ebene der moralischen Programme wiederholt sich stattdessen der Dissens, der sich schon auf der Ebene der konkreten Problemlagen gezeigt hat.

2. Eine verkürzte Geschichte der Moral – und der Ethik

Luhmann – so hatten wir gesehen – versteht unter moralischer Kommunikation Achtungskommunikation, also eine solche, die sich am Code Achtung/Nicht-Achtung orientiert. Der Ethik kommt dabei die Aufgabe zu, den Code zu betreuen, indem sie die Programme entwirft, die eine Zuordnung zum jeweiligen Codewert ermöglicht. Das kann man natürlich so sehen. Allerdings ist eine solche Moraltheorie einem bestimmten Moralverständnis verhaftet, das nur einen Ausschnitt dessen beleuchtet, was Moral und Ethik leisten oder besser: leisten könnten. Selbstverständlich gibt es die von Luhmann beschriebene Form moralischer Kommunikation und ihrer ethischen Reflexion; sie ist sogar weit verbreitet. Auch in der Ethik der Sozialen Arbeit. Sie ist überall dort zu finden, wo abstrakte normative Grundlagen gesucht – und natürlich auch gefunden werden, (z. B. Ansätze, die ihren archimedischen Punkt im Capability-Approach gefunden haben)[11] oder wo Soziale Arbeit als „Menschenrechtsprofession" stilisiert wird.[12] Das kann man so machen. Dann muss man sich jedoch auch der luhmannschen Kritik moralischer Kommunikation stellen.

Allerdings ist dies ein sehr einseitiger Blick auf die ethische Reflexion der Moral, wenn er auch dem Mainstream folgt. Meine These ist, dass dies auf einem Verständnis der Ethik fußt, das nicht aus der Perspektive der ersten Person (im Singular und/oder Plural) entwickelt wird, sondern von einem „view from

---

[11] So z.B. Otto/Scherr/Ziegler 2010.
[12] So z.B. für viele andere Publikationen Staub-Bernasconi 2013, zur Kritik vgl. Cremer-Schäfer 2008.

nowhere" seinen Ausgang nimmt.[13] Der Sache nach findet sich ein solch abstrahierender Zugang schon bei Aristoteles, wenn er ganz allgemein fragt, was das Ziel menschlichen Strebens sei, und es dann in der Glückseligkeit (eudaimonia) findet:

> *„Für uns erhellt aus dem Gesagten, daß die Glückseligkeit zu den verehrungswürdigsten und vollkommensten Dingen zählt. Und das wohl deswegen, weil sie Prinzip ist. Denn um des Prinzips willen tun wir alle das übrige, das Prinzip aber und der Grund des Guten gilt für uns als etwas Ehrwürdiges und Göttliches."*[14]

Gesucht und gefunden wird also ein Prinzip, das die Bewertung des Lebens nicht allein im Blick auf mein persönliches Streben, sondern auf das Erstrebenswerte *an sich*, also das absolut Erstrebenswerte, erlaubt. Dieses Verständnis von Ethik und Moral ist nicht auf den Typus der aristotelischen Theorie beschränkt, sondern findet sich auch – sogar verstärkt – in deontologischen Ansätzen im Gefolge Kants, bei denen sei es basierend auf der Vernunft oder dem Diskurs darum geht, universalistisch nach den letztgültigen und am besten auch letztbegründeten[15] Maßstäben für das Handeln zu fragen.

Damit wird auch die enge Verbindung mit der Zu- oder Aberkennung der Achtung plausibel. Denn: „Wen solche Lehren nicht erfreuen, verdienet nicht, ein Mensch zu sein."[16] Wer sich der Einsicht in die letzten Ziele und Maßstäbe verweigert, muss entweder einen Mangel der Vernunft aufweisen – oder eben böse sein. Diese moralische Zurechnung auf die Person als Ganze resultiert auch daraus, dass sich ihr moralischer Wert – oder Unwert – durch ihr Handeln konstituiert. Auch diese Vorstellung findet sich bereits bei Aristoteles, wenn er schreibt, dass „wir" durch gerechtes Handeln gerecht werden.[17] Das Handeln konstituiert den Menschen als die Person, die sie ist.[18] Wer gut handelt, „ist" gut – und verdient Achtung, wer nicht gut handelt „ist" böse – und verdient Missachtung. In theologisch anmutender Sprache – und ich komme weiter unten darauf ausführlich zu sprechen – könnte man paraphrasieren: Der Mensch wird

---

[13] Thomas Nagel 1986.
[14] Aristoteles, EthNic 1101b 35-1102a 4.
[15] Vgl. Apel 1973.
[16] Zarastro in Mozarts „Zauberflöte", zitiert in Luhmann 1989, S. 380.
[17] Aristoteles, EthNic 1103a 34.
[18] So etwa auch Tugendhat 1993, 56.

durch sein – oder ihr – Handeln gut bzw. gerecht; und muss dann mit den Folgen leben.

Eine Alternative zu diesem Verständnis besteht darin, nicht von allgemeinen, universalen oder anthropologisch verankerten letzten Zielen, Werten, Gütern oder Normen auszugehen, sondern stattdessen ethische Fragen *als Orientierungsfragen der je eigenen Lebensführung* zu verstehen. Eine Ethik in diesem Sinne trägt zur Orientierung[19] dadurch bei, dass sie versucht, die Prinzipien, Werte, Ethosformen, die unsere Lebensführung leiten, bewusst zu machen und sie besser zu verstehen. Ethik ist so verstanden eine *Hermeneutik der Lebensführung*.[20] Ausgearbeitet findet sich ein solcher Ansatz paradigmatisch bei einem „Klassiker" der Theologischen Ethik, bei Trutz Rendtorff.[21] Er konzipiert Ethik als „Theorie der menschlichen Lebensführung": „Sie fragt nach der Notwendigkeit und Möglichkeit der Stellungnahme des Menschen zu seiner Lebensführung."[22] Diese Stellungnahme kommt durch eine eigentümliche Verschränkung der individuellen mit einer überindividuellen Perspektive zustande.

> *„Ethik bezieht das Handeln des Menschen auf übergeordnete Zusammenhänge, um zu bewerten und zu beurteilen. Sie kann und muß das tun, weil jeder Mensch durch seine Lebensführung mit dem Leben anderer, mit dem gemeinsamen Leben, mit der Gesellschaft verbunden ist. In der Ethik geht es immer um Gesichtspunkte, die diesen überindividuellen Zusammenhang der Lebensführung hervortreten lassen. Das Grundelement des Ethischen liegt in dem ausdrücklichen Bewußtwerden der Tatsache, daß niemand sein Leben alleine leben kann."*[23]

…auch wenn er – oder sie – das Leben selbstverständlich selbst führen muss und sich darin nicht vertreten lassen kann.

Als Subjekt der eigenen Lebensführung ist die Person deshalb nicht einfach nur Adressat für übergeordnete Normen oder Werte, es geht also nicht um die äußere Verhaltenssteuerung (für die in der klassischen Unterscheidung bei Kant das Recht zuständig ist, während die Ethik nach den Maximen in Ansehung der Zwecke fragt, „die wir uns setzen sollen"[24] und damit zu eigen machen), son-

---

[19] Vgl. dazu ausführlich Stegmaier 2008.
[20] Vgl. Volz 1993.
[21] Rendtorff 1990.
[22] Ebenda, Bd. 1, S. 13.
[23] Ebenda, S. 14.
[24] Kant 1797, A 8.

dern um die Übernahme der Verantwortung für die eigene Lebensführung. Oder nochmals in den Worten Rendtorffs:

> *„Ethik ist die Theorie der menschlichen Lebensführung, welche die durch den Menschen selbst nicht nur zu befolgende, sondern von ihm auch zu bestimmende ethische Verbindlichkeit des richtigen und guten Lebens zum Thema hat."*[25]

Dass dies natürlich auch Folgen für die Art und Weise hat, wie Personen ihren Beruf ausüben, etwas sperrig: ihre Berufsführung, liegt auf der Hand. Auch zu deren praktischen und ethischen Anforderungen muss und kann jede Person Stellung nehmen und sich damit in der jeweiligen Praxis orientieren.[26]

Geht man von der Lebensführung aus, stellt man sich in die Perspektive der ersten Person. Dann steht auch nicht mehr die Achtung bzw. Missachtung anderer Personen im Zentrum, sondern meine eigene begründete Stellungnahme dazu, wie sich meine Lebensführung gestaltet, wie ich sie gestalte und wie ich mich in ihr mit anderen Personen ins Verhältnis setze. Peter Bieri bringt dies zusammen mit dem Begriff der *Würde*. Diese ist für ihn „eine bestimmte Art und Weise, ein menschliches Leben zu leben."[27] Insofern hat die ethische Stellungnahme zur eigenen Lebensführung mit der *Selbstachtung* zu tun, mit den Grenzen, die sich eine Person für ihr Handeln setzt.

> *„Die Grenzen, die zu überschreiten den Verlust der Selbstachtung bedeutet, sind von der betroffenen Person gesetzt. Es geht beim Urteil über Selbstachtung und Würde nicht um die Grenzen, die ein fremder Beobachter setzt. Was zählt, sind die selbstgesetzten Grenzen."*[28]

So ist die Selbstachtung und mit ihr die Würde im Handeln immer auch gefährdet, weil ich mich selbst verfehlen kann. Dann stellt sich aber die Frage, ob diese Würde letztlich eine von mir produzierte ist oder ob diese Würde doch auch unabhängig von meinem Handeln und Verhalten besteht. Dieser Frage werde ich im folgenden Abschnitt unter Bezugnahme auf eine theologische Figur nachgehen.

---

[25] Rendtorff 1990, Bd. 1, S. 22.
[26] Für die Soziale Arbeit habe ich versucht, das weiter auszuführen in: Dallmann/Volz 2013.
[27] Bieri 2013, S. 12.
[28] Ebenda, S. 243.

3. Zur Unterscheidung von Person und Werk

Es ist nun nicht unproblematisch, in diesen Zusammenhang einen genuin theologischen Gedanken einzuführen; dies bedarf der Begründung. Meines Erachtens eröffnet die reformatorische Unterscheidung zwischen Person und Werk – und im Zusammenhang damit zwischen Amt und Person – einen Zugang zu einem Verständnis von Moral und Ethik, das Personen nicht mit ihren Handlungen identifiziert und damit Anerkennung ermöglicht, die allen Menschen grundsätzlich gilt und damit ihre Würde garantiert. Nun ist – wenig überraschend – diese Unterscheidung nicht von ihrem theologischen Hintergrund zu trennen; in diesem Fall ist es die reformatorische Rechtfertigungslehre. Gleichwohl kann überlegt werden, ob diese Gedankenfigur auch ohne ihre religiöse Begründung zumindest plausibel und damit anschlussfähig für aktuelle Diskurse gemacht werden kann. Bevor ich dies versuche, ist es zunächst jedoch notwendig, diese Unterscheidungen darzustellen.

„Es gehört zu den reformatorischen Grundeinsichten Martin Luthers, daß die menschliche Person nicht durch ihre Taten, sondern vielmehr unter präzisem Ausschluß menschlicher Selbstverwirklichung konstituiert wird."[29] Luther schließt an Paulus an, wenn er betont, dass der Mensch nicht aus den „Werken des Gesetzes", sondern *aus Glauben gerecht* wird. Diese Gerecht-Sprechung gründet – für Paulus wie für Luther – darin, dass Gott selbst gerecht ist und sich diese Gerechtigkeit darin erweist, dass er die Ungerechten gerecht macht. Luther – in zum Teil antiaristotelischer Polemik – wird nicht müde zu betonen, dass nicht aus den Werken des Menschen, seinem Handeln, die Gerechtigkeit hervorgeht, sondern umgekehrt aus Gerechtigkeit seine Werke. In einem Brief fasst Luther das so:

„Denn nicht, wie Aristoteles meint, werden wir gerecht durch das Tun des Gerechten – dies allenfalls heuchlerisch –, sondern, um mich so auszudrücken: dadurch, daß wir Gerechte werden und sind, tun wir Gerechtes. Erst muß die Person verändert sein, dann werden es auch die Werke."[30]

Luther hat hierbei ein relationales Verständnis von Gerechtigkeit, sie ist ein Beziehungs- und Verhältnisbegriff. Dabei steht jeder Mensch in einem doppelten Verhältnis: zum einen zu Gott (coram deo), zum anderen zur Welt und seinen Mitmenschen (coram mundo). Die Pointe von Luthers Theologie ist, dass

---

[29] Jüngel 2003a, S. 204.
[30] Zitiert nach Ebeling 1981, 169.

der Mensch zu seinem Gottesverhältnis nichts hinzutun, aber auch nichts wegnehmen kann. In der Gottesrelation ist der Mensch insofern passiv, als sein Personsein gerade nicht von ihm selbst konstituiert, sondern verstanden wird „als die sein Sein konstituierende Passivität."[31] Damit treten Person und Handeln nicht auseinander, sondern werden auf eine neue Art aufeinander bezogen: „Die Person gehört wie der Glaube vor Gott, das Werk wie die Liebe vor die Welt und die Menschen."[32]

Die – auch ethischen – Folgen lassen sich dann so entfalten: „Gerechtfertigt sein heißt: eine *unwiderruflich anerkannte Person* zu sein."[33] Mit der Folge:

> „*Die Rechtfertigung des Sünders verbietet es, die beste Tat, aber auch die schlimmste Untat mit dem Ich zu identifizieren, das sie tat. [...] Gottes Gerechtigkeit verbietet es uns, die unmenschliche Tat kategorial so auszuweiten, daß ihr Subjekt mit ihr identifiziert und derart zum Unmenschen erklärt wird. Die Kategorie des Unmenschen ist selber eine unmenschliche Kategorie.*"[34]

Mögliche Konsequenzen aus dieser Einsicht zieht Jüngel etwa im Hinblick auf den Strafvollzug oder auf den Umgang mit Kindern oder Altgewordenen, die für ihn den „unbedingten Vorrang der Person vor ihren Taten" repräsentieren[35] sowie auf die moralische Verurteilung von Menschen, die über ökonomische oder politische Macht verfügen:

> „*Wer aus der Gerechtigkeit Gottes lebt, wird soviel politische Kultur entwickeln, daß er auch in den verantwortlichen Trägern politischer und wirtschaftlicher Macht von ihren Taten und Untaten zu unterscheidende Personen entdeckt, die wie jeder von uns ihre unzerstörbare Würde haben.*"[36]

Dies führt auf eine zweite, in diesem Zusammenhang grundlegende Unterscheidung, die zwischen Amt und Person.

---

[31] Ebeling 1981, S. 177.
[32] Duchrow 1970, S. 526.
[33] Jüngel 2003b, S. 358.
[34] Ebenda, S. 359.
[35] Ebenda, S. 360.
[36] Ebenda, S. 361.

4. Zur Unterscheidung von Amt und Person

Diese Unterscheidung ist und war hoch umstritten. Das Grundmuster der Kritik an ihr geht auf den Theologen (!) Ernst Troeltsch zurück, der in ihr eine doppelte Moral sieht, die mit verantwortlich ist für die Verbindung des Luthertums mit reaktionären Mächten, die Verherrlichung des Krieges und die Unterdrückung jeglicher Reformbewegungen usw.[37] Für das 19. und das beginnende 20. Jahrhundert trifft diese Charakterisierung durchaus zu. Theologen wie Adolf Stoecker oder Reinhold Seeberg betreiben das Geschäft der theologischen Legitimation der imperialistischen Großmachtpolitik des deutschen Kaiserreichs; und nicht erst seit 1914 wurde von den Kanzeln dem Militarismus gehuldigt.[38] Der große Schweizer Theologe Karl Barth zog gar eine Traditionslinie von Luther über Friedrich den Großen zum Kaiserreich und schließlich zu Hitler.[39]

Diese Linie kann man natürlich ziehen; gleichwohl kann mit guten Gründen angezweifelt werden, dass dies aus der Position Luthers folgt; vielmehr handelt es sich meines Erachtens eher um eine Umdeutung und Dekontextualisierung Luthers für eigene nationalistische Interessen. Dies fängt schon damit an, dass Luthers Obrigkeitstheorie – historisch bedingt – zwischen einem personalen und einem institutionalen Verständnis anzusiedeln ist. Entsprechend lehnen sich die auf dieses Thema bezogenen Schriften (klassisch: Von weltlicher Obrigkeit, wieweit man ihr gehorsam sei[40]) einerseits an mittelalterlichen Traditionen an (vor allem die Regimente- und die Ständelehre[41]) und tragen teilweise den Charakter der Gattung der Fürstenspiegel. Andererseits geht Luther darüber hinaus, indem er die Ämter funktional auf die Bedürfnisse der Menschen bezieht, auf die „gemeinsame Sorge für das Wohl der bedürftigen Nächsten."[42]

Es ist also notwendig, Luthers Ansatz historisch zu kontextualisieren. Das kann an dieser Stelle natürlich nur kursorisch geschehen. Die Reformationszeit ist von langfristigen Strukturveränderungen geprägt, einem zunehmenden Urbanisierungsgrad und einem großen Bevölkerungsanstieg nach den Pestepidemien sowie Änderungen in der agrarischen Produktionsweise. Politisch gewannen die Territorialstaaten ein größeres Gewicht; verbunden damit war der Versuch der

---

[37] Vgl. Troeltsch 1912, S. 604.
[38] Vgl. die Darstellung und Dokumentation in Hammer 1971.
[39] Huber 1973, S. 437.
[40] Luther 1523.
[41] Vgl. Duchrow 1970, S. 479-573.
[42] Ebenda, S. 564.

Durchsetzung des staatlichen Gewaltmonopols unter einer einheitlichen Rechtsprechung und die Aufhebung des überkommenen Rechtsinstituts der Fehde.[43] Dabei greift Luther auf das römische Recht zurück:

> „Dadurch, daß man das römische Recht zur Überwindung dieser Gefahren heranzog, konnte man den Streit des Einzelnen zu einer ‚Privatangelegenheit' erklären und damit strikt der selbständigen Gewaltanwendung entziehen. Diese wurde allein der öffentlichen Gewalt zugeordnet. Niemand durfte mehr ‚Richter in eigener Sache' sein."[44]

Damit erklärt sich zum Teil auch Luthers Position im Bauernkrieg. Denn die Forderungen der Bauern (etwa niedergelegt in den 12 Artikeln)[45] hält er durchaus für plausibel. So formuliert er an die Adresse der „Fürsten und Herren":

> „Die anderen Artikel, die leibliche Beschwerung anzeigen wie Leibfall, Auflagen und dergleichen, sind ja billig und recht. Denn die Obrigkeit ist nicht dazu eingesetzt, daß sie ihren Nutzen und Mutwillen an den Untertanen suche, sondern den Nutzen und das Beste schaffe bei den Untertanen."[46]

Den bewaffneten Aufstand versteht Luther jedoch als Form illegitimer Selbsthilfe, mit der das sich gerade erst durchsetzende Gewalt- und Rechtsmonopol in Frage gestellt wird. Vor diesem Hintergrund ist dann auch die berühmt-berüchtigte Schrift „Wider die räuberischen und mörderischen Rotten der andern Bauern"[47] zu lesen, in der er brutal die göttlich legitimierte militärische Niederschlagung des Aufstands propagiert. Diese, mit Luthers Eintreten für die Rechtsreform zu erklärende, Position ist in der Folgezeit als ein Eintreten für den obrigkeitlichen Nationalstaat interpretiert worden. Dies wurde nicht zuletzt dadurch unterstützt, dass nach dem Schmalkaldischen Krieg 1546/1547 im Augsburger Religionsfrieden von 1555 den jeweiligen Landesfürsten das Recht zugesprochen wurde, das Bekenntnis ihrer Untertanen festzulegen.[48]

Dass die territorialen Herrscher eine zentrale Position einnehmen, kann man an Martin Luthers Stellung zum Verhältnis von Kirche zur „weltlichen Obrigkeit" ablesen, die meist als „Zwei-Reiche-Lehre" bezeichnet wird. In seiner Position knüpft Luther sowohl an Augustin als auch an Paulus an und verbindet

---
[43] Vgl. Lienemann 1982, S. 149f.
[44] Duchrow 1970, S. 545f.
[45] Siehe Blickle 2000.
[46] Luther 1525a, S. 106).
[47] Luther 1525b.
[48] Dass dies nicht Luthers eigenes Anliegen war, zeigt Holl 1911.

diese Traditionen mit der mittelalterlichen Regimenten- und Ständelehre. Auf der einen Seite teilt er mit Augustin die Vorstellung zweier Herrschaftsverbände. Hier stehen sich die neue „Christus- und die alte Adamsmenschheit" gegenüber; dies zeigt sich an der Gegenüberstellung von wahrer und falscher Kirche, individuell am „*simul iustus et peccator*", dem gleichzeitigen Sünder- und Gerechtersein des Christen und am zukünftigen ewigen Leben oder ewigem Schmerz.[49] In seinem Reich jedoch herrscht Gott allein und unmittelbar mit dem Wort, es besteht keinerlei Mitwirkung des Menschen in der Gottesrelation, in der er allein auf dessen rechtfertigende Gnade angewiesen ist. Zum anderen jedoch ist der Christ in seiner Weltrelation Mitarbeiter Gottes, der von ihm in Dienst genommen wird, um die Welt in den drei Regimenten bzw. Ständen, Luthers Terminologie ist hier nicht immer konsistent, (Predigtamt, weltliche und Hausgewalt – ecclesia, politia. oeconomia) zu gestalten.

Im Bereich der Weltrelation spielt der *Beruf* eine zentrale Rolle. Hintergrund ist wiederum die Rechtfertigungslehre. Wenn die „guten Werke" für die Gottesbeziehung keine Rolle mehr spielen, dann bedeutet das eine Abkehr von der mittelalterlichen Stufenethik und der Vorstellung, dass das Mönchtum ein besonderer Stand sei, in dem auf besondere Weise Gott gedient werden könne.[50]

„Die Abwertung der Werke coram deo führt nun aber zu einer Aufwertung des – als mühsame Tätigkeit, ‚erbeyt', begriffenen und auf den Nächsten zielenden – Alltagshandelns, weil alles, was für den Nächsten im Glauben und in der Gesinnung des Gehorsams gegen Gott getan wird, nun als Beruf gelten soll, als von Gott sanktionierte Tätigkeit."[51]

---

[49] An dieser Stelle kann natürlich nicht ausführlich auf die reformatorische Sündenlehre eingegangen werden. Allerdings ist darauf zu verweisen, dass sie grob missverstanden würde, wenn man sie moralistisch verkürzen würde. Wie der Gerechtigkeits- ist auch der Sündenbegriff in der Theologie ein Relationsbegriff. Es geht in ihm um ein verfehltes Gottes- und damit auch um ein verfehltes Selbstverhältnis. Im Selbstverhältnis kennzeichnet Luther dies als „Selbstverkrümmung", als eine Selbstbezüglichkleit ohne Ausweg: „Et hoc consonat Scripture, Que hominem describit incuruatum in se adeo, vt non tantum corporalia, Sed et spiritualia bona sibi inflectat et se in omnibus querat. Que Curuitas est nunc naturalis, naturale vitium et naturale malum." (Luther 1515/16, S. 356) Ob dies nun ein negatives oder ein realistisches Menschenbild ist, kann an dieser Stelle offen bleiben; verwiesen sei nur darauf, dass es deutliche Parallelen zu Adornos Vorstellung von Selbsterhaltung als Verhängnis hat. Vgl. hierzu Brändle 1984, S. 176-204.
[50] Vgl. Holl 1919, S. 209-217.
[51] Meireis 2008, S. 75.

Auch hier zeigt sich Luthers eigenwillige Verschränkung mittelalterlicher und im Ansatz moderner Motive: Auf der einen Seite wird die „Berufung", aus der der Beruf resultiert, „demokratisiert", indem sie nicht mehr an eine spezifisch kirchliche Legitimation gebunden wird, sondern allen als Ruf in bestimmte Ämter und Stände, die als Dienst am Nächsten interpretiert werden, gilt, auf der anderen Seite bleibt das, was dann später „Gesellschaft" heißt, zwar ein Ort der Bewährung, nicht aber ein Feld für mögliche Veränderungen und Verbesserungen. Zudem ist Luther politischer Pessimist:

> *„Soziale Veränderungen, die sich nicht an die durch die traditionelle Ordnung vorgegebenen Verfahrenswege halten, kann er nur als gewaltförmige Anomie und damit als Widerstand gegen Gottes weltliches Regiment deuten, dem mit allen Mitteln zu wehren ist."*[52]

Die Frage, wie sich Amt und Beruf mit der gleichzeitigen Orientierung der Christen am Evangelium vereinbaren lässt, beantwortet Luther mit der Unterscheidung von Amt und Person bzw. der zwischen dem Handeln *für sich* und dem *für andere*: während für sich Unrecht leiden und das Bekennen des Rechts geboten sind, sind für andere der, wenn nötig gewaltsame, Schutz des Rechts und die Herstellung von Sicherheit geboten. Auch hier ist der historische Hintergrund zu beachten. Luther geht es um die Überwindung der überkommenen Vorstellung einer besonderen Heiligkeit insbesondere des mönchischen Lebens und einer damit verbundenen Aufwertung und Bejahung des alltäglichen Lebens, wie sie etwa Charles Taylor in seiner monumentalen Studie zu den „Quellen des Selbst" beschreibt.[53] Hervorzuheben bleibt allerdings, dass die Unterscheidung zwischen „*Christperson und Weltperson*" bei Luther eine theologische ist. In beiderlei wird Gott – und damit auch dem Nächsten – gedient. Und dieser Dienst ist die eigentliche Bestimmung beider Perspektiven. Offensichtlich ist dabei, dass damit zumindest die Tendenz bestehen kann, die Ordnungen, Ämter und Berufe in ihrer vorfindlichen Gestalt absolut zu setzen. Dies ist – insbesondere in der lutherischen Theologie der ersten Hälfte des 20. Jahrhunderts – dann auch geschehen. Die lutherische Unterscheidung der Regimente und Stände wurde auf der einen Seite ordnungstheologisch interpretiert (mit einer gewissen Affinität zu Arnold Gehlens Institutionentheorie), auf der anderen Seite wurde (mit einer gewissen Affinität zu Max Weber) die „Eigengesetzlichkeit" der weltlichen Lebensbereiche postuliert und damit eine theologische

---

[52] Ebenda, S. 79.
[53] Taylor 1994, hier insbesondere S. 373-535.

Unterscheidung in ein anthropologisch-soziologisches Schema transponiert.[54] In diesem Zusammenhang sei nur kurz vermerkt, dass sich auch Luhmann die scharfe Trennung der diesen Unterscheidungen zugrunde liegenden Reiche zueigen macht und dabei übersieht, dass sie aus theologischer Perspektive aufeinander bezogen sind.[55]

5. Mögliche Folgerungen aus den Unterscheidungen zwischen Person und Werk sowie Amt und Person

Die Unterscheidung zwischen Person und Werk, so war zu sehen, entzieht die Person insofern der moralischen Bewertung, als festgehalten wird, *dass deren Würde nicht auf ihr Verhalten und Handeln reduziert werden kann* und damit in einer gewissen Weise *unantastbar* bleibt. Die Unterscheidung zwischen Amt und Person betont den funktionalen, auf den Nutzen der Menschen bezogenen Charakter, der Ämter und Berufe, die damit durchaus einen Eigensinn erhalten, der durch die jeweils in den Ämtern und Berufen handelnden Personen jeweils produziert und reproduziert wird. Damit werden die Personen insofern moralisch entlastet, als sie mit den Ämtern und Berufen, die sie führen, nicht identifiziert werden dürfen. Damit ist es möglich, zum einen danach zu fragen, ob bestimmte Ämter und Berufe tatsächlich dem allgemeinen Nutzen dienen, zum anderen ob die jeweiligen Personen diesen Beruf in rechter, also verantwortbarer Art und Weise führen. Auszuhandeln ist dabei, wie die moralischen Überzeugungen der Akteure mit den eigensinnigen Berufs- und Amtslogiken in ein lebbares Verhältnis zueinander gebracht werden können.

Allerdings basieren diese Unterscheidungen auf theologischen Prämissen. Damit stellt sich die Frage, ob sie auch jenseits dieser Hintergrundannahmen plausibel gemacht werden können. Ein möglicher Kandidat, der eine solche Plausibilisierung leisten könnte, wurde bereits mehrfach genannt, der Begriff der *Menschenwürde*.

Nun ist der die Menschenrechte fundierende Begriff der Menschenwürde selbst alles andere als klar und unumstritten. Am evidentesten ist er ex negativo:

---

[54] Huber 1983, S. 69.
[55] Luhmann 1977, S. 150.

„Aus den massiven Erfahrungen staatlicher Gewalt auf Leben, Freiheit und Integrität ungezählter Menschen gewann die Menschenwürde eine unbestreitbare Evidenz."[56] Die wichtigsten Wegbereiter der Menschenrechte waren zweifellos die französische und die amerikanische Revolution, doch kann dies nicht darüber hinwegtäuschen, dass deren Vorgeschichte auf antike (Stoa) und christliche Traditionen (spanische Spätscholastiker, Reformation) sowie auf den italienischen Renaissancehumanismus (Pico della Mirandola) zurückreicht. Zumal sich in beiden Revolutionen christliche und aufklärerische Motive durchaus verbanden,[57] was insbesondere im amerikanischen Kontext besonders deutlich wird.[58] Damit wird auch einsichtig, wie es im weiteren Prozess zu einer *„Sakralisierung der Person"* kommt, wie Hans Joas im Anschluss an Émile Durkheim analysiert, für den die Menschenrechte die christliche Tradition zwar fortsetzen, damit aber auch überwinden: „Der Glaube an die Menschenrechte wird so nicht in das Christentum eingebettet; er soll vielmehr an die Stelle derjenigen Religion treten, der nur zugestanden wird, diesen Glauben vorbereitet zu haben."[59] Unbeschadet seiner Herkunft eignet dem Begriff der Menschenwürde eine eigentümliche Ambivalenz.

„Die Würde des Menschen ist unantastbar.", postuliert der Artikel 1 des Grundgesetzes. Die ungenaue sprachliche Formulierung bringt die Ambivalenz der Auslegung dieses Grundsatzes zum Vorschein. Das Suffix „-bar" kennzeichnet in der deutschen Sprache eine Möglich- oder Unmöglichkeit. Was denkbar ist, kann gedacht, was unerreichbar ist, kann nicht erreicht werden. Meint Artikel 1 des Grundgesetzes, dass trotz aller Angriffe auf die Menschenwürde ihr Kern immer bestehen bleibt? Oder soll er besagen, dass die Menschenwürde nicht angetastet werden soll? Wahrscheinlich ist beides gemeint: Zum einen: keine Handlung kann einem Menschen seine Würde nehmen; keine Misshandlung, keine Missachtung kann den Kern der Menschenwürde zerstören. Die Würde überdauert jeden Versuch ihrer Schändung. Zum anderen: gerade darum ist jeder Versuch, diese Würde anzutasten, moralisch und rechtlich zu verwerfen. Genau zwischen diesen Polen oszilliert auch Bieris Versuch über die menschliche Würde,[60] nämlich dass sie auf der einen Seite unverfügbar, auf der anderen Seite jedoch verfehlbar ist. Darin gleicht sie der oben ausgeführten

---

[56] Huber 1992, S. 578.
[57] Vgl. Joas 2011, S. 23-62.
[58] Vgl. Vögele 2000.
[59] Joas 2011, S. 90.
[60] Bieri 2013.

theologischen Figur der Rechtfertigung, die im Glauben schon geschehen, aber auch immer erst zu realisieren oder zu verfehlen ist.

In diesem Sinne wäre in luhmannscher Terminologie vielleicht nicht Freiheit,[61] sondern eher *Würde als Kontingenzformel der Moral* anzusetzen. Wie die Freiheit muss die Würde – gerade auch außerhalb eines theologischen Kontextes, in dem die Würde durch die Anerkennung Gottes als gegeben angenommen werden kann – immer schon als gegeben unterstellt werden, auch wenn – oder gerade weil – sie sich in Anerkennungsverhältnissen realisiert. Selbst Luhmanns Theorie der Moral als Achtungskommunikation setzt so etwas wie Würde stillschweigend voraus: Denn nur wer oder was prinzipiell „achtbar" ist, wem oder was also Achtung gebührt, dem oder der kann diese Achtung durch Missachtung wieder entzogen werden. Ohne eine vorausliegende Achtbarkeit wäre Missachtung schlicht sinnlos. Ein Laternenpfahl kann nicht geachtet werden, selbst wenn dessen Missachtung etwa im Straßenverkehr durchaus gravierende Folgen nach sich ziehen kann. Zudem ist Freiheit eng mit dem Begriff der Würde verknüpft, wenn in Folge der Tradition Kants (etwa in der bekannten „Selbstzweckformel"[62]) die Würde in der Fähigkeit, Zwecke zu setzen, also in der Autonomie der Person, ihren Grund hat. Gegenüber diesem Würdebegriff, der die Autonomie zur Voraussetzung hat, hat der hier skizzierte Begriff den Vorteil, auch dann Anwendung finden zu können, wenn eine solche Autonomie nicht oder nicht mehr gegeben ist.

---

[61] Luhmann 1978; S. 61.

[62] „Wenn es denn also ein oberstes praktisches Prinzip, und, in Ansehung des menschlichen Willens, einen kategorischen Imperativ geben soll, so muß es ein solches sein, das aus der Vorstellung dessen, was notwendig für jedermann Zweck ist, weil es Zweck an sich selbst ist, ein objektives Prinzip des Willens ausmacht, mithin zum allgemeinen praktischen Gesetz dienen kann. Der Grund dieses Prinzips ist: die vernünftige Natur existiert als Zweck an sich selbst. So stellt sich notwendig der Mensch sein eigenes Dasein vor; so fern ist es also ein subjektives Prinzip menschlicher Handlungen. So stellt sich aber auch jedes andere vernünftige Wesen sein Dasein, zufolge eben desselben Vernunftgrundes, der auch für mich gilt, vor; also ist es zugleich ein objektives Prinzip, woraus, als einem obersten praktischen Grunde, alle Gesetze des Willens müssen abgeleitet werden können. Der praktische Imperativ wird also folgender sein: Handle so, daß du die Menschheit, sowohl in deiner Person, als in der Person eines jeden andern, jederzeit zugleich als Zweck, niemals bloß als Mittel brauchest." Kant 1785/86, BA 66/67).

Literatur

Apel, Karl-Otto (1973): Transformation der Philosophie. 2 Bände. Frankfurt/M.: Suhrkamp.

Aristoteles (EthNic): Nikomachische Ethik. Auf der Grundlage der Übersetzung von Eugen Rolfes herausgegeben von Günther Bien. Hamburg: Meiner 1985.

Bieri, Peter (2013): Eine Art zu leben. Über die Vielfalt menschlicher Würde. München: Hanser.

Blickle, Peter (Hrsg.) (2000): Zwölf Artikel und Bundesordnung der Bauern, Flugschrift „An die versamlung gemayner pawerschafft". Traktate aus dem Bauernkrieg von 1525. Memmingen: Stadtarchiv.

Brändle, Werner (1984): Rettung des Hoffnungslosen. Theologische Implikationen der Philosophie Theodor W. Adornos, Göttingen: Vandenhoeck & Ruprecht.

Cremer-Schäfer, Helga (2008): Individuum und Kritik. Von der Wert-Orientierung zur Gebrauchswertorientierung. In: *Widersprüche* 28 (107), S. 77-92.

Dallmann, Hans-Ulrich (2007): Ethik im systemtheoretischen Denken. In: Andreas-Lob-Hüdepohl, Walter Lesch (Hrsg.): Ethik Sozialer Arbeit. Ein Handbuch. Paderborn, München, Wien, Zürich: Schöningh UTB, S. 57-68.

Dallmann, Hans-Ulrich; Volz, Fritz Rüdiger (2013): Ethik in der Sozialen Arbeit. Schwalbach im Taunus: Wochenschau.

Duchrow, Ulrich (1970): Christenheit und Weltverantwortung. Traditionsgeschichte und systematische Struktur der Zweireichelehre. Stuttgart: Ernst Klett.

Ebeling, Gerhard (1981): Luther. Einführung in sein Denken. 4. Aufl. Tübingen: Mohr Siebeck.

Hammer, Karl (1971): Deutsche Kriegstheologie 1870-1918. München: dtv.

Holl, Karl (1911): Luther und das landesherrliche Kirchenregiment. In: Karl Holl: Gesammelte Aufsätze zur Kirchengeschichte. Band I. Luther. 2. und 3. Aufl. Tübingen: Mohr Siebeck 1923, S. 326-380.

Holl, Karl (1919): Der Neubau der Sittlichkeit. In: Karl Holl: Gesammelte Aufsätze zur Kirchengeschichte. Band I. Luther. 2. und 3. Aufl. Tübingen: Mohr Siebeck 1923, S. 155-287.

Huber, Wolfgang (1973): Kirche und Öffentlichkeit. Stuttgart: Ernst Klett.

Huber, Wolfgang (1983): „Eigengesetzlichkeit" und die „Lehre von den zwei Reichen". In: Wolfgang Huber: Folgen christlicher Freiheit. Ethik und Theorie der Kirche im Horizont der Barmer Theologischen Erklärung. Neukirchen-Vluyn: Neukirchener Verlag, S. 53-70.

Huber, Wolfgang (1992): Artikel Menschenrechte/Menschenwürde. In: Theologische Realenzyklopädie. Band XXII. Berlin, New York: de Gruyter, S. 577-602.

Joas, Hans (2011): Die Sakralität der Person. Eine neue Genealogie der Menschenrechte. Berlin: Suhrkamp.

Jüngel, Eberhard (2003a): Der menschliche Mensch. Die Bedeutung der reformatorischen Unterscheidung der Person von ihren Werken für das Selbstverständnis des neuzeitlichen Menschen. In: Eberhard Jüngel: Wertlose Wahrheit. Zur Identität und Relevanz des christlichen Glaubens. Theologische Erörterungen III. 2.Aufl. Tübingen: Mohr Siebeck, S. 194-213.

Jüngel, Eberhard (2003b): Leben aus Gerechtigkeit. Gottes Handeln – menschliches Tun. In: Eberhard Jüngel: Wertlose Wahrheit. Zur Identität und Relevanz des christlichen Glaubens. Theologische Erörterungen III. 2., Aufl. Tübingen: Mohr Siebeck, S. 346-364.

Kant, Immanuel (1785/1786): Grundlegung zur Metaphysik der Sitten. Werkausgabe Band VII, hrsg. von Wilhelm Weischedel. Frankfurt/M.: Suhrkamp 1968.

Kant, Immanuel (1797): Die Metaphysik der Sitten. Werkausgabe Band VIII, hrsg. von Wilhelm Weischedel. Frankfurt/M.: Suhrkamp 1977.

Lienemann, Wolfgang (1982): Gewalt und Gewaltverzicht. Studien zur abendländischen Vorgeschichte der gegenwärtigen Wahrnehmung von Gewalt. München: Kaiser.

Luhmann, Niklas (1977): Funktion der Religion. Frankfurt/M.: Suhrkamp.

Luhmann, Niklas (1978): Soziologie der Moral. In: Niklas Luhmann, Stephan H. Pfürtner (Hrsg.): Theorietechnik und Moral. Frankfurt/M.: Suhrkamp, S. 8-116.

Luhmann, Niklas (1989): Ethik als Reflexionstheorie der Moral. In: Niklas Luhmann: Gesellschaftsstruktur und Semantik. Band 3. Frankfurt/M.: Suhrkamp, S. 358-447.

Luhmann, Niklas (1990): Paradigm lost: Über die ethische Reflexion der Moral. Rede von Niklas Luhmann anläßlich der Verleihung des Hegel-Preises 1989. Frankfurt/M.: Suhrkamp.

Luhmann, Niklas (1996): The Sociology of the Moral and Ethics. *International Sociology* 11, S. 27-36.

Luhmann, Niklas (1997): Die Gesellschaft der Gesellschaft. 2 Bände. Frankfurt/M.: Suhrkamp.

Luhmann, Niklas (2000): Die Religion der Gesellschaft, hrsg. von André Kieserling. Frankfurt/M.: Suhrkamp.

Luther, Martin (1515/16): Römerbriefvorlesung. WA 56.

Luther, Martin (1523): Von weltlicher Obrigkeit, wieweit man ihr Gehorsam schuldig sei. In: Ausgewählte Schriften, Band 4, hrsg. von Karin Bornkamm und Gerhard Ebeling. Frankfurt/M.: Insel 1982, S. 36-84.

Luther, Martin (1525a): Vermahnung zum Frieden auf die zwölf Artikel der Bauernschaft in Schwaben. In: Ausgewählte Schriften, Band 4, hrsg. von Karin Bornkamm und Gerhard Ebeling. Frankfurt/M.: Insel 1982, S. 100-131.

Luther, Martin (1525b): Wider die räuberischen und mörderischen Rotten der andern Bauern. In: Ausgewählte Schriften, Band 4, hrsg. von Karin Bornkamm und Gerhard Ebeling. Frankfurt/M.: Insel 1982, S. 132-139.

Meireis, Torsten (2008): Tätigkeit und Erfüllung. Protestantische Ethik im Umbruch der Arbeitsgesellschaft. Tübingen: Mohr Siebeck.

Nagel, Thomas (1986): The View From Nowhere. New York: Oxford University Press.

Otto, Hans Uwe; Scherr, Albert; Ziegler, Holger (2010): Wieviel und welche Normativität benötigt die Soziale Arbeit? Befähigungsgerechtigkeit als Maßstab sozialarbeiterischer Kritik. *Neue Praxis* 40, S. 137-163.

Rendtorff, Trutz (1990): Ethik. Grundelemente, Methodologie und Konkretionen einer ethischen Theologie. 2 Bände. 2. Aufl. Stuttgart: Kohlhammer.

Staub-Bernasconi, Silvia (2013): Soziale Arbeit als (eine) Menschenrechtsprofession, in: Sabine Hering (Hrsg.): Was ist Soziale Arbeit? Traditionen – Widersprüche – Wirkungen. Opladen: Budrich, S. 205-218.

Stegmaier, Werner (2008): Philosophie der Orientierung. Berlin, New York: de Gruyter.

Taylor, Charles (1994): Quellen des Selbst. Die Entstehung der neuzeitlichen Identität. Frankfurt/M.: Suhrkamp.

Troeltsch, Ernst (1912): Die Soziallehren der christlichen Kirchen und Gruppen. 2 Teilbände. Neudruck der Ausgabe von 1912. Tübingen: Mohr Siebeck 1994.

Tugendhat, Ernst (1993): Vorlesungen über Ethik. Frankfurt/M.: Suhrkamp.

Vögele, Wolfgang (2000): Menschenwürde zwischen Recht und Theologie. Begründungen von Menschenrechten in der Perspektive öffentlicher Theologie. Gütersloh: Gütersloher Verlagshaus.

Volz, Fritz Rüdiger (1993): „Lebensführungshermeneutik". Zu einigen Aspekten des Verhältnisses von Sozialpädagogik und Ethik. In: *Neue Praxis* 23, S. 25-31.

Teil III

Kritische systemische Praxis

Bringfriede Scheu / Otger Autrata

Das Subjekt als Instanz der Kritik
Entscheidungen gegenüber Möglichkeitsräumen

1. Zum Verständnis von Kritik in der Sozialen Arbeit

Kritische Soziale Arbeit wird regelmäßig so gesehen: Sie soll die gesellschaftlichen Bedingungen, Verhältnisse und Wirklichkeiten entweder kapitalismuskritisch oder diskursanalytisch aufschlüsseln und dokumentieren. Es wird hier davon ausgegangen, dass es allein die gesellschaftlichen Verhältnisse sind, die Not- und Problemlagen hervorrufen beziehungsweise bedingen. Diese Sicht- und Denkweise wird im Kontext der kritischen Sozialen Arbeit vielfach übernommen. So meint Scherr, es sei Aufgabe kritischer Sozialer Arbeit, „(...) die gegebenen gesellschaftlichen Verhältnisse kritisch, d.h. als Ursache von Ungleichheiten und Ungerechtigkeiten, von Einschränkungen individueller Autonomie, Beschädigungen und Verletzungen von Menschenwürde und Menschenrechten und damit als Ursache sozialer Probleme und individuellen Leidens in den Blick zu nehmen (...)"[1]. Scherr legt hier einen Schwerpunkt auf die Analyse von gesellschaftlichen Verhältnissen, die zu so genannten sozialen Problemen führen, durch die Soziale Arbeit.[2]

---

[1] Scherr 2012, S. 107.
[2] Anzumerken ist: Der Begriff der ‚sozialen Probleme' wurde von den Verfasser_innen des vorliegenden Beitrags schon mehrfach *kritisch* aufgegriffen: Was ‚soziale Probleme' von gesellschaftlichen oder individuellen Problemen unterscheidet, ist nicht geklärt; damit ist der Begriff der ‚sozialen Probleme' kein exakter, sondern ein vager Begriff. Vgl. zur Kritik der ‚sozialen Probleme' Scheu/Autrata 2011, S. 64 ff.; vgl. zu vagen Begriffen Autrata/Scheu 2015, S. 195 ff. sowie Carnap 1959.

Eine so verstandene Soziale Arbeit fungiert dann, so Scherr, als ‚kritische' Soziale Arbeit, wenn sie einer sozialwissenschaftlichen Ausrichtung folgt. Allerdings weist Scherr einschränkend darauf hin, dass in der momentanen Sozialen Arbeit diese Ausrichtung wenig verbreitet ist; die Soziale Arbeit bearbeite eher die „(...) Unangepasstheit des Einzelnen an die materiellen Lebensbedingungen (...)"[3] anstatt der „(...) Analyse und Kritik gesellschaftlicher Bedingungen von Hilfsbedürftigkeit (...)"[4]. So plädiert Scherr dafür, dass sich die Soziale Arbeit in ihrer kritischen Ausformung an einer gesellschaftstheoretisch fundierten Kritik ausrichten solle.

Ähnlich sieht das Müller: „Die Kritik setzt auf der Ebene der überindividuellen, strukturellen Problemursachen an. Sie geht von der Annahme aus, dass der Grundwiderspruch von Lohnarbeit und Kapital den zentralen Konfliktpunkt kapitalistischer Gesellschaften markiert (...)."[5] So muss eine kritische Soziale Arbeit ihren Fokus auf diesen Grundwiderspruch richten, aus dem heraus sich Not- und Problemlagen ergeben. Auch von Müller wird wiederum darauf hingewiesen, dass eine Soziale Arbeit, die auf individueller Ebene sich bemüht, die Not- und Problemlagen ihrer Klient_innen zu ‚befrieden', scheitern muss.

Vertreter_innen einer kritischen Sozialen Arbeit setzen sich damit grundsätzlich von einer Sichtweise ab, die davon ausgeht, dass die Ursachen für Not- und Problemlagen im Individuum selbst ‚angelegt' sind. Insgesamt kann festgehalten werden, dass der kritischen Sozialen Arbeit – so wie sie in der Literatur dargestellt wird – ein Subjektbezug fehlt. Zuzustimmen ist ihr insofern, als die kapitalistisch geformte Gesellschaft Widersprüche, Einschränkungen, Behinderungen hervorbringt; dennoch ist zu beachten, dass es Menschen als Subjekte sind, die an der Gestaltung dieser Verhältnisse beteiligt sind und vor allem aber auch, dass diese Verhältnisse von Menschen verändert werden können.

Der Blick ist an dieser Stelle auf den Zusammenhang von Überlegungen zu einer kritischen und einer systemischen oder systemtheoretischen Sozialen Arbeit zu werfen: Im Kontext der Sozialen Arbeit finden sich eine Vielzahl an system(theoret)ischen Perspektiven oder Orientierungen. Sie alle formulieren einen system(theoret)ischen Blick beziehungsweise gehen davon aus, eine system(theoret)ische Fundierung zu haben. Hosemann und Geiling liefern zum Verhältnis zwischen einer systemtheoretisch begründeten und einer kritischen

---

[3] Scherpner 1962, S. 122; zit. nach Scherr 2012, S. 108.
[4] Scherr 2012, S. 108.
[5] Müller 2012, S. 127.

Sozialen Arbeit folgende Einschätzung: „Zusammenfassend lässt sich zu den ethischen Perspektiven der Systemtheorie in der Sozialen Arbeit folgender Hinweis geben: Systemtheorie ist keine ‚kritische' in dem Sinne, dass sie vorab auf ein normatives Ziel gerichtet ist, sondern eine ‚kritisch nutzbare Theorie'"[6]. Im Gegensatz zu Vertreter_innen einer kritischen Sozialen Arbeit, die Notwendigkeiten einer kritischen Grundorientierung Sozialer Arbeit aus gesellschaftskritischen Analysen herleiten, wird für eine systemische und/oder systemtheoretische Soziale Arbeit eine kritische Perspektivbildung aufgrund von vorgängigen Analysen nicht als gangbar angesehen. Vielmehr können, so die Annahme von Hosemann und Geiling, systemische und/oder systemtheoretische Überlegungen so etwas wie ein ‚kritisches Potential' für die Soziale Arbeit liefern.

Allerdings, darauf weist Krieger hin[7], weisen systemische und/oder systemtheoretische ‚Blicke' und ‚Fundierungen' in der Sozialen Arbeit eine hohe Diffusität auf: Ein gemeinsamer Rahmen beziehungsweise ein gemeinsames Verständnis davon, was als ‚systemisch' oder ‚systemtheoretisch' zu verstehen ist, fehlt. Krieger schreibt zu den systemischen beziehungsweise systemtheoretischen Überlegungen: „Die Verschiedenheit dieser Ansätze bringt es mit sich, dass das, was heute unter dem Begriff ‚systemische Ansätze' in der Sozialen Arbeit firmiert, bis zur Unkenntlichkeit vieldeutig geworden ist"[8].

So kann schwer dargelegt werden, was Kritik in der Sozialen Arbeit aus system(theoret)ischer Sicht sein kann: Vorgängige und normativ vorgetragene Gesellschaftskritik wird nicht als Konstituens von system(theoret)ischen Sichtweisen in der Sozialen Arbeit gesehen, die Nutzbarkeit von system(theoret)ischen Ansätzen zur Kritik (von was?) bleibt insofern offen, als die Ansätze sehr heterogen ausfallen. ‚Kritik' in diesen Ansätzen basiert auf gänzlich unterschiedlichen Theorie-Grundlagen und zerfällt deswegen in differierende Argumentationsstränge: Die Verzahnung der heterogenen System- und Systemtheorieperspektiven mit Perspektiven, die unter dem Vorzeichen der Kritik für die Soziale Arbeit vorgetragen werden, darzustellen und zu bewerten, würde den Rahmen des vorliegenden Beitrags sprengen und muss deswegen unterbleiben.

---

[6] Hosemann/Geiling 2013, S. 35.
[7] Vgl. Krieger 2010, S. 25 ff.
[8] Krieger 2010, S. 27.

Es wurde schon darauf hingewiesen, dass die system(theoret)ischen Ansätze in der Sozialen Arbeit sehr unterschiedlich sind. Eine Gemeinsamkeit der systemischen beziehungsweise systemtheoretischen Perspektiven in der Sozialen Arbeit soll über ein zusammenfassendes Statement von Krieger hervorgehoben werden:

> *„Theorien, die den Menschen, Lebewesen überhaupt oder auch Gesellschaften als Systeme begreifen lassen, implizieren notwendigerweise ein bestimmtes* Menschenbild, *einen bestimmten Begriff vom Leben oder einen bestimmten* Gesellschaftsentwurf".[9]

Menschen, überhaupt Lebewesen und Gesellschaft(en) als Systeme zu begreifen, scheint gerechtfertigt: Menschen wie auch die Lebewesen an sich leben – zumindest in der Regel – nicht allein, für Gesellschaft ist das Zusammenspiel Vieler konstitutiv. Aber: Zusammen genommen sind Einzelne zwar Mehrere oder gar Viele, das gestattet aber über das So-Sein des Einzelnen noch wenig Aussagen. So ist die Perspektive, Menschen, Lebewesen und Gesellschaft(en) als Systeme zu sehen, nicht zu verwerfen; gleichzeitig scheint es aber durchaus notwendig, bei der Analyse das So-Sein und den Standpunkt der Einzelnen nicht vorschnell den Systemeigenschaften zuzuschlagen. So ist ein anderes Menschen- und Gesellschaftsbild kontrastierend einzuführen, das auf den Begriff des Subjekts zu zentrieren ist: Die Perspektive der Subjekte, die nachfolgend thematisiert werden soll, fehlt auch in der kritischen Sozialen Arbeit, die sich auf gesellschaftskritische Überlegungen zentriert. Damit klar wird, wie der Zusammenhang von Kritik und Subjektivität zu konturieren ist, sind erst einmal grundsätzliche Bestimmungen von Kritik einzuführen. Das ist fortzuführen durch Bestimmungen von menschlicher Subjektivität und letztlich werden daraus Perspektiven für eine theoretische (Neu)fassung Sozialer Arbeit abgeleitet. Einzusetzen ist mit der Klärung, was eigentlich Kritik ist.

2. Was ist Kritik?

Die Frage, ob und inwieweit Soziale Arbeit kritisch ist oder kritisch sein soll, ist als ‚Spezialfall' der Frage zu sehen, was kritisches Denken im Leben von Menschen ausmacht. Sprachlich lässt sich das Wort ‚kritisch' auf das alt-griechische Wort ‚krínein' (κρίνειν) zurückführen, das man als ‚trennen' oder ‚unterschei-

---

[9] Krieger 2010, S. 35; Herv. i. Orig.

den' übersetzen kann. Unter Kritik ist also – sehr allgemein gesagt – die *Beurteilung* eines *Gegenstandes* oder einer *Handlung* anhand eines Maßstabs zu verstehen, was zu einer Entscheidung zwischen Alternativen führt. Wenn man von kritischem Denken spricht oder schreibt, sind damit schon zwei Voraussetzungen gemacht: Beim kritischen Denken ist der Vergleich mit einem Außenstandpunkt eingeschlossen; Sachverhalte, die einem Menschen gegenüber treten, können in eine Vergleichs- und Bewertungsoperation überführt werden. Die zweite Voraussetzung ist, dass Menschen dabei zu Entscheidungen in der Lage sind, die möglicherweise die Kontinuität des Bisherigen verlassen. Menschen können sich bei diesen Entscheidungen entweder im Gegebenen einrichten oder aber, über die kritische Positionierung zum Gegebenen, neue Entwicklungen anstreben. Damit ist auch benannt, dass es Subjekte solcher Entscheidungen gibt und geben muss: Menschen sind Situationen – allgemeiner gesagt: der Welt – nicht ausgeliefert, sondern können als Subjekte auf der Grundlage von Vergleichen und Beurteilungen – also auf der Grundlage von Kritik – auf Entscheidungen Einfluss nehmen. Diese Feststellung ist nicht belanglos oder banal, sondern als durchaus kritischer Ausgangspunkt gegenüber der Sichtweise zu sehen, dass Menschen lediglich als Opfer von Umständen verstanden werden.

Das ist genauer auszuführen und auch theoretisch einzubetten: Was genau macht kritisches Denken im Leben von Menschen aus und woher rührt die Potentialität zum kritischen Denken? Zu beginnen ist mit einem Hinweis von Holzkamp auf den zwiespältigen Charakter von Kritik. Grundsätzlich unterstreicht er die Bedeutung von Kritik: „Die Bedeutung von Kritik als Aspekt menschlichen Erkenntnisgewinns wird hier von mir natürlich nicht prinzipiell in Frage gestellt."[10]

Die – kritische – Beurteilung von Sachverhalten und daraus sich ableitende Entscheidungen sind nicht hintergehbare Bestandteile menschlichen Lebens. Holzkamp moniert aber auch, dass Kritik zur Attitüde herabsinken kann:

„(...),Kritik' und ‚Gegenkritik' erscheint uns hier nämlich oft keineswegs widerspruchsfrei als der Modus, in dem wir unsere Erkenntnisse vorantreiben, sondern hat eher Konnotationen von Sich-Mißverstehen, Aneinander-Vorbeireden, permanent Richtigstellen-Müssen, darüber hinaus des Müßi-

---

[10] Holzkamp 2001, S. 163.

gen, ja Lästigen, mit dem Geruch der Vergeblichkeit unabschließbarer Folgen von Rede und Gegenrede."[11]

Es ist also, so kann man Holzkamp zusammenfassen, nicht ausgemacht, dass Kritik in jedem Fall den Erkenntnisgewinn vorantreibt. Auch das Gegenteil kann der Fall sein: (Vermeintlich) kritische Äußerungen bringen keinen Erkenntnisgewinn, sondern sind eher – unter der Gegebenheit von Konkurrenz – der eigenen Positionierung zu Lasten anderer dienlich. Er meint, „(...) daß *wirkliche (...) Eigenständigkeit* generell *nicht dadurch zu erreichen ist, daß man sie in ständigen Absetz- und Individualisierungsbewegungen unmittelbar anzielt"*[12]. Holzkamp rät demgegenüber zu einer langfristigen Beschäftigung mit Aufgaben, die dann zur Klärung relevanter Tatbestände führt.

Kritik ist also kein ‚Allheilmittel': Holzkamp hat darauf hingewiesen, dass Kritik auch verengend sein und fehlerhafte Entwicklungen anstoßen kann. Wenn man das weiterdenkt, könnte Kritik auch zu Problemen führen. Das ist allerdings – zur richtigen Einordnung – damit in Beziehung zu setzen, dass Kritik wiederum auch unverzichtbarer Bestandteil von menschlicher Erkenntnis ist. Per se ist Kritik also weder immer ‚gut' noch immer ‚schlecht'. Kritik schließt ausdrücklich die Veränderung des Bestehenden als Option ein: Wenn die gegebenen Umstände als Missstände erkannt werden, zielt Kritik auf ihre Veränderung und Überwindung. Um das adäquat diskutieren zu können, ist der Aspekt der Kritik erst einmal grundsätzlich in seiner Verwobenheit mit dem menschlichen Leben an sich darzustellen.

3. Kritik als Entscheidung zwischen Alternativen

Kritik ist also die Operation des Vergleichs der vorgefundenen Situation mit einem Außenstandpunkt. Der Vergleich der Situation mit dem Außenstandpunkt führt zu einer Bewertung, die wiederum in eine Entscheidung einmündet. Wenn Kritik als Beurteilung eines Sachverhalts mit der Folge, dass aus der Beurteilung eine Entscheidung resultiert, zu fassen ist, setzt das voraus, dass Alternativen für die Entscheidung gegeben sind: Hätte man keine Alternativen, wäre keine Entscheidung möglich. Zu fragen wäre auch, ob es sich – subjektiv – überhaupt ‚lohnt', sich die Mühe zu machen, Beurteilungen vorzunehmen, wenn das zu

---

[11] Holzkamp 2001, S. 164.
[12] Holzkamp 2001, S. 168; Herv. i. Orig.

keinem erkennbaren Resultat führen kann. Grundlage dafür, dass Menschen grundsätzlich Alternativen für ihre Handlungen zur Verfügung stehen, ist die *Unmittelbarkeitsüberschreitung*: Die Spezifik des Mensch-Seins beruht darauf, dass Menschen das unmittelbare Verhältnis zur Natur überschritten haben. Menschen sind zwar weiterhin auch Teil der Natur – werden geboren, wachsen und sterben am Ende des Lebens –, sie sind aber auch in der Lage, auf die Natur gestaltend Einfluss zu nehmen. Damit sind Menschen ihrer Umwelt nicht ausgeliefert, sondern haben Möglichkeiten, die Umwelt zu verändern und in sie einzugreifen: Menschen stehen nicht in der Unmittelbarkeit der Natur, sondern haben Möglichkeiten, auf die Natur einzuwirken und damit ihr Leben zu gestalten.[13]

Damit ist grundsätzlich die Möglichkeitsbeziehung von Menschen zur Welt gegeben:

„Menschen haben also Alternativen und können sich zwischen verschiedenen Möglichkeiten entscheiden; das konstituiert die Kategorie der Freiheit in der Auswahl der Möglichkeiten. (…) Dabei ist Existenz von Wahlmöglichkeiten für die Menschen nicht damit zu verwechseln, dass Menschen zu jedem Zeitpunkt sehr viele Wahlmöglichkeiten haben oder die vorhandenen Wahlmöglichkeiten mit den gewünschten Wahlmöglichkeiten überein stimmen: Die Menge der zur Wahl stehenden Alternativen kann kleiner als gewünscht sein oder nur Alternativen beinhalten, die wenig oder nur teilweise den eigenen Wünschen entsprechen. Der Tatbestand der Wahlmöglichkeit zwischen Handlungsalternativen bleibt aber grundsätzlich immer erhalten"[14].

Die zur Verfügung stehenden Möglichkeiten konstituieren einen Möglichkeitsraum, in und gegenüber dem sich Menschen verhalten. Damit stellt sich grundsätzlich und immer für Menschen die Aufgabe, ein gnostisches, also erkennendes, Verhältnis zu ihrem Möglichkeitsraum einzugehen. Da nicht nur eine Möglichkeit, sondern mehrere Möglichkeiten zur Verfügung stehen, ist abzuwägen, welche der Möglichkeiten handelnd zu ergreifen ist. Das führt zur weiteren Spezifik des Mensch-Seins, nämlich dem *Handeln*. Menschen setzen sich handelnd mit ihren jeweiligen Lebensbedingungen und ihren Bedeutungen auseinander. Handeln basiert auf dem gnostischen Prozess der Auffassung von

---

[13] Ausführlicher dazu Holzkamp 1985, v.a. S. 207 ff., sowie Scheu/Autrata 2011, v. a. S. 162 ff.
[14] Scheu/Autrata 2013, S. 216.

Alternativen, die zur Verfügung stehen. Handeln basiert aber auch auf dem gnostischen Prozess der eigenen Situation und der eigenen Interessen, wie sich die Situation weiterentwickeln soll. Zur Abwägung zwischen Alternativen, die zur Verfügung stehen, ist immer auch ein Maßstab notwendig, gegenüber dem Vorteile und Nachteile der Alternativen abzuwägen sind. Handeln ist dann das Resultat dieses Auseinandersetzungsprozesses, der sich als ein aktiver Prozess vollzieht. Menschliches Handeln ist immer auf den Zusammenhang der jeweiligen Lebensbedingungen und ihrer Bedeutungen für den Handelnden bezogen.

Handeln vollzieht sich immer gegenüber einem Möglichkeitsraum, kann aber dabei zwei Richtungsbestimmungen haben: Handeln kann innerhalb des Möglichkeitsraums bleiben und die gegebenen Möglichkeiten in Anspruch nehmen. Holzkamp bezeichnet solches Handeln als restriktives Handeln, das sich eben im Gegebenen einrichtet.[15] Im Gegensatz dazu steht das verallgemeinerte Handeln, das – nach *kritischer* Abwägung der gegebenen Möglichkeiten – auf der gnostischen Auffassung basiert, dass nur eine Erweiterung oder Veränderung des Möglichkeitsraums die Chance zu Handlungen bietet, die den eigenen Interessen entsprechen. Verallgemeinertes Handeln ist also ausgerichtet an einer Erhaltung oder – besser noch – Erweiterung der eigenen Lebensqualität. Verallgemeinertes Handeln beinhaltet eine Suche nach gemeinsamer, solidarisch gedachter Erhöhung der Lebensqualität, ist nicht wie das restriktive Handeln konkurrenzförmig angelegt. Dabei haben die Subjekte grundsätzlich und immer die Möglichkeit, sich gesellschaftlichen Gegebenheiten anzupassen oder aber verändernd und gestaltend darauf Einfluss zu nehmen. Holzkamp spricht hier von der doppelten Möglichkeitsbeziehung, die Menschen zur Welt haben.[16]

Mit dem Begriff der Lebensqualität, genauer: der subjektiven Lebensqualität, ist der Maßstab eingeführt, an dem sich die gnostischen, auch kritischen, Abwägungsprozesse gegenüber den Lebensbedingungen, ihren Bedeutungen und den zu Verfügung stehenden Handlungsmöglichkeiten orientieren. Lebensqualität ist nur subjektiv zu fassen, ist keine objektivierte Feststellung: Was für einen Menschen von hoher Bedeutung ist, muss das nicht auch für einen anderen Menschen sein. Lebensqualität bildet die Zielstellung ab, eigene Interessen realisieren zu wollen, die sich aus dem jeweiligen Subjekt-Sein von Menschen ergeben. Lebensqualität kann nicht als überzeitliche und für alle Menschen gültige Größe festgeschrieben werden, die für alle Menschen gilt. Insofern die Rea-

---

[15] Vgl. Holzkamp 1985, v.a. S. 457 ff.
[16] Vgl. Ebenda, S. 480 ff.

lisierung von Lebensqualität als verallgemeinertes Handeln verfolgt wird, muss dabei auch das Erreichen von subjektiver Lebensqualität für andere Menschen mitbedacht sein.

Kritik als kritisches Abwägen zwischen Alternativen und der Entscheidung für oder gegen eine Handlungsoption ist also essentieller Bestandteil menschlichen Lebens. Instanz der Kritik ist immer der jeweilige Mensch als Subjekt. „Das Subjekt-Sein ist dann in der lateinischen Wortbedeutung das Zugrundeliegende, das menschliches Handeln leitet."[17] Kritik erfolgt damit aus der Subjektperspektive und nimmt die eigene – subjektive – Lebensqualität als Maßstab. Das kann – idealtypisch gesagt – sowohl in einer restriktiven wie auch in einer verallgemeinerten Perspektive erfolgen: Eine Erhöhung oder Sicherung der eigenen Lebensqualität kann in Konkurrenz und Absetzung zu anderen Menschen erfolgen, sie kann aber auch als Möglichkeiten erweiternde und letztlich verallgemeinerte Handlung verfolgt werden. Kritik ist aber immer rückgebunden an einen denkenden und handelnden Menschen als Subjekt.

Die Bestimmung, dass immer ein Mensch als Subjekt die Instanz der Kritik ist, leitet sich aus der vorstehend knapp eingeführten subjektwissenschaftlichen Theoriebildung her.[18] Das gilt für Menschen allgemein, damit aber auch für kritische Wissenschaftler_innen, worauf Holzkamp hingewiesen hat. Ebenso ist es bei Klient_innen der Sozialen Arbeit: Auch sie stellen Überlegungen zu ihrem Möglichkeitsraum, ihrer Lebensqualität und ihnen geeignet erscheinenden Handlungen zu diesem Setting an. Für eine kritische Soziale Arbeit ist das wichtig zu wissen und vor allem wichtig zu wissen, über welche Strukturelemente sich kritisches Denken bei Klient_innen der Sozialen Arbeit ausprägt. Grundsätzlich ist es, das ist die Quintessenz aus Holzkamps Einwänden gegenüber einer Vereinnahmung von Kritik,[19] bei Wissenschaftler_innen, bei professionellen Mitarbeiter_innen und bei Klient_innen der Sozialen Arbeit möglich, dass Kritik restriktiv ausfallen kann, also die eigene Position sichert und verteidigt. Genauso ist es aber möglich, dass Kritik auch neue Möglichkeiten anstrebt und Weiterentwicklungen hin zu einer Möglichkeitserweiterung erreicht. Erst durch einen Vergleich mit dem Subjektstandpunkt wird erkennbar, welche Bewegungsrichtung Kritik verfolgt.

---

[17] Scheu/Autrata 2013, S. 253.
[18] Ausführlicher dazu: Holzkamp 1985 sowie Scheu/Autrata 2011.
[19] Vgl. Holzkamp 2001.

4. Kritik: Soziales und Partizipation

Menschen als Subjekte können zur Gesamtheit der Welt, in der sie leben, ein kritisches Verhältnis aufbauen. Für die Soziale Arbeit sind zwei Bereiche besonders hervorzuheben und zu beachten, da sie sowohl disziplinär wie auch professionell von hoher Bedeutung sind: Die beiden Bereiche sind das Soziale wie auch Partizipation.

Das Soziale ist dabei nicht als der wenig sagende Allerweltsbegriff zu verstehen, wie er in der Alltagssprache, aber auch im wissenschaftlichen Sprachgebrauch – dabei eingeschlossen: der Sozialen Arbeit – oft aufscheint. Auf die *kritische* Auseinandersetzung mit der nicht vorgenommenen Begriffsbestimmung und in der Folge mit der ungeklärten Verwendung des Begriffs des Sozialen kann an dieser Stelle nur hingewiesen werden.[20] Zimmermann hat schon 1948 die „(...) dissonierende Polyphonie des ‚Sozialen' (...)"[21] beklagt, hat aber offensichtlich damit keine große Resonanz erreicht. Zur Fortführung der Debatte ist eine von den Autor_innen des vorliegenden Beitrags vorgenommene Definition des Sozialen einzuführen, die wiederum auf einer Herleitung über die historische Herangehensweise basiert:[22] „Zum Sozialen gehören alle Formen der Widerspiegelung und der Aktivitäten zwischen Lebewesen der eigenen Art."[23]

In dieser Definition ist das Soziale bei höher entwickelten Tieren eingeschlossen, das auch bei solchen Tieren für die jeweilige Art von großer Bedeutung ist. Beispielsweise Lawick-Goodall beschreibt präzise das Soziale bei Schimpansen.[24] Auch das Soziale bei Menschen entspricht der gegebenen Definition, spezifiziert sich aber dadurch, dass Menschen gesellschaftlich leben. Das Soziale bei Menschen, also die Formen der Widerspiegelung und Aktivitäten von anderen Menschen, werden gesellschaftlich überformt. Das unterscheidet das menschliche vom tierischen Sozialen:

„Das Soziale ist der Teil des menschlichen Lebens, der andere Menschen widerspiegelt und Menschen miteinander handelnd in Kontakt bringt. Einheiten des Sozialen sind auf der Ebene der Aktivitäten soziale Handlungen,

---

[20] Ausführlicher dazu: Autrata 2011, Scheu 2011, Scheu/Autrata 2011 sowie Scheu/Autrata 2017 (in Vorbereitung).
[21] Zimmermann 1948, S. 178.
[22] Zur historischen Herangehensweise vgl. bspw. Autrata/Scheu 2015, S. 93 ff.
[23] Scheu/Autrata 2011, S. 172.
[24] Vgl. Lawick-Goodall 1971.

also einzelne soziale Handlungen, die unmittelbar auf andere Menschen bezogen sind."[25]

Wenn soziale Handlungen mehrfach und reziprok gegenüber den gleichen Menschen vollzogen werden, ist von Sozialbeziehungen zu sprechen.

Das Soziale mit seinen Aktivitätsformen, den sozialen Handlungen, ist ein Teil des menschlichen Lebens und Teil der menschlichen Handlungen. Auch für die sozialen Handlungen gilt, dass sie kritisch gegenüber dem Bestehenden sein können. Das Soziale ist zwar aus dem menschlichen Leben nur in Ausnahmefällen und dazuhin temporär – beispielsweise bei Einsiedlern oder Solo-Weltumsegler_innen – wegzudenken, aber kann doch auch einengend und beschränkend sein. So können auch soziale Handlungen der doppelten Möglichkeit des Restriktiven oder Verallgemeinerten entsprechen: Soziale Handlungen können sich defensiv im Vorgegebenen bewegen oder sie können offensiv eine Erweiterung der Möglichkeiten des Sozialen anstreben. In beiden Fällen sind kritische Entscheidungen zu treffen, die jeweils andere Möglichkeiten ausschließen.

Eine weitere Form, in der kritische Sichtweisen oder kritische Entscheidungen notwendig sind, ist Partizipation. Auch für Partizipation ist festzustellen, dass der Begriff vielfach unscharf bleibt. Abzusetzen ist Partizipation von Teilhabe und Beteiligung. Diese Begriffe charakterisieren, dass Menschen an der Entscheidung zwischen offerierten Angeboten, beispielsweise der Sozialen Arbeit beteiligt werden, also an solchen Entscheidungen teilzuhaben. Partizipation ist dagegen die Einflussnahme auf das subjektiv Ganze. Partizipation, also Einflussnahme auf das subjektiv Ganze, wird dann als notwendig gesehen, wenn die Einflussnahme nur auf einen Teil nicht erfolgversprechend ist; dann wird, sollte die subjektive Entscheidung dafür fallen, Einfluss auf das Ganze genommen im Sinne von und mit dem Ziel einer Veränderung. Die gestaltende Einflussnahme erfolgt mit dem Ziel, einschränkend erkannte Lebensbedingungen zu überwinden und letztlich wieder zu einer Erhöhung der eigenen Lebensqualität beizutragen. Der Begriff der Partizipation ist also zu reservieren für eine ganz besondere Form des Handelns.

„In Erweiterung des (einfachen) Handelns nimmt Partizipation Einfluss auf das gesellschaftlich oder sozial Ganze: Partizipation will die Wirkung des (einfachen) Handelns vergrößern: Der (versuchte) Einfluss auf das Ganze

---

[25] Autrata 2011, S. 43.

soll Handeln dadurch effektiver machen, dass ein größerer Hebel verwendet wird. "[26]

Dagegen sind Aktivitäten, die lediglich eine Auswahl unter angebotenen Möglichkeiten darstellen, als Teilnahme, Teilhabe oder Beteiligung zu fassen und beziehen sich auf einen Ausschnitt. Teilhabe und Beteiligung bleiben also im Segment des angebotenen Ausschnitts. Die kritische Sichtweise von Menschen auf Beteiligung in solchen Ausschnitten kann aber auch dazu führen, dass die Entscheidung für Partizipation aus solchen Ausschnitten hinaus führt. Für die Soziale Arbeit ist festzuhalten, dass Partizipation als subjektiv offener und kritischer Entscheidungsprozess gegenüber dem Gegebenen über die Arbeitsfelder der Sozialen Arbeit hinausführen kann. In der Folge ist zu thematisieren, ob und inwieweit eine kritische Soziale Arbeit solche kritischen Entscheidungen von Klient_innen unterstützen kann, vielleicht auch, ob sie es will?

5. Gestaltung des Sozialen als Aufgabe kritischer Sozialer Arbeit

Die Frage, was ist und was soll kritische Soziale Arbeit tun, ist also als abgeleitete Frage zu verstehen: Für Menschen, die Klient_innen professioneller Arbeit sind oder, uneingeschränkt gesagt, allgemein für Menschen, stellt sich immer wieder die Aufgabe, Gegebenheiten zu vergleichen, zu bewerten und Handlungen gegenüber dem Gegebenen vornehmen zu müssen oder zu wollen: Kritik bedeutet dann, Lebensbedingungen als Einschränkung zu bewerten, woraus sich dann veränderndes Handeln ergibt. Es wurde vorstehend erläutert, dass für die Soziale Arbeit dabei vor allem Handlungen im Bereich des Sozialen in Frage kommen. Kritische Bewertungen und Handlungen beispielsweise im Bereich der Produktion von Gütern gibt es ebenfalls: Es liegt aber wohl weniger im Aufgabenbereich der Sozialen Arbeit, sich damit zu beschäftigen. Das ist aber wiederum nicht so misszuverstehen, dass das Soziale per se immer nur in der Freizeit angesiedelt ist: Auch in Betrieben und Produktionsstätten gibt es Soziales, also die Widerspiegelung anderer Menschen und Handlungen ihnen gegenüber. Das Soziale und die Bedingungen, in denen sich das Soziale entfaltet, sind es, was als Ausgangspunkt für eine kritische Soziale Arbeit zu sehen ist:

---

[26] Autrata 2013, S. 18.

> *"Demzufolge ist also das Soziale – soziales Handeln und Sozialbeziehungen (...) – insgesamt Gegenstand professioneller Sozialer Arbeit. In diesem Sinne gilt es dann im Kontext der Sozialen Arbeit Menschen zu befähigen, das Soziale so zu gestalten, dass Sozialbeziehungen und soziales Handeln gelingend umgesetzt werden können."*[27]

Ziel dabei ist, Menschen zu befähigen, an der Überwindung von Einschränkungen zu arbeiten, was begrifflich unter verallgemeinerter Handlungsfähigkeit zu fassen wäre.[28]

Zu beachten ist, dass die „Gestaltung des Sozialen" schon in den Titeln verschiedener Bundeskongresse der Sozialen Arbeit seit dem Anfang der 1990er Jahre verwendet wurde. Hamburger meint dazu:

> *„Die ‚Gestaltung des Sozialen' dient dabei als eine Programmformel, die den Anspruchscharakter dieses Unterfangens zum Ausdruck bringt. Diese Formel ist freilich noch so allgemein, dass sie mehr den Gestaltungswillen als Form und Richtung der Entwicklung selbst signalisiert."*[29]

So ist ‚Gestaltung des Sozialen' in diesem Kontext als eine unverbindliche Programmformel zur Konsensbildung zu verstehen, die mit dem Wunsch nach mehr ‚sozialer' Gerechtigkeit verbunden wird. Dagegen hat die harte Forderung, Soziale Arbeit solle sich politisch und vor allem gesellschaftspolitisch betätigen, immer wieder heftigen Widerspruch ausgelöst: Die Forderung, die Soziale Arbeit solle oder müsse ein politisches Mandat haben, wurde ausgesprochen kontrovers diskutiert.[30] ‚Gestaltung des Sozialen' hört sich dagegen ‚milder' an. Eine ironische Sentenz von Prange kann das vielleicht erläutern: „Vermutlich geht man nicht fehl, wenn man alles, was ‚sozial' genannt wird, für irgendwie gut und begrüßenswert hält, während das Gesellschaftliche auf die andere, die bedenkliche und zu beklagende Seite gehört."[31] So wäre eine Programmformel ‚Gestaltung der Gesellschaft' oder gar ‚Umgestaltung der Gesellschaftspolitik' vermutlich in der Abbildung der Zielstellung präziser, aber kaum breit konsensfähig.

---

[27] Scheu 2013, S. 20.
[28] Vgl. Holzkamp 1985, S. 490 ff.
[29] Hamburger 2002, S. 20; Hervorhebung im Original.
[30] Vgl. bspw. Merten (Hrsg.) 2001a.
[31] Prange, zit. nach Merten 2001b, S. 162, FN 4.

Gestaltung des Sozialen wird im vorliegenden Beitrag nicht als vage Willenserklärung verstanden, sondern auf der einen Seite als analytisches Instrument, das das Soziale und sein Gestaltungsmöglichkeiten aufschlüsselt, und auf der anderen Seite als handlungsorientierendes Instrument für professionelle Soziale Arbeit. An- und eingeschlossen sind darin Forschungs- und Theoriebildungsnotwendigkeiten für die Soziale Arbeit als wissenschaftliche Disziplin.

Gestaltung des Sozialen durch eine kritische Soziale Arbeit unterstützt Menschen bei ihrer kritischen Auseinandersetzung mit dem Sozialen. Dabei bezieht sich eine solche Soziale Arbeit auf Voraussetzungen des Sozialen sowie auf soziale Handlungen und Sozialbeziehungen. Subjektives Ziel von Menschen ist immer die Beibehaltung oder Erhöhung der eigenen Lebensqualität. Menschen sind nicht Opfer ihrer Lebenssituation, sondern handelnde kritische Subjekte, die gezielt und gestaltend sich mit ihrer Umwelt auseinandersetzen können. Sie können über Partizipation das Soziale so gestalten, dass eine gemeinsame Erhöhung der Lebensqualität im Sozialen entsteht.

Für den Aspekt der Partizipation kann man sagen:

„Eine Schwerpunktsetzung der Sozialen Arbeit auf eine wissenschaftliche und professionelle Auseinandersetzung mit Partizipation kann damit zweierlei anstoßen: Die Soziale Arbeit gewinnt eine inhaltliche Ausrichtung, die ihr innovatives Potential und (weitgehende) Alleinstellung sichert. Die Förderung von Partizipation hat damit eine institutionelle Rückbindung, die es ermöglichen kann, dass die Partizipation von Menschen tatsächlich ihr Potential ausschöpfen kann: Verallgemeinerte Partizipation ermöglicht, für das Soziale gesagt, eine gemeinsame und solidarische Erhöhung der Lebensqualität und die Gestaltung des Sozialen, die wiederum von expansiven Sozialbeziehungen getragen wird. Im Ausblick auf eine zukünftige Soziale Arbeit lässt sich sagen: „In der Praxis der professionellen Sozialen Arbeit wird die Beschäftigung mit der Subjektivität von Menschen zu vertiefen sein. Subjektive Handlungsgründe sind im Rahmen einer intersubjektiven Beziehung zwischen Professionellen und Klient_innen auszuloten, was wiederum den Ausgangspunkt für eine gezielte und qualifizierte Förderung von verallgemeinerter Partizipation schafft."[32]

Die Überlegung, dass es Aufgabe einer kritischen Sozialen Arbeit ist, Menschen bei ihren Bemühungen um das Soziale wie auch zur Realisierung von Partizipa-

---

[32] Scheu 2013, S. 23.

tion zu unterstützen, machen nicht an den Grenzen der geläufigen Arbeitsfelder der Sozialen Arbeit halt.

„Deutlich ist (...), dass das soziale Leben der Menschen nicht nur in den bisherigen Arbeitsfeldern der Sozialen Arbeit stattfindet: Auch außerhalb von Heimen, Beratungsstellen oder Jugendhäusern wird sozial gehandelt und werden Sozialbeziehungen aufgebaut. Auch da gilt, dass es die Differenz zwischen defensiven und expansiven Sozialbeziehungen gibt und dass Partizipation restriktiv oder verallgemeinert ausfallen kann. Sozialbeziehungen und Partizipation sind nicht ohne handelnde Subjekte zu denken: Es sind die Menschen, die sie realisieren."[33]

Insofern sich Soziale Arbeit mit Menschen und ihren kritischen Entscheidungen gegenüber der Welt, in der sie leben, beschäftigt, sind die geläufigen Arbeitsfelder der Sozialen Arbeit zwar eingeführte Größen: Das heißt aber nicht, dass damit abschließend und für alle Zeit die Soziale Arbeit in ihrer Tätigkeit präformiert ist. Vielmehr gibt es durchaus Anlass, auch Optionen für eine Öffnung und Erweiterung der üblichen Arbeitsfelder zu prüfen.

Die Frage der Arbeitsfelder für eine kritische Soziale Arbeit ist also als offen zu betrachten: Bestehende Arbeitsfelder haben ihren Sinn, können wichtige Unterstützungsangebote machen; auf der anderen Seite sind neue Arbeitsfelder zwar nicht leicht durchzusetzen, aber eine Denkmöglichkeit. Wenn man die Geschichte der Sozialen Arbeit wie auch der Sozialpädagogik und Sozialarbeit betrachtet, sind da immer wieder Erweiterungen der Handlungsfelder feststellbar.[34]

Gleich bleibt dagegen in alten und möglichen neuen Arbeitsfeldern der Sozialen Arbeit die ‚Rollenverteilung' zwischen professionellen Mitarbeiter_innen und – allgemein gesagt – den Menschen, die sie betreuen und unterstützen. Kritisches Denken und Handeln kann nicht stellvertretend realisiert werden. Für kritisches Denken und Handeln – sei es gegenüber dem Sozialen oder nicht – kann es nur eine leitende Instanz geben: Das sind die Subjekte. Nur sie sind in der Lage, Vergleichs-, Bewertungs- und Entscheidungsprozesse durchzuführen, die die eigene Lebensqualität berücksichtigen. Das heißt nicht, dass dabei nicht auch Täuschungen über die eigene Situation oder fehlerhafte Einschätzungen denkbar sind. Kritisches Denken und Handeln kann aber nur vom Subjektstand-

---

[33] Scheu/Autrata 2011, S. 288.
[34] Vgl. bspw. Hering/Münchmeier 2003.

punkt aus erfolgen: Solche Entscheidungen sind nicht von einem Außenstandpunkt aus möglich. Daraus resultiert die Aufgabenformulierung für eine kritische Soziale Arbeit: Eine Begleitung, Unterstützung und Qualifizierung kritischen Denkens und Handelns kann die Soziale Arbeit für das Soziale gewährleisten. Die Soziale Arbeit benötigt damit für ihre Qualität, kritisch zu sein, einen klaren Subjektbezug.

Eine kritische Soziale Arbeit braucht, das ist zu unterstreichen, beides: Eine fundierte gesellschaftskritische Grundlage und einen klaren Subjektbezug. Sie muss zwar darlegen, dass Not- und Problemlagen von Menschen einen gesellschaftlich vermittelten Bezug haben, aber sie muss auch darlegen, dass die Überwindung dieser Not- und Problemlagen einer Veränderung gesellschaftlicher Bedingungen durch die Subjekte bedarf. Menschen müssen dazu ihren Lebenskontext als Einschränkung erkennen. Kritisches Handeln – auch in der Sozialen Arbeit – ist daher nie reibungslos, aber die ‚Reibungen' weisen auch auf die zu überwindenden Missstände hin.

Literatur

Anhorn, Roland/Bettinger, Frank/Horlacher, Cornelis/Rathgeb, Kerstin (2012): Zur Einführung: Kristallisationspunkte kritischer Sozialer Arbeit. In: Anhorn, Roland/Bettinger, Frank/Horlacher, Cornelis/Rathgeb, Kerstin (Hrsg.): Kritik der Sozialen Arbeit – kritische Soziale Arbeit, Wiesbaden, S. 1-23.

Autrata, Otger (2011): Was ist das Soziale? Kritische Betrachtung und neue Theorie. In: *Sozial Extra* 5/6, S. 42-45.

Autrata, Otger (2013): Was ist eigentlich Partizipation? Bestandsaufnahme und neue Theorie.In: *Sozial Extra* 3/4, S. 16-19.

Autrata, Otger/Scheu, Bringfriede (2015): Theorie Sozialer Arbeit verstehen. Ein Vademecum. Wiesbaden.

Carnap, Rudolf (1959): Induktive Logik und Wahrscheinlichkeit, bearb. von Stegmüller, Wolfgang. Wien.

Hamburger, Franz (2002): Gestaltung des Sozialen – eine Herausforderung für Europa. In: Hamburger, Franz/Eggert, Annelinde/Heinen, Angelika/Luckas, Helga/May, Michael/Müller, Heinz (Hrsg.): Gestaltung des Sozialen – eine Herausforderung für Europa. Opladen, S. 20-34.

Hering, Sabine/Münchmeier, Richard (2003): Geschichte der Sozialen Arbeit. Eine Einführung. Weinheim/München, 2. Aufl.

Holzkamp, Klaus (1985): Grundlegung der Psychologie. Frankfurt/M./New York 1985, Studienausgabe.

Holzkamp, Klaus (2001): Kritik der Vereinnahmung oder Vereinnahmung der Kritik? Anmerkungen zum ‚kritischen' Selbstverständnis des Intellektuellen. In: *Forum Kritische Psychologie*, 43, S. 163-168.

Hosemann, Wilfried/Geiling, Wolfgang (2013): Einführung in die Systemische Soziale Arbeit. München/Basel.

Krieger, Wolfgang (2010): Systemische Ansätze im Überblick und ihre Anwendung in der Sozialen Arbeit. In: Ders. (Hrsg.): Systemische Impulse. Stuttgart: ibidem, S. 25-70.

Lawick-Goodall, Jane van (1971): Wilde Schimpansen. 10 Jahre Verhaltensforschung am Gombe-Strom. Reinbek bei Hamburg.

Markard, Morus (2012): Kritische Psychologie In: Anhorn, Roland/Bettinger, Frank/Horlacher, Cornelis/Rathgeb, Kerstin (Hrsg.): Kritik der Sozialen Arbeit – kritische Soziale Arbeit. Wiesbaden, S. 379-398.

Merten, Roland (Hrsg.) (2001a): Hat Soziale Arbeit ein politisches Mandat? Positionen zu einem strittigen Thema. Opladen.

Merten, Roland (2001b): Soziale Arbeit: Politikfähigkeit durch Professionalität (2001). In: Ders. (Hrsg.): Hat Soziale Arbeit ein politisches Mandat? Positionen zu einem strittigen Thema. Opladen, S. 159-178.

Müller, Falko (2012): Von der Kritik der Hilfe zur ‚Hilfreichen Kontrolle'. Der Mythos von Hilfe und Kontrolle zwischen Parteilichkeit und Legitimation. In: Anhorn, Roland/Bettinger, Frank/Horlacher, Cornelis/Rathgeb, Kerstin (Hrsg.): Kritik der Sozialen Arbeit – kritische Soziale Arbeit. Wiesbaden, S. 123-146.

Scherr, Albert (2012): Reflexive Kritik. Über Gewissheiten und Schwierigkeiten kritischer Theorie, auch in der Sozialen Arbeit. In: Anhorn, Roland/Bettinger, Frank/Horlacher, Cornelis/Rathgeb, Kerstin (Hrsg.): Kritik der Sozialen Arbeit – kritische Soziale Arbeit. Wiesbaden, S. 107-121.

Scheu, Bringfriede (2011): Das Soziale und die Soziale Arbeit. Gestaltung des Sozialen als Grundlegung. In: *Sozial Extra* 5/6, S. 46-49.

Scheu, Bringfriede (2013): Partizipation und Soziale Arbeit. Gestaltung des Sozialen als Denkprinzip. In: *Sozial Extra* 3/4, S. 20-23.

Scheu, Bringfriede/Autrata, Otger (2011): Theorie Sozialer Arbeit. Gestaltung des Sozialen als Grundlage. Wiesbaden.

Scheu, Bringfriede/Autrata, Otger (2013): Partizipation und Soziale Arbeit. Einflussnahme auf das subjektiv Ganze. Wiesbaden.

Scheu, Bringfriede/Autrata, Otger (2017): Die Soziale Arbeit und das Soziale. Bestandsaufnahme und Perspektivbildung. Wiesbaden (in Vorbereitung).

Zimmermann, Waldemar (1948): Das ‚Soziale' im geschichtlichen Sinn- und Begriffswandel (1948). In: Geck, L.H. Adolph/Kempski, Jürgen v./Meuter, Hanna: Studien zur Soziologie. Festgabe für Leopold v. Wiese aus Anlaß der Vollendung seines 70. Lebensjahres, dargeboten von Schülern, Kollegen und Freunden. I. Band, Mainz, S. 173-191.

Wilfried Hosemann

Ökologie der Kritik

Zu den ökologischen und ökonomischen Grundlagen der Kritik in der Sozialen Arbeit

Der ökologische, systemische Ansatz gibt Hinweise, wie soziale Erfahrungen, Organisationen der Sozialen Arbeit und gesellschaftliche Entwicklungen im Zusammenhang analysiert werden können. Gregory Bateson hat in der "Ökologie des Geistes" grundlegende Arbeiten zur Bestimmung ökologischer Prozesse geleistet.[1] Seine Analysen über unsere Art zu denken, gerade bei sozialen und ökologischen Krisen, werden hier genutzt und in Bezug gesetzt zu den ökonomischen Analysen von Thomas Piketty. Sie beschreiben soziale Entwicklungen und selbstverstärkende Prozesse im Kapitalismus, die soziale Ungleichheiten steigern und soziale Flexibilität verringern.

1. Kritik als Ausgangspunkt in der Sozialen Arbeit

Seitdem sich professionelle Soziale Arbeit kritisch mit dem Verhalten ihrer Adressaten auseinandersetzt, hat sie auch begonnen, sich zu sozialen Verhältnissen zu äußern.

> *"Und die Gesamtheit trägt die Schuld für alle Ungerechtigkeit, Selbstsucht, Rücksichtslosigkeit, die sie im sozialen Kampf zugelassen hat. Sie muß die*

---

[1] Bateson inspirierte nicht nur die berühmte Forschergruppe in Palo Alto mit Paul Watzlawick, Virginia Satir u. a. für ihren weltweiten Einfluss auf die Entwicklung des systemischen und familientherapeutischen Denkens, sondern er nahm auch über eine Erklärung der Universität Hawaii direkten Einfluss auf den Senat des Staates Hawaii, ein Amt zur Kontrolle der Umweltqualität einzurichten (Vgl. Bateson 1981, S. 627).

Schäden, die daraus entstanden, gutmachen, die Leiden der Opfer zu beseitigen versuchen.[2]

Der Blick auf die Tradition der Kritik in der Sozialen Arbeit macht die Erfolge bei den zahlreichen sozialpolitischen Errungenschaften und der Etablierung der Profession deutlich, anderseits lösen die aktuell beobachtbaren Verhältnisse massive Zweifel an der Sinnhaftigkeit von Kritik aus. Nassehi[3] hat auf die prinzipiellen Voraussetzungen von Kritik hingewiesen: Es muss sich etwas verändern können und wer sich nicht wie ein Hund benehmen will, der den Mond anbellt, sollte darauf achten, was er wem zurechnet und mit welchen Kausalitäten er argumentiert. Nun sind soziale Verhältnisse, wie Nassehi betont, von einer derartigen Komplexität geprägt, dass sich Verzagtheit einstellen könnte gegenüber der Aufgabe, angemessene Perspektiven und relevante Ausschnitte zu finden. Zudem ist zu berücksichtigen: Die vorgebrachte Kritik der Sozialen Arbeit an den gesellschaftlichen Verhältnissen ist Teil des Kritisierten, der Gesellschaft, der sozialen Prozesse und nicht zuletzt Teil der Sozialen Arbeit. Von diesem Punkt an wird deutlich, kritische Perspektiven in der Sozialen Arbeit sind auf kybernetische Grundlagen angewiesen. Das heißt, wer mit Hilfe von Kritik soziale und gesellschaftliche Alternativen entwirft, lässt sich auf Felder von Wechselwirkungen ein, denen er selbst angehört.

Als Instrument um kritische Perspektiven zu entwickeln, wird hier der Analyse *der Form*[4] der Vorzug gegeben – und nicht der Darstellung von wünschenswerten Inhalten oder zu bemängelnden Ideen. Analyse und Kritik gehen im Idealfall ineinander über – wenn es gelingt, den inneren Kern der Zusammenhänge aufzuzeigen. Die Analyse der Form (des Denkens, Handelns und wie beides zusammenspielt) kann zeigen, wie *immanente Strukturen* Wirkungen erzielen, wieso sich gute Absichten in ihr Gegenteil verkehren. Dies entspricht den systemtheoretischen Grundlagen, die auf die Beobachtung von Wirkungen ausgelegt sind. In meiner systemtheoretisch inspirierten Familientherapieausbildung wurde auf Virginia Satir verwiesen und gelehrt: Forget the content!

Das Ziel dieses Beitrages ist es, Voraussetzungen für eine Verschränkung systemischer mit kritischen Perspektiven herauszuarbeiten. Dabei werden Analyseformen von Bateson vorgestellt und Korrespondenzen zu Pikettys Beschreibungen ökonomischer Prozesse genutzt. Letztlich sollen diese ökologisch-

---

[2] Alice Salomon 1930h, S. 532, zitiert nach C. Kuhlmann 2000, S. 223.
[3] Nasssehi 2015.
[4] Vgl. dazu Christoph Menke (2015): Kritik der Rechte, S. 11.

systemischen Perspektiven das kritische Reflexions- und Handlungspotenzial der Sozialen Arbeit erweitern.

2. Batesons ökologische Kritik

Das Denken Batesons, wie es in "Ökologie des Geistes" (1981) vorgestellt wird, speist sich aus einer zutiefst kritischen Haltung gegenüber den kulturellen, erkenntnistheoretischen und sozialen Grundlagen der westlichen Gesellschaften. Seine Hoffnungen richteten sich auf Möglichkeiten, durch die Anwendung von Kybernetik die Risiken unseres Verhaltens nachvollziehbar zu machen und umzusteuern. Bateson geht scharf mit den Ideen ins Gericht, die unsere Zivilisation beherrschen, und wirft ihnen vor, aus Zeiten der Industriellen Revolution zu stammen. Solche Ideen oder Überzeugungen sind:

"(a) Es geht um uns *gegen* die Umwelt.

(b) Es geht um uns *gegen* andere Menschen.

(c) Es kommt auf das Individuum (oder die individuelle Gesellschaft, oder die individuelle Nation) an.

(d) Wir *können* eine einseitige Kontrolle über die Umgebung ausüben und müssen nach dieser Kontrolle streben.

(e) Wir leben innerhalb einer unendlich expandierenden >Grenze<.

(f) Der ökonomische Determinismus ist *Common sense*.

(g) Die Technologie wird es für uns schon machen."[5]

Was versteht Bateson demgegenüber unter einem ökologischen Ansatz?[6] Die Minimalanforderungen an ökologische Systeme sind: Sie arbeiten auf der Grundlage von Unterscheidungen. Im Gegensatz zu physikalischen Prozessen werden viele Ereignisse innerhalb des Systems eher durch den reagierenden Teil als durch den Einfluss auslösenden Teil angeregt – nicht die Energie, sondern der im System erstellte Unterschied bestimmt die Aktion. Sie bestehen aus Schleifen und Netzen, auf denen Umwandlungen von Unterschieden übertragen werden. Für ökologische Systeme gilt der Grundsatz, dass die Einheit des Überlebens aus *Umwelt* plus *Organismus* gebildet wird. Entsprechend lenkt Bateson

---

[5] Bateson 1981, S. 631.
[6] Vgl. die Definition von Bateson 1981, S. 621: "Ökologie im weitesten Sinne erweist sich als die Untersuchung der Interaktion und des Überlebens von Ideen und Programmen (d.h. Unterschieden, Komplexen von Unterschieden usw.) in Kreisläufen."

die Aufmerksamkeit auf die Beziehungen zwischen den Systemen, die Merkmale der Übergänge und auf den Aspekt, welche Effekte aus den Rückwirkungen beobachtet werden können.

Nassehis Appell, mit Kritik stärker an der Struktur der Gesellschaft anzusetzen, so dass die Übergänge zwischen sozialen Systemen in den Focus geraten[7], lässt sich mit Hilfe von Batesons Analysemustern umsetzen.

2.1 Unterscheidungen

In der Geschichte von den konkurrierenden Fürsten, die damit prahlen, immer noch bessere Karten ihrer Territorien herstellen zu lassen, werden die Maßstäbe beginnend bei 1 : 10 000 immer weiter herunter geschraubt, bis einer behauptet, seine Kartographen würden an einer Karte 1 : 1 arbeiten. Da wird es absurd, da (a) dieses Land unter der Karte existieren müsste, es (b) schwer wäre, die Veränderungen unterhalb der Karte ohne Zeitverzug nach oben auf die Karte zu melden und (c) die Unterscheidung zwischen oberhalb und unterhalb der Karte ja auch selbst abgebildet werden müsste. Man stelle sich mal vor, eine Kleinfamilie würde ihr Leben in der Familienberatung eins zu eins darstellen wollen. Wenn die Mutter im Rahmen einer 40-Stunden Woche beginnt, ihre ersten 30 Jahre zu erzählen, wird das nichts mehr mit ihrer Beratung, weil sie in jeder Woche weniger erzählen kann, als sie neu erlebt. "Vollständigkeit bei der Abbildung" geht also nicht. Wir sind auf geordnete Repräsentationen angewiesen, die auf der Darstellung von jenen Unterschieden aufbauen, die der Kartenersteller für relevant hält. Der Sammelname hierfür soll "Karte" sein. Wir arbeiten alle ständig mit Karten. Aus dieser Voraussetzung gibt es kein Entkommen. Wir nutzen Karten so selbstverständlich, dass wir ihren Gebrauch nicht mehr wahrnehmen und häufig die damit verbundenen Schwierigkeiten ausblenden.

Dabei ist klar: Das Territorium befindet sich nicht in der Karte und entsprechend formuliert Korzybski: Die Karte ist nicht die Landschaft. Die alles entscheidende Frage lautet: „Was vom Territorium gelangt in die Karte?"[8] Was von den Wahrnehmungen, Erlebnissen, Begierden, Motiven, Interessen gelangt in die Karten, an denen wir uns orientieren? Auf welchen Grundlagen erstellen wir professionelle Karten, die unsere Interpretationen konzeptionell und im Berufsalltag leiten?

---

[7] Vgl. Nassehi 2015.
[8] Bateson 1981, S. 580.

Batesons Hinweis ist: In den Karten finden sich Unterschiede wieder – ein Begriff, der auf "das Dazwischen" aufmerksam macht und kontextbezogen zu verwenden ist. Für die Einen sind die Differenzen von materiellen Ressourcen bedeutend, die Anderen treffen ihre Unterscheidungen entlang normativer Werte, sozialer Erwartungen, Verabredungen usw., ähnlich wie in Landkarten sehr unterschiedliche Kriterien verwandt werden können (Höhenlinien, Entfernungen, geographische oder ökonomische Größen). Soziale Karten müssen erstellt werden und sind dabei kultur- und kontextbezogen. Sie verändern sich nicht nur aufgrund der Veränderungen ihrer Bezugsgrößen, sondern auch, weil die Erwartungen, Ziele und Motive ihrer Ersteller sich wandeln. Soziale Arbeit benutzt Karten, erstellt Karten für den eigenen Gebrauch, entwickelt mit Klienten Karten (im Dialog, kontrovers oder im Konsens) und erstellt für andere gesellschaftliche Akteure Karten. Die Soziale Arbeit gehört zu den großen "sozialen Kartenerstellern" in unserer Gesellschaft, deren Herausforderung darin besteht, zu entscheiden, welche Unterschiede sie zu Grunde legt und welche sie bearbeiten will.

Weil wir aktiv mit professionellen Karten unterwegs sind, verändert sich die Landschaft, die wir erkunden (die Lebenswelt, der gesellschaftliche Zusammenhang). Wir sind Teil der Karte, die die Landschaft erstehen lässt, die vor unseren Augen und Überzeugungen auftaucht – und haben das Problem der Anschlussfähigkeit unserer Karten an die Karten anderer Akteure. Wir treffen auf fremde Kartenleser und müssen fremde Karten entschlüsseln. Zum Beispiel wird ein Konflikt in angemessener Weise ethnisiert, oder sollte er besser de-ethnisiert werden? Wie gehen Polizisten, Mediziner, Journalisten oder Politiker mit dem Konflikt um?[9] Die Forderung von Nassehi nach neuen Formen der Kritik bezieht sich auf die Frage nach der Gestaltung wirksamer Übersetzungen.

2.2 Beziehungen und ihre Kreisläufe

Menschliches Leben ist soziales Leben. Auf Rückkopplungen und Wechselwirkungen zu achten, ist für ökologische, systemische Ansätze kein (!) methodischer Hinweis, sondern ein Strukturmerkmal ihres Theorieaufbaues. Über Rückkopplungen fließen ständig Anregungen und Irritationen in den Kommuni-

---

[9] Nicht zufällig landen wir bei der von Nassehi aufgeworfenen Frage der Übersetzung beim Thema Kritik. Mit Ansprüchen versehene Karten setzen sich wechselseitig in ein Verhältnis der Kritik.

kationsprozess hinein und werden zu "Informationen" umgewandelt. Das bezieht sich auch ausdrücklich auf die Ideen und Werte, die Einzelne und soziale Systeme leiten.

Die Gestaltung von Rückmeldungen bildet *eine* der Grundlagen der Beratungstätigkeit in der Sozialen Arbeit. Der von Bateson inspirierte Theorieansatz wird hier sehr ertragreich, weil er zu Konzepten wie (struktureller) Kopplung führt und diese das enge Korsett einer therapeutischen Interventionstheorie sprengen. Die sich daraus ableitenden Handlungsstrategien wie „Selbstverstärkende Rückmeldungen", „Unterbrechungen", „soziales Driften"[10] können auch von Organisationen genutzt werden.

Für die Beobachtung der Rückkopplungen des eigenen Verhaltens ist für Bateson nicht nur die Differenz von Bekommen/Nicht-Bekommen von Bedeutung. Zum einen stellt er heraus, dass in sozialen Systemen auch die Nicht-Rückmeldung (die nicht gegebene Antwort, die nicht eingereichte Steuererklärung) eine Information und ein Anlass für Aktivitäten sein kann. Darüber hinaus ist für ihn aber auch die *Qualität der Reaktion* von wesentlicher Bedeutung. Er verdeutlicht dies an folgendem Beispiel:

> *"Wenn Sie Ihrem Jungen etwas versprechen und Ihr Wort nicht halten, indem Sie das Ganze auf eine hohe ethische Ebene bringen, dann werden Sie wahrscheinlich feststellen, daß er nicht nur sehr wütend auf sie ist, sondern auch, daß sich seine moralischen Haltungen verschlechtern, solange er die unfairen Hiebe dessen fühlt, was Sie ihm antun."*[11]

Sein Blick richtet sich auf die nachhaltige Destruktion moralisch basierter Vorstellungen und dabei insbesondere auf die Folgen für einen selbst und nicht nur für die Adressaten des Handelns. Dies ist der eigentliche Clou des ökologischen Ansatzes. Mit Kritik setzt Soziale Arbeit sich ins *Verhältnis* zu den kritisierten Verhalten, Prozessen und Verhältnissen – kurz zusammengefasst: zu den Kritisierten. Das schafft für die Soziale Arbeit eine besondere Dynamik, da der Ressourcentransfer und die strukturellen Kopplungen der Sozialen Arbeit auf die politischen, juristischen und öffentlichen Funktionsbereiche der Gesellschaft angewiesen sind. Ebenso folgenreich ist die kritische Perspektive als Rückkopplung für die Soziale Arbeit und ihre Mitarbeiter. Für Ansätze, die die Persön-

---

[10] Vgl. Hosemann/Geiling 2013.
[11] Bateson 1981, S. 607.

lichkeit der Mitarbeiter als zentrale Ressource (Stichwort Haltungen) begreifen, läuft Kritik immer auch auf eine Kritik an der Person hinaus.

2.3 Einheit und Richtung der Veränderungen

Für Bateson war die Einheit der Veränderung zentral. Hier sollen drei Aspekte seiner Hinweise genutzt werden: die Zeitdimension, die Einheit der Beobachtung, die Voreinstellungen.

Die Zeitdimension: "Die Väter aßen saure Trauben, die Kinder bekamen stumpfe Zähne." Mit diesem biblischen Bild thematisierte Bateson, dass in ökologische und soziale Strukturen eingelassene Entscheidungen zu Folgen über Generationen hinweg führen. Dieser Zeitdimension von Effekten galt sein Augenmerk. Kurzfristige Erfolge und langfristige Spätfolgen veranschaulichte er an meeresbiologischen Untersuchungen und den Klimafolgen, ebenso wie an den Konflikten junger Leute mit den Vertretern des Establishments.

Die Einheit der Beobachtung: Lebensfähige Einheiten umfassen immer den Organismus *plus* Umwelt. Die Beobachtung von diesen hochrelevanten Zusammenhängen entsteht nicht "automatisch", sondern diese Relationen von Organismus plus Umwelt müssen konturiert und beschrieben werden. Sie müssen zu einer Einheit der Beobachtung zusammengeführt werden. So wird die Beobachtung der Frage, welchen Gruppen wird die soziale Anerkennung ihrer berechtigten Forderungen vorenthalten, erst durch die Frage vollständig, was kennzeichnet genau diese Beziehungen? Die Bedeutung dieses Vorgehens kann an einem Beispiel über die Benachteiligung von Frauen im Erwerbsleben veranschaulicht werden. Auf der Basis von 1500 Studien zum Lohngefälle zwischen Männern und Frauen in 63 Ländern kommen Doris Weichselbaumer und Rudolf Winter-Ebner zum Schluss, dass es rund 60 Jahre dauern wird, bis das Gefälle, das auf Diskriminierung (und nicht auf verbesserte Arbeitsmarktvoraussetzungen von Frauen) zurückzuführen ist, "um etwa 10 Prozentpunkte verringert wäre"[12]. Die statistische und die normative Bewertung geben noch keinen Aufschluss darüber, welche sozialen Einheiten eine solche Stabilität erzeugen, sondern die Frage bleibt, was kennzeichnet die Beziehungen, die diesem langsamen Abbau von Diskriminierung zu Grunde liegen?

---

[12] Vgl. Atkinson 2016, S. 57.

Die Voreinstellungen von Systemen. Für individuelle, organisationsbezogene oder institutionelle Handlungs- und Lernprozesse sind Voreinstellungen leitend – ohne sie läuft nichts.[13] Von welchen Unterschieden wird ausgegangen, über welche Kopplungen laufen kontinuierlich Austauschprozesse? Welche Veränderungsmöglichkeiten sind in den Vorgaben eingebettet? Ökologische Interpretationen betreffen die soziale Flexibilität und die Reflexivität der Steuerungsinstanzen. Die Fragen lassen sich leicht in aktuellen Auseinandersetzungen wiederfinden: Was bedeutet Fähigkeit zur Selbsthilfe? Was ist ein selbstbestimmtes Leben? Wie viel Anspruch auf Kultur steckt in SGB VIII-Sätzen? Wer ist ein Flüchtling und was heißt das? Soziale Arbeit generiert soziale "Einheiten der Veränderungen" – zum Beispiel Frühförderung. Dabei bedient sie sich unterschiedlicher Ideen, wie die Beziehungen zu Adressaten und Klienten zu verstehen sind[14], wo gesellschaftliche Konfliktfelder sind und über welche Chancen sie verfügen, soziale Prozesse zu beeinflussen.[15]

Im Folgenden soll den dynamischen Prozessen in der Ökonomie nachgegangen werden. Die Relationen zu volkswirtschaftlichen Bedingungen sind für die Soziale Arbeit grundlegender Art: Sie ist auf deren Ressourcenerstellung angewiesen, die empirischen Untersuchungen von Wilkinson/Picket[16] zeigen, dass die Ungleichverteilung von Einkommen und Chancen zu sozialen Problemen führt und die soziale Wirklichkeit vieler KlientInnengruppen hängt von Transferleistungen ab, auf deren Legitimation und Gestaltung die Soziale Arbeit Einfluss hat. Für die Forschungsarbeiten von Thomas Piketty spricht, dass sie relational und dynamisch ausgelegt sind und sich an der Frage orientieren: Welche Beziehungen führen zu welchen Entwicklungen?

---

[13] Soziale Arbeit kann als eine gesellschaftlich ausdifferenzierte Kommunikationsform beschrieben werden, die sich durch ihre Voreinstellung von anderen unterscheidet (z.B. Bildung, Gesundheit, Politik).

[14] Mir wurde z. B. mal erklärt, Arme zu unterstützen, bedeutet Krokodile zu füttern.

[15] Vgl. für den gesellschaftlichen Diskurs die Vorstellungen über Gleichheit. Rosanvallon (2013) analysiert Gleichheitsvorstellungen und argumentiert, um: "eine Neuauflage ambitionierter Umverteilungsprojekte zu ermöglichen, muss zuvor diese Beziehungsgleichheit begründet und ins Zentrum des politischen Handelns gestellt werden." (Rosanvallon 2013, S. 350).

[16] Wilkinson/Picket 2010.

3. Zur Dynamik von Vermögen und Einkommen und der Struktur der Ungleichheit

Thomas Piketty (2014) hat mit seinen Untersuchungen „*Das Kapital im 21. Jahrhundert*" eine empirisch fundierte Kritik an der orthodoxen volkswirtschaftlichen Lehrmeinung vorgelegt, dass in funktionierenden Märkten letztlich alle vom ökonomischen Wachstum profitieren. Auf der Basis von internationalen und langfristigen Daten zeigt er, dass wir uns bei der Ungleichverteilung von Einkommen und Vermögen zu Beginn des 21. Jahrhunderts auf ähnlich strukturierte Situationen hinbewegen, wie im ausgehenden 19. Jahrhundert. Piketty[17] nimmt keine linear determinierten Verläufe an und betont ausdrücklich die Möglichkeiten der Einflussnahme durch politische Entscheidungen und wertsetzende Vorstellungen - in der Sprache von Bateson, von Ideen. Welche wechselseitigen Beziehungen liegen seinen Untersuchungen zu Grunde?

Piketty analysiert zunächst die *Entwicklung des nationalen Kapitals* in Europa. So war der Wert des Kapitalbestandes bis 1910 beim Siebenfachen des Nettonationaleinkommens[18]. Aufgrund des 1. und des 2. Weltkrieges und der Weltwirtschaftskrise dazwischen kam es zu massiven Entwertungen, so dass bis in die 1950er Jahre der Kapitalbesitz nur noch das Zwei bzw. Dreifache des Nettonationaleinkommens ausmachte. Seit den 1960er Jahren liegt er in Deutschland wieder beim Vierfachen (in Frankreich beim knapp Sechsfachen). In Zukunft wird wahrscheinlich der Anteil des Kapitals – und damit der Anspruch auf einen Teil des Nationaleinkommens – weiter wachsen. Für 1975 beziffert Piketty den Anteil der Kapitaleinkommen am Nationaleinkommen der reichen Länder zwischen 15 und 25%, für 2010 bereits zwischen 25 und 35%. Die Entwicklungen in den USA zeigen auch für Europa das Risiko, dass es aufgrund selbstverstärkender Prozesse wieder zur extremen Ungleichheit der Vermögensverteilung wie vor dem 1. Weltkrieg kommt.

Für Piketty enthält der Kapitalismus eine Tendenz zur Verstärkung *ökonomischer Ungleichheiten*. Der Kapitalismus erzeugt immer dann systemimmanent Ungleichheiten, wenn die *Kapitalrendite (r)* dauerhaft höher liegt als die *Wachstumsrate von Produktion und Einkommen (g)*. Die Kurzformel dafür heißt bei

---

[17] Piketty 2014, S. 57.
[18] Piketty geht vom Nationaleinkommen aus, das er aus der Nettoinlandsproduktion und dem Nettoeinkommen aus dem Ausland bildet. Kapital ist für Piketty die Summe aus schuldenfreien Immobilien, Geld und gewerblichen Vermögen.

Piketty r > g. Logisch einsichtig wie empirisch nachvollziehbar ist: Wenn die Kapitalerträge über längere Zeiträume hinweg über der Wachstumsrate der Wirtschaft liegen, verschieben sich die verfügbaren Erträge des Volksvermögens zu Gunsten des Kapitals. Liegen die jährlichen Kapitalerträge bei 3-5 % und die jährliche Wachstumsrate zwischen 1-2 %, wird der Anteil der Kapitalerträge am jährlichen Nationaleinkommen immer größer. Entsprechend fasst Piketty zusammen[19]: Der Prozess der Akkumulation und der Verteilung der Vermögen birgt starke Kräfte in Richtung auf sehr große Ungleichheit der Vermögen und der Einkommen.

Die in politischen Auseinandersetzungen immer wieder ins Spiel gebrachte Formel von dem *Wachstum als Lösung* trägt leider nicht. Denn aus der Perspektive langer Zeitreihen und kontinentaler Vergleiche, wie Piketty sie nutzt, sind diese Hoffnungen nicht zu belegen. "Das Wachstum der weltweiten Produktion sinkt bereits und liegt zwischen 1990 und 2012 leicht unter 3,5 % trotz des sehr starken Wachstums in den Schwellenländern, insbesondere in China".[20] Das langfristige Wirtschaftswachstum der Gesellschaften wird sich nach seinen Szenarien auf 1,5 % reduzieren. Dies bedeutet, dass die Diskussion über eine Postwachstumsgesellschaft rational geboten und der Aufbau entsprechender Diskurse notwendig ist.

Vor allem sind die Konsequenzen der *wachsenden Ungleichheit von Kapitalbesitz und Einkommen* folgenreich. Die Kapitaleinkommen sind bedeutend ungleicher verteilt als Arbeitseinkommen und in Deutschland ist der Unterschied besonders hoch. Für Europa (Mittelstarke Ungleichheit) legt Piketty folgende Zahlen vor[21]: Die reichsten 10% verfügen über 60% des Kapitalbesitzes, demgegenüber verfügen die ärmsten 50% der Bevölkerung nur über 5%. Auch die Differenz zwischen dem reichsten 1 % mit 25 % und den 40%, die die Mittelschicht ausmachen mit 35%, ist eindrucksvoll.[22] Die von Piketty analysierten Tendenzen werden von anderen Beobachtern bestätigt. Oxfam: „2015 besaßen 62 Einzelpersonen (davon 53 Männer) genauso viel wie die ärmere Hälfte der Weltbevölkerung, das heißt rund 3,6 Milliarden Menschen."[23] Spiegel Online

---

[19] Vgl. Piketty 2014, S. 47.
[20] Ebenda, S. 141.
[21] Ebenda, S. 327.
[22] Die statistischen Daten im Hinblick auf das oberste 1% der Vermögenden sind mit großen Unsicherheiten behaftet, weil sie (a) in Deutschland statistisch nicht erfasst werden und (b) nicht genau zu sagen ist, wie viel Vermögen in Steueroasen angelegt ist.
[23] Vgl. Oxfam 2016, S. 2, im Jahr 2010 waren es noch 388.

meldet für Deutschland: "Um es unter die 100 reichsten Deutschen zu schaffen, war 2015 erstmals ein Vermögen von 1,5 Milliarden Euro nötig. 2005 hatten noch 800 Millionen genügt."[24] Stiglitz analysiert vor dem "Ein-Prozent-Problem" die soziale Ungleichheit in den USA.[25]

Bei der *Steigerung der Einkommensunterschiede* weist Piketty[26] u.a. auf die sozialen Folgen hin, wenn z.b. in Amerika zwischen 1990 und 2010 der Anstieg der sehr hohen Einkommen, des obersten Tausendstels, wieder zu einer Einkommensungleichheit wie in Jahren zwischen 1910 und 1920 führt und gleichzeitig die Durchschnittseinkommen im selben Zeitraum stagnieren oder langsamer wachsen als in der Vergangenheit.[27] Zum anderen, dass der technologische Wandel und das Produktionswachstum pro Kopf in den verschiedenen Regionen der reichen Welt vergleichbar sind. Trotzdem ist zu beobachten, dass die Einkommensumverteilung zu Gunsten des obersten einen Prozentes sehr unterschiedlich ausfällt. Inwieweit ökonomische und soziale Entwicklungen "Markt- und Sachzwängen" unterworfen sind und in welchem Maße kulturelle Einflüsse eine Rolle spielen, ist durchaus nicht eindeutig und soziale Kontroversen dazu entbehren keineswegs rationaler Gründe und ethischer Legitimation.

Die Entwicklung der *Ungleichheit wird durch Erben erheblich verschärft*. Die soziale Stellung wird zunehmend davon bestimmt, was man erbt und nicht davon, was man arbeitet. Personen mit hohem Einkommen erben bedeutend mehr als solche mit eher niedrigem Einkommen. Dazu kommt: In Deutschland werden die Vermögen der Aufbaugenerationen ohne nennenswerte Erbschaftssteuersätze vererbt, und gut zwei Drittel bestehen aus Betriebsvermögen. Für die gilt: "Die Verschonung ist üppig und mit 7,9 Milliarden Euro die größte Steuersubvention im Bundeshaushalt."[28] Kurz gesagt, das Erbschaftssteuerrecht verringert die Differenz zwischen Arm und Reich nicht.

Eine Zusammenschau dieser Ergebnisse zeigt:

---

[24] Spiegel ONLINE vom 6. 10. 2015, S. 1.
[25] Vgl. Stiglitz 2012.
[26] Vgl. Piketty 2014, S. 425.
[27] Vgl. dazu das Statistische Bundesamt (2015 - 470/15): 20,6% der Bevölkerung Deutschlands waren 2014 von Armut oder sozialer Ausgrenzung bedroht: 2010 19,7%.
[28] Vgl. Bohsem/Öchsner 2016, SZ, S. 15, diese weiter "Die 177 größten Erbschaften machen 8% des vererbten Vermögens aus – die 882 000 kleinsten Erbschaften machen 9,4 % des vererbten Vermögens aus".

1. Belege für eine "automatische Aufstiegslogik" breiter Schichten der Bevölkerung oder für mit Sicherheit zu erwartende volkswirtschaftliche Zuwächse zum Abbau sozialer Differenzen liegen nicht vor.
2. Eine Rückkehr zu den sozialen Dynamiken der 70er Jahre mit dem Ausbau des Sozialstaates ist nicht zu erwarten.
3. Die riesigen Vermögen erlauben paternalistische Wohltätigkeit und sozialpolitische Einflussnahme.
4. Die Konkurrenz um die Verteilung des Volksvermögens wird nicht geringer, sondern eher größer werden – mit dem Effekt, dass die Konkurrenz innerhalb der Sozialstaatsausgaben zwischen den Feldern Gesundheit, Bil-Bildung, Alterssicherung und Sozialer Arbeit zunimmt.

Pikettys Forschung analysiert Zusammenhänge und Verschiebungen im Verhältnis von Gesamtwirtschaft, Steueraufkommen, Kapitaleinkommen und Vermögensentwicklung. Seine Ergebnisse betreffen die Entwicklung des Wirtschaftswachstums, den sozialen Zusammenhalt, das Auftreten von sozialen Problemen und das Verständnis von Demokratie.

4. Soziale Arbeit und ökologische Kritik

Mit welchen Beiträgen zur Kritikfähigkeit kann die Soziale Arbeit durch systemische Perspektiven rechnen? Kritik wird hier als eine Form der Analyse betrachtet, die Alternativen deutlich machen will und dabei auf nachhaltige Unterschiede abzielt. Soziale Arbeit will Alternativen zum Bestehenden erreichen. Die Bezugsthemen Sozialer Arbeit, zusammengefasst als Erziehung und Bildung, soziale Probleme und Lebensführung, Partizipation und soziale Gerechtigkeit, Alltags- und Lebensbewältigung,[29] sind eingebunden in soziale Lagen und Erfahrungen der Klienten sowie das professionelle und gesellschaftliche Verständnis von Sozialer Arbeit. Die Definition der Sozialen Arbeit durch die internationalen Verbände gibt den Perspektiven auf soziale Gerechtigkeit, Entwicklung und Menschenrechte leitende Bedeutung. Soziale Arbeit kann aus der kritischen Perspektive, ein Mehr an Gerechtigkeit verwirklichen zu wollen, als aktuell zu beobachten ist, nicht aussteigen, ohne ihre Geschichte und Identität in Frage zu stellen.

---

[29] Vgl. Lambers 2013, S. 329 im Anschluss an Rauschenbach und Züchner.

Bateson hat den Übergang von unseren Vorstellungen – Ideen über Wirklichkeit, Macht, Lernen, usw. – zu den uns umgebenden natürlichen und sozialen Systemen als von übergeordneter, existenzieller Bedeutung beschrieben. Die Leistung eines systemischen Ansatzes, der sich an Bateson orientiert, besteht darin, einen kritischen Diskurs der Sozialen Arbeit nicht als normative Gegenüberstellung auszulegen, sondern die Bedingungen und Veränderungen sozialer wie biologischer Systeme in den Vordergrund zu rücken. Das "Soziale" in der Sozialen Arbeit wird nicht auf den Anwendungsbereich der Organisationen reduziert, sondern es wird eine Auseinandersetzung mit dem Sozialen möglich, das die sozialen Fragen enthält, für die die Soziale Arbeit Lösungen entwickeln soll und will. In diesem Sinne werden im Folgenden Vorstellungen über Soziale Arbeit diskutiert.

4.1 Soziale Arbeit ist Teil größerer Zusammenhänge

Die Wirtschaft beruht auf Ungleichheit, die Gesellschaftsordnung legitimiert sich durch den Bezug auf Gleichheit – daraus ergibt sich ein fortwährendes Spannungsverhältnis. Vor diesem Hintergrund hat Castel die Paradoxie der Sozialen Arbeit beschrieben als sie solle die *politische Funktion der sozialen Integration* durch *individuelle Dienste* erbringen.[30]

Mit Hilfe von an der Ökologie geschulten Beobachtungen sozialer Prozesse wird es möglich, sich nicht an den sichtbarsten Folgen sozialer Dysfunktionen zu orientieren,[31] sondern sich auf *Prozesse mit nicht oder nur begrenzt kalkulierbaren Folgen* einzustellen. Die Differenz zwischen den Analysen sozialer Entwicklungen und der politisch opportunen Kommunikation linearer Wirkungsketten, stellt für die Soziale Arbeit eine eigenständige Quelle sozialer Relevanz und Einflussnahme dar.[32] Soziale Lernprozesse für Gruppen und soziale Räume zu initiieren, die nicht auf der Basis gesetzlicher Kontrollen beruhen, würde erleichtern, Potenziale für Veränderungen und soziale Flexibilität zu schaffen. Diese sind z.B. für die Integration von Flüchtlingen, die Bewältigung wirtschaftsbezogener Krisen oder die Umsetzung des Bundesteilhabegesetzes vonnöten. Eine selbstreflexive Haltung in die Einsicht, dass z.B. kritische Einwände (oder materielle Leistungen) Flexibilität auf einer Ebene organisieren, die

---

[30] Castel 2011
[31] Dies ist der Vorwurf von Castel 2011.
[32] Vgl. Hosemann 2013.

sich auf der nächsthöheren Ebene als Stabilität mit unerwünschten Nebenfolgen auswirkt, gelingt der Profession wahrscheinlich eher, wenn es nicht um einen Wettbewerb um normativ wünschenswerte Ziele geht, sondern um Koevolution.

4.2 Den Zusammenhang von Systemen und Ideen betrachten

Bateson hat immer wieder auf die substanzielle Härte systemischer Entwicklungen hingewiesen: "Der härteste Ausspruch in der Bibel ist der von Paulus an die Galater gerichtete: >*Gott lässt sich nicht spotten*<, und dieser Spruch ist auf die Beziehungen zwischen dem Menschen und seiner Ökologie anwendbar."[33] Ökologische Prozesse lassen sich nicht spotten, soll u.a. heißen, dass auch Aktivitäten, die mit den besten Absichten erfolgten, zu Ergebnissen führen können, die das Gesamtsystem gefährden, weil sie nach der internen Logik des Systems verarbeitet werden, vor allem aber, dass einmal eingetretene systemische Entwicklungen (wie in Abschnitt 2 beschrieben) nicht beliebig zurückgedreht oder verändert werden können.

Zum anderen ist er fest davon überzeugt, dass unsere Ideen über soziale Zusammenhänge, unsere Art der Kommunikation über Generationen hinweg folgenreiche Konsequenzen für unser soziales Zusammenleben haben. Hier drängen sich die Zusammenhänge zu aktuellen Ereignissen in erschreckender Weise auf (z.B. die Kriege im Irak, unsere Vorstellungen über Terror oder nationalistische Tendenzen).

4.3 Vom Nutzen der Kritik: Wovor kann uns die ökologische Perspektive bewahren?

a) Kritik als normatives Geschäft zu betreiben

Ziele zu benennen und Zustände zu kritisieren sind wichtige Aufgaben im demokratischen Geschäft. Soziale *Prozesse zu gestalten* liegt auf einer anderen Ebene, weil der Selbstbezug und die nicht linear steuerbaren Einwände anderer Akteure ins Spiel kommen. Udo de Fabio[34] bemerkt: „Ethik ist manchmal des-

---

[33] Bateson 1981, S. 646.

[34] Udo de Fabio, Beitrag zum Kongress von katholischer Deutscher Bischofskonferenz und Evangelischer Kirche zur Sozialpolitik in Berlin, nachzulesen in *Der Tagesspiegel am Sonntag*, 22. Juni 2014, S. 7.

halb wohlfeil, weil sie die Komplexität aufs Schönste reduziert." Nur Schriftsteller haben leere Blätter vor sich.

b) Die Falschen anzubellen

"Über das Fleisch, das Euch in der Küche fehlt, wird nicht in der Küche entschieden" (Die Mutter, B. Brecht). Bateson warnt davor, dass ad hoc-Maßnahmen i.d.R. nicht nur die tieferen Ursachen der Probleme unberücksichtigt lassen, sondern tendenziell sie noch verstärken.[35] Anstelle von einseitigen Zuweisungen für die Ursachen von Schwierigkeiten wäre zu prüfen, ob es gelungen ist, die "passenden Flexibilitäten" zu koordinieren. Dann würde uns z.B. in der Familienberatung die Frage leiten, ob die Flexibilität, die die Familie für die Bewältigung ihrer Herausforderungen braucht, zu der Flexibilität passt, mit der sie beraten, begleitet und unterstützt wird? Bei der Flexibilität auf Seiten der Sozialen Arbeit wäre die Spanne der konzeptionellen und materiellen Angebote zu überprüfen und gegebenenfalls zu steigern.

c) Logische Ebenen nicht zu beachten

Ein Beispiel soll die Bedeutung der Zuordnungen zu logischen Typen (Ebenen) verdeutlichen. Das Konzept Hilfe zur Selbsthilfe gehört zum wertvollsten, was die Soziale Arbeit zu bieten hat, ethisch wie praktisch. Die These: *Anregung zur Selbstanregung (Hilfe zur Selbsthilfe),* sei das, was die Soziale Arbeit in ihrem Kern ausmacht, liegt aber auf einer logisch anderen Ebene, nämlich der Theorie der Sozialen Arbeit. Sie wird von der hier vertretenen systemischen Theorie nicht gedeckt. Die Reduktion auf Selbstanregung verabschiedet sich vom relationalen Ansatz, die Zusammenhänge *zwischen Organismus plus Umwelt* zu betrachten. In der Formel Hilfe zur Selbsthilfe liegt der Focus vorrangig auf dem Klienten, weder der Selbstreferenz der Helfer (und ihrer Organisationen) noch anderen Akteuren in der Umwelt wird ein angemessener Stellenwert eingeräumt, so dass auch keine adäquate Relationen gebildet werden können, die Soziale Arbeit zu bestimmen erlauben. Der Handlungs- und Entwicklungsrahmen der Beziehung zwischen Klienten und Angehörigen der Sozialen Arbeit ist zwar an Selbstanregungen als notwendige Bedingung gebunden, geht in ihnen aber nicht auf, sondern verweist im Gegenteil gerade auf die kontextuellen, kulturellen und gesellschaftlichen Zusammenhänge.[36] Nicht die Selbstanregung der Klienten ist

---

[35] Vgl. Bateson 1981, S. 627.
[36] In trifokalen Ansätzen, die vom Fall, der Fallumgebung und der Sozialstruktur ausgehen, wird dem Rechnung getragen.

der Schlüssel zum Verständnis der Leistungen der Sozialen Arbeit, sondern die besondere gesellschaftliche Kommunikation. Soziale Arbeit wirkt direkt und indirekt ständig am gesellschaftlichen Verständnis von sozialem Verhalten mit indem sie soziale Lagen und die Wechselwirkungen zum Empfang von Hilfe beschreibt, wobei auch die Wirkungen in der öffentlichen Wahrnehmung zum Reflexionsfeld gehören. Im Rahmen ihrer System-Umwelt-Relation ist Soziale Arbeit ein so wirkmächtiger Produzent gesellschaftlich relevanter Vorstellungen über soziale Zusammenhänge und deren Beeinflussung, dass dies nicht aus dem Kern ihres Selbstverständnisses herausgelöst werden kann.

d) Die eigene Wirkungslosigkeit zu fördern

Mit dem Ausgangspunkt, dass soziale Systeme in Bezug zu ihrer Umwelt existieren, werden über die Beziehung zum Klienten hinaus die Relationen zur Organisation, der Organisation zu ihrer Umwelt usw. relevant. Batesons Analysemuster verweigern sich konsequent den Trennungen nach oben und unten, von Praxis und Theorie, in den Einrichtungen der Sozialen Arbeit. Konzepte, die alle wesentlichen Zusammenhänge auf die Klienten-Sozialarbeiter-Beziehung zusammenschnurren lassen, widersprechen der öko-systemischen Perspektive.[37] Wenn die Logik des Handelns in das Format "Person des Klienten" hinein verlagert wird, wird eine kybernetisch ausgerichtete Systemtheorie aufgegeben. Entsprechend müssen dann neue, normativ begründete und theoretisch unverbundene Forderungen aufgestellt werden. Die wirtschaftlichen und sozialen Teilhaberechte der Klienten zu stärken, wird zur Sonderaufgabe (für die dann später bedauerlicherweise leider keine Zeit ist). Der Verzicht auf die Untersuchung konkreter Wechselwirkungen kann nicht durch die Addition normativer Ziele ersetzt werden. Die Auffassung, Soziale Arbeit erschöpft sich im Vertreten gegebener sozialer Rechte der Klienten, missversteht und beschädigt Soziale Arbeit. Die Reduktion des Handelns auf *einen* Kontext, in dem es zu reagieren gilt, macht die eigenen Optionen unsichtbar. Sie verschleiert die eige-

---

[37] Selbstverständlich nicht nur dieser: So hat der Deutsche Verein 1983 in seiner Stellungnahme die Aufgaben der Sozialen Arbeit in folgendem Spannungsverhältnis definiert: Es gelte, Menschen "zur selbständigen und verantwortlichen Gestaltung ihres Leben zu befähigen. Anderseits gehört es zu ihren Aufgaben, die Lebensbedingungen in der Umwelt des Klienten/Betroffenen so zu gestalten und zu beeinflussen, dass die notwendigen Voraussetzungen und Bedingungen für eine menschenwürdige Existenz vorhanden sind." (Bock 1983, S. 130).

ne Verantwortung, und wesentliche Teile der Reflexionsbasis der Profession gehen verloren – und damit Professionalität.

Literatur

Atkinson, Anthony (2016): Ungleichheit. Was wir dagegen tun können. Stuttgart: Klett-Cotta.

Bateson, Gregory (1981): Ökologie des Geistes. 1. Aufl. Frankfurt/M.: Suhrkamp.

Bock, Teresa (1983): Stellungnahme. In: *Nachrichtendienst des Deutschen Vereins für öffentliche und private Fürsorge*. Frankfurt/M., S. 130.

Bohsem, Guido/Öchsner, Thomas (2016): Das Vermögensrätsel. In: *Süddeutsche Zeitung*, Nr. 21 vom 27. 1. 2016, S. 15.

Castel, Robert (2011): Die Krise der Arbeit. Neue Unsicherheiten und die Zukunft des Individuums. Hamburg: Hamburger Edition.

Hosemann, Wilfried (2013): Systemische Soziale Arbeit und demokratische Kommunikation – Anmerkungen zum Stellenwert von Interessen und Krisen. In: Geisen/Kessl/Olk/Schnurr (Hrsg.) (2013): Soziale Arbeit und Demokratie. Wiesbaden: Springer, S. 145-165.

Hosemann, Wilfried/Geiling, Wolfgang (2013): Einführung in die Systemische Soziale Arbeit. München: Ernst Reinhardt.

Menke, Christoph (2015): Kritik der Rechte. Berlin: Suhrkamp.

Nassehi, Armin (2015): Mehr Kritik, bitte! Aber welche? In: Kursbuch 182. Das Kursbuch. Wozu?, S. 40 - 58.

Lambers, Helmut (2013): Theorien der Sozialen Arbeit. Opladen & Toronto: Barbara Budrich.

Oxfam Deutschland (2016): Ein Wirtschaftssystem für die Superreichen. Wie ein unfaires Steuersystem und Steueroasen die soziale Ungleichheit verschärfen. Internet: www.oxfam.de/ueber-uns/aktuelles/2016-01-18-62-superreiche-besitzen-so-viel-haelfte-weltbevoelkerung [letzter Zugriff 09.11.2016]

Piketty, Thomas (2014): Das Kapital im 21. Jahrhundert. München: C.H. Beck.

Rosanvallon, Pierre (2013): Die Gesellschaft der Gleichen. Hamburg: Hamburger Edition.

Spiegel ONLINE (2015): Quandt-Familie verliert Milliarden wegen VW-Skandal. Online am 6.10.2015. Internet: http://www.spiegel.de/wirtschaft/reichen-ranking-quandt-familie-leidet-unter-dem-vw-skandal-a-1056316.html. [letzter Zugriff 09.11.2016]

Statistisches Bundesamt (2015): 20,6% der Bevölkerung Deutschlands von Armut oder sozialer Ausgrenzung bedroht. Internet: www.destatis.de/DE/PresseService/Presse/Pressemitteilungen/2015/11/PD15_407_634.html

Stiglitz, Joseph (2012): Der Preis der Ungleichheit. Wie die Spaltung der Gesellschaft unsere Zukunft bedroht. München: Siedler.

Wilkinson, Richard/Pickett, Kate (2010): Gleichheit ist Glück. Warum gerechte Gesellschaften für alle besser sind. 2. Aufl. Berlin: Tolkemitt.

Helmut Lambers

Organisationskommunikation als Kritik

1. Einleitung

Theorien, die durch die Beobachtung der Differenz von Kritik/Affirmation das Label „unkritisch" erhalten, sind vor allem solche, die den konstruktivistischen Sozial- und Gesellschaftstheorien zugeordnet werden und den Systembegriff reflektieren. Das trifft besonders auf den operativen Konstruktivismus Luhmann'scher Prägung zu. Er entzieht sich mit seinem Theorieprogramm selbstreferentieller Sozialsysteme kritisch-emanzipativer Gesellschaftstheorie, um die Möglichkeiten nicht-normativer Deskription seiner auf Polykontexturalität gerichteten Beobachtungsinstrumente nicht zu verspielen. In der Soziologie wurden die Grenzen, gar die Untauglichkeit konstruktivistischer Theoriebildung bereits Ende der 1990er Jahre heftig diskutiert, Kritik und Ablehnung werden bis heute positioniert. Da sozialevolutiv, holistisch und nicht-normativ fundiert, wird systemtheoretisch-konstruktivistische Theorie von ihren Kritikern als machtblind oder gar zynisch und daher ungeeignet für die Bezugnahme sozialpädagogischer/sozialarbeiterischer Theoriereflexion eingestuft.[1] Der Vorwurf: Konstruktivismus, zumindest der der Luhmann'schen Lesart, erledigt den Subjektbegriff und ersetzt ihn durch „Selbstreferenz". Der Mensch – gedacht als subjekthafte Ganzheit – kommt dort nicht mehr vor, eine inhumane Theorie also. Zudem: Konstruktivistische Theorie sei „zu mimetisch geraten"[2] und daher kaum eine Hilfestellung für die kritische Reflexion von Gesellschaft und dem, was sich aufgeklärte Bürgerinnen und Bürger darunter vorstellen sollten. Die Kritik geht stellenweise so weit, dass Luhmann'sche Theoriebildung als „obskur", „autistisch", als „intellektuelle Mode", eben „Luhmanie", gelabelt wird;

---

[1] Vgl. Berger 1996, S. 231-245 und Narr 1996, S. 246-257. Vgl. auch May 2000, Staub-Bernasconi, 2000, S. 225-241 und Obrecht/Zwicky 2002, S. 483-498.
[2] Narr 1996, S. 257.

eine Theorie, die sich um sich selbst drehe und deren Beobachtungsinstrumente „nur noch ihr eigenes Rauschen anzeigen"[3].

Im systemtheoretischen Theoriediskurs wird mittlerweile aufgezeigt, dass das Unterscheidungsschema kritische Theorie/affirmative Theorie für ein Verständnis soziologischer System- und Differenzierungstheorie ungeeignet ist, nicht zuletzt auch deshalb, weil damit ihr kritisches und analytisches Potenzial entweder unerkannt oder unausgeschöpft bleibt. Eifrig gepflegte Grenzziehungen zwischen Kritischer Theorie und Systemtheorie aufzubrechen, machen sich die Versuche zu eigen, Möglichkeiten einer Kritischen Systemtheorie zu ertasten.[4] Ob die mit dem Unterfangen, systemtheoretische Gesellschaftstheorie an Kritische Theorien heranzuführen, einhergehenden erkenntnis- und wissenschaftstheoretischen Probleme lösbar sind, sei dahingestellt. Überzeugender im Sinne konstruktivistischer Theorieentwicklung fallen eher die Versuche aus, das kritische Potenzial der Systemtheorie theorieimmanent auszuloten.[5] Die funktional-strukturelle Methode wird auf diese Weise in ihrem analytischen Potenzial reflektiert und zeigt Entfaltungsmöglichkeiten von Kritik und ihre Orte unter den Bedingungen funktionaler Differenzierung.

2. Zur Praxis von Hierarchie und Heterarchie

Fragt man nach dem kritischen Potenzial konstruktivistischer Systemtheorie, muss zunächst geklärt werden, welche soziale Adresse mit Kritik gemeint ist: Person, Interaktion, Organisation, soziale Bewegungen und Netzwerke oder Gesellschaft und ihre funktional ausdifferenzierten Teilsysteme? Im Blickwinkel Sozialer Arbeit muss zudem gefragt werden, welcher konstruktivistische Denkstil eigentlich hinter dem steht, was als systemische Soziale Arbeit bezeichnet wird. Ohne das hier en détail beantworten zu können, lässt sich feststellen, dass systemische Soziale Arbeit auf eine bunte Mischung unterschiedlicher konstruktivistisch und bisweilen sogar ontologisch orientierter Theoriebildungen zurückgreift. Für den Konstruktivismus grob umrissen adressieren Konzepte aus dem Kreis des radikalen und erkenntnistheoretischen Konstruktivismus eher die Per-

---

[3] Vgl. Vester 2010, S. 90, 92, 102 und 108.
[4] Vgl. Amstutz/Fischer-Lescano 2013a.
[5] Vgl. Scherr 2015.

son, der operative Konstruktivismus (N. Luhmann) fokussiert hingegen Gesellschaft und Organisation.

Der radikale und der erkenntnistheoretische Konstruktivismus haben das Subjekt nicht aufgegeben, im Gegenteil: Es steht dort im Zentrum von Theoriebildung und Entwicklung operativer Handlungskonzepte. Normative Kritik und Gesellschaft als Bezugspunkt normativer Kritik können hier nur im Rahmen viabler Möglichkeiten vorkommen. Ein wenig anders verhält sich das im operativen Konstruktivismus. Systemische Soziale Arbeit, die sich auf den operativen Konstruktivismus bezieht, muss Schlussfolgerungen in Kauf nehmen, die etwas ernüchternd für die Einschätzung ihres normativen, strategischen und operativen Gestaltungspotenzials ausfallen. Operativer Konstruktivismus beobachtet die Ausdifferenzierung von Gesellschaft als Prozess horizontaler Ausdifferenzierung gesellschaftlicher Teilsysteme. Das bedeutet aber nicht, dass auch die Systembeziehungen zwischen Person, Interaktion, Organisation und Gesellschaft in einer horizontalen Ordnungsbildung zueinander stehen. Hier gelten ausdrücklich vertikale Systembeziehungen, die zwar ausführlich dargelegt sind[6], im Luhmann-kritischen Diskurs der Sozialen Arbeit aber offensichtlich nicht zur Kenntnis genommen werden. Im Verständnis der soziologischen Theorie sozialer Systeme können Personen und Interaktionssysteme kaum adressierbaren Kontakt zu dem halten, was als gesellschaftliche Realität bezeichnet wird. Umgekehrt erreicht Gesellschaft sich selbst als gedachte Ganzheit nicht mehr, ist sozusagen inadressabel für ganzheitliche Kommunikation und damit auch Kritik.[7] Systemische Soziale Arbeit muss daher zu dem Schluss kommen, dass Kritik als Gesellschaftskritik ins Leere führt. Gleiches gilt eingeschränkt für funktionale Kommunikation. Systemrationalität entsteht bekanntlich, wenn der Negativwert codegeführter Kommunikation in das System – sozusagen als sein Reflexionswert – wiedereingeführt wird (re-entry); die Fähigkeit, den Code der eigenen Problembearbeitung auf sich selbst anzuwenden, lässt aber nur den Schluss zu, dass Kritik zwar funktionssystemspezifisch, nicht aber gesamtgesellschaftlich adressierbar ist.

Was für Gesellschaft zutrifft, gilt hingegen nicht für Organisationen. Organisationen können Entscheidungsprogramme entwickeln, die über codegeführte Funktionslogik hinausgehen und zum Bezugspunkt organisationalen Entscheidens machen (z.B. ökologische, juristische, psychische Integrationsprobleme

---

[6] Vgl. Luhmann 1998, S. 812-847.
[7] Vgl. ebenda, S. 866 und Fuchs 2013, S. 99-110.

innerhalb des Wirtschaftssystems). Die Dominanz einer Unterscheidung in einer Organisation bedeutet nicht, dass andere Unterscheidungen keine Rolle spielen. Sie kann sich auf die Probleme anderer gesellschaftlicher Teilsysteme beziehen und diesen Bezug in den organisational verwendeten Unterscheidungs- und Programmvorrat aufnehmen.[8] Organisationen sind auf Dauer gestellte Kommunikation, mithin sind sie für Kommunikation erreichbar. Daher sollte es naheliegend sein, dass sich systemische Soziale Arbeit auf den ‚Systemfall' der Organisation bezieht. Dort kann sie kritisches Potenzial entfalten. Dass sie hierfür Theoriebezüge braucht, steht außer Frage. Die Frage ist dann, was in konstruktivistischer Hinsicht an Theoriebildung vorhanden ist. Bei aller Vielfalt vorliegender Konzepte lassen sich zwei Hauptrichtungen festmachen: Die systemtheoretisch-kybernetische und die systemtheoretisch-konstruktivistische. Differenzen und ihr Verhältnis zueinander lassen sich an dieser Stelle nicht ausreichend aufzeigen.[9] In der bilanzierenden Gesamtschau kommen wir zu folgendem Ergebnis: Die analytische Tiefenschärfe systemtheoretisch-konstruktivistischer Theoriebildung geht zu Lasten der Entwicklung von operativen Möglichkeiten der Gestaltung, Entwicklung und Steuerung von Organisationen. Das führt in der Tendenz zu Sprachlosigkeit. Die operative Kreativität der systemtheoretisch-kybernetischen Theoriebildung geht hingegen zu Lasten von analytischen Möglichkeiten und theoretischer Tiefenschärfe. Das führt in der Tendenz zur Selbstüberschätzung. Idee ist nun, die beiden Theorien in ihren Stärken zusammenzubringen: Kybernetische Steuerungsmodelle als Bezugsrahmen für die Gestaltung von Kommunikationsorten für Steuerungsinput und Luhmanns Theorie sozialer Systeme als Bezugsrahmen für Gesellschaftsanalyse sowie Wirkungseinschätzung für Steuerungsoutput.

3. Organisationskommunikation als Kritik

Ein bewährtes Ordnungsmodell für die Organisationsgestaltung und -entwicklung liegt mit dem mehrfach modifizierten St. Galler-Managementmodell vor.[10] Sein großes Manko ist, dass es Organisation ohne jegliche gesellschaftstheoretische Perspektive denkt. Um diesen Mangel behoben könnte in einen entspre-

---

[8] Vgl. Martens 2000, S. 311.
[9] Vgl. zusammenfassend Lambers 2015, S. 24-50.
[10] Vgl. Lambers 2015, S. 27-30.

chenden gesellschaftstheoretischen Rahmen gesetzt das Modell in etwa so aussehen (Abb. 1).

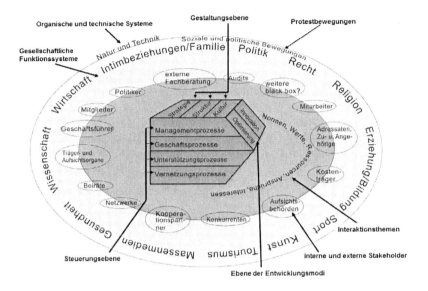

Abb. 1: Systemtheoretisch reflektiertes Unternehmensmodell (Lambers 2015, S. 42)

Das Modell eröffnet Potenzial, ein Unternehmen in Austauschbeziehungen zwischen zweckorientierten Organisations- und Personeninteressen (ökonomische, politische, weltanschaulich-religiöse, ästhetische, rechtliche usw.) zu bringen. Konzeptionell wird dies durch die strategische Einbindung von Anspruchsgruppen und Interesseneignern (Stakeholder) versucht. Das darin entstehende Paradoxon der Harmonisierung von sozialen und psychischen Systemen (Organisation und Person) ist damit zwar nicht aufgelöst, aber es wird strukturell im Unternehmen beobachtungsfähig gehalten und zwingt auf diese Weise das Organisationssystem zur Bearbeitung der selbst produzierten Kontingenz. Das verläuft immer konflikthaft, was nicht gegen diesen Ansatz spricht, sondern für die realistische Erwartung, dass sich Probleme nicht in Harmonie auflösen und Disharmonie Kommunikation und Systembildung erst möglich macht. Wird diese Sichtweise in einer Organisation geteilt, ist ein Rahmen gegeben, der für

Problembearbeitungen akzeptiert werden kann und für kritische Kommunikation erreichbar ist.[11]

Organisationen grenzen sich durch Mitgliedschaft von ihrer Umwelt ab. Jede Organisation verhält sich in Abgrenzung zur Umwelt als operativ geschlossenes System, das hinsichtlich seiner Gestaltungsmöglichkeiten auf Umwelt angewiesen ist. Die selektiven Leistungen für seine Selbstorganisation nimmt es hingegen selber wahr. Kommunikation in Organisationen ist Entscheidungshandeln auf der Grundlage von Entscheidungsprogrammen.[12] Diese werden bekanntlich unterschieden in Konditional- und Zweckprogramme. Beide Programme unterliegen unterschiedlichen Auslösebedingungen: der Zukunft oder der Vergangenheit. Die Auslösebedingung eines Konditionalprogramms liegt in der Vergangenheit. Man kennt die Vergangenheit, zumindest glaubt man das, da es vernünftig ist, dies zu glauben. Aufgrund dieser Gewissheit soll ein gegenwärtiger Fall gelöst werden, der mit der Vergangenheit vergleichbar ist, etwaige Zweifel inbegriffen. Die im System erzeugten Entscheidungsfreiheiten liegen beim Konditionalprogramm in der „Prüfung, ob ein Fall unter diese oder jene Regel subsumierbar ist oder ob er einen Anlass geben könnte, die Regel zu ändern".[13]

Anders als bei der Konditionalprogrammierung liegt die Auslösebedingung eines Zweckprogramms in der Zukunft. Sie ist ungewiss. Ihre Unbestimmtheit soll in Gewissheit überführt werden. Ein Zweck muss erfüllt werden. Zweckprogramme sind für Organisationen Sozialer Arbeit die typischen Entscheidungsprogramme, da hier Entscheidungen für die Zukunft – und damit unter Bedingungen hoher Unsicherheit (Kontingenz) – zu treffen sind. Beim Zweckprogramm liegen die im System erzeugten Freiheiten „in der Frage, ob Mittel sich zur Erreichung eines Zweckes eignen und ob der Zweck den Aufwand lohnt, ob man nach anderen Mitteln Ausschau halten sollte oder ob man den Zweck besser aufgeben oder ins leichter Erreichbare modifizieren sollte."[14] Die im System erzeugten Entscheidungsfreiheiten liegen demnach darin, die richtigen bzw. angemessenen Mittel zu spezifizieren, mit denen der angestrebte Zweck erfüllt werden kann. Organisationen, die Hilfe organisieren, sind überwiegend zweckprogrammiert. Sie müssen permanent über die Mittel entschei-

---

[11] Vgl. Lambers 2015, S. 93.
[12] Vgl. Luhmann 2011 und 2014.
[13] Luhmann 2011, S. 261.
[14] Ebenda.

den, die geeignet erscheinen, den angestrebten Zweck erfüllen zu können, befinden sich also unentwegt in der Auseinandersetzung mit unsicheren Zweck-Mittel-Relationen. Diese hohe Kontingenz erfordert ständige Selektionsleistungen der Entscheider. In der Regel sind Organisationen, die Hilfe organisieren, hierarchisch strukturiert. Das führt unter den Bedingungen zweckprogrammierten Entscheidungshandelns entsprechende Risiken mit sich. Luhmann'sche Organisationsanalyse verweist nicht allein auf die Überlegenheit, sondern vor allem auf die Folgeprobleme formalisierter hierarchischer Struktur. An erster Stelle schlägt hier das Auseinanderfallen von Entscheidungs- und Sachkompetenz zu Buche.[15] Das wirft die Frage nach heterarchischer Organisationsbildung auf. Wir wollen dieser Frage mit der Entwicklung eines Organisationsmodells für Organisationskommunikation nachgehen.

Nachfolgend wird ein Strukturmodell vorgestellt, das heterarchische Austauschprozesse ermöglichen und damit Kritik an und in Organisation adressierbar machen kann. Bei der Vorstellung des Organisationsmodells für Organisationskommunikation werden wir a) Leistungsrollen (interne Stakeholder) und b) Publikumsrollen (externe Stakeholder) voneinander getrennt betrachten, da b) eine noch nicht gelöste Erweiterung des nun folgenden Modells erforderlich macht.

4. Interne Stakeholder

Management von Organisationen ist Unternehmensgestaltung, -entwicklung und -steuerung. Unternehmen – hier als soziale Ordnungsbildung im Sinne von Organisation verstanden – greifen auf das Wissen zurück, was in ihren Selbstbeschreibungen enthalten ist. Wir bezeichnen es als Organisations- oder Systemwissen. Das führt uns zu der Überlegung, dass Organisationen vom Aufbau von Kommunikationsstrukturen profitieren können, die generiertes Systemwissen beobachtungsfähig halten. Ein entsprechendes Modell, das insbesondere die Führungsbeziehungen in den Blick nimmt, hat der Kybernetiker Stafford Beer bereits in den 1970er Jahren vorgelegt. Beer analogisiert Unternehmen mit organischen, lebensfähigen Systemen.[16] Vorab kritisch ist an dieser Stelle anzumerken, dass Beers systemtheoretisch-kybernetische Sicht die Unmöglichkeit

---

[15] Vgl. Tacke 2015, S. 247.
[16] Vgl. Beer 1973, S. 130f.

der ganzheitlichen Selbstbeobachtung von Organisationssystemen ignoriert. Gleiches trifft auf die Interpretation des Beer'schen Modells von Fredmund Malik[17] zu. Obwohl Malik im Gegenzug zu „konstruktivistisch-technomorphen" Ansätzen an einer „systemisch-evolutionären" Managementlehre gelegen ist, orientiert er sich an der Leitdifferenz Teil/Ganzes und an der Theorie „offene Systeme".[18] Das erklärt, weshalb sein Systemverständnis nicht nur hinter das Verständnis operativ geschlossener Systeme (operativer Konstruktivismus) mit der Leitdifferenz System/Umwelt zurückfällt, sondern auch, dass Malik die Steuerungslogik von Unternehmen für evident und damit auch direkte Steuerung von Unternehmenspraxis für machbar hält. Aus systemtheoretisch-konstruktivistischer Sicht ist dem entgegenzuhalten, dass Beers Modell die Möglichkeit von Letztbeobachtung einer angenommenen Ganzheit voraussetzt. Zwei Gründe sprechen gegen diese Axiomatik: Eine Organisation kann nicht die Teile beobachten und bestimmen aus denen sie besteht, da sie mehr ist, als ihre Teile (Emergenz). Das angenommene ‚Ganze' liegt sozusagen in den emergenten Eigenschaften eines sozialen Systems, nicht in den analytischen Fähigkeiten eines Beobachters. Keinem der beteiligten Subsysteme – damit auch dem Management – ist die Möglichkeit von Ganzheitsbeobachtung gegeben. Trotz dieses kritischen Einwandes ist das Modell von Beer für ein Managementmodell nicht ohne Wert. Hinsichtlich seines Nutzens für die Ordnung der manageriellen Steuerungsfunktionen müssen wir uns lediglich bewusst machen, dass das Modell keine Aussage mit wissenschaftlich beweisbarer Letztgewissheit bietet. Vielmehr liegt sein Wert darin, dass es uns einen pragmatischen, viablen und auch zu variierenden Orientierungsrahmen für die Modellierung der Organisationskommunikation durch Management zur Verfügung stellt. Das nachfolgende Modell ist das Ergebnis einer Adaption des Beer'schen Modells für Organisationen der Sozialwirtschaft (Tab. 1).[19]

---

[17] Malik 2008, c1984.
[18] Vgl. Malik 2000, S. 272 und 2008, S. 23.
[19] Das Modell orientiert sich an dem kybernetischen Modell von Stafford Beer (1973, S. 172-251) und der späteren Interpretation von Fredmund Malik (2008, c1984, S. 15-167). Die bei Malik verwendete Konzeption der Ausbildung von Metasystemen wird hier aber nicht übernommen. Stattdessen sprechen wir von intraorganisationalen Kopplungen der Subsysteme.

	Subsystem 1	Subsystem 2	Subsystem 3	Subsystem 4	Subsystem 5
Intraorganisationale Kopplungen (variabel)	Subsystem 2 Subsystem 3	Subsystem 1 Subsystem 3 Subsystem 4	Subsystem 1 Subsystem 2 Subsystem 4 Subsystem 5	Subsystem 2 Subsystem 3 Subsystem 5 (auch im Konfliktfall mit Subsystem 2)	Subsystem 4 Subsystem 3 Subsystem 1 und 2 (eher im Konfliktfall mit Subsystem 4)
Operationsmodus	ko-produktiv	operativ	supportiv	strategisch	normativ
Funktion	Leistungserbringung	Aufgabenumsetzung	Unternehmenssupport	Unternehmensentwicklung	Unternehmenszwecksetzung
Organisationsstellung	Fachkraft mit Nutzerbeziehung	z.B. Geschäftsbereichs-, Fachbereichsleitung	Stabstelle Verwaltung	Geschäftsführung (als rechtliches Organ)	Vorstand (rechtliches Organ)

(links vertikal: **Prozessieren von Selektionen**; unten: **Prozessieren von Sinn**)

Tab. 1: Intraorganisationale Kopplungen (Lambers 2015, S. 127, hier verkürzt dargestellt)

Die Bildung der Subsysteme 1, 2, 4 und 5 ist relativ erwartungssicher in allen sozialwirtschaftlichen Unternehmen anzutreffen. Dagegen hängen die Bildung und der Grad der Ausdifferenzierung von Subsystem 2 und 3 von der Unternehmenskomplexität ab. Diese wird nicht allein von der quantitativen Unternehmensgröße bestimmt. Komplexität wird nicht allein durch die Menge der beobachteten Ereignisse, sondern auch durch die vom System verarbeitbare Varietät bestimmt. So wird ein Unternehmen mit mehr als einem Fachbereich bzw. unterschiedlichen Geschäftssparten im Gegensatz zu einer Einspartenorganisation auf eine operative Gesamtsteuerung (Subsystem 2) sowie auf die Einrichtung von organisationsinternen Serviceleistungen (Subsystem 3) angewiesen sein. In dem Modell gehen wir von intraorganisationalen Kopplungsbeziehungen aus. Der Begriff Schnittstellen ist hier geläufig. Für die Unternehmensgestaltung, -entwicklung und -führung stellt sich daher die Frage, welche strukturellen Gestaltungsmöglichkeiten der Schnittstellenkommunikation gewählt werden sollten. Ausdrücklich darauf hingewiesen werden muss, dass es sich hierbei um lose Kopplungsbeziehungen handelt, die, ganz im Gegensatz zu strukturellen Kopplungsbeziehungen, variabel und herstellbar sind. Folglich ist das hier vorgestellte Modell nur ein Beispiel, was den Erfordernissen der jeweiligen Organisation angepasst werden muss.

Der Gedanke von Organisationssteuerung setzt in diesem Modell nicht an der Vorstellung einer Zentralsteuerung an, sondern an den sich selbst steuernden Subsystemen des Unternehmens. Ihre Selbstreferenzialität ist in den jeweils eigenen von den Programmfunktionen herzuleitenden Operationsmodi begründet. Wir kommen gleich darauf zurück. Für alle Subsysteme kennzeichnend ist, dass formale und fachliche Kompetenz auseinanderfallen, weil das für die komplexen Unternehmensprozesse erforderliche Wissen nicht zentralisiert vorgehalten werden kann, sondern dezentral verteilt ist. Daraus ziehen wir die Schlussfolgerung, dass die formale, hierarchische Verteilung von Weisungsbefugnissen und die inhaltliche, dezentrale Verteilung von Fachkompetenzen in ein produktives Zusammenspiel gebracht werden müssen.[20] Wie könnte das aussehen?

Auf den Prozessebenen unseres Modells wurde bereits deutlich gemacht, dass wir zwischen Management-, Dienstleistungs-, Unterstützungs- und Vernetzungsprozessen unterscheiden (Abb. 1). Weiterhin werden die Managementprozesse als normative, strategische und operative Prozesse auseinandergehalten. Was hier als Prozesse unterschieden wird, ist aus systemtheoretischer Sicht nichts anderes als die Ausbildung von Kommunikationssystemen mit jeweils eigenen operativen Steuerungsfunktionen für das Gesamtunternehmen. Sie durchdringen die Strategie, die Struktur und die Kultur einer Organisation. Überdies bewirken sie ihre Entwicklungsmodi, die je nach Aufgabenstellung auf Optimierung oder Innovation hinauslaufen kann. Wir folgen nun der kybernetischen Beobachtung, dass keine Organisation als zentralgesteuerte Ganzheit operiert, sondern dass sie eine Reihe von aufgabenspezifischen Teilsystemen (Subsystemen) ausbildet. Jedes Subsystem erfüllt eine spezifische Funktion für das Gesamtsystem. Ein Phänomen, mit dem wir es dann schnell zu tun bekommen, ist ein heterarchisches: Jedes Subsystem bewegt sich in einem eigenen Operationsmodus. Zur Ausdifferenzierung differenter Operationsmodi muss es kommen, da die in einer Organisation zur Anwendung gebrachten Entschei-

---

[20] Vgl. Willke 2011, S. 25f.

dungsprogramme einer permanenten Abwägung von Zweck-Mittel-Relation innerhalb differenter intra- und interorganisationaler Funktionszusammenhänge folgen müssen.

In einem ersten Schritt schauen wir uns die intraorganisationalen Kopplungsbeziehungen an (Tab. 1). Idealtypisch können wir den ko-produktiven (Subsystem 1 = Fachkraft), den operativen (Subsystem 2 = z.B. Bereichsleitungen), den supportiven (Subsystem 3 = Verwaltung, Infrastrukturdienste), den strategischen (Subsystem 4 = Geschäftsführung) und den normativen Operationsmodus (Subsystem 5 = Vorstand) unterscheiden. Entscheidend ist nun, dass der ko-produktive Operationsmodus – hier personalisiert durch die Fachkraft der Organisation, die in Interaktionsbeziehungen mit ihren Nutzern und Adressaten steht – der für den Erfolg der Gesamtorganisation einerseits entscheidende, da Mehrwert produzierende, aber in seinen Aktualisierungsmöglichkeiten wiederum von allen anderen genannten Modi abhängige ist. Durch seine Organisationsabhängigkeit muss er sich sozusagen als ein den anderen Operationsmodi nachgelagerter Modus sehen. Wie gute Sozialpädagogik, Therapie, Beratung usw. ‚gemacht' wird, wird im Subsystem 1 bekannt, in allen anderen hingegen nicht. Gleichwohl müssen die vorgelagerten Subsysteme entsprechende operative, supportive, strategische und normative Entscheidungen treffen, die die Rahmenbedingungen der ko-produktiven Funktion organisierter Hilfe absichern. Die Gestaltung intraorganisationaler Kommunikationsorte kann nun dazu beitragen, das Faktum der Ausdifferenzierung unterschiedlicher Operationsmodi einer Organisation sowie ihre potenziell prekäre Auswirkung auf das ko-produktive Hilfesystem in das Bewusstsein ihrer Mitglieder zu holen. Weitergeführt sind Effekte von „Wissensarbeit"[21] wahrscheinlich: die Entwicklung einer gemeinsamen Sprache.

Jedes der genannten Subsysteme produziert eigene Daten, Informationen und eigenes Wissen. Daten, Informationen und Wissen müssen jedoch unterschieden werden. Daten und Informationen sind nicht gleich Wissen. Daten werden dann zur Information, wenn sie von einem Beobachter für relevant erachtet werden. Insofern werden Informationen aus Daten konstruiert. Zudem hängt die Konstruktion von Information vom jeweiligen Systemkontext ab. Das bedeutet, dass Mitarbeiter, Teams, Abteilungen, Leitungskräfte usw. aus denselben Daten sehr unterschiedliche Informationen ableiten und daraus Mitteilungen generieren. Die Informationsproduktion hängt von dem jeweiligen Relevanzkriterium ab, das

---

[21] Willke 2001, S. 19.

beim Wahrnehmen der Daten (Informationen) angelegt wird. Zudem ist Verstehen auf Mitteilung, auf Informationsaustausch angewiesen. Hier sind ebenfalls jeweils unterschiedliche, da selbstreferenzielle Relevanzkriterien entscheidend dafür, welche Informationen zur Mitteilung gebracht werden. Information und Mitteilung führen in einem Unternehmen also noch nicht zu einem gemeinsamen Verstehen. Allenfalls wird damit verstanden, dass Kommunikation stattfindet. Gemeinsames Verstehen ist nur dann wahrscheinlich, wenn die Beteiligten einer Kommunikation ihre Relevanzkriterien soweit aufeinander abstimmen können, dass gemeinsames (unternehmensspezifisches) Wissen und hieraus eine gemeinsame Sprache generiert werden kann.

Organisationen sind auf das Beobachten von Organisationswissen angewiesen, da erst eine gemeinsame Semantik organisationsspezifische Sinnerzeugung wahrscheinlich macht; wie anders könnte sich Kommunikation sonst auf Dauer stellen? Die Frage ist dann: Wie sollte ein dementsprechendes Wissensmanagement aussehen? Systematische Vorgänge der Verschränkung von Prozessebenen, Ordnungsmomenten und Strukturen sind Gegenstand von Wissensmanagement.[22] Dabei geht es nicht um Wissensmanagement als eine Form von Informationsmanagement (wer muss was wissen, wer darf was nicht wissen?). Vielmehr geht es um die Schaffung von systematischen Gelegenheiten des kontextgebundenen Verstehens von Mitteilungen. Um zu einem Austausch von personalem und organisationalem Wissen[23] zu gelangen, ist es Aufgabe von Management, die Moderation regelmäßiger Kommunikation an den Schnittstellen intraorganisational zu koppelnder Subsysteme zu organisieren. In der Regel ist dies durch die gängigen Formen wie Teamsitzungen, Leiterrunden, Vorstandssitzungen, Gesellschafterversammlungen usw. schon der Fall. Dabei geht es aber mehr um Information, als um Verstehen. Neu wäre, wenn die für das kommunizierte Bezugsproblem geeigneten und ausgewählten operativen und strategischen Planungs- und Analyseinstrumente nicht isoliert in den jeweiligen Subsystemen eingesetzt werden, sondern innerhalb der den jeweiligen Steuerungsmodus betreffenden Kopplungsbeziehungen. Erst dadurch würde für das Verständnis einer Gesamtorganisation deutlich, an welche subsystemspezifischen Programm- und Steuerungslogiken die jeweiligen Organisationsmitglieder operativ gebunden sind. Dazu stehen eine Reihe von Planungs-, Analyse- und Visualisierungsinstrumenten zur Verfügung. Sie hier im Einzelnen zu bespre-

---

[22] Vgl. Willke 2001 und 2011.
[23] Siehe hierzu auch Willke 2001, S. 81 und 2011, S. 94.

chen ist nicht der Platz und ist an anderer Stelle geschehen.[24] Dahinter verbirgt sich auch nichts grundsätzlich Neues. Gemeint sind solche Instrumente, zu denen Anwendungserfahrungen in sozialwirtschaftlichen Unternehmen durchaus vorliegen.[25] Sie sind für sozialwirtschaftliche Unternehmen allerdings in Teilen zu modifizieren. Entscheidend ist nicht allein, welche Techniken zum Zuge kommen, sondern wie sie eingesetzt werden. Heterarchische Kommunikation zu organisieren kann gewinnbringend für das Systemwissen einer Organisation sein, wenn genannte Techniken nicht subsystemimmanent, sondern im Setting loser Kopplungsbeziehungen eingesetzt werden. Das hört sich komplizierter an, als es ist. Kompliziert wird es allerdings, wenn der aufgezeigte Vorschlag als ein starres Organisationsmodell mit Beteiligungserwartung verstanden wird. Wissen, das technologisiert z.B. über Datenbanken oder durch alle erdenklichen Formen automatisierter news feeds Verbreitung findet, ist totes Wissen. Es steht lediglich (wieder nur) als Information zur Verfügung. Das vorgestellte Modell ist letztlich personenabhängig. So gilt die Trias der Komponenten von Wollen (Bereitschaft), Können (Fähigkeit) und Dürfen (Möglichkeit) auch hier. Angesprochen sind mit den ersten beiden Komponenten jedes gut informierte und interessierte Organisationsmitglied. Die dritte Komponente, das Schaffen von Leistungsmöglichkeiten, ist hingegen Sache der Organisationsführung.

5. Externe Stakeholder

Wie schon oben angedeutet, muss für die Kommunikationsorganisation mit den externen Stakeholdern ein erweitertes Ordnungsmodell entwickelt werden. Beers Modell bietet hierfür keine Lösungen, da es sich – wie bereits kritisch angemerkt – zu sehr an der Vorstellung von Organisation als ein geschlossenes organisches System orientiert. Bei den externen Stakeholdern geht es um Kopplungsbeziehungen mit anderen Organisations- und Personensystemen. Diese interorganisationalen Kopplungsbeziehungen stehen in Kontakt mit Umwelt. Während die oben beschriebenen intraorganisationalen Kopplungsbeziehungen (Tab. 1) in allen Organisationen der Sozialen Arbeit relativ erwartungssicher vorhanden sind, entwickeln sich interorganisationale Kopplungsbeziehungen hoch kontingent. Zum einen ist nicht generalisierbar, welche Kopplungsbezie-

---

[24] Vgl. Lambers 2015, S. 144-190.
[25] Vgl. BAGFW 2002 und 2010.

hungen eingegangen werden, zum anderen ist kaum antizipierbar, mit welcher Dynamik sie auf das Unternehmen einwirken. Das hat etwas mit den bei Personen unterschiedlich verteilten Aktualisierungspotenzialen für Einfluss und Macht sowie ihren ebenfalls unterschiedlich gelagerten Beteiligungsinteressen zu tun.

Ein Ordnungsmodell für die Organisationskommunikation mit externen Stakeholdern liegt bis heute nicht vor. Eine erste heuristische Annäherung könnte so aussehen (Tab. 2):

				Stakeholder				
		A	B	C	D	E	F	G	H
Prozessieren von Selektionen	Interorganisationale Kopplungen (variabel)	1 2 4	1 2 4	 2 4	1 2 4	1 2 4 5	1 2 3 4 5	1 2 3 4	1 2 4 5
	Operationsmodus	Konsumtiv	Konservativ	Rivalisierend	Kooperativ	Dispositiv	Perturbativ	Evaluativ	Koproduktiv
	Funktion	Versorgung, Leistungseinkauf	Normenbewahrung	Marktstellung anderer schwächen	Eigene Marktstellung stärken	Macht absichern	Performanzoptimierung	Performanzbewertung	Lebensbewältigung
	Externe Stakeholder	Kostenträger (Leistungsträger) A	Aufsichtsbehörden B	Konkurrenten C	Kooperationspartner D	Kommunalpolitik E	Externe Fachberatung F	Audits G	Nutzer, Adressaten, und egozentrierte Netzwerke H
				Prozessieren von Sinn					

Tab. 2: Interorganisationale Kopplungen (eigene Darstellung)

Interaktionsthemen entstehen aus Erwartungen, die Interessen- und Anspruchsgruppen (Stakeholder) an ihr Unternehmen richten. Die Anliegen und Interessen ergeben sich aus der Selbstbetroffenheit der Stakeholder im Kontext unterschiedlich motivierter Interessen, von denen angenommen werden kann, dass diese mit dem Unternehmen sozial adressierbar werden. Wie schon oben ausgeführt, benötigen stakeholdergeführte Unternehmen Wege und Formen der Herstellung und Beobachtung von losen Kopplungsbeziehungen. Von losen Kopplungen sprechen wir dann, wenn soziale Systeme es mit Kopplungen zu tun haben, die nicht strikt und damit verlässlich gekoppelt sind, sondern wenn es sich um Kopplungen handelt, deren Bedeutung für das System sich sprunghaft verändern kann.[26] Das ist besonders bei externen Anspruchsgruppen der Fall. Lose Kopplungen stellen mithin ein hohes Irritationspotenzial für Organisationen dar. Lose Kopplungen steigern die Irritabilität sozialer Systeme, um ausreichende Systemstabilität zu erreichen.[27] Mithin sind soziale Systeme auf lose Kopplungen angewiesen.[28] Eine Schwierigkeit hierbei ist sicherlich die Tatsache, dass es Organisationen schwer fällt, mit Personen zu interagieren. Ein Merkmal von Organisationen ist, dass sie Personen und Interaktionssysteme, die sich nicht in der Leistungs-, sondern in der Publikumsrolle befinden, so behandeln, als wären sie ebenfalls Organisationen.[29] Dieser funktionsorientierte Kommunikationsstil lässt sich durch sogenannte Stakeholderdialoge ein wenig abfangen. Eine in diese Richtung gehende Form der Abtastung von irritationsrelevanten Informationen stellen z.B. die web-basierten sozialen Netzwerke dar.[30] Aber auch persönliche Treffen (Hearings, Zukunftswerkstätten usw.) können diese Funktion erfüllen.

Als ein Verfahren zur Beobachtung von Stakeholderinteressen bietet sich die Stakeholderanalyse an. Um mit Stakeholdern zu kommunizieren, muss naheliegenderweise geklärt werden, wer eigentlich zu den Stakeholdern eines Unternehmens gehört. Erst dann kann nach Wegen gesucht werden, die wechselseitigen Interessen und Ansprüche näher zu bewerten. Hier liegt ein Problem, das sozialwirtschaftliche von erwerbswirtschaftlichen Unternehmen unterscheidet: Sozialwirtschaftliche Unternehmen verfolgen ein Anspruchsgruppenkonzept, das sowohl normativ-kritisch als auch strategisch-ökonomisch ausgelegt

---

[26] Vgl. Luhmann 1998, S. 1111 und 2011, S. 374.
[27] Vgl. Luhmann 2011, S. 394.
[28] Vgl. ebenda, S. 346.
[29] Vgl. Luhmann 1998, S. 834.
[30] Vgl. Clausen 2009, S. 46.

ist. In dieser Hybridform entsteht die Frage nach der Abgrenzung der Interaktionsthemen der Anspruchsgruppen, allerdings mit erheblichen Unterschieden: In strategisch-ökonomischer Perspektive muss nach dem Einflusspotenzial der Anspruchsgruppen gefragt werden (Wer kann wirkmächtigen – positiven oder negativen – Einfluss auf das Unternehmen ausüben?), in normativ-kritischer Perspektive entsteht hingegen die Frage nach der Legitimität der Ansprüche (Wer hat Ansprüche an das Unternehmen, die übereinstimmen mit der normativ-kritischen Funktionslogik des Unternehmens und erst durch ihren Übereinstimmungsgrad legitim und damit zumutbar sind?). Für jeden identifizierten Stakeholder müssen daher Informationen gesammelt werden hinsichtlich seiner Ressourcen, Normen und Wertvorstellungen, Nutzenerwartungen sowie Machtstellung. Macht ist eine „lebensweltliche Universale gesellschaftlicher Existenz".[31] Stakeholder ohne Macht gibt es nicht. Deutliche Unterschiede sind allerdings in der Verfügung über Mittel zur Durchsetzung von Macht zu beobachten. Dazu gehören in organisierten Sozialsystemen auch die Konvertierungsmöglichkeiten von anderen Kommunikationsmedien in das Medium Macht; also z.B. der Umtausch von Geld, Wissen oder Recht in Macht.[32] Perspektivisch muss durch eine Stakeholderanalyse die Frage der Legitimität der Interaktionsthemen der Anspruchsgruppen geprüft werden. Referenzrahmen für solche Entscheidungsprozesse ist das gültige Anspruchsgruppenkonzept des Unternehmens.

Hinsichtlich einer eindeutigen Differenzierung von internen und externen Stakeholdern ergeben sich Schwierigkeiten bei den Nutzern, Adressaten und ihren egozentrierten Netzwerken (soziale Beziehungsgeflechte wie z.B. Zu- und Angehörige, Freunde, Nachbarn, Peers). Eine Besonderheit sozialwirtschaftlicher Organisationen ist, dass sie bei der Produktion von Hilfstätigkeit auf die Produktivität ihrer Konsumenten angewiesen sind. Der Nutzer und Adressat gesellschaftlich organisierter Hilfe ist bekanntlich der eigentliche Produzent von Hilfe bzw. mindestens Ko-Produzent. Lebensbewältigung im Sinne eigener Lebensführung gelingt nur über die selbstreferenzielle Aneignung von Hilfeprozessen. In diesem Kontext sind auch die egozentrierten Netzwerke zu sehen. Das Phänomen der Ko-Produktivität bringt Nutzer und Adressaten Sozialer Arbeit in eine Hybridstellung hinsichtlich ihrer Organisationsrolle in der Sozialen Arbeit: Sie befinden sich sowohl in der Publikums- als auch in der Leistungsrolle. Nun

---

[31] Luhmann 2003, S. 90.
[32] Vgl. ebenda, S. 101.

mussten wir aus der Perspektive der intraorganisationalen Kopplungsbeziehungen bereits feststellen, dass sich Hilfeprozesse als nach- bzw. in die Prozesse der Gesamtorganisation eingelagerte Prozesse versetzt sehen. Aus der Perspektive interorganisationaler Kopplungsbeziehungen sind Hilfeprozesse hingegen allen anderen Prozessen vorgelagert. Daher unsere These: Wird gegen die Autopoiesis dieser vorgelagerten Stellung interagiert, ist Scheitern organisierter Hilfe wahrscheinlich.

6. Fazit und Ausblick

Das vorgestellte Modell stellt einen Ordnungsrahmen zur Verfügung, wie es gelingen kann, kritische und konstruktive Kommunikationsverbindungen zwischen personalem und organisationalem Wissen herzustellen. Kommunikation ist auf Informationen angewiesen. Informationen, die an vielen Orten bei Personen einer Organisation zwar vorhanden, aber nicht zwingend beobachtungsfähig gehalten werden. Die Herstellung von Systemwissen basiert mithin auf Wissensarbeit, bei der es nicht um die 1:1-Nutzung von Informationen oder hierarchisch legitimierte Dispositive, nicht um technologisierbare Kommunikation gehen kann. Entscheidend ist weniger die Form ausgesuchter Kommunikationstechniken der Wissensarbeit, als vielmehr das beobachtungsfähig gehaltene Organisationsinteresse. Ist dieses lediglich taktisch statt offen und risikofreudig motiviert, sind systemrelevante Informationen für ein Unternehmen kaum erwartbar.[33] Spannend dabei wird auch sein, ob und inwieweit intra- und interorganisationale Kopplungsbeziehungen das herzustellen vermögen, was in der Praxis mit dem unbekümmerten Gebrauch des Netzwerkbegriffes verbunden wird. Mechanismen der Organisationsvernetzung sind nicht herstellbar – Kontexte, die Vernetzung fördern, dagegen schon eher. Auch dazu könnte das vorgestellte Modell der Organisationskommunikation einen Beitrag leisten.

---

[33] Vgl. Leitschuh-Fecht 2005, S. 599-607.

Literatur

Amstutz, Marc/Fischer-Lescano, Andreas (Hrsg.) (2014): Kritische Systemtheorie. Zur Evolution einer normativen Theorie. Bielefeld: transcript S. 99-110.

BAGFW – Bundesarbeitsgemeinschaft der Freien Wohlfahrtspflege (Hrsg.) (2002): Die freie Wohlfahrtspflege. Profil und Leistungen. Freiburg im Breisgau.

BAGFW – Bundesarbeitsgemeinschaft der Freien Wohlfahrtspflege (Hrsg.) (2010): Sozialwirtschaft – mehr als Wirtschaft? Steuerung, Finanzierung, Vernetzung. Bericht über den 6. Kongress der Sozialwirtschaft vom 14. und 15. Mai 2009 in Magdeburg. Baden-Baden.

Beer, Stafford (1973): Kybernetische Führungslehre. Frankfurt: Herder und Herder.

Berger, Johannes (1996): Entfernung von der Truppe. Realanalytische Grenzen des Konstruktivismus in der Soziologie. In: Miller, Max/Soeffner, Hans-Georg (Hrsg.): Modernität und Barbarei. Soziologische Zeitdiagnose am Ende des 20. Jahrhunderts. Frankfurt/M.: Suhrkamp, S. 231-245.

Clausen, Andrea (2009): Grundwissen Unternehmensethik. Ein Arbeitsbuch. Tübingen

Fuchs, Peter (2013): Die Unbeeindruckbarkeit von Gesellschaft. Ein Essay zur Kritikabilität sozialer Systeme. In: Amstutz, Marc/Fischer-Lescano, Andreas (Hrsg.): Kritische Systemtheorie. Zur Evolution einer normativen Theorie. Bielefeld, S. 99-110.

Lambers, Helmut (2015): Management in der Sozialen Arbeit und in der Sozialwirtschaft. Ein systemtheoretisch reflektiertes Managementmodell. Weinheim.

Leitschuh-Fecht, Heike (2005): Stakeholder-Dialog als Instrument unternehmerischer Nachhaltigkeitskommunikation. In: Michelsen, Gerd/Godemann, Jasmin (Hrsg.): Handbuch Nachhaltigkeitskommunikation. Grundlagen und Praxis. München, S. 599-607.

Luhmann, Niklas (1998): Die Gesellschaft der Gesellschaft. Band 1 und 2. Frankfurt/M..

Luhmann, Niklas (2003, c1975): Macht. 3. Auflage, Stuttgart.

Luhmann, Niklas (2011, c2000): Organisation und Entscheidung. 3. Auflage, Wiesbaden.

Luhmann, Niklas (2014): Zum Aufgabenbegriff der betriebswirtschaftlichen Organisationslehre. In: *Soziale Systeme. Zeitschrift für soziologische Theorie,* Stuttgart, S. 5-33.

Martens, Wil (2000): Organisation und gesellschaftliche Teilsysteme. In: Ortmann, Günther/Sydow, Jörg/Türk, Klaus (Hrsg.): Theorien der Organisation. Die Rückkehr der Gesellschaft. 2. Auflage, Wiesbaden.

May, Michael (2000): Wider den Zynismus einer Luhmannisierung der Theorie Sozialer Arbeit. Eine Antwort auf Albert Scherr. In: *Widersprüche. Zeitschrift für sozialistische Politik im Bildungs-, Gesundheits- und Sozialbereich,* Heft 7/8, Bielefeld.

Malik, Fredmund (2008, c1984): Strategie des Managements komplexer Systeme. Ein Beitrag zur Management-Kybernetik evolutionärer Systeme. 10., unveränderte Auflage. Bern.

Narr, Wolf-Dieter (1996): Jenseits der Barbarei? In: Miller, Max/Soeffner, Hans-Georg (Hrsg.): Modernität und Barbarei. Soziologische Zeitdiagnose am Ende des 20. Jahrhunderts. Frankfurt/M.: Suhrkamp, S. 246-257.

Obrecht, Werner/Zwicky, Heinrich (2002): Theorie als Selbstbestätigung. Zur Kritik der Luhmann'schen Systemtheorie. In: *Neue Praxis* Jg. 32, H. 5, S. 483-498.

Scherr, Albert (Hrsg.) (2015): Systemtheorie und Differenzierungstheorie als Kritik. Perspektiven in Anschluss an Niklas Luhmann. Weinheim.

Staub-Bernasconi, Silvia (2000): Machtblindheit und Machtvollkommenheit Luhmann'scher Theorie. In: Merten, Roland (Hrsg.): Systemtheorie Sozialer Arbeit. Neue Ansätze und veränderte Perspektiven. Opladen, S. 225-241.

Tacke, Veronika/Kette, Sven (2015): Systemtheorie, Organisation und Kritik. In: Scherr, Albert (Hrsg.): Systemtheorie und Differenzierungstheorie als Kritik. Perspektiven in Anschluss an Niklas Luhmann. Weinheim, S. 232-265.

Vester, Heinz-Günter (2010): Kompendium der Soziologie III. Neuere soziologische Theorien. Wiesbaden.

Willke, Helmut (2001): Systemisches Wissensmanagement. 2., neubearbeitete Auflage, Stuttgart.

Willke, Helmut (2011, c2004): Einführung in das systemische Wissensmanagement. Heidelberg.

Stefan Bestmann

Weniger ist manchmal mehr
Kritiklinien einer lösungsfokussiert sozialraumorientierten Sozialen Arbeit

1. Einleitung

Die durchaus seit vielen Dekaden immer wieder formulierte (i) Kritik am Expertenstatus der Akteure des professionellen Hilfesystems für biografische Entwicklungsprozesse der Adressaten[1] stellt für viele Protagonisten in der Sozialen Arbeit einen starken Angriff auf das bestehende Selbstverständnis dar. Die (ii) Dialektik einer dabei jedoch rein individualisiert gerahmten Subjektorientierung wird als eine Gefahr der Individualisierung gesellschaftlicher Problemausgangslagen feststellbar. Ähnlich wirkt die damit einhergehende (iii) Kritik an der Verdrängung lebensweltlich eigensinniger Unterstützungssysteme durch etablierte professionelle Hilfesysteme. Darüber hinaus provoziert die (iv) Kritik an der Lebensweltdistanzierung des professionellen Hilfesystems durch Standardisierungen und exklusionsfördernde Stationierungen außerhalb des Alltags. Zugleich erscheint eine lösungsfokussiert sozialraumorientierte Soziale Arbeit als eine ernsthafte Positionierung in der konkreten Handlungspraxis (statt rein diskursiv geführter Fachtagsrhetorik) bezüglich einer (v) Kritik an der verbetriebswirtschaftlichten statt solidarisch-gemeinwohlorientierten Ökonomisierung sozialer Leistungserbringungen. Eine radikal lösungsfokussiert sozialraumorientierte Soziale Arbeit[2] verweist sehr deutlich auf diese Kritiklinien in der bestehenden Aufstellung Sozialer Arbeit. Im Folgenden werden diese kritischen Betrachtungen zunächst herausgearbeitet und so eine perspektivisch an und mit

---
[1] Illich 1979; Olk 1986.
[2] Vgl. Bestmann 2015.

den Menschen ausgerichtete Soziale Arbeit konturiert, die sich auf lösungsfokussierte Ansätze der sogenannten Milwaukee-Schule[3] und das Fachkonzept Sozialraumorientierung[4] beziehen.

2. Das Chaos des Alltags als Chance

Ganz unabhängig davon, welcher Theorietradition man folgt, zeigt sich im Kern die Bewältigung des Alltags als zentraler Gegenstand Sozialer Arbeit. Die Anerkennung und zunächst überhaupt die Wahrnehmung der stets existierenden Bewältigungsleistungen der Menschen in ihren alltäglichen Herausforderungen werden seit vielen Dekaden diskutiert.[5] Das fachkonzeptionelle Modell der Lebensweltorientierung, maßgeblich und nachvollziehbarerweise mit Thiersch[6] verbunden, beschreibt in der zentralen Essenz, dass sich die Legitimation einer Profession Soziale Arbeit erst durch die Ermöglichungsarbeit für einen selbstbestimmteren, gelingenderen Alltags der Menschen erweist. Aus diesem Grund nannte sich dieses fachliche Verständnis in seinen Ursprüngen zunächst „Alltagsorientierung",[7] bevor es in einen akademisch anerkannteren Begriffsdiskurs zur „Lebenswelt" umschwenkte. Das Proprium der Lebensweltorientierung impliziert, dass die professionellen Akteure sich sowohl methodisch als auch strukturell in ihren Zugängen und Interventionsweisen komplett auf den jeweils individuellen Alltag der Menschen einstellen. Die Professionalisierungsgeschichte Sozialer Arbeit weist jedoch eine ganz andere Geschichte vor, die deutlich von der Distanzierung sowohl gegenüber den ‚Klienten' als auch ihrem Alltag geprägt ist. Wenn der Alltag der Menschen zum zentralen Gegenstand wird, impliziert dies eine Akzeptanz der maßgeblich einflussstarken Kategorien von Komplexität und Nichtwissen.

Die Lebensweltperspektive ist unter Annahme konstruktivistischer Theoriefundierungen stets eine je subjektive und einzigartige. Daher kann es im Grunde nicht verwundern, dass sogenannte Klienten häufig bei den Profis den Eindruck hinterlassen, ihre Erklärungsversuche würden stets neu erzählt, wären unvollständig und wechselhaft, kurzum schwer durchdringbar. Häufig wird dies

---

[3] Vgl. Berg/Jong 1998; de Shazer 1991; de Shazer 1998; de Shazer/Dolan 2008.
[4] Fürst/Hinte 2014; Hinte/Treeß 2007; Bestmann 2013a.
[5] Vgl. Böhnisch 1997.
[6] Vgl. Thiersch 1986.
[7] Vgl. Thiersch 2003.

– je nach theoretisch gefasster Brille – jedoch als Widerstand, mangelnde oder zumindest nur so scheinende Kooperationsbereitschaft, spezifische Verhaltensmuster und derlei vielfältige professionalisierte Erklärungsversuche tituliert und den Adressaten geradewegs als fast schon strategische Zugangsbarrieren in die Verantwortungsschuhe geschoben. Dies hat viel damit zu tun, dass wir als Professionelle auf eine Wissenschaftstradition setzen, die nach wie vor an Beherrschbarkeit und eine ergebnisantizipierende Steuerungsideologie entlang von beschreibbaren Gesetzmäßigkeiten glaubt.[8] Mit diagnostischen Verfahren werden Erklärungsmodellierungen etabliert, um vermeintliche Ursachen zu identifizieren, die durch professionelle Interventionen derart beeinflussbar und damit – möglichst in Qualitätshandbüchern standardisiert und gleichsam erfolgreich nachweisbar sowie im Ideal entgegen jeglicher subjektorientierter Einzigartigkeit mehrfach reproduzierbar – steuerbar zu werden scheinen, dass eine Profession darüber ihre Legitimation und Existenz herzustellen versucht. Dies hat, auch wenn es meist sehr achtsam dargestellt und hochtrabend formuliert wird, stets den Duktus der mechanistischen Modelle in der Tradition eines Issac Newton.

Die Begleitung und der Umgang mit lebendigen Prozessen, die durch maßgeblich unvorhersehbare Einflussgrößen geprägt sind, lassen sich hingegen eben nicht mechanistisch trivialisieren oder theoretisch erklärbar und beherrschbar machen. All diese Modelle haben zum Fundament, dass – eventuell noch rhetorisch wertschätzend formuliert, jedoch nicht ernsthaft konsequent umgesetzt – die Adressaten in der Tat die Experten in der Bewältigung ihres Alltags sind und auch bleiben werden, selbst wenn die Profession ihnen den Alltag über Stationierungsprozesse und dergleichen immer mehr entfremdet. Eine der größten Herausforderungen scheint dabei zu sein zu akzeptieren, dass wir Menschen uns nicht verändern lassen. Selbst bei höchster Repression werden wir nur so tun, als würden wir uns ändern. Ein Mensch ändert sich stets nur aus sich selbst heraus, wenn es ihm einerseits sinnlogisch hilfreicher und zieldienlicher ist (sense of coherance) und die Umsetzung des Notwendigen andererseits zudem überhaupt möglich wird. Aus einem solchen die Autonomie und die Selbstbestimmung der Menschen ernstnehmenden Verständnis als Grundlage einer Sozialen Arbeit leitet sich geradewegs eine Kritik am Expertenstatus der Akteure der professio-

---

[8] Vgl. Feyerabend 1979.

nellen Hilfesysteme für die biografisch subjektiven Entwicklungsprozesse der Adressaten ab.[9]

3. Interesse – zwischen Subjekt und Umwelt

Eine durchweg subjektfokussierte Lebensweltorientierung hat die Gestaltung von Ermöglichungskontexten im Fokus. Gleichwohl geschieht dies im Wissen um die Wechselwirkungsprozesse zwischen Lebenswelt und Lebenslage.[10] Soziale Arbeit bringt sich in den allermeisten Handlungsvollzügen in eine zwar subjektbezogene, jedoch individualisierende Aufstellungskonstruktion. Wie angedeutet erweist sich bspw. der Alltag in Familien in der Regel als komplex, intransparent und zirkulär. Die Profis verzweifeln geradewegs an einem schwer nachvollziehbaren und nicht ausreichend erklärbaren, verworrenen Durcheinander. Dies motiviert wiederum viele Akteure, beeindruckend klingende, jedoch in der Regel wenig wirksam passgenaue, weil trivialisierende und damit die Komplexität unangemessen reduzierende Erklärungsmodelle zur eindeutigen Identifizierung von Ursache und Wirkung, zu entwickeln. In im Grunde fürsorglich aufgestellten und zumeist nicht partizipativ beteiligenden Profibezügen, die als Fallberatungen oder ähnliches bezeichnet werden, zeigen sich faktisch gegenseitige Bestätigungszirkel. Häufig wird dabei, entgegen der bereits in den Handlungsmaximen der Lebens- und Alltagsorientierung nach Thiersch formuliert, vergessen, dass eine aus dem Einzelfall herausgehende und diesen nicht nur als auf ein Individuum bezogenen Einzelfall zu betrachtende Arbeit gleichsam unabdingbar notwendig wird. Die Aufgabe Sozialer Arbeit, wenn sie sich der Bewältigung von Alltag ernsthaft stellt, besteht folglich darin, – neben der subjektbezogenen, rein auf den Einzelfall und das individuelle Verhalten bezogenen Unterstützung – stets auch sich häufende, sozialstrukturell einflussnehmende Phänomene in den Verhältnissen (Lebenslagen)[11] wahrzunehmen, zu identifizieren, zu benennen, sichtbar zu machen, diskursiv zu erweitern und gemeinsam *mit* den Menschen in Veränderung zu bringen.[12]

So zeigen sich beispielsweise im Handlungskontext der Hilfen zur Erziehung nach dem SGB VIII nicht ausschließlich sozialpädagogische Einflussgrößen,

---

[9] Illich1979; Olk, 1986.
[10] Kraus 2006.
[11] Vgl. Kraus 2006.
[12] Vgl. Bestmann 2013a.

was von vielen Professionsakteuren, weil sie zumeist ja auch nichts anders anbieten können, als ausgesprochen unangenehm erlebt wird. Die ökonomischen Rahmungen, die Arbeitsbezüge, die Wohnsituation, die bildungsbiografischen Perspektiven der Familienmitglieder sind in vielen familiären Ausgangslagen im Grunde nichts anderes als existenzielle Bedrohungen. Wenn in diesen zentralen Existenzbedingungen ein Mangel besteht, also bspw. zu wenig Geld vorhanden ist, wenn der Wohnraum deutlich zu eng und ungesund gestaltet ist, hilft nicht allein – wenn überhaupt – eine auch noch so kompetent dargebotene systemische Familientherapie. Blöderweise befördert genau dieser Kontext eher die Therapeutisierung. Die Ausblendung der Wechselwirkung von Lebenslage und Lebenswelt, von Verhältnissen und Verhaltensweisen unterstützt die bio-psycho-sozialen Dienstleister zwar in ihrem standardisiert-professionalisierten Angebotsportfolie. Zugleich kann durchaus etwas scharf formuliert werden, dass sich Soziale Arbeit in ihrem traditionellen Selbstverständnis eines steten Dreiklangs von Einzelfall, Gruppe und Gemeinwesen im Grunde selbst deprofessionalisiert, wenn sie diese Wechselwirkungsaspekte nicht ernst nimmt. Befördert wird dies maßgeblich durch die sozialgesetzgeberische Steuerungslogik. So besteht bspw. in der Kinder- und Jugendhilfe zwar ein individuell einklagbarer Rechtsanspruch auf eine sogenannte ‚Hilfe zur Erziehung'. Zugleich bleibt jedoch recht ungeklärt, wodurch genau diese Hilfe sich auszeichnet. Genau diese Missverständlichkeit gestaltet die Steuerungslogik aus.

Sozialrechtlich liegt in der Tat die bedeutende Herausforderung in der Frage, wie bspw. das SGB VIII eben diese Wechselwirkung zwischen Individuum und gesellschaftlichem Kontext stärker für eine konkrete Praxisermöglichung unterstützen kann. Eine klare Problematik in der kommunalen Steuerung vor Ort besteht eben darin, dass die einzelfallspezifische Dimension als individuell einklagbarer Rechtsanspruch besteht und die einzelfallunabhängige Ebene der sozialräumlichen Ausgangslagen schlicht als normative Soll-Beschreibungen formuliert ist. Der immer wieder und seit Jahrzehnten die Konkurrenz zwischen individuell einklagbaren und sozialräumlich einzelfallübergreifenden bzw. -unabhängigen Ausgangslagen produzierende Haken liegt in der nicht einklagbaren Gewährleistungsverpflichtung für eben diese sozialräumlich ausgerichtete Soziale Arbeit. Im schlichten Kommunalpolitikalltag übernimmt dann nicht der Jugendhilfe-, sondern der Haushaltsausschuss zumeist die argumentative Federführung und solche begrifflichen Abstrusitäten wie Pflichtaufgabe (§27ff) vs. Küraufgaben (bspw. §11, § 16) bestimmen den Alltag der kommunalen Jugendhilfepraktiker, die daran verzweifeln (müssen).[13] Was fehlt, ist eine sozialrechtlich eindeutige Stärkung zur Gestaltung der Wechselwirkung zwischen Lebenswelt und Lebenslage. Wichtig wird dabei, dass eine ernsthafte Subjektorientierung eben nicht bedeutet, eine individualisierte Ausrichtung ausschließlich auf das Verhalten der Individuen, sondern zugleich auf die Änderung der das Verhalten mitbedingenden Verhältnisse zu fokussieren. Aber die meisten Angebote in sogenannt personenbezogenen Dienstleistungen fokussieren im vermeintlichen Sinne einer eher gewinnwirtschaftlich konnotierten Subjektorientierung ausschließlich individualisierend das Verhalten. Und sie bestärken so die gesellschaftlichen Prozesse, die es zugleich zu verändern gilt. Kurzum: Die Subjektorientierung in einer solchen sozialgesetzgeberischen Rahmung kann sehr deutlich zu einer zuschreibenden Individualisierung verkümmern. Durch die einzelfallunspezifische Dimension in einem sozialräumlich dreigliedrigen Fallverständnis kommen neben dem Verhalten der Adressaten eben auch ihre Lebensverhältnisse zum Tragen.[14] Dies zeigt sich aktuell gerade bei der ganzen Kinderschutzdebatte als immens wesentlich.[15] Es geht nicht allein um 'Fehlverhalten' der Adressaten, die es immer engmaschiger präventiv zu 'überwachen' gilt. Dahinter liegen gesellschaftlich zu verantwortende kinder- und familienfeindliche Lebensverhältnisse der Prekarisierung, der Armut, der Ausgrenzung und der Existenzbedrohung.

4. Lebensqualität statt Versorgungsqualität

Die Bewältigung eines Alltags ist in vielen Lebenslagen unfassbar anstrengend, zumal bei wenig Perspektive auf ökonomische, soziale, kulturelle, bildungsbezogene etc. Teilhabe. Die Aufgabe Sozialer Arbeit liegt darin, die Menschen in der Wahrnehmung ihrer Teilhabe und gerade auch ihrer *Teilgabe* zu unterstützen bzw. diese zumeist erst einmal zu ermöglichen. Es wird deutlich, dass die Bewältigung eines Alltags durchaus ein Mehr ist als die Reduzierung auf sozialpädagogische Erkenntnisse. Diese anderen einflussnehmenden Faktoren sind gleichsam bedingend für die Ermöglichung eines selbstbestimmteren, gelingenderen Alltags und damit eben auch grundlegend für eine hilfreichere, im Sinne einer den Alltag wirksam verändernden Sozialen Arbeit. Eine Komplexitätstri-

---

[13] Vgl. Bestmann 2013b.
[14] Zum sozialräumlichen Fallverständnis siehe Bestmann 2013a.
[15] Teubert 2010.

vialisierung bringt den in einem Alltagsausschnitt isoliert und einzeln handelnden professionellen Akteur in eine aus seiner fachlich-institutionellen Sicht zwar vermeintlich klarere Handlungsfähigkeit. Zugleich jedoch bewegen sich die verschiedenen nicht kooperierenden Einzelakteure eher weg vom Alltag und damit weg von den Menschen. Eine damit einhergehende Notwendigkeit für das professionelle System liegt darin, eine für die Adressaten alltagskompatible Perspektive einzunehmen, d.h. sich der Komplexität des Alltags der Menschen zu stellen und diese nicht durch ein stark segmentierendes, nicht abgestimmtes Spezialistentum mit funktionalen, zumeist voneinander abgegrenzten, isolierten Differenzierungen zu reduzieren. Hierdurch entfernen sich die professionellen Sichtweisen zumeist deutlich von den alltagsbezogenen Wirklichkeitskonstruktionen der Adressaten. Die soziologisch beschriebenen Individualisierungsprozesse[16] verringern gleichsam die Passung für eine vorab standardisierte, auf sogenannte Zielgruppenphänomene reduzierte und zugeschnittene Angebotspalette Sozialer Arbeit.

Soziale Arbeit steckt nach einer kritischen Analyse von Dörner[17] nach wie vor eher in einem industriellen Verständnis von Homogenisierung, Differenzierung, Spezialisierung sowie Isolierung von Arbeitsprozessen, Stationierung und alltagsferner Ausschließung. Dies bedeutet, dass die je subjektive Lebensqualität der Menschen in einem Sozialraum zur handlungsfeldübergreifenden Steuerungsgröße etabliert wird und weniger der ‚Fall‘, das ‚Problem‘ oder die ‚Erkrankung‘, die Zielgruppe, die Immobilie, die Belegung der stationären Plätze oder ähnliche Abgrenzungskategorien das fachliche Handeln motivieren. Befördert werden sollte möglichst eine lebensweltbezogene und wirksame Veränderung in der jeweiligen Alltagsbewältigung, gerade auch unter Nutzung der adressatenimmanenten sowie lebensweltlichen Ressourcen. Schon vor gut 25 Jahren hat Thomas Olk in einer Ausführung über „die alternative Zukunft der Sozialarbeit"[18] darauf hingewiesen,

> „... dass eine solche Perspektive professionellen Handelns [...] den Zuständigkeits- und Kompetenzbereich von Sozialarbeit sowohl ausweiten als auch einengen [würde; S.B.]. Ausgeweitet wird der professionelle ‚Blick‘ in dem Sinne, als immer weniger lediglich die Person des Klienten oder seiner unmittelbaren Beziehungspartner berücksichtigt, sondern in zuneh-

---

[16] Beck 1986.
[17] Dörner 2012.
[18] Olk 1986, S. 240.

menden Maße auch seine sozialen Netzwerke und seine sozialökonomisch und sozialräumlich geprägte materielle Lebenslage einbezogen würden. Die entsprechende Handlungskompetenz ist daher weniger einzelfallbezogen als vielmehr feldbezogen [Hervorhebung i.O.] ausgeprägt (vgl. Pankoke 1985). Die Einschränkung des ‚professionellen Blickes' ergäbe sich aus der wachsenden Einsicht in die strukturellen (Interventions-)Grenzen sozialarbeiterischen Handelns."[19]

Dies war damals eine als Zukunftsbeschreibung entworfene Perspektive, entgegengestellt der zu jener Zeit schon stark verbreiteten segmentierenden Spezialisierung.

Soziale Arbeit steuert nach wie vor über Versorgungsqualität, die in ihrem Ursprung bereits institutionsbezogen, standardisiert, sektoral-abgrenzend, objektivierbar und im Grunde einfältig aufgestellt ist als 0815-DIN-ISO-genormtes, diagnostizierendes und objektivierendes Standardrezept. Ein Dialog über Lebensqualität als Steuerungsgröße zeigt sich hingegen personenbezogen, subjektiv, stets vielfältig und inklusiv, transsektoral sowie einzigartig.

Durch die Kritik der Lebensweltdistanzierung des professionellen Hilfesystems durch Standardisierungen und exklusionsfördernde Stationierungen außerhalb des Alltags wird die zentrale fachliche Steuerungsgröße somit die Lebensqualität im Alltag der Menschen in einem Sozialraum.

5. Stärkung lebensweltlich eigensinniger Unterstützungssysteme

Im Selbstverständnis einer kritischen Sozialen Arbeit ist zu klären, wer für was eine Expertise einbringen kann. Im soziologischen Diskurs wird seit über zwei Dekaden eine „Umwandlung des Expertensystems zu einer demokratisch organisierten, durch Dialoge bestimmten öffentlichen Sphäre"[20] gefordert als Form einer reflexiven Modernisierung.[21] Wenn der Alltag und damit die Gestaltung von Komplexität zum ernstgemeinten Ausgangspunkt jeglichen Handelns Sozialer Arbeit wird, verbleiben nur die Adressaten in ihrem Expertisestatus für die

---

[19] Olk 1986, S. 253.
[20] Lash 1996, S. 345.
[21] Beck/Giddens/Lash 1996.

Ausgestaltung eines aus ihrer Sicht selbstbestimmteren und gelingenderen Alltags. Zugleich sind sie – und nicht irgendwelche intervenierenden Profis – die Produzierenden dieser Veränderung.

Die durchweg anspruchsvolle Professionalität einer kritischen Sozialen Arbeit fokussiert bei der Gestaltung von Ermöglichungen der Teilhabe *und* Teilgabe sowohl auf die subjektiv-individuelle als auch die gesellschaftliche Dimension. Dann wird gut nachvollziehbar, dass eine aktive Beteiligung durchaus ein komplett anderes Grundverständnis notwendig macht als eine beteiligende Aktivierung, ganz zu schweigen von einer demokratisierten Sozialen Arbeit, die Selbstorganisation, Autonomie und Eigenkräfte zulässt statt professionelle Entmündigungen in wertschätzende Phrasen zu hüllen. Hierbei sind zwei Aspekte sehr zentral:

(1) Einerseits gilt es, die bereits existierenden Verfahrensweisen einer aktiven Beteiligung der Adressaten in den Gestaltungsprozessen Sozialer Arbeit zu einer regelhaften Form zu etablieren. So gibt es in der Landeshauptstadt Stuttgart mittlerweile ein regelhaft (!) methodisches, jedoch nur spärlich zum Einsatz gebrachtes Angebot eines sogenannten Familienrats in Ausgangslagen der Hilfen zur Erziehung.[22] In einigen kommunalen Jugendhilfekontexten werden die betroffenen Familienakteure aktiv in die sogenannten Fallberatungen eingebunden. Die persönliche Zukunftsplanung ist ebenfalls ein langjährig erprobtes und beforschtes Instrument der aktiven Partizipation.[23] In der Psychiatrie wird seit Jahrzehnten das Modell des Trialogs umgesetzt. Ebenso partizipieren immer häufiger sogenannte Erfahrungsexperten (also Ex-Klienten) in konkreten Prozessen Sozialer Arbeit. Diese ganzen Verfahrensweisen einer aktiven Partizipation bis hin zu Selbstbestimmung in der Veränderungsarbeit sollen hier nicht methodisch ausformuliert werden.[24] Wichtig erscheint in diesem Kontext, dass es keinen Mangel an wirksamen Verfahrensweisen gibt, sondern einen Mangel an ernsthaften Einsatzmöglichkeiten, die verbindlich und regelhaft sind. Hoch interessant dabei ist zugleich, dass diese Formen der aktiven Beteiligung zumeist sogar noch kostengünstiger und nachhaltig wirksamer sind, damit jedoch die gewinnorientierten Selbsterhaltungsbezüge einer teilweise konzernförmig aufgestellten Sozialwirtschaft kritisieren.

---

[22] http://www.familienrat-fgc.de/literatur.html [Zugriff 18.10.2016].
[23] https://www.persoenliche-zukunftsplanung.eu/materialien/bestellmoeglichkeiten.html [Zugriff 18.10.2016].
[24] Straßburger/Rieger 2014.

(2) Andererseits impliziert eine aktive Beteiligung eine funktionale Kontrolle sozialarbeiterischer Handlungsvollzüge, die nicht allein durch Selbstreflexivität der Professionellen bezeugt wird. Gerade die sozialarbeiterische Interaktion im dialogischen Handeln wird zu einer nicht-öffentlichen ‚Black Box'. Über standardisierte Verfahrensabläufe und differenzierte Berichtsweisen Licht ins Verfahrensdunkel zu bringen, scheint eben aufgrund der notwendigen Flexibilität eher kontraproduktiv. Es geht daher um die Stärkung der Adressaten in der Kontrolle des professionellen Handlungsvollzugs, die eine entsprechend begutachtende Position garantiert bekommen, um das „Handlungssystem unter Reflexionsdruck zu setzen"[25]. Die Adressaten als Bürger müssen in der grundlegend bestehenden Asymmetrie des Erbringungskontextes einer sozialen Dienstleistung ermächtigt werden. „Das Dilemma kann nur dadurch gelöst werden, dass Soziale Arbeit à la longue ihr Klientel an den Herrschaftsstrukturen beteiligt, über welche sie verfügt, und auch an jener Macht teilhaben lässt, die ihr zuvor von jener zugeschrieben worden ist."[26] Oder wie May es formuliert, könne „im Aufgreifen der Tradition runder Tische ein gemeinsames Gremium zwischen Vertretung der Selbstorganisation der AdressatInnen und den TrägervertreterInnen"[27] ein entsprechend erster Schritt liegen hin zum Kern der Legitimation Sozialer Arbeit schlechthin: „Soziale Dienstleistung ist ein vom nachfragenden Subjekt als produktiver Konsument ausgehender und gesteuerter professioneller Handlungsmodus, der im Erbringungskontext des Sozialstaates perspektivisch die Symmetrie des Machtverhältnisses von Nutzer und Professionellem sowie die Demokratisierung der Einrichtungen Sozialer Arbeit zur Voraussetzung hat. Ihr gesellschaftlicher Bezugspunkt und ihre Legitimation ist in ihrer Ausrichtung auf die Herstellung, Reproduktion und Sicherung des Bürgerstatus ihrer Nutzer begründet."[28] Ein hoffnungsfroher Schimmer am Horizont der Demokratisierung Sozialer Arbeit zeigt sich bspw. im Bundesnetzwerk Ombudschaft der Kinder- und Jugendhilfe.[29] In diesem Kontext sei erinnert an die provozierende Frage von Jane Addams: „Was soll das Gerede von Brüderlichkeit und Gleichheit, wenn man kein Recht hat, dieses Reden in der Hilfebeziehung konkret umzusetzen?"[30] Wer kontrolliert eigentlich die Sozialarbeitenden

---

[25] Olk 1986, S. 252.
[26] Krieger 2007, S. 70.
[27] May 2008, S. 77.
[28] Schaarschuch 2003, S. 165.
[29] Schruth 2009; Urban-Stahl 2010.
[30] Jane Addams zit.n. Staub-Bernasconi 2003, S. 38.

in der Interaktion, sofern diese nicht nur und ausschließlich selbstgefällig sich unter den geforderten Selbstreflexionsdruck setzen? Adressaten im Allgemeinen und junge Menschen im Besonderen werden als Träger eigener Rechte in eine entsprechende Rechtsposition gebracht, die Kritik und Widerspruch zu einer Alltagsnormalität in der sozialarbeiterischen Praxis wandelt. Durch die entstehende Kritikfähigkeit wird so ein Beitrag zu individueller Emanzipation und zu gemeinschaftlicher Demokratisierung Sozialer Arbeit erlebbar. Im Wissen um die historischen Machtverführungen gerade auch im Feld der Sozialen Arbeit wird so die geforderte „Erziehung zur Mündigkeit"[31] gelebte Praxis.

6. Konstruierte Bedarfe vs. subjektiver Wille?

Wenngleich in jüngster Zeit Argumentationen für einen liberalisierten Markt mit gestärkten ‚Kunden' formuliert werden,[32] muss zunächst einerseits betrachtet werden, wie sich die aktuelle Finanzierungslogik begründet, und andererseits, was denn überhaupt einen Bedarf konstruiert, der dann vom ‚Markt' bedient werden kann. In einem emanzipatorisch gefassten und ernsthaft aktiv partizipativen Verständnis Sozialer Arbeit kann die Finanzierungslogik nicht auf Defizite orientiert sein bzw. eine Problem zuschreibende Intervention notwendig machen. Aktuell bringt, je schwerwiegender und langandauernder der ‚Fall' ist, dies dem Leistungsträger einen entsprechend lukrativeren Ertrag. Die Einbindung von Eigenkräften, sozialräumlichen Ressourcen, eigensinnig hilfreichen Lebensweltbezügen und ähnlichem schadet in der Regel dem betriebswirtschaftlichen Handeln der Sozialwirtschaft. Wir reden zwar über sogenannte Hilfeziele (manchmal sogar ernsthaft gemeinsam mit den Betroffenen) und verschreiben dann aber in der Folge zumeist schlicht Angebotsrezepte für bestimmte steuer- und planbare Maßnahmen aus dem bereits bestehenden ‚Produktkatalog' der Dienstleister: eine ambulante Familienhilfe für 2 x 3 Stunden die Woche für einen Verlauf von mindestens einem Jahr zur Stärkung der Verselbständigungsprozesse der Jugendlichen. Ist das in einer emanzipatorisch verstandenen Professionsethik eine Hilfe zur Selbsthilfe, wenn häufig nicht mal geklärt ist, wie aus Sicht der betroffenen Familienakteure überhaupt ein veränderter Lebensalltag aussehen könnte – mit all den häufig eben nicht sozialpädagogisch gerahmten, gleichwohl wirkmächtigen Einflussfaktoren? Das von Wolff formulierte Hilfe-

---

[31] Adorno 1970, S. 133ff.
[32] Kleve 2015.

paradox, „Hilfe stärkt nicht in jeder Hinsicht, sondern sie macht auch abhängig und schafft schiefe Ebenen",[33] zeigt dabei auch die Abhängigkeit der Professionellen auf. Durch die gesetzlich verankerte Steuerungslogik sind die Profistrukturen von der Hilfemaßnahme und der Angebotssteuerung ‚abhängig' geworden. Wenn die Mitarbeitenden bei einem Träger mit einer halben Stelle fix angestellt sind und zugleich die flexible sowie auf Grund der schlechten Bezahlung schlichtweg notwendige Einkommensaufstockung von der aktuellen Nachfrage der Klienten abhängig gemacht wird, wirkt das Hilfeparadoxon ebenfalls auf dieser Dimension. Wir müssen uns im Klaren sein, dass dies der Logik eines Gewinn erwirtschaftenden Vermarktungssystems entspricht. Dabei sind in der Folge die professionsethischen Leitlinien zu einer zumeist rhetorisch netten Garnierungsbeilage reduziert. Die meisten Trägerorganisationen zeigen pathologischen ‚Belegungsdruck' ihrer bestehenden, spezialisierten und zugleich meist alltagsfernen Einrichtungsangebote. Ein aktuelles Beispiel für die Ökonomisierung und ‚Vermarktung' der ‚Hilfe' statt einer alltagsbezogenen Bürgerorientierung zeigt sich im Internetangebot http://www.soziales-im-netz.de, das ausgesprochen ähnlich aufgebaut erscheint wie eine langjährig erprobte Dienstleistungsseite aus dem Handwerkerbereich. Statt bestehende Angebote im Sinne der §28ff SGB VIII zu ‚verkaufen', sollten individuelle, an den Alltagssituationen ausgerichtete Lösungsbilder für Veränderungen im Lebensweltalltag der Adressaten entwickelt werden, und zwar gemeinsam mit den Familienakteuren und nicht gegen ihren Willen und möglichst mit ihren Möglichkeiten und Ressourcen. Das heißt: Eigentlich müssen sich die Profis den lebensweltlichen Alltagsituationen der Familien anpassen. Aktuell scheint es aber nach wie vor so, dass sich die Familien den bereits bestehenden Angeboten anpassen müssen. Die Adressaten haben einen Anspruch auf lebensweltliche, alltagsbezogene Hilfe in einem auf sie als handelnde Subjekte und Bürger bezogenen Verständnis. Dies impliziert, dass der Leistungserbringer daraus keinen Anspruch auf Nutzung seiner bestehenden Angebote ableiten kann, wie es die aktuelle Debatte manches Mal vermuten lässt und die Praxis vielerorts zeigt. Hingegen benötigt ein leistungserbringender Träger Planungssicherheit für Qualitätssicherung und vor allem auch Qualitätsweiterentwicklung. Die Notwendigkeit dieser Planungssicherheit und Qualitätsentwicklung muss daher entkoppelt werden von einer Refinanzierung über individualisierende Einzelfalllogiken. Das Geschäft findet in der Sozialwirtschaft in unterschiedlichen Dimensionen statt: Leitungsberech-

---

[33] Wolff 1990, S. 22.

tigte, Leitungsgewährende und sogenannte Leistungserbringende stehen in mehrfachen Bezügen zu einander, bspw. im Auslösen des Geldflusses oder der Begrifflichkeit des ‚Kunden'. Aus diesem Grunde müssen bspw. auch die Vokabeln der Effektivität und Effizienz in ihrem Bezug geklärt sein: Eine Effektivität und Effizienz aus Sicht der Adressaten formuliert sich höchstwahrscheinlich anders als aus Sicht der kommunalen Kämmerei, wenn diese eher betriebswirtschaftlichen und nicht sozialarbeitswissenschaftlichen Logiken folgt.

Mit Lambers lässt sich in der Tat fragen: „Dient Sozialwirtschaft der Gesellschaft oder dem Individuum?",[34] insbesondere in der Formulierung von ursprünglich gemeinnützigen Trägern. Ein professionsethischer Kodex als verbindender da verbindlicher Handlungskontext ist aber nicht nur im Bereich der Sozialwirtschaft maßgeblich notwendig. Dies impliziert zugleich, dass diejenigen mit fachwissenschaftlicher professionsethischer Expertise zugleich die organisationalen, rechtlichen und finanzierungssystematischen Einflusssetzungen maßgeblich proaktiv mitgestalten.

7. Weniger ist manchmal mehr

Der Ansatz der Lösungsfokussierung[35] nach Berg, de Jong[36] sowie de Shazer[37] zeichnet sich insbesondere dadurch aus, dass der Adressat als der entscheidende und alleinige Experte für die Generierung von Lösungsideen angesehen wird.[38] Ausgehend von einem radikal konstruktivistischen Modell[39] und einem konsequent ressourcenorientierten Vorgehen geht dieser Ansatz davon aus, zur Entwicklung von Lösungen für eine veränderte Zukunft nach einem ‚Stattdessen'[40] zu forschen. Ein wichtiger und zugleich radikal ressourcenfokussierter Baustein ist die Vorannahme, dass es in fast jeder problematischen Situation zumindest Momente von Ausnahmen gibt, in welchen der Mensch seine problematische

---

[34] Lambers 2016, S. 75.
[35] In der Regel verwende ich den Begriff der Lösungsfokussierung, da nach diesem Verständnis eine radikalere Haltung und deutlich intensiveres Vorgehen impliziert werden als eine schlichte ‚Orientierung'.
[36] Berg/Kelly 2001; Jong/Berg 2003.
[37] Shazer 1975, 1991, 1998; Shazer/Dolan 2008.
[38] Jong/Berg 2003, S. 44; Walter/Peller 2004, S. 46.
[39] Watzlawick 1976.
[40] Walter /Peller 2004, S. 75.

Situation als weniger bedrohlich oder auch ein problematisches Verhalten als weniger stark bzw. bedeutsam erlebt. Das Suchen nach Ausnahmen[41] und den darin liegenden Potenzialen für eine andere, gelingendere Zukunft bringt die Adressaten (wieder) in eine kompetente und aktive Rolle. Sie sehen, dass bereits im Bestehen problematischer Situationen ein ‚Stattdessen' möglich ist, und sie erfahren, dass nur sie und eben nicht Außenstehende über dieses Wissen verfügen. Mit der Betonung der Stärken werden Motivation und Selbstverantwortlichkeit fokussiert. Außerdem führt das Entwickeln eigener Lösungswege dazu, dass Lösungen nachhaltiger im Alltag der Adressatinnen wirken.

Jede Ausgangslage ist in ihrem spezifischen Kontext einzigartig und jeder Familienzusammenhang besitzt eine je eigene Komplexität, die es anzuerkennen gilt. Lösungsfokussierte Arbeit achtet dies, indem sie die „Fertigkeit des Nichtwissens"[42] als eine professionelle Haltung, verbunden mit einer entsprechenden methodischen Kommunikationstechnik einsetzt. Statt aus einer Position des Expertenwissens heraus gelingt es den Beratern durch diese ‚Fertigkeit des Nichtwissens' im Bezugsrahmen des Adressaten zu bleiben und sehr genau darauf zu achten, was dem Adressaten wichtig ist und wozu er bereit ist und sich fähig hält, um Veränderungen einzuleiten. Lösungsorientierung setzt auf die Eigenkräfte der Menschen und die Förderung von Selbsthilfepotenzialen. Lösungen intendieren eine potenzielle und selbstbestimmte Veränderungsoption in dem Sinne, dass (wieder) eine selbstgesteuerte Lebendigkeit in die alltagsgestalteten Prozesse einkehrt. Der Knoten der gefühlten und zum Teil erlebten Starre, die Ohnmacht und der Mangel an Handlungsoptionen löst (!) sich durch diesen Prozess.

Es scheint durchaus nachvollziehbar, dass auch ein Ansatz, der wie die Lösungsorientierung stark das emanzipatorische Selbstbestimmungsrecht bestärkt und damit die Adressaten stets in ihren Bürgerrechten wahrnimmt statt sie zu klientifizieren bzw. pathologisieren, bei bestimmten Ausgangslagen der Individuen an die Grenzen der Veränderbarkeit stößt. Wenn bestimmte Lebenslagen den Adressaten derart einschränken, dass eine Veränderung in die gewünschte Richtung nicht ohne Einflussnahme auf Umweltfaktoren zu realisieren ist, „[...] haben wir einen Aspekt sozialen Engagements ganz unmittelbar angesprochen, den ich für die Sozialpädagogik und vielleicht für jegliche Bildung heute für immer wichtiger halte: Wir müssen nämlich vielfach zunächst den Boden berei-

---

[41] Shazer/Dolan 2008, S. 75.
[42] Jong/Berg 2003, S. 46.

ten, auf dem Hilfe zu einer gedeihlichen Entwicklung, Hilfe zu Selbsthilfe oder auch fördernde Bildungsarbeit überhaupt erst möglich werden"[43].

Das Verständnis und die verschiedenen methodischen Prinzipien der Lösungsorientierung bieten zugleich auf den Handlungsdimensionen des Individuums, seiner sozialen Bezüge sowie der Sozialraumarbeit ein passgenaues Inventar an Interaktionsmöglichkeiten. Dabei geht es darum, die Adressaten Sozialer Arbeit stets als potenziell selbstwirksame Bürger zu achten, ihre Selbstwirksamkeitspotenziale nicht durch vermeintliche Professionalität zu verdrängen und zugleich die einflussnehmenden Lebenslagenfaktoren eines Sozialraums aktiv ins eigene Handeln einzubinden.

Soziale Arbeit in einem emanzipatorischen, partizipativen sowie sozialraumorientierten Sinne erkundet zunächst die bereits bestehenden Aktivitäten bzw. Aktivitätspotenziale der Menschen in ihrer alltäglichen Lebensbewältigung. Allein aus diesem Grunde heraus bedarf es eines Wissens um potenzielle Ressourcen der Person, soziale Bezüge sowie das Lebensumfeld der Person und ihrer sozialen Netzwerke. Aus dieser doppelten Subjektivität der Lebensweltbezüge[44] wird eine konsequente Fokussierung auf den Alltag notwendig. Soziale Arbeit anerkennt folglich den Alltag der Menschen, akzeptiert und nutzt diesen, erkundet familiäre und weitere soziale Bezüge. So wird Professionalität erst an den komplexen Themen des Alltags anschlussfähig. Eine solcher Art hilfreiche ‚Hilfe' setzt passgenau an den jeweilig individuell-subjektiven Ausgangslagen der Menschen an, statt diese in vorgeformt standardisierte Unterstützungsbausteine zu bringen. Die ‚Hilfe' findet zudem rechtzeitig, also in der Regel frühzeitiger statt, solange die Menschen noch eigenständig stehen können, und nicht erst, wenn sie bereits gefallen sind. Sozialarbeiterische Unterstützungsarrangements stellen sich flexibel, situativ und kontextbezogen im Alltag auf, je nachdem worum es gerade geht. ‚Hilfe' ist dann eine hilfreiche Hilfe, wenn sie zudem Ermöglichungsbedingungen für das Handeln des Individuums aus sich selbst heraus schafft und wenn sie zugleich Bedingungen, die dieses individuelle Handeln auf einer gesellschaftlichen Ebene beeinflussen, in Veränderung bringt. Soziale Arbeit verbindet so die individuelle Lebenswelt mit den Lebenslagen oder auch das Verhalten mit den Verhältnissen. Demzufolge kennen sich Sozialarbeitende im Sozialraum, im Alltag eines Stadtteils oder einer Region aus, wissen um lebensweltliche Themen und Herausforderungen sowie um gesell-

---

[43] Aigner 2006, S. 8.
[44] Vgl. Kraus 2006.

schaftspolitische Widersprüche. Hierfür müssen sie Zugänge haben eben zu den vielfältigsten Menschen im Alltag eines Sozialraums, also zu den Bewohnern und zu anderen professionell Tätigen aus verschiedensten Handlungsbezügen Sozialer Arbeit, zu Professionellen aus den Bereichen Gesundheit, Bildung, Wohnen, Wirtschaft, Kultur, Freizeit, Sport, Politik etc. Sie kennen Menschen aus dem zivilgesellschaftlichen Engagement, die sich nicht nur in der wohlformierten Eingebundenheit einer Ehrenamtsbörse finden. In diesem Sinne wird aus einem klug arrangierten professionellen ‚Weniger' an Intervention ein deutliches ‚Mehr' an hilfreicher Alltagsbewältigung. So wird nachvollziehbar, dass Soziale Arbeit durchaus anspruchsvoller sein kann als reine Therapie.[45] Sozialarbeiterinnen sind folglich hochprofessionelle Expertinnen im Sinne einer Gestaltung von Ermöglichungs- und (aktivierenden) Partizipationskontexten. Sie finden sich zu recht im Wechselwirkungsgefüge von Individuum, sozialen Beziehungen und Gemeinwesen in einer durch Komplexität und Nichtwissen geprägten Gesellschaft.

Literatur

Adorno, Theodor W. (1970): Erziehung zur Mündigkeit. In: Ders.: Erziehung zur Mündigkeit, Vorträge und Gespräche mit Helmut Becker. 1959-1969. Frankfurt/M.: Suhrkamp, S.133-147.

Aigner, Joseph Christian (2005): Psychoanalyse und soziales Engagement. Innsbruck. Vortrag anlässlich der Antrittsvorlesung am 22. November 2006.

Beck, Ulrich (1986): Risikogesellschaft. Auf dem Weg in eine andere Moderne. Frankfurt/M.: Suhrkamp.

Beck, Ulrich/Giddens, Anthony/Lash, Scott (Hrsg.) (1996): Reflexive Modernisierung – eine Kontroverse. Frankfurt/M.: Suhrkamp.

Berg, Insoo Kim/Kelly, Susan (2001): Kinderschutz und Lösungsorientierung. Erfahrungen aus der Praxis - Training für den Alltag. Dortmund: verlag modernes lernen.

Bestmann, Stefan (2013a): Finden ohne zu suchen. Einzelfallunspezifische Arbeit in der sozialräumlichen Kinder- und Jugendhilfe, Wiesbaden: VS Springer.

Bestmann, Stefan (2013b): Wer hat hier eigentlich Ansprüche auf was? Gegen standardisierte „Angebotspakete" und „Belegungsdruck" in der Kinder- und Jugendhilfe. In: *sozialmagazin – Die Zeitschrift für Soziale Arbeit,* Heft 1-2, 38. Jahrgang, S. 14-23.

---

[45] Herwig-Lempp/Kühling 2012.

Bestmann, Stefan (2015): Die Haltung des Nichtwissens und der sozialraumorientierte Ansatz. In: Eger, Frank (Hrsg.): Lösungsorientierte Soziale Arbeit. Heidelberg: Carl-Auer, S. 79-100.

Böhnisch, Lothar (1997): Sozialpädagogik der Lebensalter. Eine Einführung. Weinheim: Juventa.

Dörner, Klaus (2012): Helfensbedürftig. Heimfrei ins Dienstleistungsjahrhundert. Neumünster: Paranus.

Feyerabend, Paul (1979): Erkenntnis für freie Menschen. Frankfurt: Suhrkamp Verlag.

Fürst, Roland/Hinte, Wolfgang (2014) (Hrsg.): Sozialraumorientierung – Ein Studienbuch zu fachlichen, institutionellen und finanziellen Aspekten. Wien: UTB: facultas.wuv.

Herwig-Lempp, Johannes/Kühling, Ludger (2012): Sozialarbeit ist anspruchsvoller als Therapie. In: *Zeitschrift für systemische Therapie und Beratung*, 2/2012. S. 51-56.

Hinte, Wolfgang/Treeß, Helga (2007): Sozialraumorientierung in der Jugendhilfe – Theoretische Grundlagen, Handlungsprinzipien und Praxisbeispiele einer kooperativ-integrativen Pädagogik, Weinheim: Juventa

Illich, Illich (1979). Entmündigende Expertenherrschaft. In: Ders. (Hrsg.). Entmündigung durch Experten. Zur Kritik der Dienstleistungsberufe. Reinbek bei Hamburg: Rowohlt Verlag. S. 7-35

Jong, Peter de/Berg, Insoo Kim (2003): Lösungen (er-)finden. Dortmund: verlag modernes lernen.

Kleve, Heiko (2015): Die Wirtschaft der Sozialen Arbeit. Zum ambivalenten Wechselverhältnis von Geld und Helfen. In: *Soziale Arbeit*, Heft 5/6, S. 122-128.

Kraus, Björn (2006): Lebenswelt und Lebensweltorientierung – eine begriffliche Revision als Angebot an eine systemisch-konstruktivistische Sozialarbeitswissenschaft. In: *Kontext. Zeitschrift für Systemische Therapie und Familientherapie*, 37 (2), S. 116-129.

Krieger, Wolfgang (2007): „Macht jenseits der konstruierten Selbstunterwerfung?" Begriffe, Formen, Quellen der Interaktionsmacht. Konstruktivistische Ansätze einer Mikrophysiologie der Macht in der Sozialen Arbeit. In: Kraus, B./Krieger, W. (Hrsg): Macht in der Sozialen Arbeit – Interaktionsverhältnisse zwischen Kontrolle, Partizipation und Freisetzung. Lage: Jacobs, S. 29-77-

Lambers, Helmut (2016): Sozialwirtschaft in der Renditefalle? Ein Plädoyer für mehr ökonomische Bescheidenheit in der Sozialwirtschaft. In: Wöhrle, A. (Hrsg.): Moral und Geschäft. Positionen zum ethischen Management in der Sozialwirtschaft. Baden-Baden: Nomos.

Lash, Scott (1996): Expertenwissen oder Situationsdeutung? Kultur und Institutionen im desorganisierten Kapitalismus. In: Beck, U./Giddens, A./Lash, S. (Hrsg.). Reflexive Modernisierung – eine Kontroverse. Frankfurt/M.: Suhrkamp, S. 338-364.

May, Michael (2008): Sozialraumbezüge Sozialer Arbeit. In: Alisch, M./May, M.: Kompetenzen im Sozialraum – Sozialraumentwicklung und -organisation als transdisziplinäres Projekt. Opladen: Barbara Budrich, S. 61-84.

Olk, Thomas (1986): Abschied vom Experten. Sozialarbeit auf dem Weg zu einer alternativen Professionalität. Weinheim: Juventa.

Schaarschuch, Andreas (2003): Die Privilegierung des Nutzers. In: Olk,T./Otto, H.-U. (Hrsg): Soziale Arbeit als Dienstleistung – Grundlegungen, Entwürfe und Modelle. München: Reinhardt, S. 150-169.

Schruth, Hans-Peter (2009): Anwaltliche Vertretung in der Kinder- und Jugendhilfe. Vortrag auf der Fachtagung des Diakonischen Werks Kurhessen-Waldeck e.V. „Netzwerk Rechte bekommen, Unterstützungsangebote in der Kinder- und Jugendhilfe" am 27.3.2009 in Fulda.

Shazer, Steve de (1975): Brief Therapy: two`s company. In: *Family Process*, Heft 14, S. 79-93.

Shazer, Steve de (1991): Das Spiel mit den Unterschieden. Heidelberg: Carl-Auer.

Shazer, Steve de (1998): „"...Worte waren ursprünglich Zauber". 2. Aufl. Dortmund: verlag modernes lernen.

Shazer, Steve de/Dolan, Yvonne (2008): „Mehr als ein Wunder – Lösungsfokussierte Kurztherapie heute". Heidelberg: Carl-Auer.

Staub-Bernasconi, Silvia (2003): 'Soziale Arbeit als (eine) Menschenrechtsprofession'. In: Sorg, Richard (Hrsg.): Soziale Arbeit zwischen Politik und Wissenschaft. Berlin-Münster: LitVerlag, S. 17-54.

Straßburger, Gaby/Rieger, Judith (2014) (Hrsg.): Partizipation kompakt – Für Studium, Lehre und Praxis sozialer Berufe. Weinheim und Basel: Beltz Juventa.

Teubert, Anja (2010): Wie fällt das Kind nicht in den Brunnen? Case Management in der Prävention. In: *Sozialmagazin*, 35, Nr. 1., S. 18-27.

Thiersch, Hans (1986): Die Erfahrung der Wirklichkeit. Perspektiven einer alltagsorientierten Sozialpädagogik. Weinheim: Juventa.

Thiersch, Hans (2003): 25 Jahre alltagsorientierte Sozial Arbeit – Erinnerung und Aufgabe. In: *Zeitschrift für Sozialpädagogik*, (2), S. 114-130.

Urban-Stahl, Ulrike (2010): Expertise. Beiträge zur Qualitätsentwicklung im Kinderschutz: Ombuds- und Beschwerdestellen in der Kinder- und Jugendhilfe in Deutschland. Eine Bestandsaufnahme unter besonderer Berücksichtigung des möglichen Beitrags zum Lernen aus Fehlern im Kinderschutz. Bonn: Eigendruck BZgA.

Walter, John L./Peller, Jane E. (2004): Lösungsorientierte Kurztherapie – Ein Lehr- und Lernbuch. Dortmund: verlag modernes lernen.

Watzlawick, Paul (1976): Wie wirklich ist die Wirklichkeit. München: Piper

Wolff, R. (1990): Von der Reaktion zur Prävention – zur konzeptuellen Weiterentwicklung des Kinderschutzes in Berlin. In: *Rundbrief Senatsverwaltung für Frauen, Jugend und Familie. Perspektiven zum Kinderschutz in Berlin,* 2/90, S. 21-30.

Autorinnen und Autoren

Autrata, Otger

*1955, Dipl.-Pädagoge, Dr. habil., Priv.-Doz. an der Universität Osnabrück und Leiter des Forschungsinstituts RISS, Feldkirchen/Kärnten. Forschungsschwerpunkte: Grundlagenforschung zum Sozialen als Gegenstand der Sozialen Arbeit sowie Theorie Sozialer Arbeit. Email: o.autrata@risss-institut.at

Bestmann, Stefan

*1965, Prof. Dr. phil., Dipl. Päd., Professor für Soziale Arbeit mit dem Schwerpunkt Gemeinwesenarbeit an der Katholischen Hochschule für Sozialwesen Berlin. Systemisch-lösungsorientierter Coach. Zudem seit 2000 in freier Praxis als Sozialarbeitsforscher, Praxisberater und Trainer tätig (www.eins-berlin.de). Schwerpunkte: Sozialraumorientierte Soziale Arbeit, Partizipation, Lösungsfokussierter Beratungsansatz, Organisationsentwicklung, Gesundheitsförderung von Kindern und Jugendlichen, Gestaltung von Qualitätsmanagementprozessen, Praxisforschung. Email: stefan.bestmann@eins-berlin.de

Dallmann, Hans-Ulrich

*1959, Prof. Dr. theol. habil., studierte evangelische Theologie an den Universitäten Frankfurt, Marburg und Heidelberg, Dissertation über die theologische Rezeption Luhmanns, Habilitation zum Thema Ethik und Migration. Lehrt an der Hochschule Ludwigshafen am Rhein am Fachbereich Sozial- und Gesundheitswesen Ethik helfender Berufe, seit 2008 Vizepräsident für Hochschulentwicklung. Email: hans.dallmann@hs-lu.de

Hafen, Martin

*1958, Prof. Dr. phil., Dipl. Sozialarbeiter, Dozent an der Hochschule Luzern – Soziale Arbeit, Institut für Sozialmanagement, Sozialpolitik und Prävention, Schwerpunkte Soziologische Systemtheorie, Präventionstheorie, Theorie der Sozialen Arbeit in der Schule, Theorie-Praxis-Transfer. Mitglied der Eidgenössischen Kommission für Suchtfragen und der Fachkommission von Public Health Schweiz. Email: martin.hafen@hslu.ch

Hosemann, Wilfried

*1948, Prof. (i.R.), Dr. phil., Dipl.-Päd., Dipl.-Sozialarbeiter (FH), lehrte Theorien und Methoden der Sozialen Arbeit an der Otto-Friedrich-Universität Bamberg und der Hochschule Coburg, Mitglied in der Deutschen Gesellschaft für

Soziale Arbeit, dem Deutschen Berufsverband für Soziale Arbeit und in der Deutschen Gesellschaft für Systemische Soziale Arbeit. Email: wilfried.hosemann@uni-bamberg.de

Hünersdorf, Bettina

*1969, Prof. Dr. phil., Dipl. Päd., Friedrich-Schiller Universität Jena, Fakultät für Sozial- und Verhaltenswissenschaften, Institut für Erziehungswissenschaften, Professur für Sozialpädagogik, Theorie der Sozialen Arbeit, Kinder- und Jugendhilfeforschung. Mitglied der Deutschen Gesellschaft für Erziehungswissenschaft und der Deutschen Gesellschaft für Soziale Arbeit. Email: bettina.huenersdorf@uni-jena.de

Kleve, Heiko

*1969, Prof. Dr. phil., Diplom-Sozialarbeiter/Sozialpädagoge und Soziologe, seit Juli 2017 Lehrstuhl für Organisation und Entwicklung von Unternehmerfamilien am Wittener Institut für Familienunternehmen, Fakultät für Wirtschaftswissenschaft, private Universität Witten/Herdecke, zuvor Professor für soziologische und sozialpsychologische Grundlagen der Sozialen Arbeit und Dekan am Fachbereich Sozial- und Bildungswissenschaften der Fachhochschule Potsdam. Arbeits- und Lehrschwerpunkte: systemtheoretische, systemisch-konstruktivistische und postmoderne Konzepte in Wissenschaft und Praxis. Email: heiko.kleve@uni-wh.de

Krieger, Wolfgang

*1955, Prof. Dr. phil., Dipl.-Päd., Hochschule Ludwigshafen am Rhein, Fachbereich Sozial- und Gesundheitswesen, Professor für Erziehungswissenschaft. Schwerpunkte im Bereich Allg. Pädagogik, Pädagogische Psychologie, Jugendhilfe, Systemische Soziale Arbeit und Didaktik, Mitglied der Deutschen Gesellschaft für Soziale Arbeit und der Deutschen Gesellschaft für Systemische Soziale Arbeit. Ehrenprofessor der IEML Kazan (Russland) und Redaktionsmitglied des Bulletin der Alfred Nobel Universität Dnipro (Ukraine), Reihe "Pädagogik und Psychologie". Email: wolfgang.krieger@hs-lu.de

Lambers, Helmut

*1953, Professor Dr. phil., Dipl.-Päd., FB Sozialwesen/Soziale Arbeit der Katholischen Hochschule Nordrhein-Westfalen, Abteilung Münster. Arbeits- und Lehrschwerpunkte: Geschichte, Theorien und Konzepte der Sozialen Arbeit, Sozialmanagement und Systemtheorie in der Sozialen Arbeit. Email: h.lambers@katho-nrw.de

Osthoff, Ralf

*1958, Dr. phil., Dipl.-Päd., Qualitätsmanager Dienstleistungen/TAP; Pädagogischer Mitarbeiter in der Gemeinwesenarbeit und in der Jugendberufshilfe; Lehrbeauftragter in den Fächern Methoden der Sozialen Arbeit und Erwachsenenbildung an der Hochschule Ludwigshafen am Rhein. Email: osthoff@caritas-worms.de

Scheu, Bringfriede

*1957, FH-Prof[in] Dr[in], Studium der Erziehungswissenschaft/Sozialpädagogik. Lehrende an der Fachhochschule Kärnten, Studienbereich Gesundheit und Soziales. Professur für Theorie Sozialer Arbeit und Soziale Arbeit. Forschungsschwerpunkt: Theorie Sozialer Arbeit. Email: b.scheu@fh-kaernten.at

Sierra Barra, Sebastian

*1977, Studium der Politologie, Soziologie und Kulturanthropologie (Magister) an der Johann Wolfgang Goethe Universität Frankfurt am Main. Dozent an der Evangelischen Hochschule Berlin für Organisationsentwicklung und Qualitätsmanagement. Freiberuflich tätig als Berater für Unternehmen, Organisationen und NGOs. E-mail: sierra-barra@eh-berlin.de

Sie haben die Wahl:
Bestellen Sie die Schriftenreihe
Systemische Impulse für die Soziale Arbeit
einzeln oder im **Abonnement**

per E-Mail: vertrieb@ibidem-verlag.de | per Fax (0511/262 2201)
als Brief (*ibidem*-Verlag | Leuschnerstr. 40 | 30457 Hannover)

Bestellformular

☐ Ich abonniere die Schriftenreihe *Systemische Impulse für die Soziale Arbeit* ab Band #____

☐ Ich bestelle die folgenden Bände der Schriftenreihe *Systemische Impulse für die Soziale Arbeit*
#____; ____; ____; ____; ____; ____; ____; ____; ____; ____

Lieferanschrift:

Vorname, Name ....

Anschrift ....

E-Mail... | Tel.:..

Datum .... | Unterschrift ....

Ihre Abonnement-Vorteile im Überblick:
- Sie erhalten jedes Buch der Schriftenreihe pünktlich zum Erscheinungstermin – immer aktuell, ohne weitere Bestellung durch Sie.
- Das Abonnement ist jederzeit kündbar.
- Die Lieferung ist innerhalb Deutschlands versandkostenfrei.
- Bei Nichtgefallen können Sie jedes Buch innerhalb von 14 Tagen an uns zurücksenden.

ibidem.eu